Earthquake Engineering

耐震工学
教養から基礎・応用へ

Nobuo Fukuwa　　*Jun Tobita*　　*Takashi Hirai*
福和伸夫　　飛田 潤　　平井 敬 [著]

講談社

まえがき

　本書は，平成の終わりに出版される。平成の30年間は，阪神・淡路大震災や東日本大震災など数多くの地震災害が発生し，耐震工学にとっては多難な時代であった。一方で，免震や制振などの技術の普及や，強震動の理解，耐震改修の進展など，耐震工学の成果が大きく花開いた時代でもあった。その間には，建築基準法の改正と耐震基準の性能規定化，構造設計一級建築士制度の創設などの施策が進んだ一方，耐震強度偽装事件，免震装置や杭打ちのデータ不正などの事件も発生した。そして，新たな元号が始まろうとするいま，南海トラフ地震や首都直下地震などの切迫性が叫ばれている。そんななか，本書を上梓した。

　平成のはじめは，1993年釧路沖地震，北海道南西沖地震，1994年北海道東方沖地震，三陸はるか沖地震など北海道周辺での地震活動が活発だった。そして1995年に兵庫県南部地震（阪神・淡路大震災）が発生した。兵庫県南部地震は，直後の地下鉄サリン事件とともに，その後の日本社会に大きな影響を与えた。震度7の揺れによって多くの家屋が倒壊し，6000人を超える犠牲者が出た。旧耐震基準による既存不適格建築物の存在が甚大な被害の主な原因であり，建築業界の責任は重かった。ゼネコン育ちで，原子力施設や高層建物・免震建物などの研究・設計を志向しがちだった筆者は，天から鉄槌が下ったように感じた。内陸直下の活断層が生み出したパルス状の強烈な揺れは，それまで考えていた地震動とは大きく異なるものであり，地震現象を深く理解した上で強震動を予測することの大切さを実感した。この地震のあと，東海地震の予知に偏していた地震研究が見直され，地震調査研究推進本部（地震本部）が設置された。震災後，地震本部によって，活断層調査，堆積平野地下構造調査，強震観測，地震の長期評価などが推進された。西日本が地震の活動期に入ったのであれば南海トラフ地震が数十年後に発生するのでは，との議論も活発化した。

　1998年には，建築基準法が改正され，建築確認・検査の民間開放，中間検査制度などの導入，建築基準の性能規定化などが行われた。これに伴って2000年より，構造計算の新たな検証法として限界耐力計算法が導入された。また，木造の金物規定やバランス計算が強化された。2005年には耐震強度偽装事件が発覚し，2006年に建築基準法や建築士法が改正され，構造計算適合性判定制度や構造設計一級建築士制度が創設された。

　そして，2011年に東北地方太平洋沖地震（東日本大震災）が発生した。死者・行方不明者約2万2000人という戦後最悪の震災である。巨大津波による甚大な被害や福島第一原子力発電所の事故を招き，計画停電，液状化，長周期地震動，天井落下などの課題も突き付けた。各地で誘発地震も発生した。マグニチュード9.0という超巨大地震が日本でも発生することがわかり，最大クラスの地震を考えることの必要性や，「減災」の重要性が指摘された。また，震災後には，南海トラフ地震の対策検討が本格化した。

　2016年に熊本地震が発生し，前震と本震の2度にわたって震度7の揺れに襲われた。この地震では，長周期のパルス的な地震動や，火山堆積物の土砂崩壊，阿蘇山の噴火などが問題になった。2018年には，大阪府北部の地震で多くの家屋が損壊し，エレベータ停止や帰宅困難など大都市固有の問題が現れた。また，北海道胆振東部地震が発生し，火山堆積物の大規模な土砂崩壊，火山灰土の液状化，広域停電（ブラックアウト）などの課題が露呈した。この間には，2015年の免震用積層ゴムや杭打ちのデータ不正，2018年のオイルダンパーのデ

ータ不正など，建築業界の信頼を失う不祥事も発生した。

このように，平成の時代は，耐震工学にとっては紆余曲折の30年だった。30年前には夢だったスマートフォン，IoT，クラウドコンピューティング，電気自動車，自動運転などが実現しつつある。一方で，地球温暖化による気候変動，世界の人口増と日本の少子高齢化による人口減，大都市への人口集中と地方の衰退，国家予算の10倍にも及ぶ多大な債務など，課題山積である。

ゆとりのない社会の中で，品質や安全の確保が難しくなり，技術者の倫理が問われている。最低基準である建築基準法を守ることに汲々としているようでは，予想される巨大災害には太刀打ちできない。いまや，基準で規定された地震力に対して，建築物単体の構造的安全性を，建築構造技術者だけで考えるような時代ではない。あらゆる人たちと社会や都市・建物の安全のあるべき姿をともに考え，都市全体の中で建築物の耐震安全性を考える必要がある。建築構造技術者は，建設地の災害危険度を関係者に説明し，建築物が満たすべき耐震性能について合意をしたうえで，人命を守る建築物の構造安全性に加え，ライフライン途絶や非構造材被害の影響も勘案し，災害後の機能維持まで責任をもつ必要がある。

安全な建築物をつくるには，危険を避け外力を減らすこと，建物を強靭にして抵抗力を増すこと，災害後にも機能維持・早期回復することが基本になる。危険を避けるには，建築物が作られる土地の災害史（地史），地形・地質・地盤，周辺の地震環境，各種のハザードを調査する必要がある。このためには，歴史・地理などの社会科学的素養や，地学などの理学的素養が必要である。建物の安全性について合意形成を図るには，誰もがわかる言葉で地震時の様相や建築物の耐震性能を語る力が必要である。そして，早期の復旧や機能維持のためには都市全体の機能や交通インフラ・ライフライン・設備などについての知見も必要となる。耐震工学の知識にとどまることなく幅広い教養を身につけなければならない。

そこで，本書は，教養・基礎・応用の三部構成とした。第Ⅰ部では，建築・土木の知識がなくても耐震工学の神髄が理解できるよう，耐震工学にかかわる社会科学・理学的素養も含め，数式を使わずに「教養としての耐震工学」を記した。第Ⅱ部は，本書の核であり，「耐震工学の基礎」を簡潔かつ明瞭に記した。第Ⅲ部は，強震動や地盤とのかかわりも含め，地震学と耐震工学の接点でもある震源断層・波動伝播・地盤増幅・動的相互作用・強震動評価などについて解説し，耐震工学への応用や将来の高度化を見据えた内容とした。

南海トラフ地震は，広域が同時に被災する超巨大地震であり，地震後には誘発地震や風水害などが加わって複合災害となる。被害規模は甚大で，保険などでカバーできるものではなく，抜本的に被害を軽減するしかない。今一度，自然への畏怖の念を取り戻し，社会や個人のありようを見直し，被害を減らしたい。「彼を知り己を知れば百戦殆うからず」という格言がある。敵（地震外力）を知れば，「君子危うきに近寄らず」と危険を避ければよい。己（耐震性）を知れば，「転ばぬ先の杖」と備えること（耐震補強）ができる。その結果，「備えあれば憂い無し」と，被害を抑止し地震を乗り越えられる。さらに，自律・分散・協調型の共助社会をつくれれば，「災い転じて福となす」ことが可能となる。まさに先人の知恵である。上杉鷹山が語ったように，「為せば成る，為さねば成らぬ何事も，成らぬは人の為さぬなりけり」である。耐震工学を学び安全な構造物を作っていくことで，次世代に豊かな社会を引き継いでいきたい。

本書執筆にあたっては，講談社サイエンティフィクの横山真吾氏の厳しい叱咤激励を受けた。また，本書の内容については地震学者の名古屋大学・山中佳子先生，地震工学者の名城大学・高橋広人先生に校閲をいただいた。各氏の的確な指導・助言により本書を世に出すことができた。改めて深甚の謝意を表する。

平成31年2月

名古屋大学減災連携研究センター長・教授　福和伸夫

目 次

まえがき ... iii

第I部 教養としての耐震工学 ... 1

第1章 地震との付き合い方 ——防災と耐震 ... 2

1.1 地震から社会を守る ... 2
1.1.1 自然の怖さと日本文化 ... 2　　1.1.2 地震と震災 ... 3　　1.1.3 切迫する大地震 ... 4
1.1.4 災害対応力が低下する日本 ... 5　　1.1.5 災害被害軽減のために ... 6　　Note 1.1 温故知新 ... 7
Note 1.2 天災と国防 ... 7

1.2 地震の危険を避ける ... 8
1.2.1 地震の危険とは ... 8　　1.2.2 強い揺れを避ける ... 10
1.2.3 国土計画・都市計画面からの改善 ... 11　　1.2.4 過去の地震災害に見るハザードと暴露量の大切さ ... 12
Note 1.3 地名をヒントに土地の災害危険度を考える ... 14

1.3 構造物被害の抑止 ... 15
1.3.1 地震時に構造物に作用する外力 ... 15　　1.3.2 地盤と構造物の共振 ... 16
1.3.3 ラーメン構造と壁式構造 ... 17　　1.3.4 構造物の揺れを小さくする免震と制振 ... 18
1.3.5 抵抗力の大きい構造物 ... 19　　1.3.6 建築基準法と耐震改修促進法 ... 20
Note 1.4 ハンムラビ法典 ... 20

第2章 地球の営みと地震の発生 ... 22

2.1 地球の歴史と時代区分 ... 22
2.1.1 地球の歴史 ... 22　　2.1.2 地球の時代区分 ... 22　　2.1.3 地球の構造 ... 24

2.2 大陸移動説とプレートテクトニクス ... 25
2.2.1 大陸移動説 ... 25　　2.2.2 プレートテクトニクス ... 26　　Note 2.1 プルームテクトニクス ... 29

2.3 プレート境界と日本列島の形成 ... 30
2.3.1 プレート境界 ... 30　　2.3.2 日本列島周辺のプレート ... 32

2.4 日本列島周辺の地震 ... 33

2.5 地震調査研究推進本部による地震調査観測 ... 35

2.6 震源域での断層破壊とマグニチュード ... 39
Note 2.2 地震予知 ... 42

第3章 地震が生み出す歴史と耐震技術 ... 44

3.1 地震と歴史 ... 44
3.1.1 自然災害と世界史 ... 44　　3.1.2 貞観の時代の地震 ... 46
3.1.3 南海トラフ地震の発生前後の地震活動期と歴史変化 ... 47　　3.1.4 大正関東地震 ... 53
3.1.5 兵庫県南部地震 ... 54　　3.1.6 東北地方太平洋沖地震 ... 56　　3.1.7 熊本地震 ... 58
3.1.8 大阪府北部の地震 ... 60　　3.1.9 北海道胆振東部地震 ... 61
3.1.10 過去の大震災の被害を現代に換算 ... 62　　Note 3.1 火山噴火 ... 63

3.2 地震被害と耐震技術 ... 64
- 3.2.1 濃尾地震と震災予防調査会 ... 64
- 3.2.2 大正関東地震と耐震基準の成立 ... 67
- 3.2.3 新潟地震と液状化・長周期地震動 ... 69
- 3.2.4 十勝沖地震, 宮城県沖地震と新耐震設計法 ... 70
- 3.2.5 兵庫県南部地震以降の耐震規基準等の変遷 ... 71
- 3.2.6 東北地方太平洋沖地震と津波, 液状化, 長周期地震動 ... 73
- 3.2.7 熊本地震と防災拠点の耐震性 ... 74
- Note 3.2 地震調査研究推進本部 ... 75

第4章 地震波の伝播と地盤震動 ... 77

4.1 地震波の伝播 ... 77
- 4.1.1 地震波 ... 77
- 4.1.2 揺れの拡散と距離減衰 ... 81

4.2 地震動の地盤増幅 ... 84
- 4.2.1 地震基盤・工学的基盤と地盤増幅 ... 84
- 4.2.2 堆積盆地での揺れの増幅・伸長 ... 85
- 4.2.3 地盤の塑性化と液状化 ... 85
- Note 4.1 緊急地震速報 ... 87

第5章 構造物の振動応答 ... 89

5.1 振り子の振動 ... 89
- 5.1.1 調和外力に対する共振 ... 89
- 5.1.2 残留変位を生じる揺れに対する振り子の動き ... 90

5.2 2段振り子の振動 ... 91

5.3 竹ひごと消しゴムで考える串団子モデルの振動 ... 93
- 5.3.1 倒立振り子 ... 93
- 5.3.2 倒立振り子による串団子モデル ... 94

5.4 紙製の建物キットでの簡単な振動実験 ... 96

5.5 震源から建物までの揺れの伝播と増幅 ... 97

5.6 地盤と構造物との力のやりとり ... 98

5.7 浮上りと滑動 ... 100
- Note 5.1 家具の転倒防止 ... 101

第II部 耐震工学の基礎 ... 103

第6章 構造物とモデリング ... 104

6.1 モデル化＝現象の抽象化・単純化 ... 104

6.2 単純な振動モデルで表現できる構造物 ... 105
- Note 6.1 耐震要素のモデル化 ... 106

6.3 単純な振動モデルで表現できない現象 ... 108
- 6.3.1 立体的な振動 ... 108
- 6.3.2 地盤と構造物との動的相互作用 ... 109
- 6.3.3 非線形・弾塑性の影響 ... 110
- Note 6.2 上下振動のモデル化 ... 110

第7章 1自由度系の振動 ... 113

7.1 1自由度系の振動方程式と解 ... 113
- 7.1.1 振動方程式 ... 113
- 7.1.2 振動方程式の解 ... 114
- Note 7.1 地震計の原理 ... 118

7.2 過渡応答と地震応答スペクトル ... 120

7.2.1 過渡応答……120　　7.2.2 地震応答スペクトル……124

7.3 周波数応答解析 …… 127
7.3.1 フーリエ解析……127　　Note 7.2 振動方程式のフーリエ解析に必要な関係式……130
7.3.2 フーリエ解析による振動方程式の解……132　　7.3.3 時間・振動数の離散化と高速フーリエ変換（FFT）……134
Note 7.3 統計的手法によるスペクトル解析……137

7.4 時間積分法 …… 138
7.4.1 ニューマークのβ法……139　　7.4.2 ニガム法……140

7.5 弾塑性応答と等価線形解析 …… 141
7.5.1 弾塑性復元力……141　　7.5.2 等価線形モデル……143
Note 7.4 実物大の振動実験施設「減災館」……146

第8章 多自由度系の振動 …… 149

8.1 多自由度系の振動方程式と解 …… 149
8.1.1 振動方程式……149　　8.1.2 振動方程式の解……150　　Note 8.1 2自由度系の振動……155
8.1.3 スウェイ・ロッキングモデル……157　　Note 8.2 建物の1次元せん断連続体置換……159

8.2 多自由度系の応答解析 …… 160
8.2.1 モード合成法……160　　8.2.2 周波数応答解析……161　　8.2.3 時刻歴応答解析……161
8.2.4 応答スペクトル法（SRSS法）……161　　Note 8.3 連立方程式の解法と固有値解析法……162

第9章 耐震設計法 …… 166

9.1 現在の耐震設計法の概要 …… 166
9.1.1 新耐震設計法……166　　9.1.2 性能規定と限界耐力計算法……167
9.1.3 そのほかの耐震設計法……168　　9.1.4 建物による耐震設計手順……168

9.2 許容応力度計算と保有水平耐力計算 …… 169
9.2.1 ルート①～③の手順……169　　9.2.2 地震力……171　　9.2.3 剛性率と偏心率……174
9.2.4 保有水平耐力……175　　Note 9.1 鉄筋コンクリート造の壁・柱と地震被害……176

9.3 限界耐力計算 …… 178
9.3.1 限界耐力計算法の概要……178　　9.3.2 等価1自由度系への置換……178　　9.3.3 地震動……179
9.3.4 地震力と検証……181　　Note 9.2 観測地震動の応答スペクトルと設計……182

9.4 最近の地震災害と耐震設計 …… 184
9.4.1 長周期地震動……184　　9.4.2 特定天井……185　　9.4.3 津波……186

9.5 耐震診断と応急危険度判定 …… 187
9.5.1 耐震診断……188　　9.5.2 応急危険度判定と被災度判定……191

第III部 耐震工学のための振動・波動理論 …… 195

第10章 地盤と構造物の振動 …… 196

10.1 地震動の観測 …… 196

10.2 1次元の振動 …… 199
10.2.1 波動方程式……199　　Note 10.1 テイラー展開・マクローリン展開とオイラーの公式……200
10.2.2 波動としての正弦波……202　　Note 10.2 波動方程式の一般解の導出……202

10.2.3 非弾性減衰……204
10.3　平行成層地盤の振動　205
　　　10.3.1 スネルの法則……205　　10.3.2 重複反射理論……206　　10.3.3 地盤増幅を表す伝達関数……209
　　　Note 10.3 非線形の取り扱い……210
10.4　地盤と構造物との動的相互作用　212
10.5　地盤上の構造物の応答　217
10.6　地盤調査　219

第11章　3次元の振動　225

11.1　ひずみと応力　225
　　　11.1.1 ひずみテンソル……225　　11.1.2 応力テンソル……227　　11.1.3 構成関係……228
11.2　3次元の波動　228
　　　11.2.1 ナビエの方程式……228　　Note 11.1 ベクトル解析の基礎……230　　11.2.2 ナビエの方程式の解……231
　　　Note 11.2 ひずみと応力の低次元化……233　　11.2.3 グリーン関数……234
11.3　平行成層地盤への地震波のななめ入射　234
　　　11.3.1 波動場の分離……234　　Note 11.3 時間と空間に関するフーリエ変換……236
　　　11.3.2 SH波動場……237　　11.3.3 P-SV波動場……239
11.4　表面波　241
　　　11.4.1 ラブ波……241　　11.4.2 レイリー波……243　　11.4.3 位相速度・群速度と分散曲線……245

第12章　地震動の予測　249

12.1　震源のモデル化　249
　　　12.1.1 断層モデル……249　　12.1.2 断層運動による地震波……251
　　　12.1.3 震源の破壊過程と震源時間関数・震源スペクトル……255　　12.1.4 スケーリング則……257
　　　12.1.5 断層破壊の不均質性……258　　Note 12.1 震源インバージョン……261
12.2　地震動予測手法　262
　　　12.2.1 地震動予測手法の概観……262　　12.2.2 経験的手法（地震動予測式）……262
　　　12.2.3 理論的手法……266　　12.2.4 半経験的手法……269　　12.2.5 ハイブリッド法……272
　　　Note 12.2 強震動予測レシピ……273
12.3　応答スペクトルによる地震動の作成　274
　　　Note 12.3 位相差分スペクトル・群遅延時間と包絡形状の関係……275

〈演習問題解答〉　279
索　引　291

Earthquake Engineering

第Ⅰ部　教養としての耐震工学

初学者や，建築や土木とはかかわりのない読者でも，耐震工学の本質を理解できるよう，地震の発生や地震波の伝播，地盤や建物の揺れについて，数式を使わずに現象の理解を深める。あわせて，耐震工学とかかわりのある地球科学や歴史・地理・社会について学び，地震と付き合う術を教養として身につける。

第1章 地震との付き合い方 ―― 防災と耐震

日本では，古来より地震や風水害など多くの自然災害に見舞われ，自然とうまく折り合いをつける日本文化が育まれてきた。それが学問として成熟したのが，防災学や地震に耐える構造物を実現する耐震工学である。本章は，本書の概論ともいえる。地震のときに生じるさまざまな事象について概説し，地震から社会を守る方策などについて考える。具体的には，地震とのかかわりの中で，日本の歴史と現状について分析したうえで，地震による危険を避ける方策や，社会の抵抗力をつけていく手段について考える。

1.1 地震から社会を守る

1.1.1 自然の怖さと日本文化

風光明媚で多様な景観（**図1.1**），温暖で湿潤な四季に富む気候，火山・温泉など自然豊かな日本列島は，4枚のプレートが押し合う地殻変動と，アジアモンスーン地帯に位置するゆえの風雨によって形成されてきた。梅雨時に雨が集中するがゆえに，短期間に農耕作業を協働する必要があり，独特の地域共同体が育まれた。自然の恵みとは裏腹に，海の生物の死骸などの堆積物がプレート運動によって運ばれた付加体と，火山噴出物などから形成された日本列島は，地質が脆く崩れやすい。地震，噴火，台風などに繰り返し見舞われる一方，居住に適する平地が河口周辺の沿岸低地に限られるため，強い揺れ，液状化，津波，風水害，土砂災害などの災いを受けやすい。まさに，日本の自然は「慈母」であると同時に「厳父」でもある。

こういった中，日本では，防災文化ともいえる独特の日本文化を生み出し，危険を回避して生活を営む「防災の日常化」を実践してきた。怖いものの代名詞として「地震・雷・火事・親父」という。地震・噴火に加え，集中豪雨を連想させる雷，木造密集家屋の火災など，近年の災害を彷彿とさせる。威厳ある「親父」は消えつつあるが，台風とかかわりのある大山風（おおやまじ）が転じたとの見方

図1.1 風光明媚な日本の原風景

［写真提供：123RF］

もある。

　建築学で最初に学ぶのは，2000年前のローマの建築家・**ウィトルウィウス**の言葉「強なくして用なし，用なくして美なし，美なくして建築ではない（firmitas, utilitas, venustas，強・用・美）」である。自然の脅威から命を守るために作り始めた建築が，使い勝手を考えるようになり，さらに権力者が現れると荘厳さや美を尊ぶようになったのだろうか。

　現代人は，小規模な災害を抑える建設技術を手にし，人工空間に居住するようになったため，自然から遠ざかり災害に対する当事者意識が弱くなった。経済性や効率，見栄えを優先する社会となり，強・用・美のバランスが崩れてきたように思える。そういった中，巨大地震の発生や，気候変動に伴う地球温暖化による風水害の増大が懸念されている。私たちの生き方や，国土のあり方など，日本の持続的な発展のため見直しが必要な時期でもある。

1.1.2　地震と震災

　日本で起きた地震災害の中で，過去100年の間に大震災と名づけられたのは，1923年**関東大震災**（地震名は**大正関東地震**），1995年**阪神・淡路大震災**（**兵庫県南部地震**），2011年**東日本大震災**（**東北地方太平洋沖地震**）の3つである。大正関東地震では火災が，兵庫県南部地震では強い揺れによる家屋被害が，東北地方太平洋沖地震では津波が主たる被害要因だった（**図1.2**）。地震規模を示すマグニチュード（M）は，順に，$M_j7.9$，$M_j7.3$，$M_w9.0$（$M_j8.4$）である[*1]。マグニチュードが1増えると，地

(a)　大正関東地震で被災した東京・京橋付近

(b)　兵庫県南部地震で倒壊し，炎上する民家（神戸市長田区）

(c)　東北地方太平洋沖地震の津波（宮城県名取市）

図1.2　大正関東地震・兵庫県南部地震・東北地方太平洋沖地震の惨状
［写真提供：共同通信社］

---

*1：M_jは気象庁マグニチュード，M_wはモーメントマグニチュードである（2.6節参照）。地震規模が大きくなるとM_jが頭打ちするため，大きな地震ではM_wが使われる。

震の放出エネルギーは32倍になる。地震規模は，東北地方太平洋沖地震が最大で，大正関東地震，兵庫県南部地震の順だが，犠牲者数は，それぞれ2万余人，10万余人，6千余人であり，災害規模は地震規模の順とは異なる。むしろ，災害規模は，地震規模に加え，被災地域の人口や，天候，日時が影響する。

とくに大正関東地震は，人口が集中していたことに加え，天候と時間が災いし，甚大な被害となった。地震発生時刻が昼前の炊事時で，日本海側に台風があって風が強かったこと，沖積低地に家屋が密集していたことなどが災いした。東京市の下町の死亡率は山手の10倍以上にも上った。東京府と神奈川県の死者は約7万人と約3万人，1925年の両府県の人口は約450万人と約140万人，現在は1,365万人と914万人である。この人口比で死者数を現在に換算すると，42万5千人にもなる。さらに東京の下町と山手，横浜市の人口変化を勘案すると，80万人に増加する（3.1.10項参照）。経済被害は，当時の国家予算の3倍を超え，大震災の4年後に起きた北丹後地震の直後には，震災手形の不良債権化などによって昭和金融恐慌が発生した。その後，満州事変，2・26事件，日中戦争，太平洋戦争へとつながっていった。このように，大震災が発生すると社会にも大きな影響を与える。

1.1.3　切迫する大地震

政府・**地震調査研究推進本部**から，地震発生の長期評価結果が公表されており，2018年1月時点で，今後30年間の地震発生確率は，**南海トラフ地震**は70〜80％[*1]，**首都直下地震**は70％程度とされている。中でも南海トラフ地震は，マグニチュードが8〜9と巨大で，過去にも100〜200年程度で繰り返し発生してきた。南海トラフ地震の発生の仕方は多様で，**東海地震・東南海地震**と**南海地震**が同時発生することも，時間差をもって発生することもある。前後には西日本を中心に内陸直下の活断層による地震も頻発するため，社会が大きく混乱する。このため，過去の地震発生時期は，日本の歴史の転換期にも重なる。

政府・中央防災会議による予測では，最大クラスの南海トラフ地震（**図1.3**）の被害は，最悪，死者

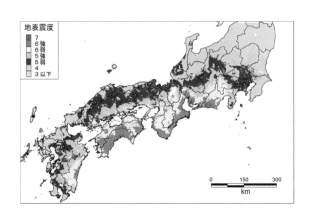

図1.3　最大クラスの南海トラフ地震（陸側ケース）の予測震度分布
[出典：内閣府ウェブサイト]

[*1]：この確率は地震の発生が時間予測モデル（大きな地震の後は次の地震までの時間が長いというモデル）で表されるとした場合の結果である。地震発生がランダムだとすると確率は小さくなる。震源域のすみ分けがあり，昭和地震（1944年東南海・1946年南海）と安政地震（1854年）は震源域が重なっていないとか，地震の発生の仕方には階層性があると指摘する研究者もいる。慶長地震（1605年）が南海トラフ地震でないと考えると200年程度の間隔にもなる。その場合も安政地震からすでに160年以上経過しているので要注意であることは変わらない。

32万3千人，全壊・焼失家屋238万6千棟，経済被害は220兆3千億円，廃棄物は約3億1千万トン，1週間後の避難者は950万人とされている。予想被災地の人口は6,100万人と国民の約半数に上り，全壊家屋数や瓦礫量は日本の住宅着工戸数や廃棄物の数年分に相当する。被災地には日本の重要港湾，国際空港，製油所などの半数以上が存在し，発電所も多い。社会を支えるライフライン途絶は深刻であり，停電家屋2,710万軒，上水道断水の影響人数3,440万人，下水道利用困難人数3,210万人，都市ガス供給停止180万戸，固定電話通話不能930万回線に及ぶと予測されている。

経済被害はGDPの4割，国家予算の2倍を超え，ストック被害やフロー被害は，それぞれ日本の固定資産ストックや国内総生産（GDP）の約1割に相当する。被災地の製造品出荷額は180兆円弱と日本の60％以上を占め，製造業被害は17兆円に及ぶ。産業立国である日本がこのような被害を出せば，国際競争力を失い，多大な債務を抱え人口が減少する中，将来が危ぶまれる。

この被害規模は，東北地方太平洋沖地震の被害とは一桁異なる。東北地方太平洋沖地震に比べ，被災地域の人口が約10倍で，震源域が陸寄りであることを考えると，十分にあり得る被害量である。また，過去の南海トラフ地震について，当時の死者を現在に人口換算してみると，過去にも同等の被害を出しており，この被害予測結果は過大ではないことがわかる（3.1.10項参照）。

過去の南海トラフ地震では，震災後，見事に社会が回復してきた。かつての日本は，全国に人口が適度に分散し，各地が地産地消で自律性が高かったこと，農村社会で地域の共助力が高かったこと，個人も田畑を有し，竈，灯明，井戸，くみ取り便所の生活で自助力も大きかったことなど，社会や個人の「生きる力」が強かったことが寄与したと思われる。

1.1.4　災害対応力が低下する日本

日本は，多大な債務を抱える中，少子高齢化による人口の減少と災害の増加に直面している。気候変動による風水害の増加や地震の活動期を迎え，首都圏への一極集中などによる大都市の過密化と地方の過疎化などの課題を抱えている。

過密化した都市では，**図1.4**のように，まちを低地や丘陵地に拡大し，建物を高層化・密集化させ

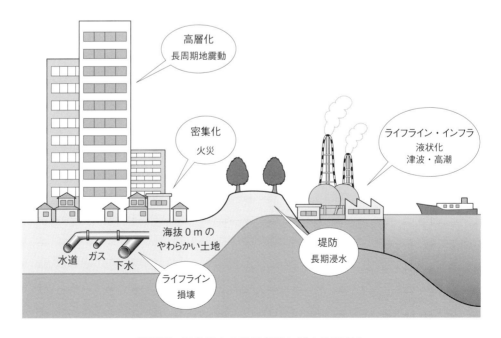

図1.4　現代都市の地震災害に対する脆弱さ

てきた。通勤の長距離化などは災害時の帰宅困難者問題を招き，ライフライン・インフラへの依存は損壊・途絶時の被害を拡大させる。建物の大規模化・高層化は同時被災者を増加させ，家屋の密集は火災危険度を増す。堤防に守られた海抜ゼロメートル地帯は長期の浸水被害と，丘陵地の谷埋め盛土は土砂災害と隣合わせだ。

一方で過疎地では，若者の流出によって高齢化が進み，限界集落が増加している。山が荒れ，田畑やライフラインの維持も難しく，土地の相続未登記の問題もある。地方からの人口流入の多い東京の結婚率や出生率，三世代同居率の低さは，日本の人口減少と社会福祉の問題を生み出す原因でもある。兵庫県南部地震，東北地方太平洋沖地震のいずれの震災でも，高齢者の死亡率は若年者の5倍にも上る。高齢化が進展する中，災害時要配慮者の事前防災の重要性がわかる。

債務が年々増大する中，堤防や道路・橋梁などの社会インフラ，電気・ガス・上下水道などのライフラインをすべて維持することは困難である。公務員も少ない日本では，災害時の公助依存には限界がある[*1]。公への依存心が強い現状を見直し，債務の減少と，自助・共助力の育成を図らなければならない。

1.1.5 災害被害軽減のために

災害被害軽減の基本は，ハザード（hazard），暴露量（exposure），脆弱性（vulnerability）を減らし，回復力（resilience）を増すことにある。ハザード低減の基本は危険を回避することにある。**図1.5**に示すように，災害危険度の高い湾岸にエネルギー基地が集積する現状は危うい。人口減少を逆手にとり，土地利用を見直し，安全な場所にまちを撤退することが望まれる。まちを集約化し輪中堤などの土木インフラでハザードを軽減する方法もある。インフラやライフラインの維持経費の節減のためにも，コンパクトシティなどのまちの集約化は，今後，避けては通れない。あわせて，最新の技術を使った自立型住居で，里山や田畑の維持を図る方策も考える必要がある。

暴露量の低減には人口の過度な集中を避けること，とくに首都圏への一極集中を是正する必要がある。そのためには地方の活性化と魅力づくりが不可欠である。それに加え，東京本社への単身赴任と家族のいる地方支店勤務を繰り返す現代版参勤交代システムや，退職後の地方での再雇用，テレワーク制度の普及，首都圏の大学入学定員制限など，多様な施策を組み合わせていく必要がある。2027年に予定されるリニア中央新幹線の開通は，人口分散のチャンスでもある。

脆弱性を減らすには，個人や事業者の耐震化推進などの強靭化が基本となる。事前対策の必要性の啓発，安価な対策工法の開発，強靭化の体制作り，資金援助や税制優遇など，総合的な施策展開が必要である。とくに社会の基盤となるインフラとライフラインの強化は必須である。近年，電力やガス，通信の自由化で，安全投資がしにくくなっている。近視眼的に経済性・効率性を追い求めすぎず，長期的視野で安全性向上を図っていきたい。

回復力を増すには，最新のIT技術を活用した被害状況と対応資源の早期把握や，災害後トリアージにもとづく資源の最適活用による被害波及の最小化が鍵を握る。さらに，業務継続計画（BCP）策定などの事前準備や，個人・地域・事業者の生きる力の醸成が早期回復を可能にする。

来たる大地震から社会を守り，次世代に社会を引き継ぐため，できる限りのことをしておくことが現代社会に生きる私たちの役割だと考える。とくに，建築や土木に携わる技術者の責任は重い。一人一人が率先して対策を進めたい。

---

*1：日本の公務員数（公益法人職員，非常勤・臨時職員などを含む）は，人口千人あたり42人（総務省の公表公務員数は35.1人）であり，イギリス98人（フルタイム換算職員数78人），フランス96人，アメリカ74人，ドイツ70人に比べて少ない[1]。

図1.5 湾岸のエネルギー集積地
［写真提供：123RF］

Note 1.1 〈温故知新〉

「彼を知り己を知れば百戦殆うからず」という格言がある。地震の危険を知れば，「君子危うきに近寄らず」と危険を避けることができる。低地にある軟弱な地盤は揺れが強く，地下水面も浅いので液状化もしやすい。また，水害危険度も高い。このため，かつての集落の多くは災害危険度の低い台地や微高地などに立地していた。

自分の弱さを知れば，「転ばぬ先の杖」と備えの対策ができる。弱さを知るのが耐震診断，転ばぬ先の杖が耐震補強である。本来は，敵の強さに応じて己を強くすることが必要であるが，日本の現状は，地震危険度の大小にかかわらず最低基準である耐震基準を守ることに汲々としている一面があることは否定できない。安全を忘れたバリューエンジニアリングを推進することの怖さを感じる。危険回避と十分な対策の結果，「備えあれば憂いなし」で，災害を乗り越えることができる。さらに一歩進めれば，互いに助け合う素晴らしい社会を作ることができ，「災い転じて福となす」になる。いずれも温故知新である。改めて，昔の人は良い言葉を残してくれたと思う。私たちの意識さえ変えれば，最新の科学技術で災害を乗り越えられるはずだ。

Note 1.2 〈天災と国防〉

寺田寅彦は，1934年に著した『天災と国防』の中で，下記のように社会の現状を憂えた文章を残している。この文章が書かれた前年には，昭和三陸地震が発生し，直後に，日本は国際連盟から脱退した。1934年には3月に函館大火が起き，9月に室戸台風が来襲した。まさにそんなときに，この小文が書かれた。その後，1936年には2・26事件が発生し，1937年には日中戦争が始まる。この文章を読むと，現代社会の問題そのものが指摘されているようにも感じる。全文は青空文庫で閲覧できるので，ぜひ読んでみてほしい。

人類がまだ草昧の時代を脱しなかったころ，がんじょうな岩山の洞窟の中に住まっていたとすれば，たいていの地震や暴風でも平気であったろうし，これらの天変によって破壊さるべきなんらの造営物をも持ち合わせなかったのである。もう少し文化が進んで小屋を作るようになっても，テントか掘っ立て小屋のようなものであって見れば，地震にはかえって絶対安全であり，また

とえ風に飛ばされてしまっても復旧ははなはだ容易である。とにかくこういう時代には，人間は極端に自然に従順であって，自然に逆らうような大それた企ては何もしなかったからよかったのである。

　文明が進むに従って人間は次第に自然を征服しようとする野心を生じた。そうして，重力に逆らい，風圧水力に抗するようないろいろの造営物を作った。そうしてあっぱれ自然の暴威を封じ込めたつもりになっていると，どうかした拍子に檻を破った猛獣の大群のように，自然があばれ出して高楼を倒壊せしめ堤防を崩壊させて人命を危うくし財産を滅ぼす。その災禍を起こさせたもとの起こりは天然に反抗する人間の細工であると言っても不当ではないはずである，災害の運動エネルギーとなるべき位置エネルギーを蓄積させ，いやが上にも災害を大きくするように努力しているものはたれあろう文明人そのものなのである。

　もう一つ文明の進歩のために生じた対自然関係の著しい変化がある。それは人間の団体，なかんずくいわゆる国家あるいは国民と称するものの有機的結合が進化し，その内部機構の分化が著しく進展して来たために，その有機系のある一部の損害が系全体に対してはなはだしく有害な影響を及ぼす可能性が多くなり，時には一小部分の傷害が全系統に致命的となり得るおそれがあるようになったということである。

1.2　地震の危険を避ける

1.2.1　地震の危険とは

　「君子危うきに近寄らず」というが，危険は避けたほうが得策である。地震が起こると，強い揺れ，液状化，土砂崩れなどの地盤災害，津波，火災などが複合して襲ってくる。これらの危険度が高い場所は立地を避けるのが地震対策の基本である。**図1.6**のように都市には多くの危険が存在する。

　地震で強く揺れると，脆弱な構造物が壊れ，人命が損なわれ，社会が混乱する。地震規模が大きく，震源に近く，地盤が軟弱なほど揺れは強い。家屋が壊れれば生命の危険に加え，生活に支障が生じる。

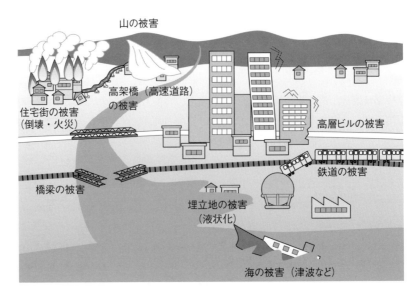

図1.6　地震時の危険

役所や消防・警察庁舎が壊れれば，防災活動が停滞する。病院が損壊すれば災害医療が困難になり，学校が壊れれば避難所を失い授業再開も遅れる。ビルが損壊すれば事業継続が困難になり，部品工場が損壊すれば広範に生産停止する。ライフラインや物流が途絶し，設備が損壊すれば生産はできない。

海抜ゼロメートル地帯を守る堤防が壊れれば，まちが長期間湛水する。橋梁が損壊し，沿道・沿線の建物や地盤が崩落すると，道路や鉄道が止まる。航路が閉塞し，港湾機能が失われれば，輸出入が滞る。また，発電所，ガス工場，製油所などが被害を受ければ，社会活動に長期間大きな影響が出る。

地盤も強く揺れると変状する。地下水位が浅く，緩く堆積した砂地盤では強く揺れると液状化が発生する。液状化すると，地中埋設管の損壊や，マンホールなどの地中埋設物の浮上，地盤の側方流動による護岸構造物の損壊，地盤沈下による橋梁接続部での道路の段差，家屋の沈下・傾斜などが生じる。

また，強く揺れれば急傾斜地が崩落したり，谷を埋め盛土した造成地や傾斜地を切土・盛土した造成地で地盤変状が生じたりする。溜池の土堤が決壊すれば下流部を濁流が襲う。活断層直上では地表に断層ずれが生じる。

沿岸の低地では津波の危険がある。自動車やタンク，コンテナ，木造や鉄骨造などの軽量の建物は漂流しやすい。リアス式海岸のような地形では津波高が成長するので要注意である。震源域が近い海岸では，津波到達時間が短く避難の暇がない。南海トラフ地震での駿河湾周辺地域や紀伊半島南端の串本，四国の室戸などでは，高台移転や堅固な構造物内での垂直避難の検討が行われている。

地震火災の問題もある。木造家屋密集地で火災が同時発生すると，風が強く十分な消防力や防火帯がなければ延焼が拡大して大火となる。強い揺れによって耐火性のある外装材が脱落すれば，隣接した木造家屋に容易に延焼する。倒壊家屋が道路を塞げば，消防車両が進入できず消火活動が滞る。かつては燃料やガスなどの熱器具が火災の主原因だったが，最近では通電時の電気火災や水没した自動車のバッテリー火災が増加している。また，石油貯蔵施設や化学プラントでは，大規模火災や爆発，化学物質漏洩などの危険もある。

地震危険度は多様で，場所に依存する。地盤が軟弱なほど揺れが強く，**液状化**もしやすい。水辺の低地は，地盤が堆積して間もないので地盤が軟弱である。津波や高潮，洪水などの水害危険度も高い。かつての池沼や河道，水田だった場所も同様の危険を有する。傾斜地の盛土造成地は揺れに加え土砂災害危険度も高い。自治体のハザードマップを調べたり，古い地図で旧地形や昔の土地利用を調べたりするとよい。また，広幅員道路や公園などの防火帯がなく，道路が狭隘で古い木造家屋が密集した地域は延焼危険度も高い。内陸にある**活断層**は，1,000年に1回程度の活動とはいえ，活断層直上や直近では断層ずれや強震動のおそれがある。防災拠点などの重要建物は，活断層近傍の立地は避けるのが望ましい。

複合災害の問題も忘れないでおきたい。巨大地震が発生すると余震や誘発地震が続発し，火山活動を伴う場合もある。過去にも，1944年**昭和東南海地震**の37日後に**三河地震**が発生し，1707年**宝永地震**の49日後には富士山が大噴火した。昭和東南海地震も宝永地震も南海トラフ地震の1つである。また，強い揺れで損壊した堤防が水害を招くこともある。1948年**福井地震**では，九頭竜川の堤防が最大4.5m沈下し，27日後の豪雨で決壊した。戦災，震災，水害の3つの災害から立ち直った福井市は，「フェニックス（不死鳥）のまち」といわれる。

このように，建設地を新たに探すときには，ハザードが高い場所は避けたい。すでに，建設地が決まっているときには，建設地の危険度を十分に把握し，設計・建設の中で的確な対策を施すのが肝要である。まさに，孫子の兵法である「彼を知り己を知れば百戦殆うからず」である。

1.2.2　強い揺れを避ける

　揺れは，地震規模が大きいほど強い。地震とは，地中で断層がずれ動く現象である。地震は，**震源**を破壊開始点として2 km/s強の破壊速度で岩盤を順次壊していく。破壊領域を**震源域**とよび，震源直上の地表地点を**震央**とよぶ。地震の規模は，地震が発するエネルギーの対数を指標化した**マグニチュード**で表現される。地震の放出エネルギーは，震源域の面積とずれ量（断層変位量）の積に比例し，マグニチュードが2増えると，面積が100倍，ずれ量が10倍，エネルギー放出量は約1,000倍になる。1増えたときはこれらの平方根になる。したがって，マグニチュードが大きいほど，ずれ量が大きく震源域が広くなるので，強い揺れの範囲が広域に及ぶ。

　地震の揺れは距離とともに小さくなる。震源域から地震波が四方八方に放出され岩盤内を伝播する。地震波には**P波**（Primary wave）・**S波**（Secondary wave）とよばれる**実体波**と，地表面近くを伝播する**表面波**がある。岩盤の中では，P波は5〜7 km/s程度，S波は3〜4 km/s程度の速度で伝播する。その結果，地震のときには，最初にガタガタというP波の初期微動を，その後にユサユサというS波の主要動を感じる。表面波の速度はS波より少し遅いので，あと揺れとしてやや周期の長い揺れを感じる。波長の長い「長周期」の揺れは減衰しにくく遠くまで伝わりやすいので，震源から離れた場所は長周期で揺れやすい。P波は弾性体を伸縮させながら伝播する疎密波，S波は弾性体をせん断変形させながら伝播するせん断波であり，せん断剛性のない液体や空気中ではS波は存在しない。

　地震波は，震源から周囲に拡散することで，距離とともに減衰する。点（震源）から同心球状に地震波（実体波）が放出されたとすると，地震波の振幅は距離に反比例して減衰する。その理由は，エネルギー保存にある。エネルギーを保存するには波面の面積が広がるのに応じて，振幅が減少する必要があるからである。詳細は第4章で論じる。

　被害を起こす地震としては，プレート境界で起きる地震は発生間隔が短く地震規模も大きいが，震源域は陸からは離れている場合が多い[*1]。このため揺れが少し減衰して陸域に到達する。一方，内陸の活断層は，地震の発生間隔が長く地震規模も小さいが，居住地近くで発生し距離が短いので，局所的に強い揺れになる。このため，活断層による地震が大都市直下で起きると，兵庫県南部地震のように家屋被害が甚大となる。

　揺れは，軟弱な地盤ほど強くなる。日本の多くの大都市は，大河川の下流域に立地しており，台地や平地にまちが広がっている。山地では岩盤が露頭しているが，台地では岩盤の上に洪積世（更新世）に堆積した地盤が，平地ではさらに沖積世（完新世）に堆積した地盤が載っている。地盤は堆積年代が新しいほど軟らかい。このため，地盤の硬さは，一般に山地＞丘陵地＞台地＞平地となり，平地の地盤は，硬い地層の上に軟らかい地盤が層状に堆積している。地盤の硬さは，ヤング係数やせん断弾性係数で表され，地震波速度の2乗に比例する。地盤は，軟らかいほど変形しやすい。たとえば，皿の上にプリンと羊羹を載せて揺すると，プリンは皿より大きく揺れ，羊羹は皿と一体で動く。これと同じように，軟弱な地盤は，岩盤に比べて揺れが大きく増幅する。

　すなわち，地震の揺れは，**震源**（地震の規模）×**伝播**（震源からの距離）×**地盤増幅**（地盤の軟弱さ）により生じる（**図1.7**）。強い揺れを避けるには，大規模な活断層などの近くを避け，洪積台地のように比較的硬い平らな地盤を選ぶとよい。ただし，日本に住む限り地震から逃れることは難しい。

[*1]：南海トラフ地震の場合には，震源域の一部が陸域にかかるため，強震になるとともに，津波が早くかつ高く到達するので注意が必要である。

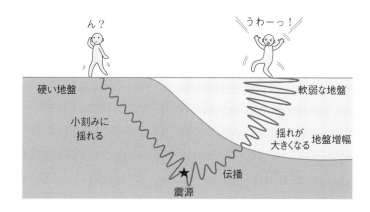

図1.7 震源（地震規模）×伝播（距離減衰）×地盤増幅（表層地盤）

1.2.3 国土計画・都市計画面からの改善

　日本の人口は，大正関東地震以降，**図1.8**のように大都市への人口集中を続けてきた。1.1.4項に述べたように，過密と過疎が災害被害を増大させる。一方，2100年には日本の人口は5千万人まで減少するといわれる。人口が激減する中，国の持続的発展のためには，国土の均衡ある有効活用と災害への強靭化が必要であり，自律・分散・協調型の国土作りが基本になる。そのためには，地域の魅力づくりと活性化により地方創生を実現し，地方に若者を定着させることが不可欠である。国土形成計画の提案のように，都市機能維持ができる規模に都市を集約し，個性と自律性をもたせ，都市間を高速交通網でつなぐ「コンパクト＋ネットワーク」型の国土を築く必要がある。一方で，中山間地の森林・田畑の維持には，ライフラインやインフラに頼らない自立型住居の普及が必要である。自然エネルギー利用の発電や井戸，インターネットを活用したテレワーク，ドローンによる宅配，車の自動走行による移動など，最新技術の活用で中山間地などを維持したい。

　都市計画の見直しも必要である。木造家屋密集地域の早期解消は喫緊の課題である。将来的には，都市内でコンパクトシティ化を進め，安全な場所にある駅のそばにまちを集約するのがよい。まちの原型であったかつての集落は，災害危険度の低い場所に立地していた。人口減少の中，災害危険度の高い沖積低地や海抜ゼロメートル地帯，丘陵の傾斜地などのまちを徐々に縮小し，安全な旧集落を中心に再開発を進め集約化することが望まれる。気候変動による地球温暖化の中，途上国を中心に世界

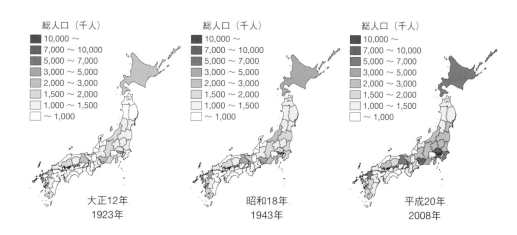

図1.8 人口の大都市への集中による過密と過疎

の人口が激増し食糧難が予想される。土地利用の見直しで空地になった肥沃な沖積低地や日当たりのよい傾斜地は，現状約4割にとどまっている食料自給率の改善のため，機能的な農地に転用していくべきだろう。

かつて，1959年伊勢湾台風の後，被災地・名古屋市では臨海部防災区域建築条例を制定し，建築規制を定めた。最近では，土砂災害防止法や津波防災地域づくりに関する法律で，災害警戒区域や災害特別警戒区域を設定して建築規制を行う試みが始まっている。大規模災害が切迫する中，土地利用のあり方を考えるときである。

1.2.4　過去の地震災害に見るハザードと暴露量の大切さ

ハザードを避けることの大切さは過去の災害からも明らかである。過去最悪の被害となった1923年**大正関東地震**は，1703年**元禄関東地震**よりも規模の小さな地震だった。しかし，死者は，大正関東地震は約10万人，元禄関東地震は約1万人である。当時の日本の人口は，それぞれ6千万人弱と3千万人弱であり，人口比では説明できない死者数の差である。

地域別の死者数を比べると，東京と横浜以外は元禄関東地震のほうが多いが，大正関東地震の東京市の死者は7万人弱と，元禄関東地震の江戸府内の死者340人に比べ200倍にもなる。内訳を見ると，東京の西側の家屋倒壊による圧死は1,500人弱，人口比を考えれば元禄関東地震と大きな差はない[2]。甚大な被害の原因は，**図1.9**に示すように，まちを沖積低地や干拓地・埋立地の下町に広げたことにある。

東京の東側の死亡率は山手の西側に比べ10倍以上にも及ぶ。下町に広がる軟弱地盤上の密集家屋が火災の延焼を拡大した。まさに，土地利用のあり方が災害を拡大したともいえる。大正関東地震がきっかけになって，金融恐慌や軍国主義化を招き，太平洋戦争で310万人もの犠牲者を出したことを思い起こすと，災害を意識した土地利用の大切さを感じる。

土地利用に加え，天候や時間などの条件，自助・共助の差も大きい。大正関東地震は相模トラフで起きた地震，1944年昭和東南海地震は南海トラフで起きた地震だが，2つの地震のマグニチュードは7.9と同じ規模，震源域からの距離は倍半分程度である（**表1.1**）。東京市の人口は200万人強，名古屋市の人口は130万人強と大差ない。しかし，死者数は7万人弱と121人であり，500倍以上も異なる。焼失戸数は30万戸と2戸と差は歴然である[3]。ここには5つの原因があると考えられる。

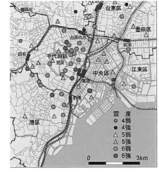
1703年元禄関東地震，江戸の死者340人

1923年大正関東地震，東京市の死者7万人弱

図1.9　2つの関東地震での江戸・東京の揺れと死者

[出典：(左) 国立歴史民俗博物館（編），ドキュメント災害史　1703-2003, 2003
　　　(右) 武村雅之，手記で読む関東大震災，古今書院，2005]

表1.1 大正関東地震と昭和東南海地震

	大正関東地震（1923）	昭和東南海地震（1944）
地震の性質	相模トラフ地震	南海トラフ地震
地震規模	M7.9	M7.9
発生時刻	9月1日11時58分	12月7日13時35分
天候	雨のち晴れ・強風	晴れ・おだやか
主たる居住地	武蔵野台地＋下町	熱田台地
耐震基準	無し（翌年より施行）	有り（1943年停止）市街地建築物法の耐震規定が適用
時代背景	大正デモクラシー	防空体制下
人口／人	東京都15区 2,079,094	名古屋市13区 1,344,100
死者／人	68,660	121
震度（最大）	6弱（6強：本所区）	5強（6弱：南区・港区）
全潰世帯／戸	35,350	1,221
焼失世帯／戸	300,924	2

表1.2 兵庫県南部地震，東北地方太平洋沖地震，熊本地震の比較

	兵庫県南部地震	東北地方太平洋沖地震	熊本地震
特徴	活断層による地震 大都市神戸の早朝の地震 揺れによる家屋被害が顕著 危機管理の欠如	プレート境界地震 過疎化が進む地域 津波による家屋流出が顕著 原発災害，長周期地震動	活断層による地震 二度の震度7 家屋倒壊と土砂崩れ 関連死
地震規模	7.3	9.0	7.3
死者＋行方不明者	6,434人＋3人	15,895人＋2,539人（関連死3,676人）	50人（関連死212人）
人口	兵庫県540万人	東北3県562万人	熊本県177万人
全壊家屋	104,906	121,776	8,673
経済被害	10兆円	16.9兆円	4.6兆円

1. 地震発生時刻（大正関東地震は昼前の炊事時，昭和東南海地震は昼食後）
2. 天候（関東は強風，東南海は小春日和）
3. 土地利用（東京は下町に拡大，名古屋の住宅は多くが台地上）
4. 耐震化（名古屋は市街地建築物法の適用により耐震化が進捗）
5. 時代背景・地域性（東南海は戦時下の地震のため防空・防火訓練が盛ん，祭りなどの地域活動が盛んで共助力大）

の5つである。天候や時間などの条件に加え，ハザードの大きな場所への人口集中，耐震化などの自助力，初期消火などの共助力などの大切さに気づく。

表1.2に示すように，近年の地震災害でも，人口集中の影響は明らかである。1995年**兵庫県南部地**

震と2016年**熊本地震**は，ともに直下の活断層が引き起こしたマグニチュード7.3の地震である。いずれも多くの人が就寝していた時間帯の地震で，古い木造家屋の倒壊が顕著だった。しかし，両地震での直接死の数は，5,500人と50人と100倍以上も異なる。最大の理由は，震度7エリアに居住する人口の差である。熊本地震で震度7を観測した益城町と西原村の人口は合わせて約4万人，これに対し，震災の帯に居住した神戸市周辺の人口は100万人を越える。強い震度に暴露した人口が被害を左右することがわかる。過度な人口集中の是正が必要である。なお，熊本地震の場合には，2日前の前震によって本震で倒壊した家屋の住民の多くが家屋外に避難していたことや，耐震化の進渉も幸いしたと考えられる。

　ハザードに見舞われる被災人口の問題は，兵庫県南部地震と2011年**東北地方太平洋沖地震**を比べても明らかである。2つの地震のマグニチュードは2も違い，地震エネルギーは1000倍も異なる。しかし，直接死・不明者の数は約5,500人と約18,000人，全壊・流失家屋は約10万棟と約12万棟，経済被害は約10兆円と約17兆円など，被害のオーダーは大きく変わらない。これは，被災東北3県の人口と兵庫県の人口が550万人程度と，おおむね等しいためと思われる。災害危険度の高い地域への人口集中の問題の大きさを改めて感じる。

〈地名をヒントに土地の災害危険度を考える〉

　地震の危険に抵抗することが困難だった先人たちは，災害危険度の高い場所を避けて集落を作った。このため，災害危険度の高さを地名に残したかもしれない。東北地方太平洋沖地震の被災地にも，津波被害をまぬがれた場所には，浪分神社や浪切不動があった。沼，池，江など，「さんずい」がつく地名は，水辺や低地の場合が多いため，地震の揺れが強く，液状化や浸水の危険度も高い場合が多い。また，土石流などの危険のある谷やその出口には，「蛇」や「竜」がつく地名や「谷口」などの地名がある。「○○リバーサイドマンション」などという名前が素敵に聞こえる現代は，かつてとは価値観が異なる。

　そもそも地名は，ある場所の呼称が多くの人々に共通認識されて定着したものなので，元来，そこにあった地形，人物，事物に由来するものが多い。身近な地名を思い浮かべてみると，山・川・海・浜・田・沼・谷・島・津・江など，地形や土地利用に関する漢字が多く使われている。

　一例として，多くの人が利用するJR東日本の中央・総武線（各駅停車）の駅名を亀戸から中野まで並べてみると**図1.a**のようになる。

「亀戸」，浅草「橋」，秋葉「原」，御茶ノ「水」，水道「橋」，飯「田橋」，市ケ「谷」，四ツ「谷」，千駄ケ「谷」，大「久保」，東中「野」，中「野」

など気になる駅名が多い。谷，久保・窪，野，橋といった漢字が多く，武蔵野台地を刻む谷・窪の地形が窺える。ちなみに，亀戸から東の駅名は低地を示す漢字が多く使われている。

　蒸気機関車の時代の鉄道は，木造家屋の多い居住地を避けて作られた。また，馬力不足で坂道が苦手だったため，谷沿いや低地に建設されることが多かった。多くのドラマで，マイホームから坂を下って駅に向かうシーンが出てくるように，鉄道駅は谷，住宅地は丘陵というのが日本の大都市の一般的な風景でもある。地名は私たちの普段の生活や，地勢，地史に密接に結びついている。地名を通して土地の由来を考え，地形的特徴や地震危険度など学べば，納得感やわがこと感も向上す

る。地名への愛着や，地名のもつ歴史感や地理感などが，当事者意識を芽生えさせてくれる。

地名と，地盤の硬軟，標高，地盤の揺れやすさ，液状化危険度や水害危険度，浮世絵や名所図会に描かれた風景などとの関係を調べてみると，思った以上に相関がよい[4]。町名が変更されても，幸い，交差点名，バス停名，通り名，公園名，学校名などには，昔の地名がたくさん残っている。中でもバス停は，高密度にあるため，昔の地名を調べるには役に立つ。バス停の名称から災害危険度を考えてみてはどうだろうか。

図1.a 中央・総武線の駅名

1.3 構造物被害の抑止

1.3.1 地震時に構造物に作用する外力

地震により構造物が振動すると，構造物に外力が作用する。この外力に比べ，構造物の抵抗力（強度）が小さいと，構造物は損壊する。構造物に作用する外力は**地震力**[*1]とよばれ，構造物が振動することによって生じる慣性力がその正体である。車を急停止すると前のめりになるが，その外力が慣性力である。慣性力は，運動の第2法則により定義され，質量と加速度[*2]の積で与えられる。

構造物も同様で，質量が大きい構造物が大きな加速度応答[*3]を示すと大きな慣性力が生じる。構造物の下階の柱や壁には，上階に生じた地震力の総和が層せん断力として作用する。このため，上階に比べ下階ほど，大きな層せん断力を負担する。たとえば，3階建ての建物の場合，2階の床，3階の床，屋上階の床の位置に重さが集中していると考えると，各床位置には，各床の質量にその加速度を乗じた慣性力が作用する。3階の柱と壁は，屋階の慣性力だけを負担するが，1階の柱と壁は，2階，3階，屋階の慣性力の総和である層せん断力を負担しなければならない。したがって，低層階のほうが多くの耐震要素（柱・壁）が必要となる。1階の柱・壁は，建物全体の重さも支える必要があり，建物が高層になるほど大きな力を負担しなければならない（**図1.10**）。このため，1階を駐車場にしたピロティ建物は地震に対して不利になる。

地震力を小さくするには，軽くて揺れにくい低層の構造物を作ればよい。構造物の応答は，地盤応

---

*1：地震時に建物が応答する結果，建物に作用する力（あるいは生じる力）を地震力とよぶ。本書では，地震力という用語は慣性力（外力）を指すことにする。文献によっては，建物に生じる層せん断力（内力）も地震力という場合がある。また，地震荷重とよぶこともある（日本建築学会「荷重指針」など）。しかし，建築基準法の「荷重及び外力」の項では，「固定荷重」「積載荷重」「雪荷重」「風圧力」「地震力」と記されており，「地震荷重」ではなく「地震力」という用語が使われている。また，地震力は，時々刻々変化する慣性力として考えられたり，そのスペクトルや，最大値を静的に置換した力として考えられることもある。このように現状，外力と内力，力と荷重など，用語の使い方やその定義に幅がある。そこで本書では，慣性力（外力）を地震力と表記し，内力は層せん断力と表記することで統一する。

*2：加速度は，速度の時間変化率であり，急停止による速度変化が大きな加速度を生み出す。バスが急停止したときに，痩せた人より太めの人のほうが転びやすいのと同様，慣性力は質量に比例する。

*3：応答とは，地震によって，構造物や地盤が反応した揺れ，構造物応答や地盤応答を示し，総称して地震応答とよぶ。また，その量に応じて，加速度応答，速度応答，変位応答などともよぶ。

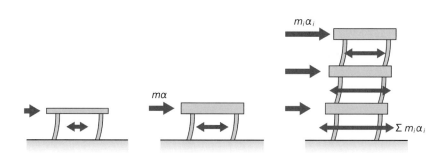

図1.10 地震により構造物に作用する力

答と構造物の応答増幅によって決まる。1.2.2項で示したように，地盤応答は，地震規模，震源域からの距離，表層地盤の地盤増幅で決まり，大規模な地震の震源域近くや軟弱地盤で地盤応答が大きくなる。

1.3.2 地盤と構造物の共振

　地震による構造物や地盤の応答には，揺れの強さに加え，揺れの周期や継続時間がかかわる。震源域での破壊の仕方や表層地盤の硬さや厚さで，地盤応答では特定の周期が卓越する。小規模の地震では，震源断層が小さく，断層が短い時間で壊れるので，地震時の地盤の揺れである地震動の継続時間や周期が短い。これに比べ，大規模な地震では，震源断層が破壊するのに時間がかかるので，長周期の揺れが長時間放出される。さらに，震源から放出された地震波は，さまざまな経路をたどって建物の場所に到達するので，震源から距離が離れるほど継続時間が長くなる。また，短周期の揺れは波長が短く減衰しやすいので，遠くの場所では長周期の揺れが残る。これに加え，盆地状の堆積地盤では，地震波が盆地内を行ったり来たりして，長時間揺れ続け，堆積地盤が軟弱で厚いほど長周期の揺れが増幅される。

　皿の上にプリンと羊羹を載せて皿を揺すってみると，プリンは羊羹より強く揺れ，特定の周期で揺するととくに強く揺れる。プリンを少しずつ食べてプリンを薄くしていくと，短周期で揺れやすくなり，揺れも小さくなる。この周期が地盤の揺れが卓越する周期で，**卓越周期**とよぶ。

　建物も地盤と同様に揺れやすい周期がある。たとえば，棒状の魚肉ソーセージを手にもって，左右に揺すってみると，長くもつと長周期で揺れ，短くもつと短周期で揺れる。これと同じように，建物も高いほど長い周期で揺れる。これを建物の**固有周期**とよぶ。

　図1.11のように，大きなナットと小さなナットを用意してそれぞれ紐で吊るしてみる。そして，ナットを少し横に引いて離してみる。紐の長さが同じなら，大きなナットの振り子と小さなナットの振り子は，同じ周期で揺れる。紐の長さをl，重力加速度をgとすると，振り子の固有周期は$2\pi\sqrt{l/g}$と表される。紐の長さが短くなると，振り子は短い周期で揺れる。その周期で手を左右に動かすと，振り子は大きく揺れる。これを**共振**とよぶ。手を左右に一度だけ動かしたときに比べ，二度三度と動かしていくと，振り子の揺れはどんどん大きくなる。ちょうど，ブランコを何度もこいで揺れを大きくするのと同じ理屈である。すなわち，揺れの**継続時間**が長いと共振が育ちやすい。つまり，継続時間の長い巨大地震では共振によって応答が大きくなりやすいことがわかる。

　次に，**図1.12**のように，大きなナットの振り子に小さなナットの振り子をぶら下げてみる。上の紐が下のナットの紐より長いと，小さなナットは大きなナットと一緒に動き，上の紐が短いと，大きなナットの振り子だけが揺れて小さなナットは動かない。ところが，2つの紐の長さが同じだと，小さ

図1.11 振り子の周期

図1.12 2つの振り子の振動

なナットの揺れが凄まじく大きくなる。これが地盤と建物の固有周期が一致することによる共振現象である。机の上に鏡を置いて上下逆にして見てみると、大きな振り子が地盤の揺れ、小さな振り子が建物の揺れに見える（詳細は第5章を参照）。

　地盤と建物の共振が大きな話題になったのは、2011年東北地方太平洋沖地震での大阪府咲洲庁舎である。震源から700 kmも離れていた地上55階・高さ256 mの超高層ビルが、往復3 m弱も揺れた。地震観測記録の分析から、地盤の卓越周期と建物の固有周期がほぼ一致したことで、周期6.5秒程度の揺れが、地盤深くの基盤に比べ建物上部で千倍程度に増幅されたことがわかった。

　地震での建物の揺れは、地盤や建物の堅さだけでなく、揺れやすい周期の同調という問題もかかわることを忘れないでおきたい。すなわち、建物自身の耐震性だけでなく、地震力の大小、すなわち、地盤や建物の揺れやすさ、建物の重さ、建物の周期にも注意が必要である。

1.3.3　ラーメン構造と壁式構造

　魚肉ソーセージと夏に人気の棒アイスは形が似ているが、堅さがまったく異なる。手にもって左右に揺すると、ソーセージはよく揺れるが、棒アイスは堅くて揺れない。構造物も、**図1.13**に示すように、その構造によって堅さが異なる。学生時代に下敷きを団扇の代わりに使った人は多いと思う。下敷きは面に対して直角に押すと簡単に曲がるが、面に対して平行に押してもびくともしない。これが壁である。板状の形のものは板の平行方向には堅い。一方、竹ひごはどの方向にも簡単に曲がる。竹

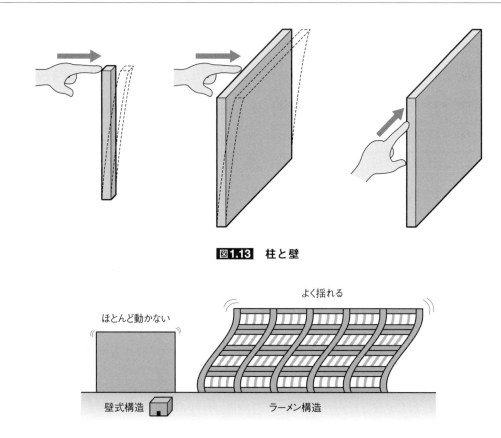

図1.13 柱と壁

図1.14 壁式構造とラーメン構造

ひごが柱，下敷きが壁である。**図1.14**に示すように，柱が中心で作られる**ラーメン構造**と，耐震壁の多い**壁式構造**とでは，構造物の堅さが大きく異なる。したがって，壁式構造のほうが揺れにくく，地震力も小さくなる。とくに，低層で軽量の壁式構造は地震力が小さい。震度7の揺れを受けた2016年熊本地震や2018年北海道胆振東部地震でも箱のような軽量の住宅はほとんど被害を生じていなかった。一般に，寒冷地の北海道の住宅は，壁が多く地震に強い。

壁の代わりにXの形をしたブレースや筋交を利用してもよい。部材を三角形の形でつなぎ合わせると変形しにくい。ラーメン構造のように柱と梁で長方形の形になっていると，横から押すと変形しやすいが，対角線に部材を入れると，三角形の形になるので，変形しにくくなる。

1.3.4　構造物の揺れを小さくする免震と制振

近年になって，建物を人工的に揺れにくくする方法が開発された。**免震構造**と**制振構造**である。地面が揺れても，構造物が宙に浮いて地面から離れていれば，構造物は揺れない。一度，紙の上に丸い赤鉛筆を2本平行に置き，その上に下敷きを置いてペットボトルを載せて，紙を左右に動かしてみてほしい。ペットボトルはほとんど動かないと思う。

これと同様の原理で，建物を，丸いベアリングや，ゴムと鉄板を積層状にした**積層ゴム**などで支えることで，建物の固有周期を長周期にし，共振を回避して，地盤が揺れても建物が揺れないようにできる。これが免震構造である。長い紐で吊られたナットを短い周期で左右に揺すっても，ナットが動かないのと同じ原理である。免震では，万が一，共振しても揺れが大きくならないように，揺れを減らすダンパーを併用することが多い。

これに対して，制振構造では，建物内にネバネバしたものを入れて揺れのエネルギーを吸収したり，建物の屋上に建物の固有周期と同じ周期で揺れる振り子を置いたりして，揺れを減らす工夫がされる。たとえば，やや重いナットを紐に吊るして，ナットを横に引っ張って離すと，ナットは何度も揺れ続けるが，洗面器に水を張ってその中にナットを浸けて同じようにすると，揺れはすぐに収まる。これと同様の役割を果たすのが，建物内に設置する**ダンパー**である。

　また，長さが同じ紐で大きなナットと小さなナットを用意してみる。それぞれのナットだけを揺すった場合には固有周期でよく揺れる。しかし，大きなナットの下に小さなナットを吊るしてみると，小さなナットは大きく揺れるが，大きなナットはほとんど動かなくなる。大きなナットが建物だとすると，小さなナットの振り子で建物の揺れを抑制したことになる。これを**チューンドマスダンパー（TMD）**とよぶ。最近では，多くの高層ビルの最上階に同様の振り子が設置されている。

　このように，免震や制振は，建物の揺れ（加速度）を減じることで，地震力を低減する（詳細は第5章を参照）。

1.3.5　抵抗力の大きい構造物

　構造物に大きな力が作用しても，構造物の抵抗力が大きければ，構造物は壊れない。構造物の抵抗力は，強さ（**強度**）と粘り（**靭性**）の積で表される。

　もう一度，竹ひごと下敷きを用意し，指で押してみる。下敷きは，面に平行方向に押してもほとんど変形せず大きな力をかけないと下敷きは壊れない。ただし，少しでも変形すると，突然バリッと割れる。一方，竹ひごは，小さな力で大きく変形するが，何度も押してもなかなか折れず粘り強い。下敷きは強度型，竹ひごは靭性型の部材である。強度型の部材は大きな強度を有するが，部材の強度に達すると一気に壊れ，脆性的である。一方，靭性型の部材は，強度は小さいが大きく変形し，少しずつ損傷が進展して最終的に折れる。前者が壁式構造を代表とする剛構造，後者がラーメン構造を代表とする柔構造であり，原子力発電所の原子炉建屋は剛構造の，高層建物は柔構造の代表例である。

　柔構造は大きな変形を伴うので，内外装材が損傷したり，扉が開かなくなったりすることがある。また，強い揺れに対しては損傷を許容した設計を行うので，地震後も業務継続が必要な構造物にはふさわしくない。熊本地震のように，震度7の揺れを複数回経験する場合には，無損傷の設計を前提とする剛構造のほうが被害を受けにくい。

　図1.15に示すように，多くの学校や集合住宅では，南面と北面に窓が多く，東西に並ぶ教室や住戸の境に耐震壁を設けることが多い。このため，南北方向の揺れに対しては壁式構造，東西方向の揺れに対してはラーメン構造と，1つの建物の中に2種類の構造が混在する。

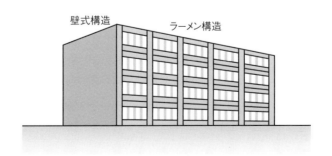

図1.15　壁式構造とラーメン構造が混在する学校建築

1.3.6　建築基準法と耐震改修促進法

　日本では，建物に作用する地震力は法基準（**建築基準法**および関連法令）で定められており，この地震力に比べ建物の抵抗力が下回らないように耐震設計を行っている。ただし，1950年に制定された建築基準法は第1条[*1]に記されているように**最低基準**でしかない。これは，日本国憲法第25条[*2]と第29条[*3]に則った条文であり，最低限の生存権を保証する範囲で財産権に制約を与えるものである。

　このため，地震力は，地域の地震危険度の大小によらず，ほぼ全国一律に定められている。地盤や建物の揺れやすさの差はあまり考慮されておらず，軟弱地盤上の10階程度のラーメン構造の建物と，堅固な地盤上の低層壁式構造の建物とは，同等の建物の揺れだと考えて地震力を定めている。結果として，基盤位置での揺れを逆算すると両者はまったく異なる。このため，同じ地震でも地盤や建物の条件によって被害が異なることになり，注意が必要である。

　日本の建築耐震基準は，地震被害を受けながら時代とともに強化されてきた。このため，古い耐震基準で設計された建物は，1981年に導入された**新耐震設計法**で設計された建物に比べ抵抗力が劣る。1995年兵庫県南部地震では，現行の耐震基準を満足しない**既存不適格建築物**の被害が甚大だったため，同年12月に「建築物の耐震改修の促進に関する法律」（以後，**耐震改修促進法**と略称する）が制定された。

　これは，既存の建物の抵抗力を照査する**耐震診断**を行い，必要に応じて抵抗力を向上させる**耐震改修（耐震補強）**を促すものである。政府は2020年までに耐震化率を95%にすることを目指しており，全国の自治体で，戸建住宅を中心に既存不適格建築物の耐震診断や耐震改修への補助が行われている。ちなみに，耐震化率とは，現行耐震基準を満足する程度の耐震性を有する建物の棟数比率を意味する。したがって，耐震化されていても設計で想定しているより強い揺れを受ければ建物は壊れることもある。

Note 1.4　〈ハンムラビ法典〉

　目には目を，歯には歯をで知られるハンムラビ法典は，紀元前1700年代に作られたバビロニアの法典である。法典は，大工について以下のように規定している。人の命や財産を守る大工の責任の重さがわかる条文である。

大工
228　もし大工が，家を人の為に建てて完成した時は，家の敷地1サルに付き銀2シクルを彼の報酬として彼に与える。
229　もし大工が，家を人の為に建てて，彼の仕事を堅固にせず，その為建てた家が倒れて家の主を死亡させた時はその大工は殺される。
230　もし家の主の子を死亡させた時はその大工の子を殺す。
231　もし家の主の奴隷を死亡させた時は奴隷に相当する奴隷を家の主に与える。
232　もし物を滅失させた時は，滅失させたものを賠償し，かつ，建てた家を堅固にせず，その

[*1]：この法律は，建物の敷地，構造，設備及び用途に関する最低の基準を定めて，国民の生命，健康及び財産の保護を図り，もつて公共の福祉の増進に資することを目的とする。
[*2]：すべて国民は，健康で文化的な最低限度の生活を営む権利を有する。
[*3]：財産権は，これを侵してはならない。

為に倒れたゆえに，彼自身の物で倒れた家を立て直す。
233　もし大工が，家を人の為に建てて，彼の仕事を完全に成し遂げず，その為に壁が倒れ落ちた時はその大工は自己自身の銀によってその壁を堅固にする。

【参考文献】
[1] 公務員数の国際比較に関する調査報告書，野村総合研究所，2005.11
[2] 武村雅之，関東大震災90周年にあたって思うこと，日本地震工学会誌，No. 20, pp. 8-12, 2013
[3] 武村雅之，1944年東南海地震の被害と教訓，日本地震工学会誌，No. 22, pp. 2-7, 2014
[4] 河合真梨子，福和伸夫，護雅史，飛田潤，地震ハザードの説明力向上のための地名活用に関する研究 —地形に由来する分類方法の提案と活用可能性の検討—，日本建築学会構造系論文集，第636号，pp. 409-416, 2009

〈演習問題〉

1 プレート運動と日本の自然災害の関わりについて，以下のキーワードを用いて説明せよ。

プレート運動，活断層，火山，季節風，水害，土砂災害

2 明治以降，大震災と名づけられた3つの地震の名前と震災の名前，主たる被害要因を述べよ。

3 都市への人口集中に伴う地震被害の増大要因について説明せよ。

4 地震のときに建物に作用する地震力の大きさは，何で決まるかについて説明し，地震力を減じる方策について述べよ。

5 振り子の周期と振り子の長さ，質量との関係について述べよ。

第2章 地球の営みと地震の発生

最近は，高校時代に地学を学んでいない建築・土木技術者が多い。しかし，耐震工学を学び活用するには地球科学の基礎知識は不可欠である。地震は，地球表面にある複数のプレートが個々に移動することで発生する。地震現象は地球の営みそのものであり，地球に対する理解は耐震工学を学ぶうえでの基礎となる。そこで，本章では，地球の歴史と構造について学ぶ。

2.1 地球の歴史と時代区分

2.1.1 地球の歴史

宇宙の起源は138億年前のビッグバンにあるという説が有力とされている。約46億年前に太陽系や地球が誕生し，その後，表2.1のように変遷して現在に至る。地球誕生の直後に天体衝突によって月ができ，40数億年前に海洋が形成され，さらに，41〜38億年前の間に多くの天体衝突があり，原始生命が誕生した。

26億年前から火山活動が活発化し，マントル対流が始まって大陸ができたようだ。大陸の形成や火山活動などによって寒冷化し，地球全体が凍結する全球凍結（スノーボールアース）も経験した。19億年前に超大陸ヌナが分裂し始め，その後，大陸の移動によって，10億年前の超大陸ローディニア，6億年くらい前の超大陸ゴンドワナ，2.5億年前の超大陸パンゲアと，超大陸の形成と分裂を繰り返してきた。

超大陸パンゲアは，図2.1のように2億年前ごろから北側のローラシア大陸と南側のゴンドワナ大陸に分離し始め，2つの大陸の間にテチス海が形成された。テチス海の周辺には生物が大量に存在し，それが中東の油田地帯の形成につながったようだ。その後，ローラシア大陸はユーラシア大陸と北アメリカ大陸に，ゴンドワナ大陸はアフリカ大陸，南アメリカ大陸，インド大陸，南極大陸，オーストラリア大陸，アラビア半島などに分離し，これらが移動して現在の大陸配置となった。

2.1.2 地球の時代区分

地球の時代区分には，生物種族の生存期間にもとづいて区分した地質年代が用いられる。古いほうから順に，冥王代，太古代（40億年前〜25億年前），原生代（25億年前〜5億4千万年前），古生代（5億4千万年前〜2億5千万年前），中生代（2億5千万年前〜6500万年前），新生代と区分される。原生代以前を先カンブリア時代（隠生代），古生代以降を顕生代ともよぶ。

太古代は最古の岩石が見つかった時代から始まる。原始生命が現れたのは，太古代の始まりの40億年前である。この頃は地磁気もオゾン層もないので，生命は海に守られた海底でしか生きられなかった。その後，外核にある放射性元素のエネルギーによって鉄などの金属が融け，28億年前に地磁気が発生した。この磁場によって，太陽風や宇宙線が北極や南極方向に曲げられ，地球の生物が太陽風や宇宙線から保護され，太陽光が届く海面近くで生物が生存できるようになった。これが原生代の始まりにあたる。

表2.1 地球の誕生から現在

冥王代	46億年前	太陽系と地球の誕生，月の誕生
	40数億年前	海の誕生
太古代	40億年前	最初の原始生命が誕生
	28億年前	地球に強い磁場ができる
	26億年前	火山活動が活発となり大陸の成長が進む
原生代	24億年前	全球凍結（スノーボールアース）
	19億年前	最初の超大陸ヌナが誕生，その後ゆっくり分裂
	10億年前	超大陸ローディニアが形成，その後分裂
古生代	6億年前	オゾン層の形成，生物の多様化，超大陸ゴンドワナが形成
	5億年前	魚類が出現，生物の大量絶滅，植物や動物が陸へ上がる
	4億年前	森林が広がる，爬虫類が派生，氷河期が始まる
	3億年前	爬虫類が多様化，氷河期が終了
中生代	2億5千万年前	超大陸パンゲアが形成，恐竜時代
	2億年前	原始的な哺乳類が現れる，鳥類出現
	1億年前	巨大隕石衝突，恐竜や多くの生物絶滅，原始霊長類出現
新生代	6500万年前	哺乳類が繁栄，類人猿の祖先が出現
	500万年前	類人猿から猿人が分化
	40万年前	ネアンデルタール人などの旧人が誕生
	20万年前	ホモ・サピエンスが誕生
	1万年前	縄文時代（日本）が始まる

　原生代になって，光合成を行う細菌・シアノバクテリアが増殖し，光合成により二酸化炭素を吸収し酸素を放出するようになった。20億年以上にわたって大気中に放出された酸素が6億年前に成層圏に達してオゾン層を形成し，紫外線を吸収するようになった。これによって，生物が陸上で生きられる環境が整った。同時期に全球凍結による生物の大量絶滅があり，その後の急激な温暖化で光合成生物が大繁殖して酸素が大発生し，カンブリア大爆発とよばれる「生物の多様化」が起きた。これが，古生代の始まりである。

　古生代は，カンブリア紀，オルドビス紀，シルル紀，デボン紀，石炭紀，ペルム紀に細分される。超大陸パンゲアの誕生とともにスーパープルーム（Note 2.1参照）による超巨大噴火などで生物の大量絶滅が発生し，古生代が終わる。

　中生代は，三畳紀，ジュラ紀，白亜紀に細分される。爬虫類から恐竜が生まれ繁栄した時代である。約6500万年前に，直径10〜15 km程度の巨大隕石が衝突し，恐竜など多くの生物の大絶滅が起こり，中生代が終わる。

　新生代は，古第三紀，新第三紀，第四紀に細分され，哺乳類と鳥類が繁栄するようになる。ちなみに，新第三紀は中新世と鮮新世に，第四紀は更新世と完新世に区分される。約250万年前に始まる第四紀は人類の時代である。我々の先祖，猿人が登場したのは500万年前，ネアンデルタール人は40万年前，ホモ・サピエンスの登場はわずか20万年前である。

　更新世には4回の氷期と3回の間氷期を繰り返し，最終氷期が終わった約1万年に始まる完新世は縄

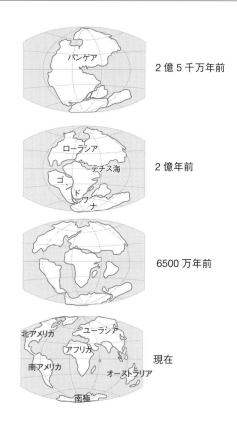

図2.1 超大陸パンゲアとその分裂
[http://blog-imgs-33.fc2.com/m/a/t/matix/plate-3-8.gif を参考に作成]

文時代におおむね対応する。有史時代は数千年前からなので，地球の年齢の100万分の1であり，地球の年齢を100年とすると，私たちの人生はわずか1分である。

　ちなみに，氷期には海面が下降して陸域が拡大し，間氷期には海が陸に入り込む。陸域が拡大する時代には，河川が谷を刻み，洪水によって礫や砂などの粒度の大きい土粒子が堆積する。一方，海面が広がる時代には静かな海の中で粒度の小さい土粒子が堆積し粘性土ができる。この結果，砂質土と粘性土が互層となる地層が形成される。更新世に堆積した地盤を洪積層とよぶが，洪水の「洪」の字が使われている。一方，完新世の時代に堆積した地盤は沖積層とよばれ，低地の水辺に広がっている。一般に洪積層に比べ沖積層は軟弱である。ちなみに，縄文時代は縄文海進とよばれ，海がいまの内陸にまで浸入していた。

2.1.3　地球の構造

　地球の構造は，図2.2のように，化学的性質である岩質で分けると，地表から地殻・上部マントル・下部マントル・外核・内核でできており，外核のみが液体である。固体中ではP波とS波が伝播するが，液体の外核ではS波は伝播しない[*1]。一方，物理的性質である流動性で分けると，地殻とマントルは，地殻と上部マントルの一部から構成される剛体的なリソスフェア（岩石圏），流動性のあるアセノスフェア（岩流圏），弾性体のメソスフェアに分類され，リソスフェアがプレートに相当する。プレートが流動性のあるアセノスフェアの上を水平に移動するというのが，プレートテクトニクスの考え方で

＊1：P波とS波は，ともに地震波の一種である。詳細は第4章と第11章を参照。

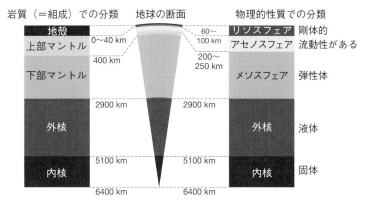

図2.2 地球の構造
［産業技術総合研究所地質調査総合センターウェブサイトを参考に作成］

ある。

2.2 大陸移動説とプレートテクトニクス

2.2.1 大陸移動説

　大陸の移動を唱えたのはアルフレッド・ウェゲナーである。1912年に**大陸移動説**を唱え，1915年に『大陸と海洋の起源』を著し，その後4版まで出版を繰り返した。ウェゲナーは，南アメリカ大陸の東海岸線とアフリカ大陸の西海岸線がよく似ていることに気づき，地質学・古生物学・古気候学などの資料をもとに，すべての大陸は1つの超大陸パンゲアであったこと，約2億年前に分裂して別々に移動し，現在の大陸配置になったことを主張した。一例として，**図2.3**に，古生物の化石分布と超大陸パンゲアとの関係を示す。残念ながら，大陸移動の原動力をうまく説明できなかったため，当時は，ウェゲナーの主張は受け入れられなかった。

　同時期には，地震波の分析により地球の内部構造についての解明も進んだ。1909年にP波速度が急変する境界から地殻とマントルの不連続面（モホロビチッチ不連続面）が発見され，1926年には，P波速度が急変しS波が伝播しなくなる境界から核とマントルの不連続面（グーテンベルグ不連続面）が発見された。ちなみに，日本では，この時期に1923年大正関東地震が発生している。その後，1928年に，アーサー・ホームズが熱対流による「マントル対流説」を唱えたが，ウェゲナーの大陸移動説が受け入れられることはなかった。

　この時期には，音響測深機による海底地形探査も始まった。さらに，第2次世界大戦下に，ドイツの潜水艦・Uボート対策で海底地形が精力的に調べられ，海溝や海嶺の多くが発見された。

　大戦後，1954年になって，クーデンベルグやリヒターが世界の地震活動度をまとめ，**図2.4**のように地震活動が集中している場所が海溝や海嶺に重なることが明らかになった。

　1950年代から1960年代にかけては，古地磁気研究が盛んに行われ，数十万年ごとに地磁気の磁極が反転してきたことなどが発見された。ちなみに，最後の地磁気反転は77万年前である。

　また，資源探査のために海底地形を広範囲に測定できる音響測深機が開発され，**図2.5**のように海底地形の詳細が明らかになった。

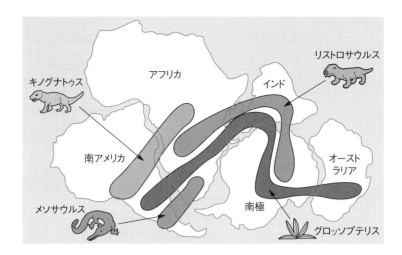

図2.3 大陸移動説の根拠となった古生物の化石分布
［United States Geological Surveyの図を参考に作成］

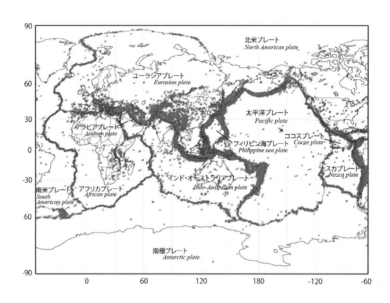

図2.4 震源が浅い地震の分布
［出典：気象庁ウェブサイト］

2.2.2 プレートテクトニクス

　1960年代初頭に，海嶺から岩盤が生み出され両側に海底が拡大するという「海洋底拡大説」がハリー・ハモンド・ヘスやロバート・シンクレア・ディーツによって提唱された。さらに，1963年にケンブリッジ大学のフレデリック・ヴァインとドゥルモンド・マシューズが，海底の地磁気反転の縞模様を用いて海洋底拡大説を証明する「バイン＝マシューズ仮説」を示した。海嶺で湧き出したマントルが海洋底となり，マントルが冷えて固まるときにその時代の地磁気の方向に磁気を帯び，海嶺の両側に移動するという解釈である（**図2.6**）。

　さらに，1968年には，トゥーゾー・ウィルソンが，これらを統合する形で**プレートテクトニクス**理論を確立した。プレートテクトニクスとは，地球の表面部分にある100〜150 km程度の厚さのリソスフェアが，十数枚に分かれた固い岩盤・プレート（**図2.7**）でできており，海嶺などで地球内部から放

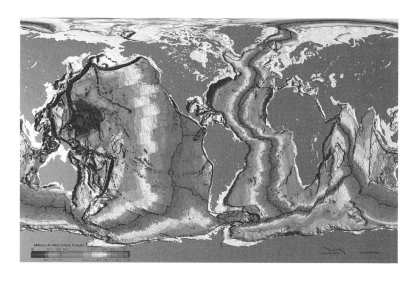

図2.5 海底地形に見る海嶺と海溝
[出典：Wikimedia Commons]

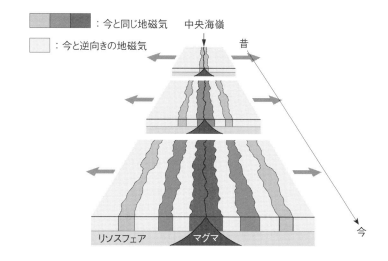

図2.6 海嶺周辺の地磁気の反転
[United States Geological Surveyの図を参考に作成]

出されたプレートがアセノスフェアの上を年間数cmの速度で水平に移動するというモデルである。

プレートが相互に接する境界部分で，地震や火山，造山運動などの地殻変動が生じる。逆にいえば，地震の震央分布の帯で囲まれたブロックが個々のプレートであり，図2.4に示した地震発生の帯がプレート境界に相当する。プレートには**大陸プレート**と**海洋プレート**がある。大陸プレートは大陸を成し，花崗岩で形成され古くて軽く厚い。一方，海嶺から生み出される海洋プレートが海洋底を形成し，玄武岩でできており新しくて重く薄い。したがって，重いプレートは軽いプレートにぶつかると，その下に沈み込むことになる。

ウィルソンは海洋底や大陸が分裂や集合を繰り返すサイクルを，「ウィルソンサイクル」として提唱した（**図2.8**）。下記のカッコ内は現在の対応する地域を示している。

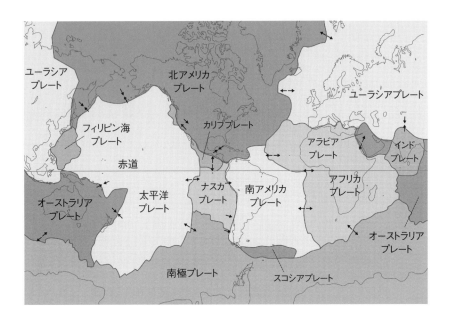

図2.7 プレートの分布
[United States Geological Survey の図を参考に作成]

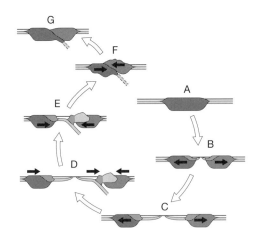

図2.8 ウィルソンサイクル
[http://csmgeo.csm.jmu.edu/geollab/Fichter/Wilson/wilsoncircl.html を参考に作成]

A 大陸下のマントルの上昇流（ホットスポット、煙のように核表面から上昇するプルーム）によって大陸プレートに断裂ができて分裂する。[東アフリカの大地溝帯]

B 分裂が進んで2つの大陸の間に海洋底が誕生する。[紅海]

C 海嶺から海洋プレートが生み出され海洋底が拡大し大陸が大きく離れる。[大西洋]

D 大陸プレートと海洋プレートとの間に断裂ができ、大陸プレートの下に海洋プレートが沈み込み、大陸縁辺に弧状列島ができる。[日本列島を含む西太平洋の島弧]

E 海洋を挟む大陸プレートが近づき海洋底が狭くなって隆起する。[地中海]

F 大陸間の海がなくなり、2つの大陸プレートが合体・衝突して山脈ができる。[ヒマラヤ山脈]

ちなみに、ホットスポットとして有名な場所はハワイである。ホットスポットからのマグマ流出に

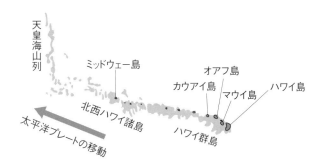

図2.9 ハワイ諸島と天皇海山列

よりキラウエア火山やマウナ・ロア山ができ，これらの火山がハワイ島をつくっている。ホットスポットは位置が変わらず，その上をプレートが北西に動く。このため，図2.9に示すように，ハワイ群島は，ハワイ島から西にマウイ島，オアフ島，カウアイ島と島が並んでおり，徐々に浸食されて小さくなって並んでいる。さらにその北西には，ミッドウェイ島などの北西ハワイ諸島，海底の天皇海山列へと続き千島海溝に至る。これらはプレート運動の過去の軌跡を見事に残している。

プレートテクトニクスの登場により，地震や火山活動などが理論的に説明できるようになり，日本では1980年代頃になってから研究者によって使われ出した。したがって，60歳以上の世代は高校時代にプレートテクトニクスを学ぶことはなかった。逆に，最近は高等学校で地学を学ぶ生徒が激減しており，プレートテクトニクス理論を理解している建築・土木技術者は少ない。

〈**プルームテクトニクス**〉

プレートテクトニクスは，地球表層の動きを説明するモデルだが，プレート移動の原動力に関係するマントル対流などの説明はされていない。1990年代になって，主にマントルを対象として核も含めて説明するモデルとして，**プルームテクトニクス**の考え方が丸山茂徳や深尾良夫などの日本人研究者により提案された。

プルームとは煙突からスーッと上に立ち上がる煙を意味し，もともとハワイのホットスポットのような上昇流に対して名づけられた。その後，地球をCTスキャンするような地震波トモグラフィーによって，マントル内の地震波速度の違いが明らかになった。マントル内の温度分布（高温の場所は軽く低速度，低温の場所は重く高速度）から，マントル中に下降するコールドプルームと上昇するホットプルームの存在が解明された。ハワイの下に存在するホットスポットも規模の小さなホットプルームであり，これと区別して大規模なものをスーパーホットプルームとよぶ。

図2.aに示すように，大陸プレートの下に沈み込んだ冷たい海洋プレート（スラブ）は，上部マントルと下部マントルの境目の深さ670 km付近にいったん溜まった後，一気にマントルの底（外核の表面）へ落下する。これがスーパーコールドプルームである。反対に，別の場所で温度の高いスーパーホットプルームが上昇する。スーパーホットプルームも深さ670 km位の所にいったん溜まった後にさらに上昇する。スーパープルームの上昇・下降流によってマントルの対流が引き起こされ，これがプレートの水平移動の原動力となる。また，マントルの動きが外核内の対流を生み出し，電磁力を発生させ地磁気がつくられる。

スーパーコールドプルームは大陸プレートを引き寄せる効果があり，超大陸を形成する。一方，

超大陸によってマントルに蓋ができると，大陸下に熱が溜まってスーパーホットプルームが形成され，超大陸を分裂させ，超大陸の形成と分裂を繰り返す。超大陸の分裂時には，スーパーホットプルームによって超巨大噴火が発生し，大量の火山噴出物によって生物の大絶滅が起こる。古生代の終わりに起きた過去最大規模の大絶滅がこれに相当する。このように，プルームテクトニクスと生物史は表裏一体の関係にある。日本などで沈み込んだ海洋プレートはシベリアやヒマラヤなどのアジア大陸の下に滞留しており，ホットプルームはアフリカや南太平洋の下に存在する。いまは超大陸が形成されつつある時期とされている。

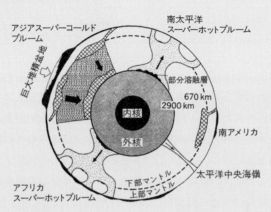

図2.a　コールドプルームとホットプルーム
［出典：熊澤峰夫，丸山茂徳，プルームテクトニクスと全地球史解説，岩波書店，2002］

2.3　プレート境界と日本列島の形成

2.3.1　プレート境界

　図2.10のように，プレートの水平移動によって，プレート相互の境界部は，広がったり，すれ違ったり，縮んだりする。これらを，発散型境界，すれ違い型境界，収束型境界とよぶ。収束型境界には，衝突境界と沈み込み境界がある。

　発散型境界の代表は，大洋の中央部に線上に連なる海底山脈・中央海嶺である。この中央海嶺は，大西洋中央海嶺からアフリカ南端，インド南端を経て東太平洋海膨につながる。この海嶺で海洋プレートが生み出される。中央海嶺には，トランスフォーム断層とよぶ断裂帯で大きくずれている場所が多数ある。これがすれ違い型境界であり，アメリカの西海岸にあるサンアンドレアス断層もトランスフォーム断層の1つである。

　収束型境界には，**図2.11**のように，大陸プレートが互いに衝突して盛り上がる衝突境界と，重い海洋プレートが軽い大陸プレートや新しくて軽い海洋プレートの下に沈み込む境界がある。衝突境界の典型は，インド・オーストラリアプレートとユーラシアプレートの衝突で盛り上がったヒマラヤ山脈であり，日本列島は沈み込み境界でつくられた弧状列島である。また，伊豆・小笠原諸島は，古い太平洋プレートが新しいフィリピン海プレートの下に沈み込んでできた火山群島である。

　沈み込み境界では，表面に水分を含んだ海洋プレートがマントル内に潜り込む。**図2.12**のように，水の存在による融点降下で，ある一定深さになるとマグマができ，火山が形成されて海溝に平行に火

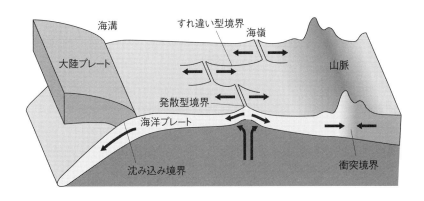

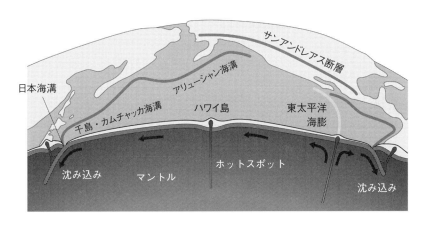

図2.10 プレートの境界（上）と太平洋を中心とする海嶺・海溝とプレートの動き（下）
［（上）http://www.kyoshin.bosai.go.jp/kyoshin/gk/publication/1/I-1.2.3.html，（下）気象庁ウェブサイトを参考に作成］

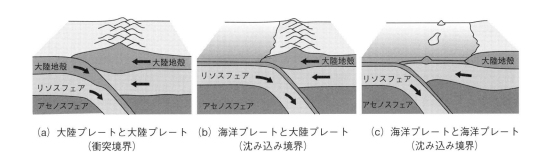

(a) 大陸プレートと大陸プレート　(b) 海洋プレートと大陸プレート　(c) 海洋プレートと海洋プレート
　　　　（衝突境界）　　　　　　　　　（沈み込み境界）　　　　　　　　（沈み込み境界）

図2.11 収束型境界
［United States Geological Surveyの図を参考に作成］

山が帯状に並ぶ。この場所を火山フロントとよび，それより海側には火山は存在しない。

海洋底にはプランクトンやサンゴの死骸が堆積している。**図2.13**のように，海洋プレートが沈み込むときに，この堆積物をひっかき出して陸にくっつけてできるのが付加体である。西日本の太平洋側に堆積する四万十帯などは付加体でできており，石灰岩が多く産出される。

プレート運動がコンクリートの原料である石灰岩をつくり，プレート運動によって生じる地震がコ

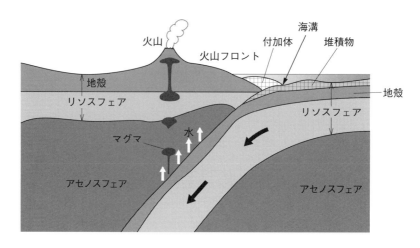

図2.12 海洋プレートの沈み込みと火山の形成
[http://blog.sizen-kankyo.com/blog/2011/11/985.html を参考に作成]

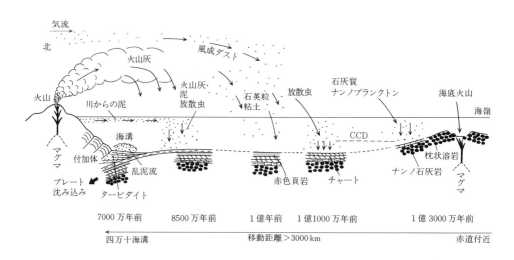

図2.13 付加体の形成
[出典：平朝彦，日本列島の誕生，岩波書店，1990]

ンクリートでできた建物を壊す。何とも不思議な輪廻である。

2.3.2 日本列島周辺のプレート

　日本列島は，プレート運動によってできた大陸縁の弧状列島であり，収束型境界の沈み込み境界に形成された。**図2.14**のように，東日本は北アメリカプレート，西日本はユーラシアプレートという大陸プレート上にある。そこに東日本では太平洋プレート，西日本ではフィリピン海プレートという海洋プレートが沈み込んでいる。太平洋プレートは年間8cm程度の速度で西に，フィリピン海プレートは年間3〜4cmの速度で北西に進み，全体として日本列島を東西に圧縮している。その結果，列島の中心に脊梁山脈が形成され，季節風がぶつかることで多くの雨や雪が降る。

　太平洋プレートの沈み込む場所には，北から千島海溝，日本海溝，伊豆・小笠原海溝があり，フィリピン海プレートが沈み込む場所には東から相模トラフ，駿河トラフ，南海トラフ，琉球海溝がある。ちなみに，トラフの語源は家畜用の飼い葉桶で，6,000mより浅い溝状の海底地形のことをいい，6,000mを超えると海溝とよぶ。北アメリカプレートとユーラシアプレートの境界付近には，フォッ

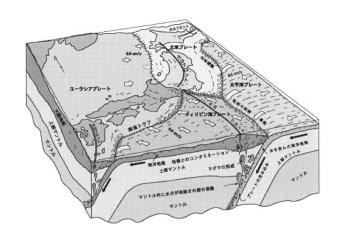

図2.14 日本列島周辺のプレート
［出典：全国地質調査業協会連合会ウェブサイト］

サマグナとよばれる地溝帯があり，地溝帯の西端にある活断層が糸魚川・静岡構造線である。

東京は，北アメリカプレートの下にフィリピン海プレートが沈み込み，さらにその下に太平洋プレートが沈み込むという三重にプレートが重なった場所に位置する。

なお，伊豆半島は，フィリピン海プレートの下に太平洋プレートが沈み込んでできた火山島が，フィリピン海プレートの移動とともに本州にぶつかってできた半島であり，小規模な衝突境界でもある。伊豆半島の衝突によってフィリピン海プレートは，素直に沈み込めなくなり，相模トラフと駿河トラフができて，それぞれ北東と北西方向に沈み込むことになった

伊豆・箱根の山々や富士山はこの衝突でできた。富士山などの火山噴火は衝突による力によってできた割れ目に膨張したマグマが貫入して起きる。私たちは伊豆・箱根の温泉群や風光明媚な自然を満喫しているが，富士山や伊豆・箱根の山々が火山噴火でできたことや，箱根の芦ノ湖が破局噴火でできたカルデラ湖であることを忘れないでおきたい。神奈川や東京は火山堆積物に覆われている。

2.4　日本列島周辺の地震

日本列島は，4枚のプレートが集まる世界有数の変動帯に位置する。このため，日本の国土面積は世界の全陸地面積の400分の1程度でしかないが，世界で起きる地震の10分の1程度が日本周辺で発生している。火山の数（活火山の数は2018年現在111個）も全世界の火山の7％程度を占める。**図2.15**に日本列島周辺で発生する地震の震源分布を示すが，沈み込むプレートに沿った場所と地殻内に震源が集中している。

日本列島周辺で発生する地震には，**図2.16**のように，沈み込む海洋プレート周辺で起きる地震と内陸の地殻内で起きる地震がある。前者には，海洋プレート上面の境界で起きる**プレート境界地震**と海洋プレート内部で発生するプレート内地震がある。

プレートの境界では2つのプレートが押し合い圧縮力に耐えかねて地震が発生する。代表的な地震としては，北アメリカプレートと太平洋プレートとの境界にある日本海溝沿いで発生した2011年東北地方太平洋沖地震，北アメリカプレートとフィリピン海プレートの境界の相模トラフ沿いで発生した1923年大正関東地震，ユーラシアプレートとフィリピン海プレートの境界の南海トラフ沿いで発生した1944年昭和東南海地震・1946年昭和南海地震などがあり，数十年〜数百年の間隔で発生する$M7$〜8クラスの地震が多い。

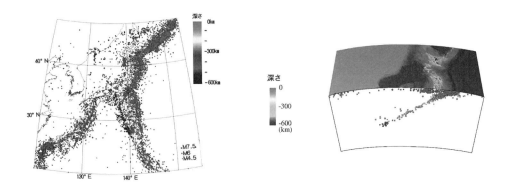

図2.15 日本列島周辺の震源分布
[出典：地震調査研究推進本部ウェブサイト]

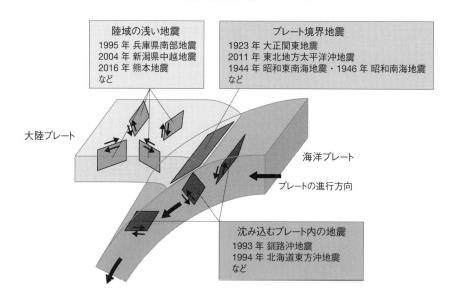

図2.16 日本列島周辺で発生する地震の種類
[気象庁ウェブサイトを参考に作成]

　沈み込む海洋プレート内の地震には，深く沈むプレートによって引っ張られて生じる地震や，プレートが曲がることでプレートの上側に引張力が生じて起きる地震，大規模なプレート境界地震によってプレートが大きく沈み込みすぎて海溝軸の外側に引張力が生じて発生する地震の3種類がある。最後のタイプをアウターライズ地震ともよび，1933年昭和三陸地震が該当する。2011年東北地方太平洋沖地震の後にも同様の地震が発生している。

　一方，プレートの移動に伴って内陸の地殻にも圧縮力が作用し，それによって陸域の浅い場所で地震が発生する。日本列島は大局的には東西方向に圧縮されており，コンクリートの圧縮試験と同様，せん断クラックが生じる。これが，1995年兵庫県南部地震，2004年新潟県中越地震，2008年岩手・宮城内陸地震，2016年熊本地震などの地震であり，千年～数万年の間隔で発生するM7クラスの地震が多い。地震発生の原因になるクラックが活断層である。**活断層**とは，数十万年前以降に繰り返し活動し，将来も活動すると考えられる断層である。現在，日本には2,000以上の活断層があるといわれている。

　活断層は，(1) おおむね一定の時間で繰り返して活動する，(2) いつも同じ向きにずれる，(3) ず

図2.17 地震調査研究推進本部によるプレート境界の周辺で発生する地震と主要活断層帯による地震

[出典：地震調査研究推進本部ウェブサイト]

れの速さは断層ごとに異なる，(4) 活動間隔は千年以上と極めて長い，(5) 長い断層ほど大地震を起こす，などの特徴をもっている。同じ活断層の活動間隔は千年以上だが，周辺の活断層で地震が誘発されることはある。

図2.17に，地震調査研究推進本部によるプレート境界周辺の地震と，主要活断層の分布を示す。図中には後述する地震の長期評価結果が示されている。

2.5　地震調査研究推進本部による地震調査観測

兵庫県南部地震を受けて，1995年6月に地震防災対策特別措置法が公布され，この法律にもとづいて，**地震調査研究推進本部**（地震本部）が設置された。地震調査研究推進本部を中心に，地震に関する基盤的調査観測などを行うため，さまざまな機関が多様な観測網を整備してきた。**図2.18**に示すように，兵庫県南部地震以降の観測網の充実ぶりは著しい。

1つは，陸域での広帯域地震計による地震観測（F-netなど）や高感度地震計による微小地震観測（Hi-netなど）である。F-netなどにより大地震の発生メカニズムが明らかにされており，地震発生後にはそのメカニズムが防災科学技術研究所や気象庁のウェブサイトで公表されている。また，Hi-netなどの微小地震観測点数の増加により，プレート境界上で強く固着した固着域周辺で，深部低周波微動やゆっくりすべり（スロースリップ，SSE）の存在が発見された。深部低周波微動やSSEは，大規模地震発生のシグナルとなる可能性が示唆されている。

Hi-netが設置された地中と地表には強い揺れを観測できる強震計（KiK-net）も設置され，全国に約1,000地点ある地表強震観測点（K-NET）とともに強震観測網が整備された。最近では，南海トラフ沿いと日本海溝沿いで，ケーブル式海底地震計による地震観測も行われており，それぞれ，DONET，S-netとよばれている。また，近い将来には，四国沖にもN-netが整備される予定である。海底地震計によるリアルタイム観測は，津波の即時検知や緊急地震速報に活用されている。

■ 高感度地震計
人間に感じないような非常に小さな揺れを検知するための地震計

	平成8年	平成22年
国立大学	273	237
防災科学技術研究所	89	788
海洋研究開発機構	0	6
気象庁	188	208
産業技術総合研究所	12	27
合計	562	1266

■ 広帯域地震計
地面の速い振動から，非常にゆっくりとした振動まで，広い周波数範囲にわたって揺れを記録できる地震計

	平成8年	平成22年
国立大学	36	50
防災科学技術研究所	15	73
海洋研究開発機構	20	1
気象庁	10	0
産業技術総合研究所	1	1
合計	82	125

■ 強震計
高感度の地震計では振り切れてしまうような強い揺れを観測するための地震計

	平成8年	平成22年
国立大学	67	147
防災科学技術研究所	1063	2426
国土交通省	約1066	1366
気象庁	約600	584
産業技術総合研究所	13	3
合計	約2809	4526

■ GPS連続観測施設
人工衛星を用いて，プレート運動や地殻変動を観測するシステム

	平成8年	平成22年
国立大学	65	75
防災科学技術研究所	19	0
国土地理院	615	1350
気象庁	4	0
海上保安庁	0	30
産業技術総合研究所	10	11
合計	716	1446

図2.18 兵庫県南部地震以降の地震観測施設の充実
[出典：地震調査研究推進本部ウェブサイト]

防災科学技術研究所は，Hi-net，F-net，K-NET，KiK-net，DONET，S-netに，16の火山での基盤的火山観測網（V-net）を加え，陸海統合地震津波火山観測網「MOWLAS」（Monitoring of Waves on Land and Seafloor：モウラス）として総合運用をしている。図2.19にこれらの観測点配置を示す。また，図2.20に気象庁の観測点についても示す。気象庁の震度情報には，自治体や防災科学技術研究所の地震情報も活用されていることがわかる。

また，国土地理院によって，約1300点の電子基準点を利用したGNSS連続観測システム「GEONET」が運用されている。これにより，図2.21のように地殻変動がリアルタイムで観測されている。2011年東北地方太平洋沖地震後の余効変動や2016年に発生した熊本地震，鳥取県中部地震の影響を受けてはいるものの，太平洋プレートやフィリピン海プレートの動きに伴って，日本列島全体が東西に圧縮されている様子がわかる。ただし，九州から琉球列島は南北に引っ張られている。なお，硫黄島の長いベクトルは島内の地殻変動によるものである。

兵庫県南部地震は直下の活断層による地震だったが，地震発生前に活断層の存在が十分に周知されていなかったこともあり，地震後，陸域における活断層調査が精力的に実施された。また，2005年福岡県西方沖地震や，2008年能登半島地震，新潟県中越沖地震など，海域の活断層による地震が続発したことから，海域における地形・活断層調査も精力的に行われている。

また，神戸市内に現れた「震災の帯」（3.1.5項参照）が地盤の地下構造に起因すると考えられたこ

図2.19 防災科学技術研究所のMOWLASの観測点配置
［出典：防災科学技術研究所ウェブサイト］

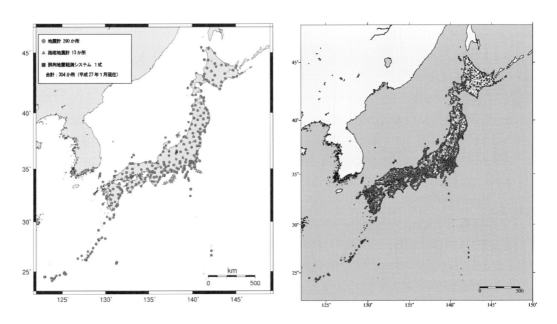

図2.20 気象庁の地震観測網（左）と震度情報に活用している震度観測網（右）
［出典：気象庁ウェブサイト］

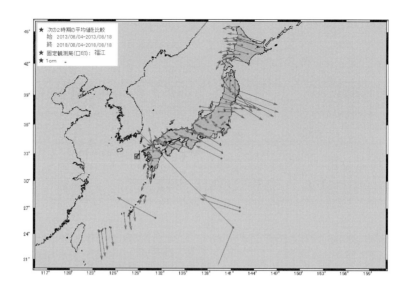

図2.21 GEONETで観測された地殻変動（2018年8月18日時点の5年間）
[出典：国土地理院ウェブサイト]

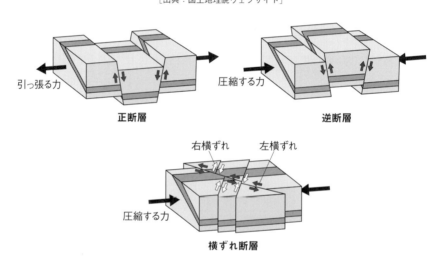

図2.22 断層のずれ方

とから、堆積平野地下構造調査が大規模平野を中心に実施され、平野ごとに特有の地盤震動特性があることが明らかになった。あわせて、地震発生に関わる地殻の構造調査として、島弧地殻構造調査やプレート境界付近の地殻構造調査が進められてきた。最近では、地殻構造調査結果をもとに、南海トラフ地震などの地震発生シミュレーションが行われるようになってきた。

地震調査研究推進本部は、これらの調査結果にもとづいて、代表的なプレート境界地震や約100の主要活断層帯について将来の地震発生の長期評価を行っている。2018年2月9日時点で公表された評価結果は、図2.17の中に示してある。いずれも今後30年間に地震が発生する確率を示しており、地震発生確率の高い活断層帯はSランクと評価されている。図中の確率を見てみると、主要活断層帯に比べ海溝型地震の地震発生確率が高いこと、とくに南海トラフでは$M8〜9$の巨大地震が70〜80％の確率で発生すると予測されていることがわかる。

なお、断層のずれ方には、図2.22のように、縦ずれ断層と横ずれ断層がある。縦ずれ断層には、水平方向に引っ張られて生じる**正断層**と圧縮されて生じる**逆断層**があり、**横ずれ断層**には、ずれる方向

図2.23 小麦粉とココアを使った断層実験
[筆者撮影]

によって右横ずれ断層と左横ずれ断層がある。

図2.17を見ると，東北日本では南北に走る逆断層が多く，西日本では右横ずれ断層と左横ずれ断層が共役な形で存在しており[*1]，中部地域から近畿地域に活断層が密集している様子がよくわかる。

活断層が地震を起こす時間間隔は1000年以上であるため，最近地震を起こした断層帯の危険度は相対的に小さい。このため，1891年濃尾地震を起こした濃尾断層帯や，1995年兵庫県南部地震を起こした六甲・淡路島断層帯の危険度は小さくなっている。一般に，長大な活断層ほど大きな地震を起こす危険度が高く，大きな地震ではすべり量が大きいので，次の地震まで時間がかかる。また，活断層によって活動度が異なり，活動度が高いほどひずみが早く蓄積する。

図2.23のように，小麦粉とココアを積層に重ねて左右から圧縮すると，簡単に逆断層の再現実験ができる。左右から地盤を圧縮することによって地層がせん断破壊して盛り上がる。何度も繰り返し押すと，同じ場所で断層がずれ，片側の地盤がどんどん盛り上がっていく。こうして，逆断層によってつくられる特徴的な地形ができる。神戸の六甲山地や濃尾平野西縁の養老山地が壁のように見える所以である。一度，試してみてはどうだろうか。

2.6 震源域での断層破壊とマグニチュード

地震は，**震源**から破壊が開始し，**震源域**全体がずれることで生じる。震源直上の地表地点が**震央**である。また，地震を発生させる断層を**震源断層**，地震時に断層のずれが地表まで到達して地表にずれが生じたものを**地表地震断層**とよぶ。

震源断層を矩形でモデル化したとき，断層のすべりは，図2.24のように，断層の幅W，長さL，面積$A=WL$，地表からの傾斜角δ，北からの走向ϕ，すべり量D，水平面からのすべり角λなどで定義することができる。断層は瞬間的に震源域全体が同時にずれるわけではなく，破壊は2 km/s強の速度で進行する。また，断層がすべる速度は1 m/s程度である。

地震の規模は，マグニチュードMで表現される。日本では，通常は，気象庁により定義された**気象庁マグニチュード**M_jが用いられている。そのほかにも，リヒターによるローカルマグニチュードM_L（リヒタースケールとよばれることが多く，海外でよく使われる），グーテンベルグによる表面波マグ

[*1]：共役断層については，12.1.2項を参照。

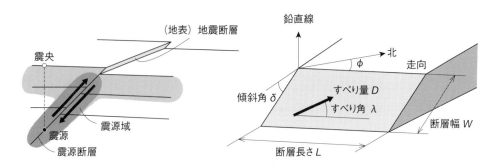

図2.24 震源断層の諸量

$$\log E = 1.5 M + 4.8 \qquad M \propto LWD$$

地震規模 M	放出エネルギー E	断層長 L	断層幅 W	すべり量 D	地震発生回数
+1	32倍	3.2倍	3.2倍	3.2倍	1/10
+2	1000倍	10倍	10倍	10倍	1/100

図2.25 マグニチュードと諸量の関係

ニチュード M_S も用いられている。これらのマグニチュードは，震源から一定距離離れた位置にある特定の地震計の揺れの振幅の常用対数で定義されており，地震計の種類によって差がある。それぞれのマグニチュードは，個々に特徴が異なるものの大きな地震では頭打ちになる。

そこで，金森博雄が，震源の大きさとすべり量で定義される**地震モーメント** $M_0 = \mu WLD$（μ はせん断弾性係数 G に相当する）を用いて，**モーメントマグニチュード** M_w を，$\log M_0 = 1.5 M_w + 9.1$ により定義した（地震モーメントの単位は N m とする）。気象庁は通常の地震では M_j で，巨大地震では M_w でマグニチュードを発表している。第12章で具体的に解説するが，断層のすべりは，2つの偶力（双偶力：ダブル・カップルフォース）に置換することができ，双偶力の大きさは地震モーメントで定められる。

マグニチュード M と地震による放出エネルギー E（単位 J）とは，$\log E = 1.5M + 4.8$ の関係がある。したがって，マグニチュードが1増えると，放出エネルギーは32倍，2増えると1000倍になる。また，地震発生回数はマグニチュードが1増えると10分の1程度になるというグーテンベルグ・リヒターの法則がある。これらの諸量の関係を**図2.25**に示しておく。

マグニチュードが大きいほど，震源断層の面積やすべり量が大きくなる。一般にマグニチュード8程度の地震の場合には，断層面積 A は1万 km^2，すべり量は3〜4 m となる。断層長さは断層幅の倍程度なので，140 km × 70 km 程度の大きさになる。また，すべり速度は1 m/s 程度なので，断層がずれるのには3〜4秒かかり，2 km/s で片側から破壊が進行したとすると断層全体が破壊するのに1分以上かかることになる。

マグニチュードが1増減すると，面積は10倍，すべり量や長さ・幅はそれぞれ3倍強変化するので，マグニチュードが大きな地震ほど，より長周期の揺れを長時間放出し続けることになる。また，M が1大きな地震の発生回数は10分の1だが，放出エネルギーは32倍なので，小さな地震がたくさん起きても大きな地震にはかなわない。

観測史上最大の地震は，1960年チリ地震の M_w 9.5であり，1,000 km にも及ぶ震源断層が数十メートルずれたといわれている。これにより太平洋周辺国に津波が襲い，日本でもチリ地震津波と称され，

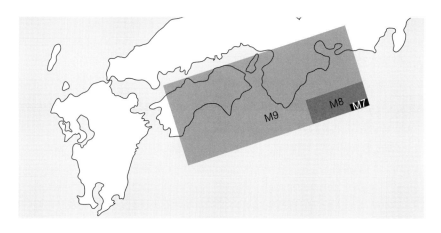

図2.26 マグニチュードと震源断層の大きさ

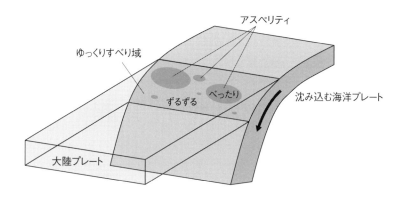

図2.27 プレート境界地震のアスペリティとゆっくりすべり域

[http://blog.sizen-kankyo.com/blog/2011/06/912.html を参考に作成]

死者・行方不明者142名を出した。直後には震源周辺で複数の火山も噴火した。また，日本の観測史上最大の地震は，2011年東北地方太平洋沖地震のM_w9.0である。最近発生した地震では，2003年十勝沖地震はM_j8.0，2016年熊本地震と1995年兵庫県南部地震はM_j7.3だった。図2.26のように，マグニチュードによって震源断層の大きさの違いは著しく，大きな地震では広域に同時被災することが理解できる。

なお，大きな地震では，震源断層全体が同じようにすべるわけではなく，図2.27のように，周辺と比べて大きくすべる場所が存在する。これをアスペリティとよぶ（強震動生成域ともよぶ）。プレート境界や活断層などの断層面上で強く固着している部分に相当し，地震時には急激にすべって強い地震波を出すため，構造物への影響を考えるうえで重要である。ちなみに，プレート境界の低周波微動は震源域よりも深い位置で，長期的ゆっくりすべりはアスペリティより深い場所で発生していると考えられている（詳細は気象庁のウェブサイト参照：http://www.data.jma.go.jp/svd/eqev/data/nteq/nteqword.html）。

Note 2.2 〈地震予知〉

2017年8月25日に中央防災会議の作業部会から，現状の科学では南海トラフ地震に対し「警戒宣言が前提とする確度の高い予測は困難である」との見解が示された。そもそも，東海地震の問題は，1976年に提唱された駿河湾地震説（東海地震説）にさかのぼる。1944年昭和東南海地震の震源域が1854年安政東海地震の震源域より小さく，駿河湾に割れ残りがあるとの指摘にもとづく。ちょうどこの時期，静岡県では1974年伊豆半島沖地震，1976年河津地震，1978年伊豆大島近海地震と地震が続発し，静岡県民の不安が高まっていた。

前年の1975年には，中国で起きた海城地震で地震予知の成功が喧伝され，**地震予知**に対する期待感が高まっていた。日本政府も1974年に地震予知研究推進連絡会議（1976年に地震予知推進本部に改組）を設置し，地震予知の機運も高まっていた。また，多くの国民が，アポロの月面着陸，万博開催などを通し科学への信頼感をもっていた時代でもある。

静岡県での地震の続発，東海地震説，地震予知推進が重なる中，1978年に大規模地震対策特別措置法（大震法）が制定された。大震法は，直前予知を前提に，甚大な被害が生じる地域を地震防災対策強化地域に指定し，地震発生が切迫したら内閣総理大臣が警戒宣言を発して，強化地域内の社会活動を制限することを定めている。適用は，観測態勢が整備された東海地震に限定されている。

南海トラフでは，100～200年程度の間隔でマグニチュード8クラスの巨大地震を繰り返してきたが，駿河湾のみでの東海地震は知られていない。すでに昭和東南海地震・南海地震から70年以上が経過し，図2.17のように南海トラフ地震の今後30年間の地震発生確率も70～80%と評価されている。このため，東海地震単独ではなく，南海トラフ全体での地震を想定すべき時期になった。

東海地震の直前予知では，地震の発生に先立って前駆的なすべりがアスペリティ周辺で発生すると考え，それを高感度な体積ひずみ計で検知できるとしていた。しかし，前駆的なすべりが発生しても，ゆっくりすべりとして活動が終結する場合が多いこと，東北地方太平洋沖地震では明確な前駆的すべりを事前検知できなかったこと，南海トラフ全域に対しては体積ひずみ計による観測が困難なこと，などの理由により直前予知の限界を認めることになった。

また，1995年兵庫県南部地震や2011年東北地方太平洋沖地震の発生で，地震予知への社会の信頼も損なわれ，地震研究の進展とともに地震発生の多様性も明らかとなった。直前予知を前提とした防災対策を見直したことは，日本の地震防災施策の大転換である。

とはいえ，図2.18に示したように，近年，観測網が充実してきており，何らかの異常現象が検知される可能性は高い。このため，予想被害の深刻さと，情報の確度や社会の受忍限度との狭間で，具体的な対応策を社会で事前合意しておく必要がある。2017年11月以降は，(1) 過去の南海トラフ地震と同様に震源域の半分で地震が発生した場合，(2) 東北地方太平洋沖地震の前震と同様にM7クラスの地震が予想震源域で発生した場合，(3) 東海地震が想定していたゆっくりすべりがあった場合に，気象庁から南海トラフ地震に関連する情報（臨時）が発せられるようになった。

【参考文献】
[1] 産業技術総合研究所地質調査総合センターウェブサイト
[2] グレゴリウス工房ウェブサイト
[3] 気象庁ウェブサイト
[4] 防災科学技術研究所ウェブサイト,強震動の基礎
[5] 熊澤峰夫,丸山茂徳,プルームテクトニクスと全地球史解説,岩波書店,2002
[6] 平朝彦,日本列島の誕生,岩波書店,1990

〈演習問題〉

1 大陸移動説からプレートテクトニクスに至る過程で,プレートが移動している証拠として考えられた事柄を列記せよ。

2 海溝や海嶺とプレートテクトニクスの関係について説明せよ。さらに,アイスランド,日本,ハワイとプレート運動の関係について述べよ。

3 日本は,2つの海洋プレートと2つの大陸のプレートが接している。2つの海洋プレートと2つの大陸のプレートの名前を述べよ。

4 日本は海洋のプレートと大陸プレートが接する衝突境界に位置する。プレート境界地震の発生,付加体や火山,活断層の形成について説明せよ。

5 南海トラフについて,簡潔に述べよ。

6 地震の規模はマグニチュードで表される。マグニチュードと地震の放出エネルギー,震源断層の大きさ,すべり量との間の大体の関係を説明せよ。

第3章 地震が生み出す歴史と耐震技術

私たちは有史以来数多くの自然災害に見舞われ，大きな被害を繰り返し受けてきた。甚大な被害は社会を疲弊させ，国を衰退させて，新たな時代を生み出すきっかけになる。耐震工学も，多くの地震被害から教訓を学びながら進展してきた。本章では，過去の地震が歴史や社会にどのような影響を与えたのか，そして耐震工学の進展にどのように寄与したかについて学ぶ。

3.1 地震と歴史

3.1.1 自然災害と世界史

　第1章で述べたように，地球規模の変動が生物の大絶滅や進化をもたらし，有史以降も大災害が歴史に多大な影響を与えてきた。地震国・日本に限らず，地震・火山噴火が世界の歴史に大きな転機を与えることがあった。まず，ヨーロッパでの災害について記してみる。

　ローマ時代，火山の大噴火によって1つの都市が滅亡した。約2000年前の西暦79年に，ベスビオ火山の火砕流がイタリア・ナポリ近郊にあった古代ローマの都市・ポンペイ（**図3.1**）を襲い，まちを地中に埋没させた。この出来事は，多くの小説や映画に描かれており，知る人は多い。イタリアは，図2.7に示したようにユーラシアプレートとアフリカプレートの境界近くにあり，マグニチュード7クラスの地震がよく起きる。ベスビオ火山が噴火する17年前の西暦62年にも，ポンペイで地震があった。最近も，2009年ラクイラ地震や，2012年イタリア北部地震，2016年イタリア中部地震など，多くの死者を出す地震が続いている。

　18世紀半ば，1755年11月に，ポルトガルの首都・リスボンが大地震に見舞われた（**図3.2**）。ユーラシアプレートとアフリカプレートの境界で発生したマグニチュード8を超える巨大地震である。リスボンでは，強い揺れでほとんどの建物が倒壊し，さらに津波と火災によって6万人とも10万人ともいわれる死者を出し，大航海時代に世界を席巻したポルトガルは衰退への道をたどった。**リスボン地震**

図3.1 ポンペイの遺跡
［出典：pixabay］

図3.2 リスボン地震
［出典：Wikimedia Commons］

がヨーロッパの人たちに与えた精神的ダメージは大きく，ヴォルテール，ルソー，カントなど，当時の思想家たちにも大きな影響を与えたといわれる。世界を支配した国でも，たった1つの地震で衰退してしまうことに驚く。リスボン地震の後，イギリスを中心に農業革命や産業革命が始まり，ヨーロッパの人口が急増し資本主義の時代へと移行する。そして，ヨーロッパの主役はポルトガルやスペインからイギリスへと交代していった。

　リスボン地震の30年後，1783年6月にアイスランドのラキ火山（**図3.3**）が噴火した。アイスランドは大西洋を南北に縦断する中央海嶺上にあり，海洋底プレートが生み出される発散境界に位置する。ラキ火山に続いてグリムスヴォトン火山も噴火し，これらの火山から噴出した有害ガスによってアイスランドは壊滅的な被害を受け，多くの住民・家畜が命を落とした。有毒ガスはアイスランド国内に留まらず，イギリスなどでも多くの死者を出した。火山灰や霧状の硫酸が太陽光をさえぎることで世界的な異常気象をもたらし，とくにヨーロッパでは長期間にわたって農作物に大きな被害が出た。飢饉により農民が困窮し，1789年に起きたフランス革命の引き金になったといわれる。フランス革命という歴史上の大事件に火山噴火が関係していたことを知る人は少ない。1783年には，日本でも4月に岩木山が，8月に浅間山が噴火しており，ラキ火山噴火も含め，同時期におきた天明の飢饉との関係が指摘されている。参考のために，プレート境界と地震の震央分布，イタリア，ポルトガル，アイスランドの位置関係を**図3.4**に示しておく。

図3.3 ラキ火山
［出典：pixabay］

図3.4 ユーラシアプレート，アフリカプレートと
アイスランド，ポルトガル，イタリア

3.1.2 貞観の時代の地震

　869年に，2011年東北地方太平洋沖地震に類似した**貞観地震**が発生していた。平安時代中期，六国史の最後『日本三代実録』には多くの地震記録が残されている。なかでも，貞観地震の被災地・多賀城（現在の宮城県多賀城市）周辺の津波の様子が克明に記されている。現代語訳すると，

「海では雷のような大きな音がして，物凄い波が来て陸に上った。その波は河を逆上ってたちまち城下まで来た。海から数千百里の間は広々とした海となり，そのはてはわからなくなった。原や野や道はすべて青海原となった。人々は船に乗り込む間がなく，山に上ることもできなかった。溺死者は千人ほどとなった。人々の財産や稲の苗は流されてほとんど残らなかった。」

と記されている[1]。東北地方太平洋沖地震のときと同様の光景が見事に記されている。

　当時の多賀城は，蝦夷に対峙する北の砦で，朝鮮に備えた大宰府とともに，日本の最重要拠点の1つであった。このため，東北での震災の様子が遠く離れた京まで伝わり，国史に記述された。津波犠牲者が1,000人と記されているが，当時の日本の人口は現在の1/20程度と考えられ，人口比で換算すると東北地方太平洋沖地震の犠牲者数に匹敵する。

　この地震の後，京都で被災地の地名を歌枕にした2首の和歌が詠まれた。清原元輔が詠んだ「契りきな かたみに袖を しぼりつつ 末の松山 浪越さじとは」（後拾遺和歌集）と，二条院讃岐が詠んだ「わが袖は 潮干に見えぬ 沖の石の 人こそ知らね 乾く間もなし」（千載和歌集）である。小倉百人一首の中にあるので知っている人も多いと思う。いずれも恋の歌といわれていたが，「末の松山」は津波が越さず，一方，「沖の石」は津波にぬれて乾く間もないとも解釈できる。現存している「末の松山」と「沖の石」は100 m程度しか離れておらず，東北地方太平洋沖地震では，**図3.5**のように沖の石は2 m程度津波に浸かり，末の松山には津波は達していなかった。

　また，東北地方太平洋沖地震の20年前に東北電力女川原子力発電所の技師たちが，仙台平野のボーリングデータを調べ，貞観地震による津波堆積物を見つけていた[2]。このことが，女川原発の敷地高さの確保につながったようだ。このように，東北地方太平洋沖地震の被害はけっして想定外とはいえず，過去に学ぶことの大切さがわかる。

図3.5 多賀城の末の松山と沖の石
［筆者撮影］

貞観地震の前後の地震・火山噴火は『日本三代実録』に多く書き残されている。863年に越中・越後で地震が発生，翌864年には富士山や阿蘇山が噴火し，868年には播磨・山城の地震が発生した。富士山の貞観噴火で流れ出たのが青木ヶ原樹海の溶岩である。この時期には，861年に福岡の直方での隕石落下，862年に新羅からの海賊来襲，866年に応天門の変と続き，疫病，干ばつ，水害などもあった。このため，災いを治めるよう御霊会が祇園で行われた。これが京都の祇園祭の発祥ともいわれる。

貞観地震の後も，878年相模・武蔵（大正関東地震と同じ相模トラフの地震の可能性がある），880年出雲（島根），881年京都，886年安房（千葉）などで地震があったとの記述があり，887年には仁和地震（南海トラフでの巨大地震）が発生した。まさに，有史以来最も災害が多かった時期である。

貞観の地震の翌年，菅原道真は官吏登用試験・方略試に合格した。そのときの2問のうちの1つは「地震を弁ず」だった。試験合格後，道真は災害が続く中，国政を立て直した。その後，901年に大宰府に左遷され，903年に亡くなった。

3.1.3　南海トラフ地震の発生前後の地震活動期と歴史変化

南海トラフとは，駿河湾から四国沖にかけての太平洋側に存在する深さ4,000 m級の溝状の海底地形で，海のプレートのフィリピン海プレートが陸のプレートのユーラシアプレートに衝突して沈み込む場所に当たる。南海トラフの東端の駿河湾のエリアは駿河トラフともよばれる。過去の地震では，南海トラフ全体が一度に活動する場合と，安政地震のように東と西が分かれて活動する場合があり，地震の発生の仕方には多様性がある。地震の呼称についても，安政地震のように紀伊半島より東で起きる地震を東海地震，西側で起きる地震を南海地震とよぶこともあれば，昭和地震のように紀伊半島から御前崎で起きる地震を東南海地震，駿河トラフで単独で起きる地震を東海地震とよぶこともある。

（1）　白鳳地震に始まる南海トラフ地震の履歴

地震調査研究推進本部がまとめた南海トラフ地震の過去の履歴を**図3.6**に示す。歴史資料に残る南海トラフの地震の候補としては，684年**白鳳地震**，887年**仁和地震**，1096年**永長地震**・1099年**康和地震**，1361年**正平（康安）地震**，1498年**明応地震**，1605年**慶長地震**，1707年**宝永地震**，1854年**安政地震**，1944/1946年**昭和地震**が挙げられる。慶長地震は揺れの被害記録が少なく津波地震だったと考えられてきたが，近年さまざまな解釈がされている。

過去の活動履歴がこれほどよくわかっている場所は，世界でも稀である。古文書などの記録が豊富に残っているおかげである。南海トラフ地震の判断基準は，古文書に，京都での強い揺れ，高知（土佐）の地盤沈下による浸水，津波，道後温泉（伊予）の湧出停止などの記載があることによる。ただし，古文書の被害記録から推定されているので，地域による歴史資料の多寡によって抜け落ちた地震もあるかもしれず，震源域も不確かである。このため，遺跡発掘調査で見つかる液状化跡なども地震特定の参考にされる。さらに古い地震については，地盤内に残る津波堆積物などから活動時期が推定されている。

たとえば，白鳳地震については，『日本書紀』の巻第二十九に，下記の記述がある。

「天武天皇十三年冬十月　壬辰。逮于人定。大地震。挙国男女叫唱。不知東西。則山崩河涌。諸国郡官舎及百姓倉屋。寺塔。神社。破壊之類。不可勝数。由是人民及六畜多死傷之。時伊予湯泉没而不出。土左国田苑五十余万頃。没為海。古老曰。若是地動未曾有也。是夕。有鳴声。如鼓聞于東方。有人曰。伊豆嶋西北二面。自然増益三百余丈。更為一嶋。則如鼓音者。神造是嶋響也。」

最近起きた宝永，安政，昭和の3つの地震は，確実に南海トラフ地震だと考えられており，地震の

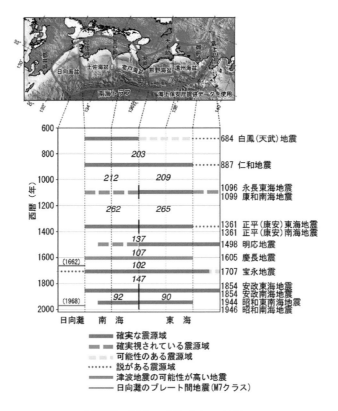

図3.6 過去の南海トラフ地震
［出典：地震調査研究推進本部ウェブサイト］

規模はそれぞれ大，中，小となっている。大きな地震の後は発生間隔が長いという時間予測モデルの考え方にもとづくと，次の地震の発生確率は，2018年時点では今後30年間で70〜80％と算定される。

南海トラフ地震は$M8$クラスの巨大地震であり，南海トラフ地震の発生前後には西日本を中心に内陸直下の地震が頻発する地震の活動期となる。このため，この時期は歴史の転換期とも重なる。

過去3回の地震について見てみると，1707年宝永地震は元禄時代が終わった直後，1854年安政地震は幕末，1944年/1946年昭和地震は終戦前後に発生している。多くの地震が集中して発生することで西日本を中心に社会が疲弊し，それによって新しい時代が拓かれ，そのドラマ性ゆえに地震活動期は歴史小説や時代劇で多く取り上げられる。

(2) 明応地震や慶長地震の時代

戦乱の時代は，1467年の応仁の乱や1493年の明応の政変に始まり，信長，秀吉，家康が天下をとり，大坂の陣に至るまで百年余り続いたが，この間に多くの地震が発生した。1498年9月に発生した**明応地震**は南海トラフ地震の1つであり，甚大な津波被害を出した。この直前には，1495年9月に鎌倉の大仏の大仏殿が津波で流された地震が起きたとの説もあり，関東地震との関連が疑われている。応仁の乱や明応の政変に関わった日野富子が命を落としたのは1496年である。ちなみに，応仁の乱の起こる前，1454年12月に東北地方で享徳地震が発生したといわれている。この地震は，869年貞観地震と2011年東北地方太平洋沖地震の間に起きた同タイプの巨大地震の候補と考えられている。この後，関東地方で享徳の乱が始まり，応仁の乱の遠因ともなったようである。

戦国時代を収束させた織田信長が生まれたのは1534年，桶狭間の戦いは1560年，本能寺の変で落命したのは1582年である。後継の豊臣秀吉が大阪城の築城を始めたのは1583年，秀吉と徳川家康との小

牧・長久手の戦いは1584年である。明応の地震の後，この時期までは大きな地震はなかった。

1586年1月18日に**天正地震**が発生した。近畿から中部を襲った大地震で，阿寺断層，庄川断層，養老・桑名・四日市断層などが連動したと考えられており，海底活断層の活動も疑われている。被害地域の広さは，内陸最大の地震といわれる1891年濃尾地震より広域である。この地震では，近江の長浜城，越中の木舟城，飛騨の帰雲城，美濃の大垣城，伊勢の長島城，尾張の蟹江城や三河の岡崎城などが壊滅，清洲城も液状化の被害を受けたといわれ，戦乱の時代に大きな影響を与えた。秀吉は大垣城を前線基地として家康を攻める矢先だったが，天正地震が起きたため家康と和解することになった。

その後，1590年小田原征伐，家康の関東転封，1592年文禄の役と続いた後，1596年になって，5月と8月に浅間山が噴火，9月1日に四国で慶長伊予地震，9月4日に慶長豊後地震，9月5日に**慶長伏見地震**と，3つの大地震が連発した。伏見地震では伏見城天守が倒壊し明との講和が不調に終わった。災いが続いたため，元号が「文禄」から「慶長」に改元されたが，さらに，翌1597年に慶長の役，1598年秀吉の死，1600年関ヶ原の戦いと続き，家康の東軍が勝利した。1603年に家康が征夷大将軍になって江戸幕府が始まり，1605年に慶長地震が発生し東海地方が津波に襲われた。1624年に完成した東海道の多くは高台を通っており，津波被災地を避けたようにも見える。

さらに，1611年になって東北地方で，慶長会津地震と慶長三陸地震が起きた。慶長三陸地震では東北地方沿岸の津波被害が顕著だったが，最近の津波堆積物調査から北海道沖の巨大地震の可能性も疑われている。このため，近年，北海道沖のマグニチュード9クラスの超巨大地震の発生可能性も示唆されている。なお，この地震の時の仙台藩主・伊達政宗は震災対応に勤しみ城下を高台に復興するとともに，1613年に支倉常長を欧州に派遣した。また，江戸の五街道の1つ奥州街道が開通したのは1646年だが，津波被災地を避けて内陸を通したようにも見える。

（3）元禄関東地震と宝永地震

1657年に江戸時代最大の大火・明暦の大火が起きた。江戸の市街地のほとんどが焼失し，江戸城の天守も焼けた。その後，1677年に延宝八戸沖地震，延宝房総沖地震，翌1678年に宮城県沖地震があった。房総沖地震は，福島県から千葉県にかけて甚大な津波被害を及ぼした。

これらの地震の後，1680年に徳川綱吉が5代将軍に就任した。そして，1702年冬に赤穂浪士の討ち入り事件があり，翌1703年に**元禄関東地震**が発生した。この地震は相模トラフでのプレート境界地震であり，大正関東地震より一回り大きな地震だった。元禄関東地震とほぼ同じ時間に豊後でも大地震があった。赤穂浪士の事件や大地震もあり，翌1704年に「元禄」から「宝永」へと改元された。

1707年には，有史以来最大の南海トラフ地震である**宝永地震**が発生した。静岡以西の広域に強い揺れと津波が襲い甚大な被害となった。この地震の被害は，幕府の側用人・柳沢吉保の日記『楽只堂年録』や，尾張徳川家の御畳奉行・朝日文左衛門の日記『鸚鵡籠中記』に詳しい。また，尾張藩士・堀貞儀が記した『朝林』によると，大坂での圧死者5千人，津波による溺死者16千人とされている。宝永地震の49日後には，富士山が噴火した（**図3.7**）。864年貞観噴火以来の大規模噴火で，偏西風に乗って江戸にも降灰があった。地震と噴火により江戸以西の各地は甚大な被害を受け，幕府や各藩は財政的にも困難を極めた。綱吉の治世の末期であり，元禄文化も廃れていった。

綱吉の死後，新井白石が正徳の治を，徳川吉宗が享保の改革を進めた。紀州藩主だった吉宗は，宝永地震で被害を受けた紀州の再建に力を発揮し，1716年に8代将軍になった。そして，町火消し制度や火除地を作り，防火建築を奨励し，江戸の防災対策に大きく貢献した。

（4）安政東海地震と安政南海地震

19世紀半ばは，1840年アヘン戦争，1842年南京条約，1844年オランダの幕府への開国勧告，1853年ペリーやプチャーチンの来航など，欧米諸国が東アジアに進出した時期である。日本では，この時

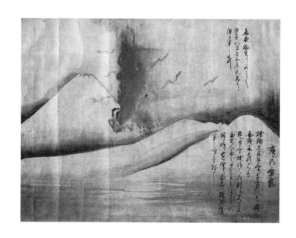

図3.7 宝永地震後の富士山噴火
［現在の静岡沼津市で描いた絵図（個人所蔵，静岡県歴史文化情報センター提供）］

図3.8 下田港の津波とディアナ号
［モジャエスキーの絵図（ロシア海軍博物館蔵）］

期に大地震に相次いで見舞われ，1847年善光寺地震，1853年小田原地震，1854年伊賀上野地震と続いた。小田原地震が発生したのは3月11日，ペリーが来航したのはその20日後の3月31日である。7月8日に浦賀に入港して開国要求親書を手渡した。その混乱のさなか，7月27日に将軍・家慶が病死した。さらに8月22日にはロシアのプチャーチンも長崎に来航した。ペリーは翌1854年に再来日して，3月31日に日米和親条約を締結し，日本は鎖国を終えて箱館と下田を開港した。そして，7月9日に伊賀上野地震が発生した。このように，地震と黒船来航の中，世継ぎ問題もあり江戸幕府は大きく混乱した。

このような中，1854年12月23日朝9時頃に東海地震が，翌24日夕方5時頃に南海地震が続発した。1707年宝永地震に続く南海トラフ地震であり，**安政地震**とよばれる。26日には豊予海峡地震も起き，元号も「嘉永」から「安政」に改元された。**安政東海地震**では，静岡県〜三重県を中心に強い揺れと高い津波が襲い，家屋倒壊や火災が発生した。伊豆・下田ではプチャーチンと日露交渉が行われており，戦艦ディアナ号が津波に翻弄されて大破し，修理のため伊豆・戸田村に向かう途中で沈没した（**図3.8**）。**安政南海地震**では，高知や和歌山などが強い揺れと津波に見舞われた。和歌山県の広村で庄屋の浜口梧陵が村人を津波から救った様子は，ラフカディオ・ハーン（小泉八雲）が1896年明治三陸地震の後，『A living God』として著した。その後，中井常蔵が『稲むらの火』として教材化し，1937年より尋常小学校の国語の教科書に掲載された。地震後，浜口梧陵は私財を投げ打って広村を守る堤防を作った。

この地震では大坂も大きな津波被害を受けた。地震発生後2時間で到達した津波が，樽廻船，菱垣

廻船，北前船など数百艘の大型船を遡上させ，住民が避難していた川船に衝突したり，橋を損壊させたりした。この地震の半年前に発生した内陸地震の伊賀上野地震のときに，川船で揺れから難を逃れた体験が災いしたようだ。地震後，宝永地震での津波被害の教訓が生かされなかったことを反省し，木津川の大正橋東詰に大地震両川口津浪記石碑が建立された。石碑では，次に津波が来ても「決して船で逃げようと思うな」と警告し，「この石碑の文字がいつも読めるように，毎年この石碑の文字に墨を入れるように」と戒めている。

1855年にも地震が多発した。飛騨地震，陸前地震が起き，11月11日には**安政江戸地震**が発生した。江戸地震では，沖積低地の被害が大きく，大手町から丸の内の大名小路にあった大名屋敷に大きな被害が出た。新吉原では廓全体が延焼して1,000人以上が死亡した。水戸藩上屋敷では，水戸藩主・徳川斉昭を支える「両田」といわれた藤田東湖と戸田忠太夫が圧死し，水戸の尊王攘夷派にとって大きな打撃となった。

1856年には八戸沖地震が発生，さらに，江戸を暴風雨が襲った。翌1857年には芸予地震が，1858年には飛越地震が発生した。この地震で立山が崩れ，いまでも常願寺川は暴れ川となっている。このため，砂防発祥の地といわれている。1858～1859年にかけてはコレラも流行した。諸外国からの開国要求，全国各地での大地震，暴風雨やコレラの流行など社会が混乱し，井伊直弼と徳川斉昭との対立が深まる中，1858年に井伊直弼が大老に就任し，安政の大獄で斉昭は失脚，斉昭を推した島津斉彬も急死，吉田松陰も処刑された。しかし，1860年3月24日に起きた桜田門外の変で井伊直弼が落命する。その後，地震被害を免れていた薩摩や長州が手を結び大政奉還へと向かった。高校までに学んだ歴史の裏側に災害の続発の影響が垣間見える。

明治になって，1891年濃尾地震が発生し，その後1894年庄内地震，1896年明治三陸地震，陸羽地震と東北で大地震が続いた。また，大正になって，1923年大正関東地震が発生した。濃尾地震と大正関東地震については，耐震工学とのかかわりも含めて後述する。

(5) 昭和東南海地震と昭和南海地震

1941年12月8日，日本は，真珠湾攻撃，マレー半島上陸とともに米英両国に宣戦布告し，太平洋戦争が始まった。当初は進撃を続けていた日本軍だったが，1942年6月5日からのミッドウェイ海戦に敗れ，戦争の主導権を失った。さらにガナルカナル島への米軍上陸，翌1943年ガナルカナル島撤退，山本五十六戦死と戦況が悪化する中，1943年鳥取地震が発生した。鳥取地震は，鹿野断層と吉岡断層を震源とする$M7.2$の地震で，1,083人の死者を出した。鳥取地震の後，学徒出陣や学童疎開などが始まった。1944年になって南方の島々が陥落しはじめ，11月24日には東京空襲が始まった。そして，12月7日午後1時半ごろに**昭和東南海地震**が発生した。

1944年昭和東南海地震はやや小粒の南海トラフ地震で$M7.9$だった（**図3.9**）。安政地震の震源域のうち，駿河トラフには震源域が及ばなかったため（図3.6），その後の東海地震説[*1]につながった。昭和東南海地震では，愛知県，三重県，静岡県西部を中心に，死者・行方不明者1,183人の被害を出した。沖積低地に立地していた軍需工場の被害が著しく，飛行機生産の主力を担っていた三菱重工名古屋航空機製作所道徳工場や中島飛行機半田製作所山方工場が甚大な被害を受け，戦争継続能力を削ぐことになった。戦時下の軍部による情報統制のため「隠された地震」とも言われる。地震翌日の中部日本新聞の朝刊では，3面の片隅に「天災に怯まず復旧　震源地点は遠州灘」と小さな記事が報じられたにすぎない。一方，欧米では，ニューヨーク・タイムズが1面に「JAPANESE CENTERS DAMAGED

---

*1：1976年に石橋克彦が，駿河湾域での大規模な地震発生の切迫性を指摘した。その根拠は，1854年安政東海地震が駿河湾域まで震源域が及んだのに対し，1944年昭和東南海地震の震源域は駿河湾域には達しなかったため，このエリアのひずみが蓄積されていると解釈されたことにある。

図3.9 昭和東南海地震後の半田
［出典：総務省ウェブサイト］

BY QUAKE」と報じた。地震の翌週の12月13日には，名古屋への初の本格的空襲があり，航空機エンジンを作っていた三菱重工名古屋発動機製作所大幸工場が大規模な空襲を受けた。

昭和東南海地震の37日後の1945年1月13日未明には，$M6.8$の**三河地震**が発生した。昭和東南海地震の誘発地震とも言え，深溝断層や横須賀断層が活動した。巨大地震発生後の誘発地震は2011年東北地方太平洋沖地震の後でも見られ，地震発生翌日の3月12日に長野県北部（$M6.7$）で，15日に静岡県東部（$M6.4$）で，4月11日に福島県浜通り（$M7.1$）などで地震が発生している。三河地震では，昭和東南海地震で被災した建物を強震が襲ったため，昭和東南海地震の倍の2,306名の犠牲者を出した。疎開先の寺院が倒壊して多くの疎開児童が亡くなったことは痛ましい。

三河地震の後，10万人もの死者を出した3月10日東京大空襲，名古屋城が炎上した5月14日名古屋空襲，6月21日米軍沖縄占拠，7月26日ポツダム宣言，8月6日広島原爆，8月7日豊川海軍工廠空襲，8月9日長崎原爆などを経て，8月15日に敗戦を迎えた。その直後，9月17日に，昭和の三大台風の1つ枕崎台風が来襲した。原爆の被災地・広島では，土砂災害などで死者・行方不明者が2千人を超えた。そして，翌1946年12月21日未明に**昭和南海地震**が発生する。

昭和南海地震の地震規模は$M8.0$，死者・行方不明者は1,443人だった。四国から和歌山県にかけての沿岸部を津波が襲い，高知市は地殻変動による沈下で浸水した。過去の南海地震と比べて規模が小さかったことから，大阪は津波被害を免れた。また，和歌山県広川町は浜口梧陵の作った広村堤防により津波から守られた。

さらに，1947年9月15日にカスリーン台風が来襲し，利根川や荒川などの決壊で東京下町も浸水し死者1,100名を出した。そして，1948年6月28日夕刻，福井地震が発生し，死者・行方不明者3,769人もの被害となった。福井市内のほとんどの建物が倒壊し，震度階級7が新設された。福井地震の27日後には豪雨で九頭竜川の堤防が決壊した。

このように戦中から戦後にかけて，日本は多くの自然災害を経験したが，310万人もの戦争犠牲者が出る中での災害だったため，その記憶は多くの国民には残っていない。そして，1950年6月25日に勃発した朝鮮戦争による戦争特需が復興を加速させた。その後，1952年十勝沖地震，1964年新潟地震，1968年十勝沖地震，1978年宮城県沖地震，1983年日本海中部地震，1993年北海道南西沖地震などを経験したが，1995年兵庫県南部地震までは大都市に甚大な被害を出す地震に襲われることなく高度成長を遂げた。

3.1.4　大正関東地震

　大正時代は，元老を中心とした藩閥主義を脱し政党政治に移行した時代である。第一次世界大戦による好況や，護憲運動や労働運動，婦人参政権運動，部落解放運動など，民衆運動が活発に行われた。洋食・洋服・文化住宅など西洋式の衣食住が広がり，芸術・大衆文化，新聞・ラジオ，路面電車や乗合バス，家庭電化製品など，都市文化が形成された。1914年秋田仙北地震を除き，多くの犠牲者を出す地震もなかった。その中，突然，1923年9月1日11時58分に**大正関東地震**が発生した。災害名は**関東大震災**とよぶ。

　大正関東地震は相模トラフでの$M7.9$の巨大地震で，元禄関東地震より一回り小さい地震だった。震源は小田原付近だったが，震源域が神奈川西部から房総半島南部にわたるため，神奈川県や千葉県南部で強い揺れになった。震源域からやや離れていたが，地盤が軟弱な東京の沖積低地も強く揺れた。死者・行方不明者は，地震後発生した火災の影響もあり東京や横浜を中心に，105,385人にも上った。

　地震時の揺れの様子は，上野の喫茶店で地震に遭遇した物理学者・寺田寅彦が『震災日記より』に書き残している。

「それにしても妙に短週期の振動だと思っているうちにいよいよ本当の主要動が急激に襲って来た。同時に，これは自分のまったく経験のない異常の大地震であると知った。その瞬間に子供の時から何度となく母上に聞かされていた土佐の安政地震の話がありあり想い出され，丁度船に乗ったように，ゆたりゆたり揺れるという形容が適切である事を感じた。仰向いて会場の建築の揺れ工合を注意して見ると四，五秒ほどと思われる長い週期でみしみしと音を立てながら緩やかに揺れていた。・・・中略・・・主要動が始まってびっくりしてから数秒後に一時振動が衰え，この分では大した事もないと思う頃にもう一度急激な，最初にも増した烈しい波が来て，二度目にびっくりさせられたが，それからは次第に減衰して長週期の波ばかりになった。」

　初期微動と主要動との時間差，揺れの長さ，長周期の揺れなど，震源から少し離れた場所での巨大地震の揺れの特徴を見事に描写している。『震災日記より』には，地震後の下町の惨状や，社会の様子も端的に描かれている。

　大正関東地震は火災被害の印象が強いが，揺れによる家屋全潰も約11万棟あった。家屋倒壊による死者数は全死者の約1割の11,000人で，兵庫県南部地震の倍である。住宅全壊棟数は，東京市が12,000，東京市の1/5の人口の横浜市が16,000で，震源に近い横浜市の被害のほうがはるかに甚大である。全死者の9割は焼死だった。焼失棟数は21万棟にも上る。炊事時の正午直前の地震であり，前夜の台風で風が強かったため，住家が密集した東京や横浜で大規模な地震火災となった。多くの住民が避難していた本所の陸軍被服廠跡では，火災旋風により4万人弱が犠牲になった（**図3.10**）。また，地震後には，伊豆半島から相模湾，房総半島の沿岸に高い津波が押し寄せ，熱海，伊東，鎌倉などで，200〜300人の犠牲者が出た。土砂災害も各地で発生し，全体で700〜800人の死者となった。とくに神奈川県足柄下郡片浦村（現在の小田原市）の根府川駅での列車転落事故では，山津波により列車が海中に没し100人を超える犠牲者を出した。ここでは山津波と津波の両方に襲われた。

　規模が大きかった元禄関東地震に比べ大正関東地震での東京の犠牲者は200倍にも及ぶ。主たる原因は軟弱な地盤への町の拡大と家屋密集による火災の延焼にある。適切な土地利用の重要性が認識される。

　震災後には，帝都復興院が設置され，後藤新平総裁を中心に帝都復興計画が立案された。国による被災地の買い取りや，100m道路，ライフラインの共同溝化など，斬新な計画だったが，財政緊縮の

図3.10 被服廠跡の火災旋風犠牲者
[写真提供：国立科学博物館]

ため計画は大幅に縮減された。だが，これによって現在の東京の都市計画の骨格が整えられた。東京の被災者の多くは地方に疎開した。東京市から疎開したのは人口の1/3の74万人にも上る。とくに，被害が甚大だった浅草，本所，深川からはそれぞれ10万人以上が避難した。当時は東京市民の多くが故郷をもっていたことが幸いした。

　大正関東地震による経済被害は，日銀の推計では物的損失が約45億円，また，東京市の推計では約52億7,500万円とされた。当時の日本の名目GNP約150億円の1/3，一般会計歳出額約15億円（軍事費を除くと10億円）の3倍に相当する。政府は，緊急勅令によるモラトリアムを行った。また，震災手形割引損失補償令を公布し，震災手形による損失を政府が補償する体制を整えた。しかし，1927年にこの震災手形が不良債権化し昭和金融恐慌を招いた。

　大正関東地震が発生した後には，地震が多発した。1925年北但馬地震，1927年北丹後地震，1930年北伊豆地震，1933年昭和三陸地震などである。この間，1925年に普通選挙法と治安維持法の制定，ラジオ放送の開始，1926年末に大正天皇の崩御で「昭和」に改元，1927年には昭和金融恐慌が発生し中国で南京事件も起きた。さらに，1929年世界恐慌，1930年昭和恐慌，ロンドン海軍軍縮会議，1931年満州事変，1932年五・一五事件での犬養毅暗殺，1933年国際連盟脱退，1936年二・二六事件，日独防共協定締結と続き，1937年日中戦争，1941年太平洋戦争と8年間の戦争に突入した。

　富国強兵の時代における東京への人口集中が沖積低地への都市の拡大や家屋の密集化を助長し，強い揺れと延焼の危険度を増大させ，このことが甚大な地震被害を生み出し，その後の困難な時代を招く遠因となった。二度と繰り返してはいけないことである。

3.1.5 兵庫県南部地震

　1995年1月17日に六甲・淡路島断層帯の活断層が動き，**兵庫県南部地震**（災害名は**阪神・淡路大震災**）が起きた。地震規模は$M_j7.3$であり，3連休の翌朝の朝5時46分に発生した。1948年福井地震の後に設定された震度7が初めて適用された。犠牲者は，死者6,434名，行方不明者3名に上り，戦後最大だった1959年伊勢湾台風の死者・行方不明者数5,098名を上回った。建築・土木技術者は，途中階が崩壊した神戸市役所旧庁舎や，横倒しになった阪神高速道路などを見て大きな衝撃を受けた。設計時の想定を超える揺れの強さで甚大な構造物被害を出し，その後の地震に対する考え方を大きく変えた。

　兵庫県南部地震では，**図3.11**に示すように神戸を中心に**震災の帯**とよぶ震度7の帯状地域ができた（3.2.5項参照）。当時は震度7については現地調査によって家屋が3割以上倒壊している場所を確認す

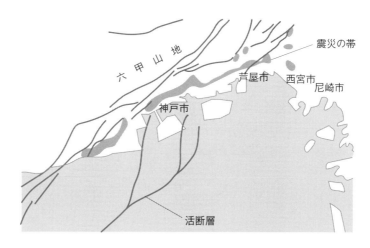

図3.11 兵庫県南部地震で現れた震災の帯

る必要があった。このため，発表に3日間を要し防災上重要となる震度7の情報発信が遅滞した。地震観測体制も不十分だったため，震災の帯の中での地震観測記録は十分に得られなかった。これを改善するため，震災後，全国の約3,000市町村に計測震度計が設置された。

　その後の調査研究で，「震災の帯」は，神戸直下の活断層と地下構造に原因があると考えられた。また，活断層による地震の危険性が事前に周知されていなかったため，東海地震の地震予知に偏した地震対策の在り方が問われた。このため，予知から防災へと関心が移り，半年後に地震防災対策特別措置法が制定され，**地震調査研究推進本部**（2.5節参照）が発足した。そして，活断層調査，堆積平野地下構造調査，強震観測網の整備などが推進され，この成果がその後，**地震動予測地図**として結実した。また，構造物の耐震性能の把握のため，実大の振動実験を可能とする世界最大の3次元振動台**E-ディフェンス**が兵庫県三木市に建設された。さらに，災害教訓を後世に残すため，**人と防災未来センター**が神戸市内に開設された。

　震災直後に死亡した人の約9割は，家の中で亡くなり，その大多数は家屋倒壊によるものだった。住家被害は，全半壊合わせて約25万棟にも上る。とくに，古い木造家屋の被害が顕著だった。現行の耐震基準を満たさない建築物を**既存不適格建築物**というが，この被害が甚大だった。このため，震災後，**耐震改修促進法**が制定され，既存不適格建築物の**耐震診断**や**耐震補強**が進められた。2019年時点で，公共建築物の耐震化は達成されつつあるが，民間建築物の耐震化は余り進捗していない。耐震性が不足する家屋はいまだ全国に1,000万棟程度もあり，さらなる耐震化が必要である。

　現行耐震基準による中低層の建築物の被害は軽微だったため，建築物の耐震基準は見直されなかった。ただし，一般建築物の耐震基準はあくまでも最低基準であり，震度7の強い揺れは考えていないので，2016年熊本地震の激甚被災地のように，震度7の強い揺れに対しては被害をゼロにすることは難しい。これに対して，土木構造物は，高架橋の倒壊（図3.12）などを受けて，耐震基準が見直され，現在では高速道路や鉄道の橋脚などの耐震補強はおおむね終わりつつある。

　この地震では，ライフラインが長期間途絶し，ピーク時には，水道の断水が約130万戸，ガスの供給停止が約86万戸，停電が約260万戸にも上った。発電所の被害は大きくなかったので電気は早期に復旧したが，地中に埋設された水道管やガス管の復旧には数ヵ月を要した。家屋倒壊による道路閉塞に加え，高架道路や鉄道被害も甚大だったため，交通機関も長期間にわたって途絶した。ライフラインの途絶によって，被災地の住民の生活は困難を極めた。また，東西を結ぶ大動脈が寸断されたため，全国各地の製造工場が操業停止に追い込まれた。これを教訓に，震災後，ライフラインの防災対策や，

図3.12 阪神高速道路の倒壊
[筆者撮影]

企業の**事業継続計画（BCP）**の重要性が認識され，対策が進められてきた。

兵庫県南部地震は，日本が長らく経験していなかった大災害であり，行政の対応も遅滞し危機管理能力が問われた。被害が甚大で，社会の有する災害対応能力を超えた。毎日増える犠牲者の数や，燃え広がる火災を消すことができない事態に，多くの国民が苛立ちを覚えた。被害情報の不足は，政府や自治体の対応を遅滞させ，日本の危機管理能力の低さが明らかになった。震災直後に発生した地下鉄サリン事件とともに，日本の危機管理体制を見直すきっかけになった。

震災のとき，役に立ったのは，当時普及し始めていた携帯電話，電子メールである。固定電話とファックスによる伝達と比べ，情報交換・入手が容易であり，震災後，さまざまな災害情報システムが開発された。また，マスメディアの過度な報道競争や，細分化されすぎた研究が反省され，災害報道のあり方や，研究者と社会との連携の必要性などが指摘された。

震災後，日本中から延べ130万人以上のボランティアが被災地に支援に入り，日本のボランティア元年といわれるようになった。震災で育ったボランティアは，その後の災害でも大活躍をしている。また，自衛隊が災害救援に大きく貢献し，災害時の自衛隊の役割の重要性を多くの国民が認識することになった。1998年には，議員立法で**被災者生活再建支援法**が制定され，個人の生活再建に国費を投じる道が開かれた。

このように，兵庫県南部地震がその後の日本社会に与えた影響は大きい。しかし，その多くは風化しつつある。そんな中，2011年に東北地方太平洋沖地震が発生した。

3.1.6　東北地方太平洋沖地震

2011年3月11日午後2時46分，日本の近代的地震観測が始まって以来の超巨大地震が発生し，東北地方の太平洋岸を大津波が襲った（**図3.13**）。**東北地方太平洋沖地震**（災害名は**東日本大震災**）は，日本では起きないと思われていた$M_w9.0$（モーメントマグニチュード）の超巨大地震だった。死者19,630名，行方不明者2,569名，全壊家屋121,781棟（2018年3月7日，消防庁）にも及ぶ被害となった。

地震後，「想定外」という言葉をよく耳にした。この言葉が責任回避に使われることに違和感を覚えた人も多い。危機管理の面からは想定外をつくらないことが基本である。世界的にも2004年スマトラ沖地震（$M9.1$）や2010年チリ地震（$M8.8$）など，50年ぶりに$M9$クラスの地震が頻発しており，古文書や津波堆積物から日本での$M9$クラスの地震の可能性を示唆するデータもあった。この震災の後，

図3.13 大槌町役場の津波被害[*1]
[筆者撮影]

二度と想定外といわないため，将来の地震の被害想定を行うにあたっては考え得る最大クラスの地震を考えるようになった。

この地震では，海溝近くの浅部の震源域が50mも滑ったため，高い津波が広域を襲った。しかし，昼間の地震で，震源域が陸から離れ津波到達までに30分以上の時間があった。また，被災地は，1978年宮城県沖地震以降，何度も震度6程度の揺れを受け，宮城県沖地震の再来も確実視されていた。このため耐震性を備えた建物が多く家具の固定率も高かった。震度もおおむね6程度以下だったため揺れによる家屋被害が大きくなく，津波避難のうえでは幸いした。また，三陸地方を中心に過去の津波被害の教訓が受け継がれており，三陸海岸の死亡率は明治三陸地震に比べ大きく減少した。子供たちの死亡率は大人に比べはるかに低く，津波防災教育の大切さが改めて認識された。

三陸地方は，1611年慶長三陸地震，1793年寛政地震，1896年明治三陸地震，1933年昭和三陸地震，1960年チリ地震津波など，繰り返し津波に襲われてきた。慶長三陸地震の津波の後につくった奥州街道を内陸に通したおかげで，岩手県の主要都市は内陸部にある。仙台にある浪分神社（若林区）や浪切不動堂（宮城野区）などは，いまも津波の教訓を伝えてくれ，仙台城下も高台に復興された。現在の官庁街が安全な場所にあったことは，震災後対応を行ううえでも重要だった。各地には津波の石碑も建立されていた。昭和三陸地震で多くの人命と家屋を失った宮古市重茂姉吉地区の海抜60mの場所には，

「高き住居は児孫の和楽　想へ惨禍の大津浪　此処より下に家を建てるな　明治廿九年にも昭和八年にも津浪は此処まで来て　部落は全滅し生存者僅かに前に二人後に四人のみ　幾歳経るとも要心あれ」

と記した石碑がある。高台移転したこの地区では，東北地方太平洋沖地震での犠牲者はゼロだった。津波からてんでんばらばらに逃げるという「津波てんでんこ」というメッセージも含め，先人の教訓が活かされた好事例だといえる。

福島第一原子力発電所では，土砂崩れによる敷地内の鉄塔の倒壊，津波による非常用ディーゼル発電機の停止や受電設備の受電不能，冷却用ポンプの損壊などにより原子炉の冷却ができなくなり，水素爆発や炉心溶融が起きた。福島原発は，35m程度の標高があった場所を削って10mの敷地にして

[*1]：本書執筆中の2019年1月，大槌町役場庁舎は解体撤去された。

いた。869年貞観地震の津波痕跡を調べて標高を確保した女川原発とは対照的である。原発などの高リスク施設の被害は影響が甚大であり、自然に対する畏怖の念をもち余裕をもった設計・施工を行うことが望まれる。東北地方太平洋沖地震では、原発に加え沿岸部の火力発電所も多数損壊したため電力が大きく不足し、2週間にわたって計画停電が行われた。多くの産業が操業停止となり、経済的にも大打撃となった。

旧河道や東京湾岸の埋立地を中心に広域で液状化被害が発生し、家屋の傾斜・沈下、地中埋設物の破損によりガスや水道が途絶した。首都圏を中心に、鉄道の運行停止による大量の帰宅困難者や、道路渋滞などの問題が発生し、遠距離通勤に頼る都市社会の危うさがあらわになった。

東京や大阪などの大規模な堆積平野では、長周期地震動によって高層ビルが強く揺れ、建物内部が被災したり、エレベータが停止したりした。とくに震源から700 km以上離れた大阪湾岸の埋立地にあった高さ256 mの大阪府咲洲庁舎では、共振現象により3 m弱もの揺れ幅となった。このことを契機に、高層ビルの長周期地震動対策が注目されるようになった。

道路・鉄道の途絶、津波による航路閉塞、仙台空港の津波被害で、陸路・海路・空路などの物流が長期間途絶した。道路はくしの歯作戦により短期で啓開されたが、燃料不足と車両不足が問題となった。携帯電話の基地局も燃料不足により非常用電源を喪失し通信にも障害が生じた。自動車産業など、部品供給のサプライチェーンに頼る産業では、関連企業の影響を受け長期間にわたって事業再開が困難になった。このため、震災後、事業継続計画の策定や、部品調達の多重化が進められた。

原発災害を除けば、いずれも震災前から指摘されていたことであるが、すべての事象が同時に発生することの衝撃は想像以上だった。なお、東北地方太平洋沖地震では、被災地域は広域に及んだが、被災者人口は兵庫県南部地震と同程度だったため、被害量はほぼ同じオーダーであった。

3.1.7 熊本地震

2016年4月14日午後9時26分頃、日奈久断層東部で$M6.5$の地震が起き、さらに25時間後の4月16日午前1時25分頃に布田川断層（**図3.14**）で$M7.3$の地震が発生した。観測史上初めて2度も最大震度7を記録し、さらに最大震度6強の地震が2度、6弱の地震が3度も発生した。活発な余震活動に続き、10月8日には阿蘇山が36年ぶりに爆発的な噴火をした。この**熊本地震**による犠牲者は、直接死50名に加え震災関連死などを含め259名になった（2018年3月時点）。関連死が直接死の4倍にもなった理由の1つは、前震による揺れの恐怖で、本震で倒壊した家屋に滞在していた住民が少なく、直接死が減

図3.14 益城町に現れた活断層
［筆者撮影］

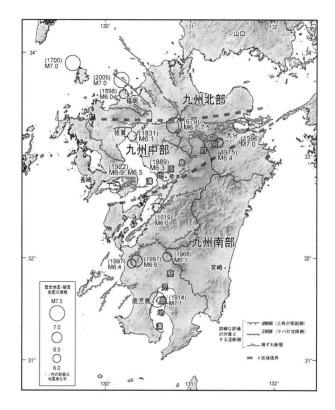

図3.15 別府—島原地溝帯と活断層
[出典：地震調査研究推進本部ウェブサイト]

じられたためとも考えられる。ちなみに，全壊家屋数に対する直接死者数の比は兵庫県南部地震の1/10程度であった。

　熊本地震のような内陸直下の活断層による地震では，地震観測点と震源域とが近接するため，局所的に震度7の揺れに見舞われる。熊本地震では，前震時には益城町で，本震時には益城町と西原村で震度7を記録した。過去，気象庁により震度7が発表されたのは，1995年兵庫県南部地震，2004年新潟県中越地震（川口町），2011年東北地方太平洋沖地震（栗原市築館伊豆）の3回だけであり，東北地方太平洋沖地震以外は活断層近傍の観測点で記録されている。しかし，活断層による地震は極めて稀にしか起きないため，最低基準である建築の耐震基準では活断層近傍での強い揺れはあまり想定していない。熊本地震では，宇土市役所をはじめ業務継続ができなかった防災拠点が散見されたため，重要施設の耐震設計の在り方が問われた。また，西原村役場の観測波形は大きな残留変位を伴うものであり，断層ずれによる大変位パルスが与える長周期構造物への影響が新たな課題となった。

　布田川断層や日奈久断層は，別府—島原地溝帯の南縁に位置する（図3.15）。この地溝帯は，九州が南北に引っ張られてできた溝状の地形である。この引張力により横ずれ断層がつくられた。さらに東には，別府—万年山断層帯や日本最大の断層・中央構造線が位置する。また，引張力によりできる亀裂を通してマグマが上昇し，阿蘇山，九重山，雲仙岳などの火山が形成され，マグマが地下水を熱し，由布院や別府の温泉地を生み出している。さらに，火山活動でつくられた山々が季節風を受け止め，雨の恵みをもたらす。その湧水がつくったのが水前寺公園である。一方，火山活動によって堆積した地盤は軟らかく土砂災害も起こしやすい。熊本地震の翌年には被災地周辺を襲った2017年7月の九州北部豪雨での甚大な土砂災害が発生した。

3.1.8 大阪府北部の地震

　2018年6月18日，通勤・通学時間帯の7時58分，M6.1の地震が発生し，最大震度6弱の揺れが大阪都市圏を襲った。**大阪府北部の地震**のような浅部のM6.1の地震は日本中いつどこで起きてもおかしくない。しかし，人口が集中し家屋が密集する大都市ゆえ，6人の犠牲者と400人を超える負傷者，全壊18，半壊517，一部損壊5万以上に上る住家被害となった。地震発生時点で，1995年兵庫県南部地震以降，最大震度が6弱の被害地震は20，そのうち死者が出た地震は9つある。最も多くの死者を出したのは，M7.0の2011年福島県浜通りの地震の4人であり，震度計の配置密度は大阪に比べ少ない。死者を出した地震の多くは，地震規模が大きく，地震計の設置数が少ない地方の地震である。また，M6.1の地震は9つあるが，死者を出した地震は1人が亡くなった2012年千葉県東方沖地震だけである。地震規模，震度の割に大きな被害になった原因は，大都市の脆弱さと関係がある。

　1995年兵庫県南部地震のときの大阪府の震度は4，死者は31人，全壊家屋数895棟である。最大震度6弱だった大阪府北部の地震の死者6，全壊18と比べ被害は遥かに多い。1995年には，大阪の震度は大阪市中央区大手前の揺れが代表していたが，2018年は大阪府内に88地点もの震度計があった。大手前の揺れを比較すると，家屋被害に関わる周期1秒前後の揺れは兵庫県南部地震のほうが数倍大きい。

　この地震の犠牲者は塀の倒壊や本棚の転倒などによる（図3.16）。ブロック塀の問題は，1978年宮城県沖地震の後，大きな社会問題となり，耐震基準が改訂されてきたが，不遡及の原理のためにまだ危険な古い塀が多く残っている。ブロック塀や石塀，灯篭，自販機などの転倒や看板の落下などの屋外地震対策は，古くて新しい課題である。家具固定の大切さも長く指摘され続けてきたが，遅々として進んでいない。大都市の住居は，中高層の建物が多く揺れが増幅しやすく，居住空間も狭いため家具転倒による危険度が高い。大都市での家具の転倒防止対策の抜本的推進が必要である。

　また，近所付き合いの少ない都会の独居生活者の安否確認の課題もある。大都市には，大学生や独身男性など周辺との付き合いの少ない若者や，介護が必要な老人などが1人で暮らしていることが多い。この地震での6人目の死者は約2週間後に見つかった一人暮らしの男性である。

　地震が発生した7時58分は，通勤・通学時間帯に重なり，多くの人が電車やバスの中にいた。直下

図3.16　地震で倒壊したブロック塀（大阪府高槻市）

［写真提供：共同通信社］

の地震だったため，緊急地震速報による列車停止は間に合わず，突然の揺れに見舞われた。広範囲で鉄道が運休したため，多くの人が出勤困難になった。大都市ゆえ，エレベータに頼る中高層の建物も多い。地震によって6万6千基のエレベータが緊急停止し，339基で閉じ込めが発生した。

この地震による経済損失は1800億円に及ぶという。従業員の出勤困難や，交通網のマヒによる部品供給困難などによって，大企業の工場が停止した。産業が集積した地域の経済的影響の大きさがわかる。

大阪府北部の地震で指摘されたことは，いずれも過去の地震災害で言い古されてきた課題ばかりであり，これまでの教訓を活かしきれていない現実を直視すべきである。直下の地震では緊急地震速報は間に合わず，事前のハード対策のウェイトが高い。改めて，古い家屋の耐震化，家具の転倒防止，古いブロック塀の撤去など，ハード対策を着実かつ速やかに進めることの大切さがわかる。

3.1.9　北海道胆振東部地震

2018年9月6日午前3時7分に，北海道胆振地方東部で深さ37 kmを震源としたM6.7の地震が発生した。震源に近い厚真町で震度7の揺れを記録した。近くに石狩低地東縁断層帯があるため，地震後，活断層や発生確率が高い千島海溝沿いでの巨大地震が心配された。

消防庁によれば，2018年9月14日現在の死者は厚真町の36人を中心に41人である。**北海道胆振東部地震**で顕著だったのは，厚真町を中心とした大規模な土砂崩れである。4万年前に支笏カルデラ噴出した火山堆積物などが崩れた。また，札幌市清田区で激しく液状化が発生した（**図3.17**）。支笏カルデラ噴火による火砕流堆積物でできた台地で，侵食によって削られた谷を火山灰で埋め盛土した地域に対応する。清田区では，1968年十勝沖地震や2003年十勝沖地震でも液状化が発生しており，改めて，住宅地の地盤条件の大切さがわかる。

この地震で特筆される被害は，北海道の孤立とブラックアウトである。新千歳空港が閉鎖され北海道新幹線が止まり，550万人の道民が住む北海道が孤立した。北海道の消費電力の半分以上は震源近くの苫東厚真火力発電所が担っていた。この発電所は，電力自由化に伴う効率重視の流れの中で，新鋭かつ発電コストの低い石炭火力のため主体的役割を果たしていたが，強い揺れで停止した。電力供給は需要と供給のバランスが基本だが，苫東厚真火力発電所の停止で周波数が変動し，その影響で他の発電所も停止し，ブラックアウトが発生して北海道全域にわたって電力供給システムが停止した。

全道停電により，新千歳空港が閉鎖，JRが運行停止，信号のない道路が渋滞し，交通網が完全に麻痺した。役所や災害拠点病院などの災害拠点は非常用発電設備で急場をしのいだが，停電で農作物の

図3.17　液状化被害（札幌市清田区）
［筆者撮影］

仕分けや出荷ができず，道内の工場も軒並み操業停止に追い込まれた。また，交通網の途絶で農産物や工業製品の輸送もできなくなり，その影響は全国各地に及んだ。

3.1.10 過去の大震災の被害を現代に換算

　日本は数多くの地震を経験してきた。過去最大の犠牲者を出したのは1923年大正関東地震での約105,000人である。当時の日本の人口は6,000万人弱で現在の人口12,700万人の半分弱だった。死者のうち約7万人が東京府，約3万人が神奈川県で発生し，両府県の死者のほとんどは東京市と横浜市が占め，うち東京市の西側で約1万人，東側で約6万人が犠牲になった。当時の東京府と神奈川県の人口はそれぞれ約450万人と約140万人で，東京市の人口は210万人，横浜市は42万人，東京市の西側は170万人弱，東側は40万人強の人口だった。現在の両都県の人口は1,365万人と914万人，区部の人口は940万人，横浜市370万人，区部の西は600万人弱，東は350万人である。これらの人口を用いて人口比で犠牲者数を現代に換算すると，全国の人口比では23万人，都県の人口比では43万人，東京市と横浜市の人口比だと55万人，さらに東京市の東西の人口を勘案すると77万人になる。当時と比べ現在は構造物の耐震性が向上しているが，危険度の高い沖積低地にまちが広がっている。この数字は参考でしかないが，80万人弱の換算犠牲者数はただ事ではない。

　同様にして過去の地震の犠牲者数を当時の総人口と現在の総人口（2018年，1億2700万人）を用いて換算してみると，明治以降に2,000人以上の死者を出した地震は，**表3.1**のようになる。

　江戸以前に発生した死者の多い地震についても同様の換算を試みてみる。古い地震なので，死者数や人口は正確ではないが，死者の多かった地震について過去の資料にもとづいて換算してみると，**表3.2**のようになる。

　表3.2中，明応地震と宝永地震は南海トラフ沿いの巨大地震，鎌倉地震（永仁関東地震）と元禄関東地震は相模トラフ沿いの巨大地震と思われる。ちなみに，元禄関東地震については死者が20万人との説もあり，死者が数千人程度と考えられている安政東海地震・南海地震もあわせて3万人という説もある。これらのことから，南海トラフ地震や関東地震が発生すると，場合によっては数十万人の死者が出ることもあり得る。このため，地震の発生で時代も大きく変化することになる。中央防災会議が推定した南海トラフ地震の最悪ケースの予想死者数32万3千人は，けっして過大な数字ではないことがわかる。

表3.1 明治以降の地震の人口換算死者数

	地震名	M	人口／万人	死者数	換算死者数
1	1923年大正関東地震	7.9	5,758	105,385	232,440
2	1896年明治三陸地震	8.2	4,199	21,959	66,416
3	1891年濃尾地震	8.0	4,025	7,273	22,948
4	2011年東北地方太平洋沖地震	9.0	12,780	19,667	19,544
5	1995年兵庫県南部地震	7.3	12,557	6,437	6,510
6	1927年北丹後地震	7.3	6,114	2,925	6,076
7	1948年福井地震	7.1	8,001	3,769	5,983
8	1933年昭和三陸地震	8.1	6,688	3,064	5,818
9	1945年三河地震	6.8	7,220	2,306	4,056

表3.2　江戸以前の地震の換算死者数

	地震名	人口／万人	死者数	換算死者数
1	1498年明応地震	1,200	4万1千	40万
2	1293年鎌倉大地震（永仁関東地震）	700	2万3千	40万
3	1707年宝永地震	2,800	4万1千	20万
4	1792年雲仙岳の火山性地震（島原大変肥後迷惑）	3,000	1万5千	5万
5	1771年八重山地震	3,000	1万2千	5万
6	1703年元禄関東地震	2,800	1万	5万
7	1611年慶長三陸地震	1,300	5千	5万
8	1855年安政江戸地震	3,200	1万	4万
9	1847年善光寺地震	3,200	1万	4万
10	1611年会津地震	1,300	4千	4万

　南海トラフ地震の切迫性が叫ばれる中，何としても地震被害を軽減しなければ，日本の存立にかかわる。最も重要なことは建築物や土木構造物の耐震化であり，建築・土木技術者の役割は大きい。

〈火山噴火〉

　日本には111の活火山がある。活火山とは「おおむね過去1万年以内に噴火した火山及び現在活発な噴気活動のある火山」と定義されている。2.3.1項で論じたように日本の火山はプレートの沈み込みによってつくられた。火山噴火予知連絡会は，「火山防災のために監視・観測体制の充実等が必要な火山」として50火山を指定しており，気象庁が24時間体制で観測・監視をしている。国は，「活動火山対策特別措置法」を制定し，警戒避難体制の整備を特別に推進すべき地域として常時観測火山の周辺地域を「火山災害警戒地域」として指定しており，全国の155市町村が該当する。

　近年，九州での噴火活動が活発である。2018年霧島連山の硫黄山と新燃岳，2016年熊本地震半年後の阿蘇山，2015年の口永良部島と桜島，2013年の桜島，2011年東北地方太平洋沖地震直前の霧島連山の新燃岳の噴火など，いずれもフィリピン海プレートが沈み込んだ場所にある霧島火山帯に位置する。

　また，この30年あまり，全国で噴火が続いている。2018年草津白根山の噴火，63人の登山客が犠牲になった2014年御嶽山噴火，2013年以降活発な西之島噴火，2000年有珠山噴火と三宅島噴火などである。伊豆周辺では，マグマの移動による1995年神津島周辺での群発地震，1989年の伊東沖での海底噴火，11,000人の島民が全島避難した1986年伊豆大島・三原山噴火などがあり，地震活動も活発だった。1990年には九州で雲仙普賢岳が噴火し，1991年には火砕流によって46名が犠牲になった。

　この100年で覚えておきたい噴火としては，昭和新山をつくった1944年有珠山噴火，1929年北海道駒ヶ岳噴火，融雪泥流を起こした1926年十勝岳噴火，20世紀最大の噴火だった1914年桜島噴火などがある。さらに19世紀には，1888年に磐梯山が山体崩壊した。18世紀は世界中で火山活動が活発で，日本でも島原大変肥後迷惑で15,000人もの死者を出した1792年雲仙普賢岳噴火，鬼押し出しをつくった1783年浅間山の天明噴火，宝永地震の49日後に発生した1707年富士山の宝永噴火など

がある。浅間山の天明噴火は天明飢饉を引き起こし，飢餓者が百万人にも達したといわれる。同年には，アイスランドのラキ火山噴火もあり世界的な異常気象をもたらした。ヨーロッパでは飢饉によって農民が困窮し，1789年フランス革命に結びついた。

　これらよりさらに大規模な巨大噴火も1万年くらいの間隔で起きてきた。九州ではカルデラをつくる巨大噴火として，7300年前には鬼界カルデラ，約2万5千年前には姶良カルデラ，9万年前には阿蘇カルデラを作る巨大噴火があった。姶良カルデラにあるのが桜島である。北海道や東北にはカルデラ湖が多数ある。屈斜路湖，摩周湖，阿寒湖，支笏湖，洞爺湖，十和田湖などである。箱根の芦ノ湖もカルデラ湖の1である。『古事記』や『日本書紀』などに現れる国生み神話，天岩戸神話，天孫降臨神話などが火山活動に関係するのではとの指摘にも耳を傾けたくなる。

　世界には，さらに大きな巨大カルデラがある。その1つがアメリカ・イエローストーンであり，60万年前の噴火ではアメリカ全土に降灰した。そろそろ次の噴火の時期だとの見解もあり，その場合には人類の存亡にもかかわる。さらにけた違いの超巨大噴火もある。2億5千万年前の生物の大量絶滅は，超大陸パンゲアを分裂させた超巨大噴火が原因だとの指摘がある。

　巨大噴火や超巨大噴火は人間の力で太刀打ちできるものではない。だが，ここ数十年間に起こった噴火規模であれば，私たちの知恵と行動で人的被害を軽減できる。

3.2　地震被害と耐震技術

　耐震工学は，地震による構造物被害を経験しながら成長してきた経験工学でもある。本節では，日本の耐震工学の進展に大きな影響を与えた地震として，濃尾地震，大正関東地震，新潟地震，十勝沖地震，宮城県沖地震，兵庫県南部地震，東北地方太平洋沖地震，熊本地震を取り上げ，その教訓を学ぶ。参考のために，**図3.18**に日本列島周辺で起きた主な被害地震の震央位置を，**表3.3**に明治以降に日本で発生した主な被害地震の一覧を示す。

3.2.1　濃尾地震と震災予防調査会

　明治になって間もない1872年3月14日に，島根県で浜田地震が起き551人の死者を出した。また，1880年2月22日には横浜で小規模な地震が起きた。これらの地震で煉瓦造の建物や煙突が被害を受け，イギリス人のお雇い外国人教師**ジョン・ミルン**らが「日本地震学会」を設立した。ジョン・ミルンは地震計の開発（**図3.19**）や地震観測を精力的に行い，日本の地震学の礎を築いた。その後，地震学会では，東京帝国大学の数学教授だった菊池大麓らを中心に，研究者が集まり活動を始めた。地震学会が活動して最初の地震は，1889年7月28日23時45分に発生した$M6.3$の明治熊本地震である。死者20名，建物の全潰239棟の被害があったといわれている。本震の6日後に大きな地震が起き，多くの余震が起きたこと，熊本城の石垣の被害や橋梁被害が顕著だったことなど，2016年4月に起きた熊本地震との類似性が指摘される。被害写真が残る最も古い地震でもある。

　そして，1891年10月28日に，**濃尾地震**が発生した。地震の規模は$M8.0$とされ，内陸直下で起きた地震では過去最大の地震である。根尾谷断層帯，梅原断層帯，温見断層北西部などの濃尾断層帯が活動した。この地震の後，この断層帯の南側で1945年三河地震が，北西側で1948年福井地震が発生している。根尾谷では，水平に8m，上下に6m程度の断層ずれが生じた（**図3.20**）。本巣市水鳥にある地震断層観察館・体験館では上下ずれを目の当たりにすることができる。当時，岐阜測候所長の井口竜太郎は濃尾平野に強い揺れのベルト状の地域として，断層延長線上を含め，3条の「震裂波動線」が

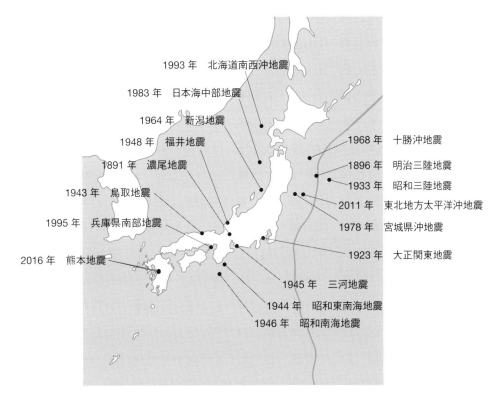

図3.18 主な被害地震名と震央

現れたと指摘した。兵庫県南部地震と同様の「震災の帯」が疑われる。

　この地震では，岐阜・愛知を中心に7,273人の犠牲者と142,177棟の全壊家屋を出し，「身の（美濃）終わり（尾張）地震」ともいわれた[*1]。当時の人口が現在の1/3だったことを考えると，東北地方太平洋沖地震を上回る被害量であり，社会に与えた影響の大きさが想像できる。地震が発生した時期は，1889年大日本帝国憲法の制定や，東海道線の全線開通を経て，日本が近代国家としての形を整えたときである。西洋から導入された煉瓦造の建物や東海道線の鉄橋などが大きな被害を受け，西洋文化を安易に受け入れることへの警鐘にもなった。この地震の後，1894年から日清戦争が始まる。

　濃尾地震は，その後の地震学や耐震工学の発展の礎となった。地震後，ジョン・ミルンは写真家の

---

*1：被災地の岐阜県大垣市では地震後，「地震数え歌」が歌われた。
　　一つとせ，人々驚く大地震　美濃や尾張の哀れさは　即死と負傷人数知れず。
　　二つとせ，夫婦も親子もあらばこそ　あれというまいぶきぶきと　一度に我が家が皆倒れ。
　　三つとせ，見ても怖ろし土けむり　泣くのも哀れな人々が　助けておくれと呼び立てる。
　　四つとせ，よいよに逃げ出す間もあらず　残りし親子を助けんと　もどりて死ぬとはつゆ知らず。
　　五つとせ，いかい柱に押さえられ　命の危ぶきその人は　やぶりて連れ出す人もある。
　　六つとせ，向ふから火事じゃと騒ぎ出す　こなたで親子やつれあいや　倒れし我が家にふせこまれ。
　　七つとせ，何といたして助けよと　慌てるその間に我が家まで　どっと火の手が燃え上がる。
　　八つとせ，焼けたに思えどよりつけず　目にみて親子やつれあいや　焼け死ぬその身の悲しさや。
　　九つとせ，ここやかしこで炊き出しを　いたして難儀な人々を　神より食事を与えられ。
　　十とせ，所どころへ病院が　出ばりて療治は無料なり　哀れな負傷人助け出す。
　　この歌詞の様子は，兵庫県南部地震の光景そのものである。家族を助けるために家に戻って死んだ人，火災が迫ってきて倒れた家に閉じ込められた家族を助けられない様子，ボランティアや赤十字と同様の活動も描かれている。岐阜市にある震災紀念堂では今でも毎月の月命日に供養がされている。被害が甚大だった愛知県津島市の津島街道沿いの古い町並みは，多くの建物が震災直後の1892年に建てられたものである。このように，130年前の震災の記録が今でも残されているが，残念ながら多くの住民の記憶には残っていない。

表3.3 明治以降の主な被害地震

発生年月日	M_j	地震名（丸括弧内は地震による災害の名称）	死者・行方不明者
1872年3月14日	7.1	浜田地震	死 555
1891年10月28日	8.0	濃尾地震	死 7,273
1894年10月22日	7.0	庄内地震	死 726
1896年6月15日	8.2	明治三陸地震	死 21,959
1896年8月31日	7.2	陸羽地震	死 209
1923年9月1日	7.9	大正関東地震（関東大震災）	死・不明 10万5千余
1925年5月23日	6.8	北但馬地震	死 428
1927年3月7日	7.3	北丹後地震	死 2,925
1930年11月26日	7.3	北伊豆地震	死 272
1933年3月3日	8.1	昭和三陸地震	死・不明 3,064
1943年9月10日	7.2	鳥取地震	死 1,083
1944年12月7日	7.9	昭和東南海地震	死・不明 1,183
1945年1月13日	6.8	三河地震	死 2,306
1946年12月21日	8.0	昭和南海地震	死・不明 1,443
1948年6月28日	7.1	福井地震	死 3,769
1964年6月16日	7.5	新潟地震	死 26
1968年5月16日	7.9	十勝沖地震	死 52
1978年6月12日	7.2	宮城県沖地震	死 28
1983年5月26日	7.7	日本海中部地震	死 104
1993年7月12日	7.8	北海道南西沖地震	死 202　不明 28
1995年1月17日	7.3	兵庫県南部地震（阪神・淡路大震災）	死 6,434　不明 3
2000年10月6日	7.3	鳥取県西部地震	負 182
2001年3月24日	6.7	芸予地震	死 2
2003年9月26日	8.0	十勝沖地震	死 1　不明 1
2004年10月23日	6.8	新潟県中越地震	死 68
2005年3月20日	7.0	福岡県西方沖地震〔福岡県北西沖〕	死 1
2007年3月25日	6.9	能登半島地震	死 1
2007年7月16日	6.8	新潟県中越沖地震	死 15
2008年6月14日	7.2	岩手・宮城内陸地震	死 17　不明 6
2011年3月11日	9.0（M_w）	東北地方太平洋沖地震（東日本大震災）	死 19,667　不明 2,566
2011年3月12日	6.7	長野県・新潟県県境付近の地震	死 3
2011年4月11日	7.0	福島県浜通りの地震	死 4
2016年4月14, 16日	6.5, 7.3	熊本地震	死 255
2018年9月6日	6.7	北海道胆振東部地震	死 41

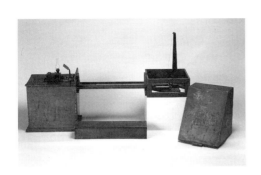 

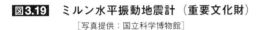

図3.19　ミルン水平振動地震計（重要文化財）
［写真提供：国立科学博物館］

図3.20　水鳥断層崖
［出典：John Milne and W. K. Burton, The great earthquake in Japan, 1892］

ウィリアム・K・バートンや東京帝国大学地震学教室の助手だった**大森房吉**らとともに被災地で地震調査を行なった。大森は，地震後の余震の頻度が時間の経過とともに減衰することを見出し「余震の大森公式」を案出し，また，地震波の伝播速度も算出した。

地震学会で活躍し帝国大学理科大学学長となり貴族院議員にも就任した菊池大麓は，震災を予防する国の研究機関の創設を帝国議会に建議し，「震災予防に関する事項を攻究し，其の施行方法を審議する」ための**震災予防調査会**が1892年に文部省に設置された[*1]。調査会は次の6点を重点課題として掲げた。

一，如何なる材料，如何なる構造は最も能く地震に耐ふるものなるや。
二，建物の震動を軽減するの方法ありや。
三，如何なる種類の建物は危険なるや。其取締り法如何。
四，日本中如何なる地方は震災最も多きや，一地方に於ても多き部分と少き部分との区別ありや。
五，如何なる地盤は最も安全なるや。
六，地震を予知するの方法ありや否や。

「地震予知」「建物の耐震性向上」「過去の地震史の編纂」など，重要な課題が列記されている。現在，「一」「三」は耐震基準に反映され，「二」は免震構造や制振構造で実現した。「四」「五」はハザードマップや地震調査研究推進本部のホームページで閲覧できる。ただし「六」の予知は，現状では困難な状況である。

3.2.2　大正関東地震と耐震基準の成立

3.1.4項に述べたように，1923年9月1日に発生した**大正関東地震**では，東京や横浜を中心に10万人を超える犠牲者を出した。火災被害の印象が強いが，揺れによる家屋倒壊数や犠牲者数は兵庫県南部地震を上回る。石造やレンガ造が多く倒壊し，これらの耐震性の問題が指摘された。また，下町では木造家屋の，山手では土蔵の被害が多いと指摘され，地震被害と地盤・建物の硬さの関係が議論され

[*1]：震災予防調査会は歴史地震の調査を精力的に行い，1904年に『大日本地震史料』をまとめ，その後も，武者金吉らが『増訂　大日本地震史料』を，宇佐美龍夫らが『新収　日本地震史料』『日本被害地震総覧』などを作成している。調査会は大正関東地震後，1925年に廃止され，東京大学地震研究所と震災予防評議会に役割が引き継がれた。震災予防評議会はその後，震災予防協会，日本地震工学会へと変遷していく。

た。大正関東地震は,建築物の耐震性や,耐火性,延焼防止帯などの都市計画に関する課題を突きつけた。

日本の都市や建築物に対する法制度は1919年に公布された都市計画法や市街地建築物法にさかのぼる。これにより,東京市,横浜市,名古屋市,京都市,大阪市,神戸市の6大都市での都市計画区域,用途地域,防火地区などが指定され,鉄骨造や鉄筋コンクリート造建築物の鉛直荷重に対する構造計算法や高さ百尺制限などが規定され,翌年1920年から施行された。鉛直荷重としては,固定荷重と積載荷重のみが考えられており,地震による水平荷重は当初は想定されておらず,関東地震を契機として考えられるようになった。

大正関東地震では,東京・丸の内地区の多くの建築物が被害を受けたが,**内藤多仲**(1886～1970,塔博士,耐震構造の父ともいわれる)によって設計された完成3ヵ月後の旧・日本興業銀行本店は軽微な被害にとどまった。この建物は,耐震壁を配した7階建ての鉄骨鉄筋コンクリート造で,耐震設計には水平震度1/15(= 0.067)を用いた震度法が用いられていた。水平震度とは,水平力(慣性力)を重量で除した係数で,水平応答加速度の重力加速度に対する比に相当する。

震度法を編み出した**佐野利器**(1880～1956)は,米国で発生した1906年サンフランシスコ地震の現地調査をして,鉄骨造や鉄筋コンクリート造のラーメン構造は耐震的に優れた建築だと報告している[3]。その後,日本でも鉄骨造や鉄筋コンクリート造の建物がつくられるようになった。佐野利器は,1915年に学位論文『家屋耐震構造論』をまとめ,震度法を提案した。震度法は,建物に作用する地震時の水平力を建物自重と係数(水平震度)の積で定義する考え方である*1。内藤多仲は佐野利器に指導を受け,関東地震の前年の1922年に『架構建築耐震構造論』を発表し,水平力に対する架構の応力計算法として「たわみ角法」を紹介していた。

大正関東地震での被害を受けて,1924年に市街地建築物法が改正され,耐震規定が加えられることになった。ここでは地震力として,水平震度0.1以上,安全率はコンクリートで3.0,鋼材で2.0とし,弾性設計である許容応力度計算法が採用された。安全率には「長期」と「短期」の区別はなかった。

関東地震の時の東京の揺れは300～400 cm/s^{2}程度だったと推定されており,当時の鉄筋コンクリート造建築物は剛体的だったことから,水平震度は0.3程度に相当し,安全率3を考えれば,設計水平震

---

*1:佐野利器は,1926年10月号の建築雑誌に『耐震構造上の諸説』という論文を掲載し,震度法について下記のように述べている。

「諸君,建築技術は地震現象の説明学ではない。現象理法が明でも不明でも,之に対抗するの実技である。建築界は,百年,河の清きを待つの余裕を有しない。そこで案出されたのが,即,所謂従来の方法(注・震度法)である。第一,第二に述べたる一切の複雑,煩瑣,不明確問題を打ち混じて以て之を一丸となし,震度なる単一観念に之を統一し,Dynamical Actionをstaticallyに取り扱った所に其の主要なる点が存するのであります。Dynamical Phenomenaをstaticallyに取り扱うというふこと自体には善悪がない,取り扱い方の如何に依て善悪が生ずるのである。斯くの如き複雑,煩瑣,不明確,なるものを震度と云う単一観念に統一し,staticallyに之を取り扱ふとなれば,其所に当然沢山のSpecial Case又はDeviationを認めなければならぬ。即所謂従来の方法に於てはSpecial Case Deviationとして,或る場合,或る場所には震度を増大し,他の場合,場所には震度を減少するものとし,即震度の増大又は減少と之を看做し来つたのである。只如何にしてもDeviationの大なるもの,即例へば煙突のやうなもので,単一観念中に包含しては余りに差の多いものについては,之に依り難きものとなし居たのであります。」

見事に震度法の基本的な考え方とその適用限界を述べている。この時期,建築物を剛にすべきか,共振を避けて柔にすべきかという「剛柔論争」が剛派の佐野利器と柔派の真島健三郎との間で戦わされており,剛派の佐野が震度法の妥当性を説明している。この後,佐野に代わって武藤清が剛派として論争を続けたが,太平洋戦争の開戦や真島の引退や死もあって,剛柔論争は自然消滅したようである。

ちなみに,佐野は,関東地震の後には,後藤新平が総裁を務めた帝都復興院で理事・建築局長を務め,東京の震災復興に尽力した。また,東京市建築局長も兼任し,都市不燃化のため鉄筋コンクリート造の復興小学校建築に当たった。さらに,清水建設副社長に転じ,建設業の近代化にも寄与した。

度0.1でよいということになる。

その後，戦時下になって資材節約のために1943年に臨時日本標準規格が制定された。ここでは，材料安全率が1/2になり，許容応力度が終局強度に改められ，応力の組み合わせに「長期」と「短期」の考え方が導入された。これに伴い，水平震度は，一般地盤は0.15，軟弱地盤は0.2となり，一般地盤の地震力が低減された。

この戦時規格は，第二次世界大戦後の1947年3月19日に一部改訂されて日本建築規格3001号となった。この間には，1944年昭和東南海地震，1945年三河地震，1946年昭和南海地震が発生している。日本建築規格では，許容応力度を短期と長期の二本立てにし，短期許容応力度を倍に引き上げるのに伴って設計震度も引き上げられた。その結果，設計水平震度は，普通の建築物には0.2以上，高層建築の上階や屋上突出物では適当にこの値を増加するとされた。短期許容応力度としては，鋼材は降伏強度が，コンクリートは基準強度の2/3が採用された。

そして，1948年福井地震を経て，1947年5月3日に施行された日本国憲法に則って，1950年5月24日に市街地建築物法に代わって**建築基準法**が制定され，同年11月23日から施行された。建築基準法では，「長期」と「短期」の考え方が応力の組合せと許容応力度に明確に規定され，水平震度は，高さ16m以下の部分は0.2，高さ16mを超える部分に対しては，高さ4m増すごとに0.01を加えた値とすることが規定された。許容応力度については，コンクリートに関しては基準強度に対して長期で3.0，短期で1.5，鋼材に関しては降伏強度に対して長期で1.5，短期で1.0という材料安全率が設定された。

その後，1952年7月25日に発令された「建設省告示第1074号」により，軟弱地盤の指定と水平震度を低減する基準が定められた。ここでは，地盤種別と構造種別に応じた震度の低減と，地域に応じた震度の低減が図られた。このように，大正関東地震を契機として世界に先駆けてつくられた**耐震基準**は，戦中戦後の地震の経験を経て建築基準法の耐震基準に結実した。

3.2.3 新潟地震と液状化・長周期地震動

1964年6月16日に発生した$M7.5$，最大震度5の**新潟地震**では，26名の死者と約2,000棟の全壊家屋を出した。震源が海底下だったため津波も発生した。この地震では，大規模な**液状化**により信濃川のほとりにあった県営川岸町アパートが大きく傾いた（**図3.21**）。信濃川周辺では液状化によって地盤が水平に移動する側方流動が発生した。いまでも信濃川にかかる万代橋のたもとで側方流動のあとを観察することができる。完成したての昭和大橋は，橋脚が傾いて床版が落橋した。また，新潟空港の滑走路は津波と液状化により冠水した。さらに，**長周期地震動**によって昭和石油新潟製油所が爆発炎上し，石油タンクの延焼火災を招いた。この地震の後，液状化研究が本格化し，石油コンビナートの防災対策も進展した。液状化，空港の浸水，タンク火災など，2011年東北地方太平洋沖地震と共通する点が多い。また，地震後，当時大蔵大臣だった田中角栄を中心に地震保険制度の整備が行われた。ちなみに，1964年は東京五輪が行われた年だったため，国体が春季に繰り上げて地震の4日前まで新潟県で開催されており，地震後に予定されていた夏季大会は中止された。

図3.21 液状化によって転倒した川岸町アパート
［出典：Wikimedia Commons］

3.2.4 十勝沖地震，宮城県沖地震と新耐震設計法

　1968年5月16日に三陸沖北部で発生した$M7.9$の十勝沖地震では，北海道から東北地方北部で揺れや津波の被害があり，青森県を中心に52人の死者を出した。前日までの雨の影響もあり土砂災害の影響も大きかった。673棟の住宅の全壊被害に加え，函館大学や三沢商業高校，八戸東高校，八戸高専，むつ市役所など，1960年代につくられた鉄筋コンクリート造の公共建物の被害が目立った。その多くは，腰壁や垂壁のある短柱に×状のクラックが入るせん断破壊や，耐震壁の配置のバランスの悪さによるねじれ振動によるものだった。このため，1971年に「建築基準法施行令」が改正され，鉄筋コンクリート造の柱の帯筋間隔が30 cmから10 cmへと，せん断補強筋の規定が強化された（**図3.22**）。また，木造住宅の基礎をコンクリート又は鉄筋コンクリート造にすることが規定された。

　施行令改正の後，1972〜1976年度の5年間にわたって建設省総合技術開発プロジェクト「新耐震設計法の開発」が行われた。その成果は，「総プロ『新耐震設計法の開発』研究報告　新耐震設計法（案）」（建築研究報告，No.79，1977，建設省建築研究所）としてまとめられた[*1]。

　新耐震設計法（案）が示された翌年の1978年6月12日に，$M7.4$，最大震度5の宮城県沖地震が，太平洋プレートと北アメリカプレートの境界で発生した。ブロック塀などの下敷きになった18名を含め

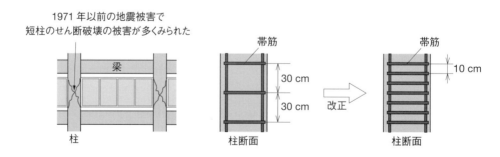

図3.22 短柱のせん断破壊を防ぐ鉄筋コンクリート柱のせん断補強筋の強化

[*1]：この報告は3編からなっており，第Ⅰ編で土木構造物と建築物とで共通の耐震設計の基本事項を示し，第Ⅱ編および第Ⅲ編で，それぞれ土木構造物と建築物の具体的な耐震設計法を示している。このプロジェクトでは，構造物によって考え方がバラバラだった耐震設計の基本事項を共通化するとともに，耐震設計の手順の明確化や，作業の合理化が図られた。

28名が犠牲になり，住家の全壊は1,183棟に及んだ。丘陵地の宅地造成地の地盤崩壊や沖積低地の液状化などの地盤災害も多く発生した。また，停電や断水，ガスの供給停止などのライフライン途絶による生活支障や，交通機関の停止による帰宅困難も発生し，大都市特有の課題が浮き彫りになった。この地震でも1968年十勝沖地震と同様の鉄筋コンクリート造建物の被害が沖積低地の建物を中心に目立った。また，東北大学工学部建設系研究棟の9階に設置された強震計で$1040\,cm/s^2$の最大加速度を記録した。

この被害を受け，建築基準法施行令が改正されて，**新耐震設計法**が導入され，1981年に6月より施行された。1924年に市街地建築物法に耐震規定が導入されて以来，56年ぶりの抜本的改正である（詳細は9.1，9.2節参照）。ここでは，地震応答スペクトル（詳細は7.2節参照）や建物内での応答増幅の概念を取り入れることで地震荷重を動的荷重として扱うとともに，中地震動と大地震動に対する2段階の設計法が導入された。すなわち，震度5程度の中地震動に対しては，建物の仕上げや設備に損傷を与えず構造体もほとんど損傷を生じず，震度6程度の大地震動に対しては構造体の損傷は許容するが倒壊を防ぎ，圧死者を出さない，という考え方である。また，高さ方向の剛性バランスや平面的な剛性バランスも考慮されるようになった。土木構造物についても，『道路橋示方書・同解説Ⅴ耐震設計編』が1980年5月に改正され，塑性領域での挙動を考慮した大地震に対する設計法が取り入れられた。

この地震の後，いくつかの被害地震を経験する中で1995年兵庫県南部地震を迎えた[*2]。

3.2.5 兵庫県南部地震以降の耐震規基準等の変遷

1995年1月17日に発生した$M7.3$の**兵庫県南部地震**では，戦後最大の構造物被害を出した。大都市・神戸の真下の活断層が活動したため，神戸市周辺では継続時間が短く衝撃的な強震動が生じ，観測史上はじめての震度7の揺れとなった。周期1秒前後の強い揺れで古い木造家屋や10階程度の建築物が多く被害を受けた。また，震災の帯の中では地盤の増幅効果により数ヘルツの揺れが大きく増幅された。このことも多くの木造家屋の損壊につながった。

淡路島北部の震源から断層破壊が神戸方向に進行したため，断層に直交する南北方向の強い揺れが神戸市に向かって伝播した。日本で震源域近傍の特徴的な揺れが観測された初めての地震であり，パルス的な揺れが注目された。このパルス周期には，強震動を放出するアスペリティの存在や破壊過程

[*2]：宮城県沖地震のあと，1995年兵庫県南部地震が発生するまでの間に多くの犠牲者を出した地震には，津波などにより104人の死者を出した$M7.7$の1983年5月26日の日本海中部地震，御嶽山の山体崩壊などで29名の犠牲者を出した$M6.8$の1984年9月14日長野県西部地震，1993年1月15日に発生した$M7.5$の釧路沖地震，1993年7月12日に発生し奥尻島などで多くの津波犠牲者を出した$M7.8$の北海道南西沖地震，1994年10月4日に発生した$M8.2$の北海道東方沖地震，1994年12月28日に発生した$M7.6$の三陸はるか沖地震などがある。

日本海中部地震や北海道南西沖地震は，1964年新潟地震とともに，日本海東端で発生しており，ユーラシアプレートと北アメリカプレートとが衝突する日本海東縁変動帯の存在が議論されるようになった。また，その南西延長線上では，1995年兵庫県南部地震，2004年新潟県中越地震，2007年能登半島地震，2007年新潟県中越沖地震などが起きており，新潟—神戸ひずみ集中帯の存在も示唆された。この時期には，釧路沖地震，北海道東方沖地震，三陸はるか沖地震など，千島海溝・日本海溝沿いでの地震も活発だった。

この間，米国周辺でもいくつかの被害地震があった。1985年9月19日に$M8.0$のメキシコ・ミチョアカン地震が発生した。ココスプレートが北アメリカプレートに沈み込む場所で起きたプレート境界地震で，震源から約350 km離れた首都・メキシコシティなどで甚大な被害となった。低緯度に位置するメキシコでは高地にあったテスココ湖を埋め立てて首都を建設した。このため震源から距離があったものの，堆積盆地特有の長周期地震動により高層ビルが倒壊するなどした。

1989年10月17日には，米国・カリフォルニア州中部で$M7.1$のロマ・プリータ地震が発生した。サンフランシスコのダウンタウン・マリーナ地区などで住宅倒壊が目立ち，湾をまたぐベイブリッジも一部損壊した。さらに，1994年1月17日には，米国・カリフォルニア州南部で$M6.8$のノースリッジ地震が発生した。大加速度の地震記録が収録され，高速道路の橋桁が落下するなどの被害が出た。翌年の同日には日本で兵庫県南部地震が発生しており，日米両国で，建築物の耐震の問題が注目された。

が大きくかかわるため，震源断層モデルを考慮した強震動予測の重要性が認識された（詳細は第12章を参照）。また，都市直下の活断層の危険性が認識され，活断層調査が精力的に行われるようになった。

神戸周辺の平地は東西に細長く，背後には六甲の山が存在し，平地と山地の境には六甲・淡路島断層帯が存在する。震源断層から放出された地震波は，1つは硬い山側を先回りして堆積地盤に伝播し，他は下方から堆積地盤内を上方に伝播し，両者が平地内で干渉することで強い揺れの帯状地域「**震災の帯**」をつくった。これは「エッジ効果」とよばれ，堆積地盤の地下構造が地表の地震動に大きな影響を及ぼした例の1つである。このため，震災後，大規模な堆積平野の地下構造調査が行われるようになった。その結果，大規模な堆積平野は，それぞれ特徴的な揺れやすい周期を有することがわかった。

兵庫県南部地震を契機に，地震応答解析にもとづいて耐震設計を行う高層建物や免震建物などでは，震源の破壊過程や地下の地盤構造を考慮した地震動評価が必要であることが認識されるようになった。

兵庫県南部地震の建築物被害は，新耐震設計法が導入された1981年より前に設計されたいわゆる**既存不適格建築物**に集中した。鉄筋コンクリート造や鉄骨造の被害率は，耐震基準が改訂された1971年と1981年を境に明らかな差があり，低層建物に比べ中高層建物の被害率が高かった。

建築物被害の特徴は，(1) 1階に駐車場や店舗が存在するピロティ形式の建築物の1階の層崩壊，(2) 古い耐震基準による中高層建築物の中間階の層崩壊，(3) セットバック部や屋上突出物の被害，(4) 接合部や柱脚の溶接不良やボルト破断による低層鉄骨造の被害，(5) 液状化による周辺地盤沈下に伴う建物と地盤との段差などである（**図3.23**）。(1) と (3) は高さ方向の剛性バランスの問題，(2) は高さ方向の応答増幅を考慮できていない旧基準の地震荷重の問題，(4) は施工の問題が大きいと考えられる。

この地震を受けて，**耐震改修促進法**が制定され，**耐震診断**や**耐震改修**が促進されるようになった（9.5.1項参照）。また，鉄骨柱脚やピロティ形式の建築物に関する項が耐震規定に追加されるとともに，施工途中に不備をチェックする中間検査制度が導入された。

また，当時普及し始めた免震建築物が無被害で，建物の地震応答が通常の建築物に比べ小さかったことから，地震後，免震建築物が急増した。

1998年には建築基準法の改正が行われ，従来，行政機関のみに委ねられていた建築確認が民間に開放され，指定確認検査機関制度が導入された。さらに，2000年には性能規定型の耐震設計法として，**限界耐力計算法**や**時刻歴計算法**などの新しい構造計算法が導入され，工学的基盤面での設計用入力地震動の応答スペクトル（告示スペクトルとよばれる）が定義された（9.3節参照）。これ以降，高層建

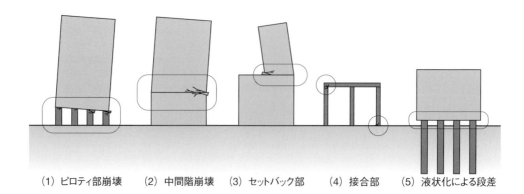

(1) ピロティ部崩壊　　(2) 中間階崩壊　　(3) セットバック部　　(4) 接合部　　(5) 液状化による段差

図3.23 建築物被害の特徴

築物や免震建築物の普及がさらに進むことになった。

　その後，2005年に構造計算書を偽造した耐震強度構造計算書偽装事件が発生し，構造計算の審査を厳格化するため，2007年より構造計算適合判定資格者による構造計算適合性判定機関制度が導入された。**構造計算適合性判定**はある規模以上の建築物などについて義務づけられ，建築確認との2段階の審査体制になった。また，構造設計一級建築士制度が導入され，2009年からはある規模以上の建築物などの設計には**構造設計一級建築士**の関与が義務づけられた。

　このように，兵庫県南部地震以降，耐震設計の規基準や審査制度が大きく変化することになった。その間，多くの被害地震を経験した[*1]。

3.2.6 東北地方太平洋沖地震と津波，液状化，長周期地震動

　2011年3月11日午後2時46分に日本海溝沿いのプレート境界で$M9.0$の**東北地方太平洋沖地震**が発生した。この地震では津波被害が顕著だったが，建築被害も多数発生した。震源域が陸域からやや離れていたため，震度はおおむね6強以下であり家屋倒壊などの被害は地震規模の割に大きくはなかった。しかし，丘陵地の宅地造成地の土砂災害や，津波による杭基礎の鉄筋コンクリート造建物の転倒，旧河道や埋立地での液状化，工場内設備の被災に伴う長期操業停止などの被害が見られた。また，被災地から離れた首都圏などでは，天井などの落下や家具の転倒，長く続く**長周期地震動**による高層建築物や免震建築物の過大な応答などが生じた。

　$M9.0$という超巨大地震だったため，長周期地震動が長時間放出され，震源から離れた東京や大阪で，高層ビルが大きく揺れた。とくに，震源から700 km離れた場所にあった大阪湾岸の高さ256 mの大阪府咲洲庁舎の52階で片振幅1.37 mもの揺れが観測された。この建物では，長周期地震動により天井の落下や床の亀裂など360箇所が損傷，防火戸の破損，エレベータの緊急停止などが発生した。また，震源に近い地域や，特異な揺れとなった足柄平野などで，免震建築物が大きな応答を示した。この地震の後，長時間揺れる長周期地震動の問題が注目され，その後，2016年に国土交通省から「超高層建築物等における南海トラフ沿いの巨大地震による長周期地震動への対策について」が発表され，長周期地震動に対する設計が強化された（9.4.1項参照）。

　また，茨城空港や，九段会館，ミューザ川崎シンフォニーホールなどで大規模な天井落下があり，

[*1]：兵庫県南部地震の発生後，西日本や日本海側を中心に被害地震が続いた。2000年10月6日には$M7.3$の鳥取県西部地震が発生した。この地震では，兵庫県南部地震以降に整備された強震観測網で多くの記録が得られ，地盤の硬軟による揺れの違いが顕著に認められた。

　2003年9月26日には，$M8.0$の十勝沖地震が発生した。震源から離れた苫小牧の石油タンクが炎上し，長周期地震動が長時間続くことの問題が顕在化した。この地震以降，長周期地震動問題が注目されるようになり，高層ビルの制振対策の重要性が共通認識されるようになった。

　2004年10月23日には，$M6.8$の新潟県中越地震が発生した。計測震度計により川口町で震度7を記録した。土砂崩れやそれに伴う河道閉塞など中山間地特有の課題が明らかになった。また，自動車避難などの避難所外避難によるエコノミークラス症候群の問題も着目された。

　2005年3月20日には，$M7.0$の福岡県西方沖地震が発生した。震源に近い玄界島を中心に多くの家屋被害が発生した。地震後2008年に，福岡市は福岡市建築基準法施行条例を改正し，震源の南西延長線上にある警固断層周辺の中高層建築物について耐震性能を強化した。

　2007年には，3月25日に$M6.9$の能登半島地震が，7月16日に$M6.8$の新潟県中越沖地震が発生した。能登半島沖地震では輪島市の門前町を中心に多くの家屋被害が出た。また，新潟県中越沖地震では，柏崎刈羽原子力発電所で火災や設備等の損傷が発生し，原発の地震対策の重要性が指摘された。両地震での住宅被害を受け，同年11月に被災者生活再建支援法が改正され，住宅再建にも公的支援が行われるようになった。

　2008年6月14日には，$M7.2$の岩手・宮城内陸地震が発生し，山崩れや地滑りが多発した。この地震では，KiK-net一関西観測点で最大加速度4,022 cm/s^{2}が記録され，ギネス世界記録に認定された。この地震の1ヵ月後の7月24日には$M6.8$の岩手県沿岸北部地震が起きた。この時期，2005年8月16日に起きた$M7.2$の宮城県沖地震も含め，東北地方周辺で地震が多発していた。そして，3年後に東北地方太平洋沖地震が発生した。

多くの工場やビルでも天井などが落下した。建物内の什器や機器の転倒も多く，半導体などの工場の停止によって部品供給が滞り，全国の製造業が操業停止に追い込まれた。このため，国土交通省は2013年に建築基準法施行令を改正し，天井脱落防止に関する規定を定め，脱落によって重大な危害を生じるおそれがある天井を**特定天井**とし，規制を強化した（9.4.2項参照）。

仙台市郊外の丘陵地では谷を埋めた盛土造成地で地盤の変状による被害が発生した。1978年宮城県沖地震でも見られた被害であり，過去の教訓が活かされなかった。また，被災地に加え，利根川などの河川周辺や旧河道，東京湾沿岸部の埋立地などで広域に**液状化**が発生し，家屋の沈下・傾斜，マンホールの浮上，地中埋設管損傷などの被害が生じた。液状化地域での地盤改良や杭基礎利用の重要性が改めて認識された。

津波被災地では，**津波**の波力によって軽量の木造家屋や鉄骨造建築物が流されるとともに，重い鉄筋コンクリート造建物の杭が引き抜けて転倒する事例が認められた。液状化によって杭の引き抜き抵抗が失われた可能性が指摘されている。地震後，国土交通省告示で「津波浸水想定を設定する際に想定した津波に対して安全な構造方法等を定める件」が定められた（9.4.3項参照）。また，官庁建物の津波被害が大きかったため，2013年に「官庁施設の総合耐震・対津波計画基準」と「官庁施設の津波防災診断指針」が制定され，2017年には国土技術政策総合研究所から「災害拠点建築物の設計ガイドライン（案）」が公表されている。

3.2.7　熊本地震と防災拠点の耐震性

2016年4月14日と4月16日にM6.5と7.3の**熊本地震**が発生し，益城町では二度にわたって震度7を記録し，本震で震度7となった西原村では2m以上もの大変位を記録した。また，前震で，2013年に導入された**長周期地震動階級**4が初めて観測された。

日本建築学会が建築研究所などと実施した益城町の激震地域での悉皆調査によれば，木造家屋の被害は，1981年と2000年を境に大きな差があった。1981年以前の大破，倒壊・崩壊被害率は45.6%なのに対し，1981年～2000年は18.2%，2000年以降は5.9%だった。これは，1981年の新耐震基準の導入と，2000年の仕様規定の強化にあると考えられ，震災後，1981年～2000年の住宅の耐震改修の必要性が議論された。また，2000年以降の住宅の61.3%は無被害だったことから，新しい住宅の耐震性の高さが明らかとなった。

一方，震度6強以下だった熊本市内でのマンション被害や，耐震改修された建築物の被害，宇土市役所をはじめ複数の官庁建物や拠点病院が構造的損傷などにより機能不全に陥ったことが問題になった。被災地は地震地域係数が0.8～0.9であったこと，小中学校の耐震化を優先し庁舎の耐震化が遅れていたことなど，災害拠点の耐震性の在り方が問われた。元来，現行の耐震基準は一度の揺れに対しての安全性を検証しており，二度の揺れは想定していない。強い揺れに対し，「空間を残し人命を守れば，ある程度の損傷は許容する」という考え方で設計した場合には，二度目の強い揺れに対しては安全性を保障することができない。壁式構造などの強度型の建築物に比べ，ラーメン構造などの靭性型の設計では留意すべき点であり，災害拠点では強度型設計が好ましいといえる。

西原村で観測された周期の長いパルス的な揺れも課題を残した。観測地点周辺には低層建物が多く，長周期構造物が存在していなかったので幸いしたが，この記録を入力すると多くの免震構造物で許容変位を超え，高層建物も過大な応答となる。今後，活断層近傍での長周期の大変位パルスに対する長周期建築物の耐震対策が必要になると考えられる。

Note 3.2 〈地震調査研究推進本部〉

　兵庫県南部地震前にあった地震対策の法律は，東海地震の直前予知を念頭においた大規模地震対策特別措置法だけだった。阪神・淡路大震災を受けて，新たに議員立法で地震防災対策特別措置法が制定され，震災5ヵ月後の6月16日に公布された。法律の目的は，「地震防災対策の実施に関する目標の設定並びに地震防災緊急事業五箇年計画の作成及びこれに基づく事業に係る国の財政上の特別措置について定めるとともに，地震に関する調査研究の推進のための体制の整備等について定める」とある。地震防災緊急事業については，2019年現在も2016年度からの第5次5箇年計画にもとづき推進されている。目的の中にある地震に関する調査研究の推進のための体制整備にもとづいて作られたのが**地震調査研究推進本部**（以後，地震本部と略す）である。地震本部は，1995年7月18日に総理府に設置された。

　地震本部の設置に伴い，それまで科学技術庁にあった「地震予知推進本部」は廃止された。実質的な事務局は科学技術庁が担ったので，地震予知推進本部が地震調査研究推進本部に衣替えしたようにも見える。その後，2001年に中央省庁再編によって，文部省と科学技術庁が統合されたため，地震本部は文部科学省に移管された。一方，日本の防災行政を取りまとめている中央防災会議は国土庁から内閣府に移管された。

　地震本部の役割は，(1) 総合的かつ基本的な施策の立案，(2) 関係行政機関の予算等の事務の調整，(3) 総合的な調査観測計画の策定，(4) 関係行政機関，大学等の調査結果等の収集，整理，分析及び総合的な評価，(5) 上記の評価に基づく広報，の5つである。

　地震本部では，1999年に「地震調査研究の推進について—地震に関する観測，測量，調査及び研究の推進についての総合的かつ基本的な施策—」を定め，2004年度末までに「全国を概観した地震動予測地図」を作成することを目標に掲げた。そして，これを実現するため，活断層調査や堆積平野地下構造調査，地震観測や地殻変動観測などの調査観測網の整備，地震の長期評価などを推進してきた。

　これを実現するため，地震本部では，強震動の標準的な予測方法を「震源断層を特定した地震の強震動予測手法（「レシピ」）」としてとりまとめ，活断層調査や堆積平野地下構造調査の結果を用いて，特定の地震に対する強震動評価を行ってきた。あわせて，地震の長期評価結果にもとづいて，確率論にもとづく全国地震動予測地図や，長周期地震動予測地図を策定している。

　詳細は，地震本部のホームページ（https://www.jishin.go.jp）を参照されたい。

【参考文献】
[1] 吉田東伍，貞観十一年陸奥府城の震動洪溢，歴史地理，8巻12号，1906
[2] 仙台平野における貞観11年（869年）三陸津波の痕跡高の推定，地震2輯，第43巻，pp.513-525，1990
[3] 米国加州震災談，建築雑誌，No.238, 239, 241, 1906〜1907

〈演習問題〉

1 以下の (1)〜(4) に関係する地震を (a)〜(h) から選べ.

(1) 日本海溝　(2) 相模トラフ　(3) 南海トラフ　(4) 活断層

(a) 貞観地震　(b) 元禄地震　(c) 宝永地震　(d) 大正関東地震　(e) 昭和東南海地震
(f) 兵庫県南部地震　(g) 東北地方太平洋沖地震　(h) 熊本地震

2 貞観地震前後の時代と現代との類似性について説明せよ.

3 過去3回の南海トラフ地震の発生時期の時代背景について述べよ.

4 濃尾地震を契機としてつくられた震災予防調査会が掲げた以下の6つの重点課題について,現在の達成状況について述べよ.

(1) 耐震的な建物,(2) 建物の振動軽減,(3) 危険な建物の検出と取り締まり,(4) 地域による危険度の違い,(5) 地盤による危険度の違い,(6) 地震の予知

5 大正関東地震を契機として考えられるようになった耐震基準について,以下のキーワードを用いて,簡潔に説明せよ.

市街地建築物法　水平震度　安全率

6 兵庫県南部地震以降,地震防災対策特別措置法や耐震改修促進法が制定され,建築基準法も改正された.以下のキーワードを用いて,兵庫県南部地震以降の建築耐震に関する動向を簡潔に説明せよ.

地震調査研究推進本部　既存不適格建築物　限界耐力計算法　免震建築物

7 東北地方太平洋沖地震を受けて,同様の巨大地震の発生が懸念される南海トラフ地震への対策がどのように変わったか,以下のキーワードを用いて簡潔に説明せよ.

想定外　最大クラスの地震　津波　長周期地震動　地震予知　国土強靭化

第4章 地震波の伝播と地盤震動

地震が発生すると，震源域で岩盤が順次ずれ動き，地震波が四方八方に指向性をもって放出される。地震波は，実体波であるP波とS波として放出されるが，岩盤の中を反射・屈折・回折しながら，ラブ波やレイリー波という表面波を生み出し，私たちがいる場所の地下の岩盤に達する。震源域から波が伝播する過程で，波動が散乱したり拡散したりして振幅を減じる。日本の都市の多くは堆積平野に立地し，岩盤の上に軟らかい堆積層が存在する。岩盤に到達した地震波は，堆積層内を反射・屈折しながら上昇し，特定の周期の揺れが増幅する。そして，地表に達した地震波が構造物を揺さぶる。本章では，地震波の伝播と増幅について概要を学ぶ。

4.1 地震波の伝播

4.1.1 地震波

（1）実体波：P波とS波

無限の広がりをもつ均質な弾性体の中では，**P波とS波**という**実体波**が存在する。P波は弾性体を伸縮させながら伝播する**疎密波**で**縦波**ともよばれ，液体や気体の中でも存在する。S波は弾性体をせん断変形させながら伝播する**せん断波**で**横波**ともよばれ，せん断抵抗を有する固体でしか存在しない。

図4.1のように，P波は波の伝播方向で粒子が伸縮振動するのに対し，S波は波の伝播方向に直交して粒子が振動する。多くの場合，地下深くの岩盤から地表までの間に地層が層状に堆積し，徐々に軟らかくなる。光の屈折と同様に，岩盤の中では斜め横に伝わっていた地震波は，岩盤から上に向かうにしたがって波の進行方向を徐々に鉛直方向に変え，地表に至るときはおおむね上向きになる。この結果，P波の揺れは上下方向が，S波の揺れは水平方向が卓越するようになる。

P波やS波の伝播速度は弾性定数と密度の比の平方根で与えられ，硬く軽い物質ほど高速で伝播する。一般に硬いほど密度も大きいが，密度に比べ硬さの変化のほうが大きいため硬い物質ほど高速になる[*1]。P波とS波の速度の比はポアソン比 ν で与えられ，岩盤では $\nu=1/4$ 程度，砂質土は1/3程度，軟弱な粘性土は0.45程度であり，P波とS波の速度比は，それぞれ $\sqrt{3}$ 倍，2倍，3.3倍になる[*2]。

P波はS波より高速のため，地震時には，P波が先に到達しその後にS波が到達する。それゆえ，P波は Primary Wave（第一の波），S波は Secondary Wave（第二の波）とよばれる。前者が初期微動，後者が主要動を引き起こす。一般の構造物は，常に自分の重さを支える必要があるので縦揺れには強く，横揺れに弱い。また，横揺れの主成分はS波である。このため，構造物の耐震設計で重視するのはS波である。

P波到達からS波到達までの時間差をS-P時間または**初期微動継続時間**とよび，震源が遠い地震ほど初期微動継続時間が長い。初期微動継続時間 t_{SP} に $V_P V_S / (V_P - V_S) \fallingdotseq 7 \sim 8$ km/s を乗じると，震源ま

[*1]：S波速度 V_S は，岩盤では $3 \sim 4$ km/s 程度，軟弱な沖積層では100 m/s 程度と，地盤の硬さによって大きく異なる。
[*2]：岩盤内を伝わるP波速度は $5 \sim 7$ km/s 程度とS波速度 $3 \sim 4$ km/s 程度より高速である。

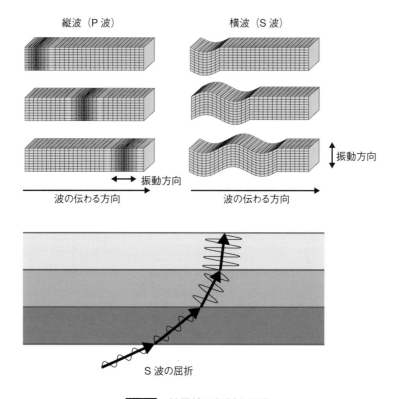

図4.1 地震波の伝播と振動

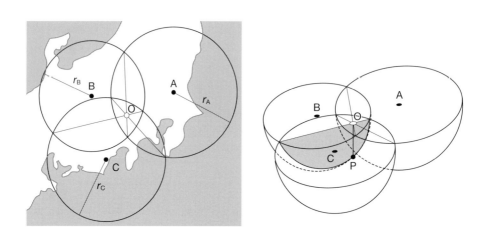

図4.2 震源の決定

での距離になる[*1]。もしも3つの地点で地震動波形が観測されたら，その初期微動継続時間を用いて各観測地点から震源までの距離が求まる。したがって，**図4.2**のように，3つの同心球の交点から震源の位置Pを決めることができる。

　ちなみに，地震波の伝播時間や，P波とS波の揺れの到達時間の差を利用して，強い揺れ（S波）の到達前に注意を喚起するシステムが，気象庁が発表する緊急地震速報である。震源に近い観測地点で

---

*1：大森房吉が考案した震源距離推定式で，大森公式ともよばれる。

揺れをキャッチして，震源位置と地震規模を簡易推定し，震源から離れた地点の震度を予測し，S波到達前に情報を伝達する仕組みである（Note 4.1参照）。

(2) 表面波：レイリー波とラブ波

震源から離れた場所での観測波形を見ると，**図4.3**のように，初期微動（P波）や主要動（S波）の後ろに別の波群が見られる。これは**表面波**とよばれる。表面波は減衰しにくく遠くまで伝わりやすいので，震源から離れた場所での揺れでは表面波が優勢になる。表面波は，S波よりやや遅い速度で地表近くを主に伝播する。

波面を平面として伝播する実体波を平面波とよぶが，S波には，地表に平行な水平面内で振動する**SH波**と，鉛直面内で振動する**SV波**が存在する。SV波は反射・屈折するときにP波も生み出す。**図4.4**のように，さまざまな方向の実体波が混在すると，地表付近を伝わる表面波が生み出される。これは，表層内で固有に存在する波であり，境界のない均質な無限媒体では存在しない。

P波やSV波のように，鉛直面内の振動によって生じる表面波が**レイリー波**，SH波のように鉛直面に直交する振動によって生じる表面波が**ラブ波**である[*2]。

図4.5に，2011年東北地方太平洋沖地震（$M9.0$）のときに震源に比較的近いK-NET仙台観測点（仙台市宮城野区）で観測された地震波形，震源から700 km程度離れたKiK-net此花観測点（大阪市此花区）の地下2,000 mと地表で観測された地震波形，2016年熊本地震本震（$M7.3$）のときに益城町役場で観測された地震波形を比較して示す。いずれも東西方向の揺れを速度波形で示す。

図4.5から，地震動の揺れの振幅，揺れの周期，継続時間が，地震や震源からの距離によって大きく異なることがわかる。規模の大きな東北地方太平洋沖地震では，震源域の破壊に時間がかかるため，長周期の成分を含む地震波が長く放出される。このため，揺れの継続時間が長く，周期の長い成分が多い。また，仙台と大阪の揺れを比較すると，震源から離れた大阪の岩盤では，短周期の揺れの振幅が減少し，長周期の揺れだけが残って継続時間がより長くなっている。しかし，この揺れが表層地盤を介して地表に達すると，周期6.5秒前後の揺れが大きく増幅されており，地表と岩盤の揺れの大き

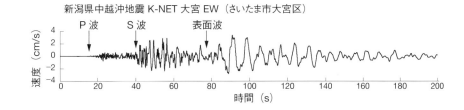

図4.3 地震波形に見るP波（初期微動），S波（主要動），表面波（後続動）

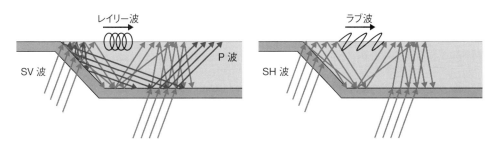

図4.4 表面波の生成

[*2]：実体波と表面波については，第11章で詳しく解説する。

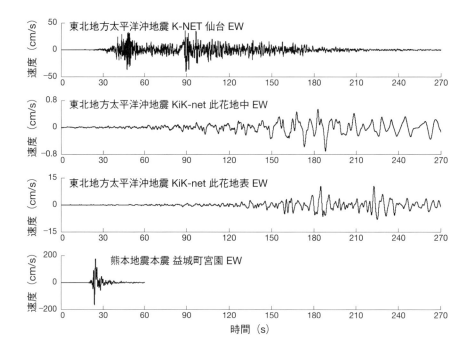

図4.5 東北地方太平洋沖地震のK-NET仙台観測点，KiK-net此花観測点の地中（地下2,000 m）と地表，熊本地震の益城町役場の東西方向の速度波形

さはまったく異なる。これに対し，規模の小さな熊本地震では，震源域の破壊に時間がかからないので，揺れの周期・地震動の継続時間ともに短い。とくに，断層直近では，震源からの地震波が直接到達するので，振幅の大きな揺れがパルス的に生じている。

このように，揺れの振幅や周期，継続時間は，地震の規模や震源からの距離，直下の地盤構造によって大きく異なる。この揺れの強さ（振幅），周期，継続時間は，構造物の地震時挙動を考えるうえで重要な地震動の3要素である。

（3）地震動強さ：加速度，速度，変位，震度

地震動の3要素の中で最も重要なのが**地震動強さ**である。地震動強さを表す指標には，**加速度，速度，変位，震度**などがある。図4.6に，東北地方太平洋沖地震のK-NET仙台観測点の観測波形について，加速度波形，速度波形，変位波形を比較して示す。同じ記録だが，3者で見た目が大きく異なる。加速度波形では短周期の揺れが目立ち継続時間が短く感じられるのに対し，変位波形では長周期の揺れが目立ち長く揺れているように見える。

短周期で揺れやすい構造物は，低層で壁式の学校のような堅い建物，長周期で揺れやすい構造物はラーメン構造の高層ビルのような柔らかい建物である。構造物の応答加速度に質量を乗じた慣性力が構造物に作用する力になるので，強度で抵抗する低層の剛構造物にとっては加速度波形が重要となる。一方，高層ビルのように，各階の変形角に着目して設計する柔構造物では速度波形が重要となり，免震建物のように，免震層の変形量やエネルギー吸収能に着目して設計する構造物では変位波形が重要になる。このため，地震動強さとして，構造物種別に応じて，最大加速度，最大速度，最大変位などの指標が使い分けられる。

一方，一般に最もよく使われている地震動強さは，震度（正確には，気象庁震度階級と称する）である。一般の家屋は周期1秒程度の揺れに弱く，人間は周期1秒程度の揺れを感じやすい。また，揺れの強さの感じ方は揺れの振幅の対数に比例する。こういった特性を踏まえて作られた地震動強さの指

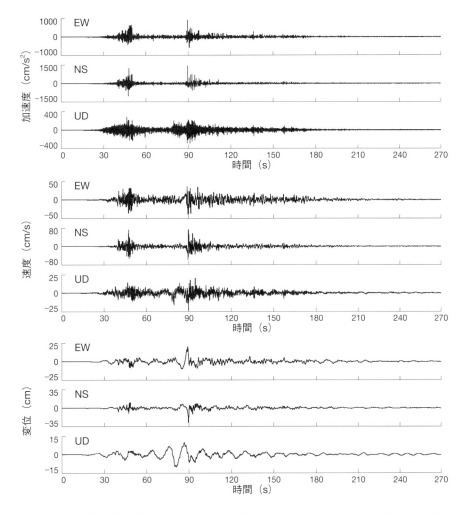

図4.6 東北地方太平洋沖地震のK-NET仙台観測点の加速度波形，速度波形，変位波形

標が震度である。震度はおおむね最大加速度と最大速度の積の対数の1次関数となる。

　この他に，ガス管などの地中埋設管の耐震安全性を評価する場合などでは，**SI値**（スペクトル強度，Spectrum Intensity，7.2.2項に示す速度応答スペクトルの積分値）が用いられることもある。また，高層ビルなどで問題となる長周期の揺れの強さを示す指標として，2013年11月から気象庁が**長周期地震動階級**を発表している。

　一例として，**表4.1**に図4.5に示した4つの地震観測記録の地震動強さ指標を比較してみる[*1]。短周期の揺れが目立つ記録は最大加速度が大きく，逆に長周期の揺れが目立つ記録は最大変位や長周期地震動階級が大きい。その中間にあるのが，最大速度や震度，SI値になっている。

4.1.2　揺れの拡散と距離減衰

　4.1.1項では，ある地点における揺れの時間変化の波形を見てきたが，揺れが伝わると，空間的にも変位が変化する。たとえば，振動数 f（周期 $T = 1/f$)，速度 V で地震波が水平方向に伝播したとすると，

[*1]：加速度や速度の単位として，非SI単位であるが，慣用的にGal（ガル）= cm/s^2 やKine（カイン）= cm/s が用いられる。Galはガリレオ・ガリレイ（Galileo Galilei）を，Kineは運動を表すkinematicを由来としている。

表4.1 地震動強さ指標の比較（上から東西・南北・上下成分の最大値）

	最大加速度 (cm/s²)	最大速度 (cm/s)	最大変位 (cm)	計測震度	長周期地震動階級	SI値 (cm/s)
東北地方太平洋沖地震 K-NET仙台観測点	977 1515 290	40 74 24	21 28 10	6.4	4	57 102 23
東北地方太平洋沖地震 KiK-net此花観測点・地中	1.2 1.1 1.7	0.70 0.71 0.87	0.70 1.0 1.4	1.0	0	0.16 0.22 0.23
東北地方太平洋沖地震 KiK-net此花観測点・地表	16 15 6.9	11 10 3.8	8.8 9.9 2.3	3.2	3	3.5 3.0 1.7
熊本地震 益城町役場	825 776 669	176 95 60	110 78 75	6.8	4	196 121 45

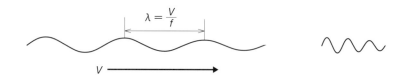

図4.7 長い波長（左）と短い波長（右）の地盤変位の空間変化

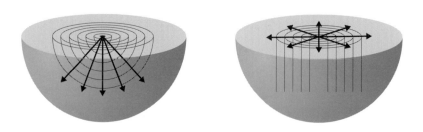

図4.8 実体波（左）と表面波（右）の拡散と距離減衰

図4.7のように，波長 $\lambda = V/f$ で空間的に変化する。水面の波を思い浮かべてほしい。揺れは波の数（波数）とともに減少するので，波長が長い波（長周期の波）のほうが距離による減衰が小さく，遠くまで到達しやすい。すなわち，岩盤内の長周期の波は遠くまで伝わりやすい。

震源から放出された実体波は，図4.8左のように四方八方に拡散する。たとえば，点から同心球状に等速度で波が拡散する場合，震源距離 r とともに波面が広がる。この球面状の波面の面積は $4\pi r^2$ である。単位面積あたりの振動エネルギーは変位振幅 u の2乗 u^2 に比例するので，球面上の振動エネルギーは $r^2 u^2$ に比例する。波の拡散とともに広がる球面でのエネルギーが保存されるには，$4\pi r^2 u^2$ が一定になる必要があるので，変位振幅 u は距離 r に反比例して減少する（$u \propto 1/r$）。したがって，震源域が点として見なせるような，震源からある程度離れたところでは，実体波であるP波やS波の振幅は震源距離に反比例して減衰する。

一方，表面波は実体波と異なり表面近くを伝わるので同心円状に波が拡散し，円周上にエネルギー

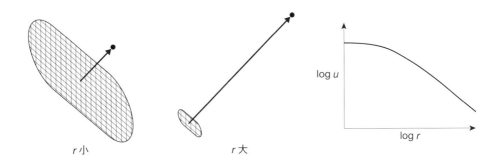

図4.9 震源域からの距離と減衰

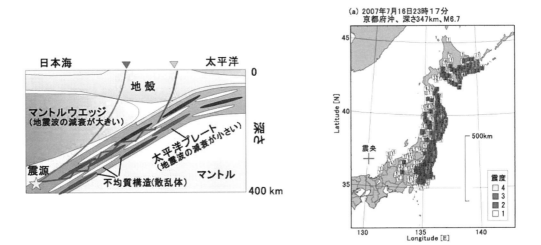

図4.10 異常震域

［出典：日本地震学会広報紙「なゐふる」, No. 64, p. 7, 2007］

が集中する。水面に石を落としたときに広がる波面を思い浮かべてほしい。円周の長さは震央距離 r に比例するので、揺れの振幅は震央距離の平方根 $\sqrt{r}$ に反比例して減衰する。すなわち、実体波に比べ表面波のほうが距離による減衰が少ない。このため、震源から遠い場所では表面波が卓越することになる。

このように、震源からの距離に伴って揺れが減衰することを**距離減衰**とよぶ。なお、**図4.9**のように、震源域近くでは、震源域は点と見なせず大きな面に見えるため、地震波は震源域から拡散せずに直達し、揺れは減衰しにくい。これに対し、震源域から離れると震源が点とみなせるため、$1/r$ で減衰する。

太平洋プレートの深部で発生した地震で東北地方に異常震域が生じたという話を聞くことがある。これは、地下の不均質によって広範囲に震度分布が変わるためである。**図4.10**左のように、固い海のプレート内では揺れが減衰しにくいのに対し、海のプレートと直上の陸のプレートに挟まれたくさび型状のマントルの領域マントルウェッジでは揺れが減衰しやすい。この結果、図4.10右のように、沈み込むプレート内を伝播した波が東北地方太平洋側で強い揺れとして現れる。

4.2 地震動の地盤増幅

4.2.1 地震基盤・工学的基盤と地盤増幅

　日本の主要な都市は堆積平野に位置している。**図4.11**のように，堆積平野は地殻を構成する硬い岩盤の上に，第3紀以前の古い時代に堆積した堆積岩が載り，さらにその上に更新世や完新世に堆積した洪積層や沖積層が載っている。

　一般に，構造物の重さを支える杭基礎は，標準貫入試験によるN値（10.6節参照）が50程度，S波速度V_Sが400 m/s程度以上の堅固な基盤に支持する。これを，工学的な立場での基盤として**工学的基盤**と称する。日本の主要な都市では，工学的基盤は数十m以内の深さに存在することが多い。一方，地震学的に基盤岩と見なせるS波速度V_Sが3000 m/s程度以上の地殻上面を**地震基盤**と称する。関東平野，濃尾平野，大阪平野などの大規模堆積平野では，地震基盤の深さが1 kmを超えることもある。

　多くの場合，堆積平野では地層はおおむね平行に堆積しており，これを**平行成層地盤**という。硬い基盤の上に単一の軟らかい層がある場合を考えてみる。硬めのコンニャクの上に柔らかい豆腐を置いたような状態を考えればよい。コンニャクを左右に揺すると，揺する周期によって，豆腐の揺れは大きく異なる。ゆっくり揺すると形が変わらずに剛体的に動く。徐々に左右に揺する周期を短くしていくと，ある周期で豆腐が強く揺れる。これが地盤の卓越周期に対応し，この周期が構造物の周期と一致すると，構造物が強く揺れ，損壊などにかかわってくる。豆腐の厚さがH，豆腐のS波速度V_Sのときは，卓越周期は$T = 4H/V_S$となる。これは，**図4.12**のように，表層内の深さ方向の変位の変化が波長の1/4になることから1/4波長則とよばれる。豆腐の質量密度をρとすると，卓越周期で揺すったときには，豆腐の揺れはコンニャクの動きに比べて$(\rho V_S)_{コンニャク}/(\rho V_S)_{豆腐}$だけ増幅される。$\rho V_S$をインピーダンスとよび，揺れの増幅は2つの地層のインピーダンス比で与えられる。たとえば，密度がほぼ同じで，工学的基盤上に直接沖積層が載っており，そのS波速度の比が4だったとすると，卓越周期では，工学的基盤が露頭している場合に比べて地表の揺れが4倍に増幅される，ということを意味

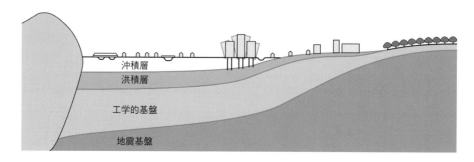

図4.11　工学的基盤と地震基盤（濃尾平野のイメージ図）

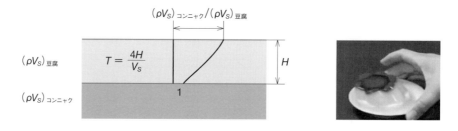

図4.12　2層地盤の卓越周期，1/4波長則と揺れの増幅，プリンの揺れ実験

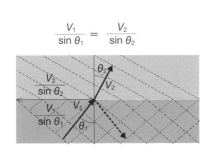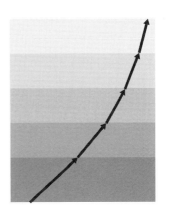

図4.13 平行成層地盤内でのSH波の屈折・反射とスネルの法則

する。

コンニャクの上に載せる豆腐を硬めの豆腐と軟らかめの豆腐で比べると，軟らかい豆腐のほうが卓越周期は長く，揺れは大きく増幅する。次に，豆腐を薄くしてみると，卓越周期が短くなる。おやつの時間であれば，皿の上にプリンやババロア，羊羹などを載せて揺れ方の違いを比べるとよくわかる。

ところで，図4.1に示したように，地層境界に斜めに入射した地震波は，硬い地層から軟らかい地層に入ると角度を変えて屈折する。このとき，**図4.13**のように，地層境界上を伝播する波の見かけ速度が上下層で一致する必要がある。この結果，成層地盤へ斜め下方から入射した地震波は，徐々に屈折して上向きになり，地表ではおおむね鉛直下方から入射することになる。これを**スネルの法則**という。このため，地盤の応答計算をする場合には，地盤を平行成層に置換し，鉛直下方からS波が入射する問題に簡略化したモデルを使うことが多い。

4.2.2　堆積盆地での揺れの増幅・伸長

図4.14に地震基盤深さを示す。図4.14のように，関東平野，濃尾平野，大阪平野，新潟平野などの大規模堆積平野では，地震基盤深さが1 kmを超え，その上に軟らかい地層が盆地状に堆積している。これを堆積盆地とよぶ。また，南海トラフや相模トラフ周辺には付加体とよばれる厚い堆積物も見られる。

堆積盆地は，ちょうど，たらいの中の水のような状態である。たらいの水は一度揺れ始めると，ある周期でずっと揺れ続ける。これと同じように，堆積盆地に地震波が入射すると，周辺の硬い基盤で反射を繰り返し，特定の周期で長い時間揺れ続けることになる。たとえば，堆積層の厚さが1 kmで，そのS波速度が1 km/sで均一だったとすると，堆積層による卓越周期は4秒となる。これは，高さ100〜200 mの高層ビルの固有周期に相当する。すなわち，大規模な堆積盆地では，長周期の揺れを大きく増幅させ，揺れの継続時間を伸長させる。このことが問題になるのが，高層ビルのような長周期構造物や大規模な石油タンクである。

ちなみに，2003年十勝沖地震では震源から離れた苫小牧の石油タンク内のナフサが長周期の揺れで大きく動揺（スロッシング）し，大規模なタンク火災を引き起こした。また，2011年東北地方太平洋沖地震では，震源から遠く離れた関東平野や大阪平野の高層ビルが大きく揺れた。

4.2.3　地盤の塑性化と液状化

砂場や畑の地盤はコンクリートや鉄と比べると圧倒的に軟らかく，手で押すと簡単に変形し，その

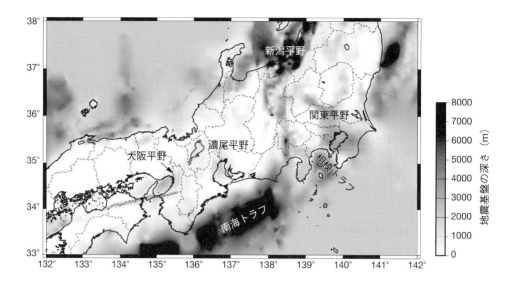

図4.14 地震基盤深さと大規模な堆積盆地

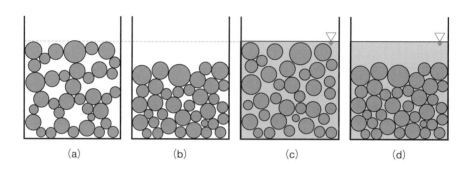

図4.15 液状化の模式図

変形はもとには戻らない。これは塑性変形が残ることを意味する。すなわち，軟らかい地盤は簡単に塑性化する。その塑性化の仕方は地盤の土質や硬さによって大きく異なる。

また，新潟地震や東北地方太平洋沖地震で生じたような**液状化**の問題もある。液状化は，地下水面以下にある緩く堆積した砂地盤で起きやすい。グラニュー糖やコーヒー豆を瓶の中で揺すると体積が減るのと同じように，砂も地震の揺れによって砂粒の間の間隙が減る。**図4.15**(a) のように，緩く堆積した砂地盤の間隙が水に満たされていると，(b) 揺れで間隙の体積が減ることによって水圧が急上昇し，(c) その圧力によって砂粒同士の間の噛み合う力が失われてしまい，砂粒が水中に浮遊し，泥水のようになる。これを液状化現象とよぶ。(d) 液状化後は地盤が締め固まるため地盤沈下が起こる。

地盤の塑性化や液状化は，非線形現象であり，これを考慮した地盤の応答解析には，高度な解析技術と，地盤の塑性性状や透水性，地下水深さに関する詳細なデータが必要になる。また，これに加え，地盤の層構造や各地層を構成する土質，不整形な地盤では3次元的な構造も必要となる。このために，詳細な地盤調査や土質試験データが必要となる。しかし，地中のことであり，これらのデータを得ることは容易ではない。このため，地盤の地震応答解析では，用いることができるデータの量と精度とのバランスをとりながら解析法を選択することが多い。

〈緊急地震速報〉

　地震が発生すると，震源からP波やS波が四方八方に放出される。建物を壊すような強い横揺れは，主にS波であり，P波の方がS波より早く伝わる。固い岩盤の中では，P波は5〜7 km/s，S波は3〜4 km/sという高速で伝わるので，震源から100 km離れていればP波は約15秒後，S波は約30秒後に到達する。したがって，P波を感じてS波を感じるまでに15秒程度の余裕がある。もしも，震源の近くの地震計でP波を検知し，震源から離れた場所にS波の到達を知らせれば，さらに多くの時間を稼ぐことができる。それを実現したのが**緊急地震速報**であり，P波初動から震源位置とマグニチュードを推定し，震源からの距離と地盤の揺れやすさを勘案して各地の揺れ（震度）を予測している。運用は2007年に始まった。

　緊急地震速報には警報と予報がある。テレビなどで報じられるのは警報であり，2点以上の地震観測点で地震波が観測され，最大震度が5弱以上と予想された場合に発表される。発表内容は，地震の発生時刻，発生場所（震源）の推定値，地震発生場所の震央地名，震度4以上が予想される地域名称（全国を約200地域に分割）である。

　予報は，機器制御などの利用を意図して迅速性を重視しており，1点の地震観測点で地震波が観測されたときに第1報を発し，その後数回続報を出し，精度が安定した段階で最終報を発表する。発表内容は，警報の内容に加え，地震規模（マグニチュード）の推定値，予測最大震度が3以下のときは最大予測震度，予測最大震度が4以上のときは震度4以上の地域の予測震度と主要動到達予測時刻である。

　緊急地震速報を短時間で発するには，(1)震源の近くに地震計を設置すること，(2)震源と警報を受ける場所の距離がある程度離れていること，(3)即座に揺れを予測し警報を伝える伝達手段があることが重要となる。これを支えているのが，気象庁の約300箇所と防災科学技術研究所の約800箇所の地震計と高速計算システム，情報通信システムとスマートフォンなどの携帯端末の普及である。

　緊急地震速報は，地震波の伝わる時間差を利用することから，震源直近の場所では警報が間に合わない。内陸直下の震源直近では，人命を左右する震度7の強い揺れになる可能性があるので，活断層近傍に居住する場合には，緊急地震速報に頼ることなく，耐震化や家具固定を進めておく必要がある。また，活断層をまたいで走る鉄道や道路では，さらなる迅速さが必要になる。今後，オンサイト処理システムとの併用や深部地震計の設置・活用など，システムの更なる高速化が望まれる。

　東北地方太平洋沖地震では，多数の余震が短い時間で続発したため，地震の分離が難しくなり，地震規模や予測震度を過大に評価することが多発した。このため，2016年からIPF法（Integrated Particle Filter法）とよばれる新しい方法が導入された。また，東北地方太平洋沖地震では，地震が巨大だったゆえに，予測震度が過小評価された。巨大地震の場合には，破壊開始位置である震源からの距離と震源域からの最短距離とに乖離が生じるため，予測震度が過小評価される。また，巨大地震は数十〜数百秒かけて成長するため，破壊開始時点では，巨大地震に育つかどうかの判断が困難で地震規模を過小評価する。そこで，これを改善するため，隣接する地震観測点の震度から揺れを予測するPLUM法（Propagation of Local Undamped Motion法）が開発され，2018年3月から併用されている。

　このように，緊急地震速報は，少しずつ改善が進んでいる。近い将来には，震源から離れた場所の高層ビルの揺れに影響する長周期地震動に関する情報提供も予定されている。

〈演習問題〉

1 実体波であるP波とS波の特徴について述べ，その速度の大小関係を説明せよ。

2 3地点で地震動を観測すると震源の位置を知ることができる。その理由をP波，S波を用いて説明せよ。

3 緊急地震速報の仕組みを述べ，熊本地震では震源近くで緊急地震速報が十分に機能しなかった理由を述べよ。

4 実体波と表面波，長周期の波と短周期の波の減衰について述べ，地震波が遠くまで減衰せずに伝わりやすい条件について説明せよ。

5 表層地盤の硬さ，表層地盤の厚さと地盤の卓越周期との関係について簡潔に説明せよ。

6 液状化が発生しやすい条件を述べよ。

第5章 構造物の振動応答

構造物は地震や風によって揺れる。地震のときの地盤の揺れには，ガタガタという短い周期の揺れやユサユサという長い周期の揺れがあり，いつまでも揺れ続ける揺れ，ガンという短い衝撃的な揺れ，グワーンという大きな変位を伴う揺れなどさまざまである。この地盤の揺れ方によって，建物の揺れ方も大きく異なる。一方，構造物の揺れ方は，建物の高さや規模，構造，建物を支持する基礎や地盤によっても異なる。そして，建物を揺れにくくする新たな方法として免震や制振などの構造技術も開発されてきた。そこで，本章では，簡単な実験を通して，構造物の揺れについて学ぶ。

5.1 振り子の振動

5.1.1 調和外力に対する共振

構造物に作用する力は，揺れの強さ（加速度）と構造物の質量の積である慣性力である。したがって，重い構造物が強く揺れると力が大きくなり，構造物が損壊しやすくなる。そこで，本節では，簡単な振り子を使って構造物の揺れについて考えてみる。

紐にナットを通して振り子を作ってみる。紐をもった手を一定の周期で何度も左右に動かしてみよう。これは数学的には正弦波で表される外力を与えることを意味する。これを**調和外力**という。机の上に鏡を平らに置いて，鏡を通して振り子の揺れを見てみると，振り子をもつ手が地盤に，逆立ちした振り子が建物の動きのように見える。左右に揺する周期を変えてみたり，振り子の長さや重さを変えてみたりしてほしい。

まず，ナットを少し横に引っ張って手を放してみると，振り子がある周期Tで左右に揺れる。これを**自由振動**とよぶ。図5.1のように，周期Tは，振り子の長さをl，重力加速度をgとすると，$T = 2\pi\sqrt{l/g}$となり，これを**固有周期**とよぶ。振り子の場合は，振り子の紐を長くすると周期が長くなる。一方，ナットの重さを変えても周期は変わらない（実際の構造物の場合には重いほど長周期になる）。

揺れはずっと続くことなく，徐々に振れ幅が小さくなって静止する。これを**減衰**という。たらいに

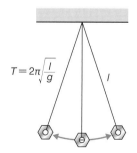

図5.1 振り子の共振

水を入れて，その中に振り子を浸けて同じ実験をしてみる．すると，空気中と違って，すぐに揺れが小さくなる．これを減衰が大きいという．水の抵抗によって揺れによる振動エネルギーが水の中に逸散する．これを**逸散減衰**とよぶ．空気の方が水より抵抗が小さいので，空気中では揺れが収まりにくく減衰が小さい．地盤の上の建物の場合には，建物の振動エネルギーが地盤の中に逸散し，その現象を**地下逸散減衰**とよぶ．

長い振り子と短い振り子で，揺れが小さくなる時間を比較してみると小さい振り子のほうが早く揺れが収まる．逆にいえば，高層ビルは一度揺れるとずっと揺れ続けるので減衰をいかに大きくするかが大切になる．

次に，振り子をもつ手を小刻みに短い周期で左右に動かしてみる．ナットはほとんど動かない．とくに長い振り子の場合には顕著である．これは，高層ビルは短周期の地震動ではあまり揺れないことや，構造物の下に軟らかい積層ゴムを入れると揺れを減じられるという免震の原理に通じる．

一方で，振り子を短くして，手を左右にゆっくり長周期で動かすと，手の動きと一緒にナットも動く．これは，長周期の揺れを受けたときの堅い低層の建物の揺れに相当する．すなわち，堅い建物は地盤と一緒に動き，揺れが増幅されにくいことを意味する．

これに対し，固有周期Tで手を動かしてみると，ナットは驚くほど大きく揺れる．これが**共振**現象である[*1]．小さな振幅で少しずつ手を動かすと，ナットの動きは，徐々に大きくなっていき，ある振幅で一定に揺れるようになる．これを定常状態とよぶ．その後，揺するのをやめると，自由振動状態となり，固有周期で揺れながら徐々に揺れが収まっていく．構造物の設計で共振を避けることの大切さが容易に理解できる．

次に，振り子を水に浸けて同じ実験をしてみる．固有周期で揺すっても，振り子の揺れは大きくならず，すぐに定常状態になる．すなわち減衰が大きいと，揺れの増幅を抑制でき，長く揺れる地震動でも揺れは育ちにくい．これが制振の原理である．逸散減衰が小さく長周期で揺れやすい高層ビルでは，近年，揺れを抑制するため各種の制振ダンパーが使われるようになった．

5.1.2　残留変位を生じる揺れに対する振り子の動き

図5.2のように振り子をもつ手を横にすっと少し移動してみる．ナットは手の動きに直ぐには追従せず少しのあいだ元の位置に留まった後，揺れ始める．これは，ナットが，慣性抵抗によって位置を留めようとすることによって生じる現象である．長い振り子と短い振り子で比較してみると，移動量が少ないときは，短い振り子の方が振り子の角度が大きくなるので強く揺れるように見え，長い振り子は振り子の傾斜角度が小さいので揺れは目立たない．

次に，同じ速度で，手を大きく横に移動してみる．すると，短い振り子のナットは角度が大きくなりすぎるため，手の動きに追従して一緒に動く．このため手が大きく動いても，揺れはあまり増えない．これに対し，長い振り子のナットは元の位置を維持しやすいため，角度が大きくなりやすく，揺れがずっと大きくなる．

手を移動させる速度や移動量を変えて実験してみると，振り子の動きが大きく異なることがわかる．この実験は，活断層が横ずれしたときの断層直近に建つ構造物の揺れを表現したものである．一般に，断層がずれる速度は1 m/s程度で，規模の大きな地震では地表のすべり量は数mに達する．1995年兵

[*1]：共振による空気中へのエネルギー逸散を活用しているのが団扇である．団扇を共振させ，そのときのエネルギー逸散効果で効率よく風を生み出している．団扇を短くもったり長くもったりすると，団扇を動かす周期を変えないと効率よく風が生み出せないことに気づくと思う．子供のときに遊んだ水風船も上下の動きの共振を利用したものである．

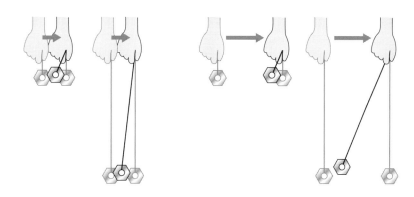

図5.2 振り子を横に移動したときの揺れ

庫県南部地震（$M7.3$）のときに淡路島に現れた地表ずれは1m程度だったのに対し，1891年濃尾地震（$M8.0$）のときのずれ（あぜ道のずれ）は8mにも及んだ。ちなみに，2016年熊本地震のときに西原村役場で観測された地震動波形では2m以上の残留変位が計算されている。地震規模が大きく，断層のすべり量が大きくなると，長周期のパルス的な地震動が生じ，高層ビルや免震建物では，過大な変形を生じる。これは，内陸の活断層が大規模な地震を起こしたときに生じる問題である。堆積平野の山地と平地の境界や台地と低地の境界などには活断層が存在している場合が多く，そういった場所に高層ビルや免震ビルを建築する場合に注意すべきことである。

5.2　2段振り子の振動

　第4章で示したように，地盤は地層の厚さや硬さに応じて揺れやすい周期（卓越周期）を有する。地盤の**卓越周期**と構造物の**固有周期**が一致すると構造物が共振しやすくなり，大きな応答となる。**図5.3**のように大きなナットと小さなナットを用意し，大きな振り子の下に小さな振り子をぶら下げてみる。大きなナットが地盤，小さなナットが構造物を表すと思ってほしい。振り子の手前に鏡を水平に置き，視線を斜め下へ向けて鏡に映った振り子の動きを見ると，地盤上の建物の動きに見えると思う。

　まず，大きなナットの振り子の固有周期で左右に揺すってみる。大きなナットの振り子の長さが小さなナットの振り子より長いときには，大きな振り子は長周期で揺れ小さな振り子は大きな振り子と一緒に動く（①）。これは，軟弱地盤上の低層ビルは地盤と一緒に動くことに対応する。一方，大きなナットの振り子を短くし，小さなナットの振り子を長くしてみると，大きな振り子の固有周期で揺すっても，大きな振り子が短い周期で揺れるだけで，小さな振り子はほとんど動かず止まっている（②）。これは，硬質地盤上に立地する高層ビルの揺れに相当する。高層ビルが登場した当初，地震動の揺れはガタガタと短周期なので，高層ビルは柳に風と揺れを受け流すから安全といわれたことに相当する。

　今度は，小さなナットの固有周期で揺すってみる。大きなナットが短い振り子では，大きなナットは手と同じ動きとなり小さなナットだけが大きく揺れるが，大きなナットが長い振り子では大きなナットがほとんど動かないため小さなナットを揺することが難しい。これが免震効果である。

　次に，2つの振り子の長さを同じにしてみると，大きな振り子に比べて小さな振り子が大きく揺れる（③）。これが地盤の卓越周期と構造物の固有周期が共振した状態である。構造物の設計時に地盤との共振を避けることの大切さがよくわかる。

　実は，2つの振り子の長さが等しい場合には，大きな振り子はあまり揺れていない。小さな振り子

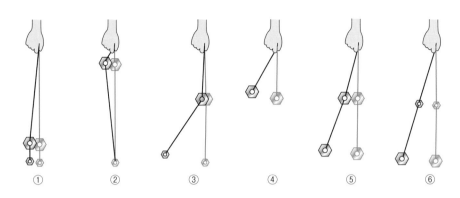

図5.3 2つの振り子の振動

を切り離してみる（あるいは大きな振り子に括り付け一体にする）と，大きなナットが大きく揺れ始める（④）。小さな振り子が大きく揺れることで大きな振り子の揺れを抑制している。これは共振を利用した制振の考え方で，**チューンドマスダンパー**（**TMD**：Tuned Mass Damper，Note8.1参照）とよばれる。大きな振り子が高層ビル，小さな振り子が屋上に設置する制振装置であり，通常は大きな振り子と小さな振り子の重さの比を100くらいにする。地盤と構造物の関係では，地盤（大きな振り子）の重さは構造物に比べはるかに大きいので，このような制振効果は見られない。

　上下のナットの大きさを色々変えてみると面白い現象を発見すると思う。たとえば，上下のナットの大きさが等しいときには，2階建ての建物の揺れのように見え（⑤），上のナットが小さいときには，上のナットは紐と一体で動く（⑥）。

　次に，図5.2で行った実験と同様に，振り子をもつ手をサッと横に移動してみる。大きな振り子が短く小さな振り子が長いときには，手を少し動かしたときには大きな振り子だけが短周期で揺れ長い小さな振り子はあまり揺れず，手を大きく動かしたときは長い小さな振り子が大きな振幅で自由振動する。この様子は小さな振り子が単独の場合とあまり変わらない。すなわち，卓越周期が短い地盤の上にある高層ビルなどの長周期構造物の応答は，表層地盤の影響を受けにくい。

　逆に，長い大きな振り子に短い小さな振り子をぶら下げたときは，大きな振り子の動きは，図5.2と同様で，手を少し動かしたときにはあまり動かないが，大きく動かしたときには長周期で大きく自由振動し，小さな振り子は大きな振り子とほぼ一体に振動する。すなわち，卓越周期が長い軟弱層が厚く堆積した地盤上にある低層で壁の多い短周期構造物は，揺れが増幅しにくい。

　これらに対し，大小の振り子の長さが一致する場合には，2つの振り子の固有周期が一致し，かつ，大きな振り子が自由振動して揺れが長時間継続することで，小さな振り子の振幅が大きく増幅して共振する。両者の振り子が短いときには，手を動かす量を増やしていっても揺れは一定値に近づいて上限に達する。これに対し，両者の振り子が長くなると，手を動かす量を増やすにしたがって，揺れが線形的に増えていく。

　これは，三大都市圏のように堆積層の厚い大規模平野で，万一平野内に活断層があり，それが大きくずれ動いた場合，共振によって活断層直近に存在する高層ビルや免震ビルが大きく応答増幅する可能性を示唆するものである。すなわち，活断層直近の構造物の被害程度は，低層で堅い建物の場合には地震の規模には依存しにくいが，高層の建物の場合は地震規模とともに被害が増大する懸念があり，とくに，地盤の卓越周期に近接した固有周期を有する構造物で，注意を要することになる。

5.3 竹ひごと消しゴムで考える串団子モデルの振動

5.3.1 倒立振り子

　細い竹ひごと，消しゴムを用意してほしい。2つの消しゴムを2本の輪ゴムで結び，消しゴムの間に何本かの竹ひごを通してみる。ちょうど，串に団子が1つある状態が，振り子が倒立したように見えるので，これを倒立振り子とよぶ。さらに消しゴムをたくさん用意すれば，団子の数を多くできる。串に団子をつけたように見えるので，これを串団子モデルとよぶ。あるいは，質点がいくつか存在するモデルなので，質点系モデルともよぶ。

　4本の竹ひご，4つの消しゴム，4本の輪ゴムを使うと，**図5.4**のようなモデルができる。団子の数が建物の階数に相当し，竹ひごの本数が柱の本数（耐震構造要素の堅さ）に対応する。また，団子を上下すれば，建物高さを変えることができ，複数の団子を1ヵ所に集めれば，建物の重さを変えられ，竹ひごの本数によって建物の堅さを変えられる。竹ひごの代わりに幅の狭いプラスチック板（たとえば下敷きを細長くカットしたもの）を使えば耐震壁の実験もできる。

　最初に，団子が1つ，竹ひご2本の状態からスタートしてみる。**図5.5**のように，団子を横に引っ張って放すと，団子は自由振動し，固有周期で揺れ徐々に揺れが収まる。団子2つを1ヵ所に集めて重さを倍にすると固有周期が$\sqrt{2}$倍と長くなる。一方，竹ひごの本数を4本にすると固有周期が短くなり

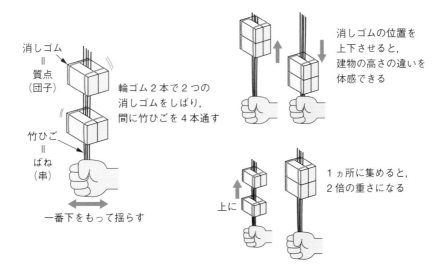

図5.4　竹ひごと消しゴムの串団子モデル

図5.5　自由振動実験

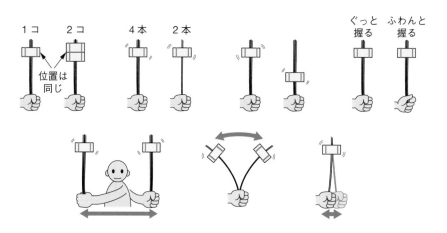

図5.6 倒立振り子を使った色々な実験

$1/\sqrt{2}$倍になる。

　竹ひごが無質量だとすると，倒立振り子の固有周期は$T=2\pi\sqrt{m/k}$（mは団子の質量，kは竹ひご全体の曲げ剛性）となる。固有周期は，質量の平方根に比例し，竹ひごの本数の平方根に逆比例する。一度，団子の重さを2倍にしたときと，竹ひごの本数を半分にしたときの固有周期を比べてみてほしい。同じ周期で揺れることがわかる。

　今度は，団子の位置を上下させてみる。竹ひごは片持ち梁と同じ状態なので，竹ひご1本あたりの堅さ（剛性）は竹ひごの長さlの3乗l^3に逆比例する[*1]。したがって，竹ひご長さを1.6倍程度にすると周期が2倍になる。団子の高さが建物の高さに相当すると考えると，高層建物ほど固有周期が長くなることがわかる。一般の建築物では，建物の固有周期は，建物高さとともに線形的に長くなる。

　次に，竹ひごをもつ手の握り方を変えてみる。竹ひごをもつ手を固く握って，団子を横に引っ張って放してみると，団子は比較的長く揺れ続ける。これに対し，握りを柔らかくすると周期が少し長くなって，揺れがすぐに収まる。この違いは，竹ひごが短いときのほうが顕著である。握り方が柔らかくなることで，手が変形しやすくなり，エネルギーが逃げていきやすくなる。すなわち，軟弱地盤上の堅い低層建物では，地下逸散減衰効果が大きいということを意味する。こういった地盤の存在が建物の振動に影響を与えることを，**地盤と構造物との動的相互作用**とよぶ。

　さて，図5.6下のように，竹ひごをもつ手を一定の周期で左右に動かしてみる。5.1節で行った実験と同様に，長周期でゆっくり揺すると団子は手の動きと一緒に剛体的に動き，短周期で小刻みに揺すると団子の位置は空間的に固定されているようにほとんど動かない。一方で，固有周期で揺すると徐々に揺れが増加し，非常に大きな揺れになる。

　しかし，手の握り方によって応答増幅の仕方が異なる。固く握ったときに比べ，柔らかく握ったときのほうが揺れの増幅が小さくなり，その効果は竹ひごが短く，竹ひごの本数が多いときに顕著である。このことから低層かつ堅い構造物の場合に動的相互作用効果が顕著になることがわかる。

5.3.2　倒立振り子による串団子モデル

　次に，複数の団子を使って実験をしてみる。図5.7のように3つの団子の場合を考えてみる。この串団子モデルを手にもって左右に揺すってみる。最初は長周期で左右にゆっくりと，そして徐々に，周

[*1]：$k=3EI/l^3$（E：竹ひごのヤング係数，I：竹ひごの断面2次モーメント，l：団子位置までの竹ひごの長さ）

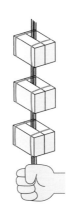

図5.7 串団子モデル

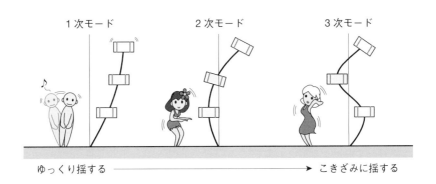

図5.8 串団子モデルの固有モード

期を短くして小刻みに揺すっていってみる。そうすると，大きく揺れる周期が3つあることがわかる。そのときの串団子の揺れる形は**図5.8**のようになる。この揺れる形のことを固有モードとよぶ。

　最初に大きく揺れるのは，全体が片側に揺れる形のときで，これを1次モードといい，そのときの周期を1次固有周期とよぶ。倒立振り子の動きによく似た振動の仕方である。さらに揺れの周期を短くしていくと，いったん揺れが小さくなった後に，再び弓型の形で大きく揺れるようになる。これが2次モードである。さらに揺すり方を小刻みにしていくと，揺れが収まった後，再び大きく揺れる周期が現れる。今度はくねっとした形の揺れ方をする。これが3次モードである。串団子モデルでは，質点の数と同じ固有モードと固有周期を有する。

　実際の地震のときには，一定の周期で地盤が揺れるわけではなく，ガタガタとかユサユサとかさまざまな周期の揺れが混ざった揺れが構造物に作用する。実際の地震の揺れのようにランダムな揺れで串団子モデルを動かしてみる。そうすると，3つの固有周期の成分の揺れが生じたときに大きく団子が動き，そのときの揺れ方は，図5.8に示したモード形になっている。すなわち，建物は，多数の固有周期を有し，地震動にその周期成分があると，特定の固有モードが刺激されることを意味する。

　竹ひご・消しゴムモデルを使って，さまざまな実験をしてみてほしい。団子の重さの分布や，剛性の分布，団子の位置を変えたときのモード形の変化を見てみるとよい。たとえば，1階だけ竹ひごの本数を減らせばピロティ建物のモードになる。また，竹ひごの代わりにプラスチック板を使ってみると，板の平行方向と直交方向とで揺れ方がまったく違うことがわかる。これは壁式構造の揺れ方に相当する。

5.4 紙製の建物キットでの簡単な振動実験

次に,「紙ぶるる」とよぶ紙製の建物模型を使った実験をしてみる。筆者らのホームページ[*1]からダウンロードできるので,厚紙に印刷して作ってみてほしい。柱・床・筋交・屋根などから構成された実験教材である。図5.9のように筋交の入れ方や屋根の重さを変えて実験できる。

図5.10のように1階と2階の剛性バランスによって建物の揺れ方は大きく異なることがわかる。また,図5.11のように,耐震的に問題がある家屋の耐震補強効果を実験で確かめることができる。同様

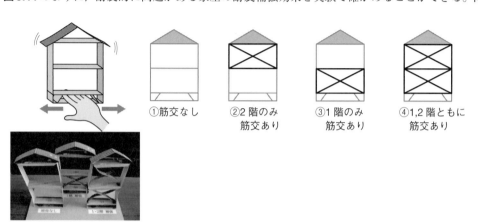

図5.9 「紙ぶるる」を使った振動実験

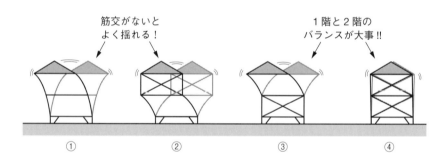

図5.10 上下階の剛性バランスによる振動モードの違い

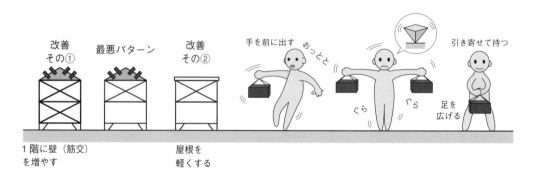

図5.11 耐震補強効果の確認

[*1]: http://www.sharaku.nuac.nagoya-u.ac.jp/data/laboFT/bururu/family/paper_bururu/html/kamibururu.html

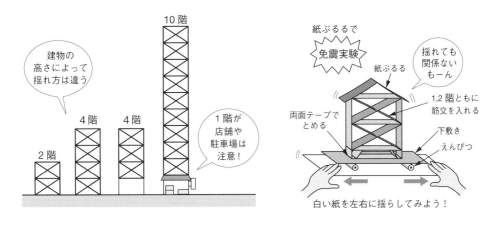

図5.12 「紙ぶるる」による高層ビルと免震ビルの揺れ実験

の実験はキャスタ付の机の上の人間振動実験でも確認できる。さらに，図5.12のように高さ方向に積み重ねてみると建物高さによる周期の変化がわかり，1階の筋交だけを外せばピロティ建物の揺れの特徴がわかる。また，紙の上に丸い色鉛筆2本を置き，その上に下敷きを載せて「紙ぶるる」を固定すると，免震実験が簡単にできる。これらの揺れ方の特徴から，5.3節に示した串団子モデルによって振動現象の概略を把握できることがわかると思う。

5.5 震源から建物までの揺れの伝播と増幅

建物内の揺れは，図5.13のように，震源断層で断層がすべり，そこから放出された地震波が建物が存在する場所の岩盤まで伝播し，表層地盤内で増幅して地表に達し，さらに建物内で揺れが増幅することによって生じる。第4章で述べたように，地震規模・マグニチュードが1増えると放出エネルギーは32倍になり，震源断層の面積は10倍程度，断層のすべり量は3倍程度になる。揺れが3倍になると震度が1大きくなる。震源域からの距離が同じであれば，断層のすべり量が3倍になると揺れの振幅は3倍になるので，震度は1増える。ただし震源域が広がるので，強い揺れになる地域の面積が広がる。

震源域から放出された地震波はおおむね距離に反比例して振幅を減じる。したがって，震源域からの距離が3倍離れると震度が1減る。地震基盤に達した地震波は，工学的基盤まで揺れを増幅させ，さ

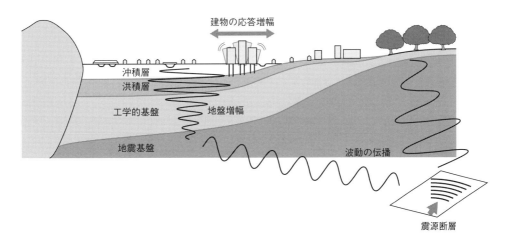

図5.13 震源〜波動伝播〜地盤増幅〜建物応答増幅による揺れの減衰と増幅

らに地表に至るまで表層内で増幅する。一般に地震基盤と工学的基盤のS波速度比は6～7倍程度ある。このため，地震基盤から工学的基盤で震度が1程度増える[*1]。工学的基盤と最表層の速度比は軟弱な沖積地盤では4～5倍程度，洪積地盤でも倍程度あるので，軟弱な地盤ではさらに震度が1程度増える。すなわち，岩盤が露頭する山地に比べ，都市が存在する台地や平地では震度が1～2大きくなる。

そして建物内での揺れは，低層の壁式構造では地表とあまり変わらないが，中高層のラーメン構造では3～10倍増幅することもあり震度が1～2増える場合がある。この傾向は周期が一致すると顕著になる。

このように考えると，洪積台地にある平屋の家屋の揺れと，沖積低地にある中高層の集合住宅の揺れは震度で2程度変わっておかしくないことがわかる。建物に作用する力は揺れの強さに比例するので，揺れやすい建物は十分な耐震要素が必要になる。

5.6　地盤と構造物との力のやりとり

構造物は地盤の上に建設される。5.3節でも述べたように，倒立振り子を握る手を柔らかくすると，固く握っている場合に比べ，固有周期が伸び，揺れが減衰しやすくなる。これを地盤と構造物との動的相互作用とよぶ。この効果は倒立振り子の固有周期が短い（振り子が短く堅い）ほど顕著だった。すなわち，地盤が軟弱で，中低層で壁の多い規模の大きな建物の場合に大きくなる。これを地盤と構造物に当てはめると図5.14のような動きになる。

このことを身近なもので考えてみる。図5.15に示すように，軟らかいマットの上に本（新書）を縦に載せて本の平行方向に横に押してみる。すると，マットが大きく変形する。そのとき，本はほとん

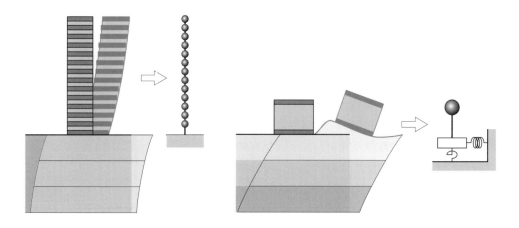

図5.14　建物の高さ・堅さと地盤の硬さによる建物の揺れ方の違い

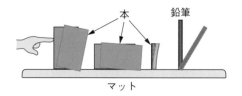

図5.15　マット上の新書と鉛筆の動き

[*1]：この増幅は，インピーダンス比（4.2.1項を参照）によるものである。

図5.16 ボートの上で飛び跳ねる

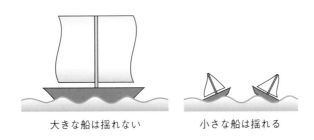

図5.17 大きな船と小さな船の揺れ

ど変形せず，マットが変形して本が横に移動しながら回転する。マットが変形することによる並進動と回転動を，**スウェイ**と**ロッキング**という。本（新書）を横長に置くとスウェイの動きが多く，縦長に置くとロッキングの動きが多い。次に，本（新書）を横長において本の直交方向に押してみる。するとマットはほとんど変形せず，本がグッと曲がる。一方で，鉛筆を立ててやってみると鉛筆がロッキングするだけで堅い鉛筆は変形しない。このように，地盤の堅さ，建物の硬さ，建物の形（縦横比：アスペクト比とよぶ）で，建物と地盤の変形の仕方はまったく異なる。

次に，図5.16のように，池のボートを考えてみる。ボートに人が乗ると，少しボートが沈むが沈没はしない。ボートを降りれば少し浮かぶ。これは水が浮力によってばねの役割を果たすことによる。このばねを動的相互作用ばねとよぶ。次にボートの上で飛び跳ねてみる。すると，ボートがある周期で揺れる。この周期は，ボート＋人間の質量と浮力で決まる。しかし，揺れ続けることはなく，すぐに揺れが収まる。そのときにボートの周辺には波が立ち，その波が同心円状に広がっていく。これが逸散減衰効果である。

地盤上の構造物の場合にも，地盤は構造物を支えるばね（相互作用ばね，地盤ばね）と，地中に振動エネルギーを逸散させる減衰作用（地下逸散減衰）の役割を担う。こういった動的相互作用効果のことを，慣性の相互作用とよぶ。この効果は地盤に比べて構造物の剛性が大きい場合，とくに短周期の揺れを受ける場合に顕著となる。このため，軟弱地盤上の堅くて規模の大きな建物の場合には，図5.14右に示すように構造物の下にばねとダッシュポットをつけたような効果になる。構造物のスウェイの動きとロッキングの動きを考慮できるモデルなので，これをスウェイ・ロッキングモデルとよぶ。

次に，マットの上に小さな板（たとえば消しゴム）と大きな板（たとえばまな板）を置いて，マットを揺すってみる。小さな板はマットとともに動くが，大きな板の動きはマットの動きより小さい。これは，図5.17のように，小船はよく揺れるが大きな船は揺れにくいのとよく似ている。波の波長に比べて大きな船は，波の揺れを平滑化するため，揺れにくい。これと同じように，地盤上の構造物に入力する地震の揺れも，地盤の揺れに比べて小さくなる。これを入力損失効果とよぶ。この効果は構造物の大きさと地震動の波長の比が大きいほど顕著なので，構造物の平面規模が大きく，地盤が軟弱で，振動数が高い揺れの場合に大きな入力損失となる。こういった動的相互作用効果を，入力の相互作用という。

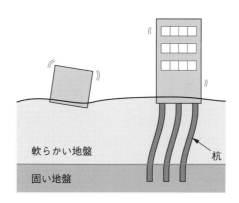

図5.18 直接基礎と杭基礎の揺れ方

　戸建住宅のように構造物が軽量な場合や，地盤が十分に堅固で構造物の重さを受け止めることができる場合には，構造物を地盤にそのまま載せる。これを直接基礎とよぶ。しかし，地盤が軟弱な場合，重い建物を地盤だけで支えると地盤が変形し，構造物が沈下したり傾斜したりする。このため，構造物の下に杭を打ち，杭の先端を堅固な基盤で支える。

　低層の壁式構造のように地盤に比べて建物が堅い場合には，建物は図5.18左のように地盤が変形し建物がスウェイ・ロッキングする。しかし，杭が存在するとロッキングの動きが抑制され，スウェイの動きが卓越する。杭は，柱のように細長い部材であり，周辺の地盤の拘束によって座屈が抑制されるので，上下方向には硬く変形しにくい。これにより建物の重さを支持基盤に伝える。しかし，横方向の力には曲げ変形を生じ軟らかいのでスウェイの揺れは抑制できない。「杭があるから安全」とよくいわれるが，建物の重さを支持する意味では安全性が向上するものの，杭があっても地盤の水平の揺れを減らす効果は小さいので，杭が必要となるような軟弱な地盤では地盤の揺れが大きい分だけ建物を強化する必要がある。

　少し面白い実験をしてみよう。プリンとお菓子の「たけのこの里」「きのこの山」を用意してみてほしい。プリンが軟弱な地盤，「たけのこの里」は直接基礎の建物，「きのこの山」は杭基礎の建物だと考える。プリンの上に「たけのこの里」を載せて揺すると，小さな揺れでも強く揺れ，その後，浮き上がってひっくり返る。一方，「きのこの山」の軸部をプリンに貫入して揺すると，「きのこの山」は安定している。杭基礎やケーソン基礎に相当する。「たけのこの里」もチョコのないビスケット部だけをプリンの中に貫入すると一気に安定する。地下室付きの建物に相当する。豆腐やコンニャクを使っても同様の実験ができるので，一度試してみるとよい。

5.7　浮上りと滑動

　直接基礎で支えられた建物は強い揺れを受けると基礎が浮き上ったり滑ったりする。図5.19のような質量 m，幅 $2b$，高さ $2h$ の剛な直方体を考える。この直方体が水平加速度 α で振動すると水平力 $m\alpha$ が生じる。直方体には下向きに重力 mg が作用するので斜め下向きの合力が発生する。重心が直方体の中心にあったとすると，静的には，水平加速度が $\alpha > bg/3h$ になると端部で支持力がなくなって浮き上がり，$\alpha > bg/h$ になると転倒する。

　一方，直方体と地盤との間の摩擦係数が μ だったとすると，$\alpha > \mu g$ のときに直方体が滑り始める。$b/h > \mu$ の場合は転倒より滑動が先行する。すなわち，背の高いものは転倒しやすく幅広のものは滑りやすい。

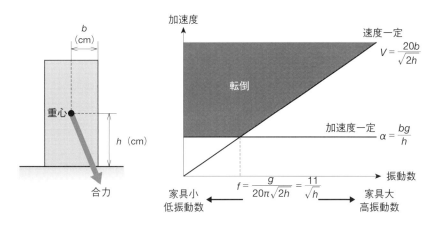

図5.19 直方体の転倒

　実際の建物では，建物が弾性変形し上部で揺れが増幅する。大きな物体に短周期の揺れが作用する場合には小さな物体に比べて倒れにくい。大きなものは倒れるのに時間がかかり，短周期の揺れは倒れる前に揺れが逆方向に作用するためである。この場合は，転倒条件は加速度ではなく速度で与えられる（図5.19）。

 〈家具の転倒防止〉

　家具の転倒や滑動は地震時の怪我の大きな原因となる。家具の転倒防止にはいろいろな方法がある。図5.19の合力のベクトルを下向きにすればよい。L字金具を付けたり免震架台，転倒防止板を使うのは横力を減じる方法，突っ張り棒や粘着マットは下向きの力を大きくする方法，重心を下げるのはベクトルの位置を下げる方法に相当する（**図5.a**）。

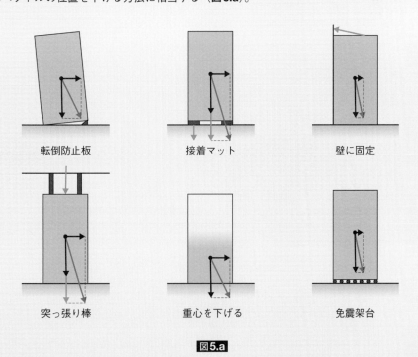

図5.a

〈演習問題〉

1 振り子と水を入れたコップを使って，免震と制振のメカニズムを説明せよ．

2 大小2つの振り子を使って，地盤と建物の共振を説明せよ．

3 竹ひご4本，消しゴム4つ，輪ゴム4本を用意して，高層建物と低層建物の固有周期の違い，重い建物と軽い建物の固有周期の違い，堅い建物と柔らかい建物の固有周期の違い，1階建てと2階建ての固有周期の違い，2階建て建物の2つの固有モードの存在について説明せよ．

4 大きな船と小さな船を利用して，地盤と構造物との動的相互作用について説明せよ．

5 直方体の物体を考える．その高さ$2h$と幅$2b$を考え，直方体と床の間の摩擦係数をμとする．強い揺れを受けたとき，この物体が転倒するか滑るかの判定条件を示せ．

Earthquake Engineering

第II部　耐震工学の基礎

第I部で概観した地震による建物の挙動や被害について，第II部では基礎理論をまとめ，耐震設計につながる流れを理解する。まず建物の振動の本質をとらえたモデル化を考え，続いて1自由度系の振動方程式の扱いと基本的な振動現象，多自由度系の振動への拡張，そして現在の耐震設計の基本的事項を説明する。

第6章 構造物とモデリング

実際の建物の振動をそのままモデル化して扱うことは，複雑で難しいばかりでなく，さまざまな影響のうちどれが大切な特性なのかわかりにくくなる。実現象の本質を適切に表現し，その特性を分析して建物の構造設計に用いるためには，現象の重要な性質は保ったままできるだけ簡単な物理モデルに置き換え，さらにそれを表現できる数学モデルを構築し，解けるようにする必要がある。建物の振動の本質は，最も簡単には1つの質点とばねによる1自由度系，あるいはその延長の多質点系で表現できることが多い。

6.1　モデル化＝現象の抽象化・単純化

　地震による構造物と地盤の揺れはさまざまな条件に影響されていて，大変複雑なものである。現在では複雑な実物を極力忠実にモデル化し，実際的な条件のもとで解を求めることもできるようになりつつある。このようなモデルによれば，建物全体の挙動から個々の部材にかかる力，さらに部材がその力に耐えて安全が保たれるかを評価できる可能性がある。一方でモデルが複雑になるほど，現実の構造物との対応が厳しく求められる。構造物を作るときの精度や材料のばらつきの影響も無視できない。

　一般的には，構造物をそのまま扱うことは複雑すぎるため，耐震設計や現象の分析・予測を行う場合には，実際の振動現象を表現できる**物理モデル**に置き換え（抽象化），さらに単純化して**数学モデル**で表現して解くことが行われている。

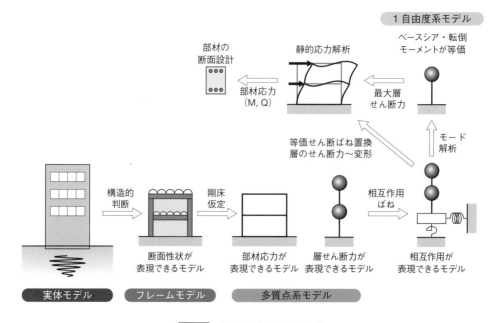

図6.1　構造物のモデリング

図6.1に示すように，実際の建物の主な柱や梁の形を保った**フレームモデル**であれば，柱や梁に働く力を表現できる。さらに各階の床が水平面内で変形しないと仮定（**剛床仮定**）すれば，質量の大きな床の部分とそれをつなぐ層の部分に分けて**多質点系モデル**に置換できる。地盤の影響が大きい場合は，それを表現する**相互作用ばね**を多質点系モデルの下に付け加える。多質点系モデルでは各階の揺れや，それによる各層の水平力は表現されるが，部材1本1本に働く力は求められない。多質点系の揺れ方のうち最も影響が大きい1次モードのみを考えれば，単純な**1質点系モデル**（**1自由度系モデル**）で表現できる場合がある。1自由度系は簡単な振動方程式で表現でき，その挙動は数学的に，あるいは数値解析により計算できる。多質点系は条件によっては複数の1自由度系の重ね合わせで解を求められる。

このように，モデルが元の建物と似ていなくても，物理的に大切な特性が保たれていれば，そのモデルにより実物の建物の挙動を適切に表現することができる。また単純なモデルで建物の全体的な挙動を求めてから，細部に働く力を求めて，構造が安全に保たれるよう設計することもできる。このようなモデル化は建物や外力の状況，解析の目的，必要な精度などによっても異なり，適切な工学的判断が重要となる。

6.2　単純な振動モデルで表現できる構造物

構造物によっては，主要な揺れの特性が構造物の代表点の挙動で十分表現できる場合がある。構造物の質量は自重や積載物を含めてほとんどが床に集中しているので，床位置に質点を仮定する。水平方向の変形について考えると，床は水平方向には剛でほとんど変形しない（剛床仮定）ため，水平剛性は柱のような変形しやすい部分で決まる。したがって，1層1スパンの構造物ならば図6.2(a)のように1自由度系のモデルで考えることができる。ここでmは質量，kは剛性，cは減衰を表し，詳しくは第7章で説明する。水平方向の振動を考える1自由度系は（b）のモデルでも表せ，さらに（c）のように簡略表現できる。（c）は形状から一般に**倒立振り子**とよばれ，最も簡易な建物モデルの表現として多用される。（d）も1自由度系のモデルであり，機械分野でよく用いられる表現である。

図6.3に1自由度系で表現できる構造物の例を示す。(a)のテーブルのような構造物は，水平の各方向について図6.2(a)と同じであり，1自由度系で表現できる。(b)の構造物は，壁に直交する方向には1自由度系で表現できるが，壁と平行の方向は変形しにくくなる。(c)の構造物は2方向とも壁が多くて変形しにくいが，もし地盤が建物より柔らかければ地盤の変形が主となり，地盤をばねにした1自由度系に近似できる。(d)の免震構造も，基礎免震層が建物より柔らかいため免震層の変形が主となり，ばねに置換できる。一方，右の高層ビルや塔のような構造物は柔構造になり，多数の高次モードをもつが，そのうち1次モードの寄与が大きい場合には1自由度に置換しやすい。

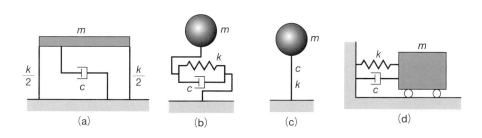

図6.2　1自由度系のモデル

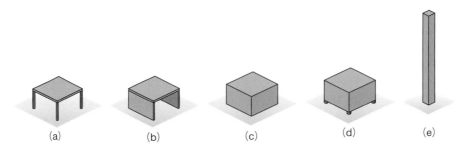

図6.3 1自由度系にモデル化できる構造物

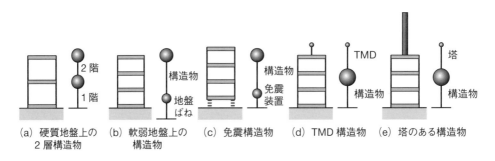

図6.4 2自由度系にモデル化できる構造物

　同じように考えて，2自由度系に置換できる例を**図6.4**に示す（詳しくは第8章で扱う）。(a) 硬質地盤上の2階建ての構造物は1階と2階の2自由度系でモデル化できる。同様に，10階建てなら10自由度系になる場合が多い。(b) 軟弱地盤上の建物，(c) 免震建物については，上部建物を1自由度系で考慮すれば簡略には2自由度系でモデル化できる。(d) のTMD（Tuned Mass Damper）は，本体構造物と同じ固有周期をもつ小さな振動系を上部において振動を抑えるしくみであり，やはり2自由度系でモデル化できる。(e) は主構造と屋上突出物を2自由度系でモデル化している。

 〈耐震要素のモデル化〉

　構造物を1自由度，あるいは多自由度モデルに置換する場合に，柱や壁の剛性を求める必要がある。簡単な構造力学の知識で求められるので，具体的な値を比較して確かめてみよう。

　床は剛で変形しないとすれば，**図6.a**に示すように柱の両端の回転が拘束される。長さl，断面二次モーメントIの両端固定柱に水平力Pが作用する場合の水平変形は$\delta_{Hc} = Pl^3/12EI$となる。一辺がbの正方形断面とすれば$I = b^4/12$であるから，この柱の水平剛性k_{Hc}は次式となる。

$$k_{Hc} = \frac{12EI}{l^3} = \frac{Eb^4}{l^3} \tag{1}$$

　したがって，太く短い柱ほど剛性が高い。実際の構造物では**図6.b**のように柱に**腰壁**，**垂壁**がついているため，柱の変形範囲は短くなる（これを**短柱**という）。また**袖壁**があれば断面二次モーメントも大きくなる。これらの壁がなくても，柱と梁の接合部分は剛性が大きいため，柱の両端の一定範囲を変形しないとしてモデル化することが好ましい（これを**剛域**という）。これらの影響を考慮しないと，柱の剛性を過小評価することになる。

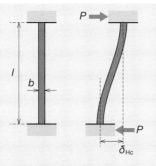
図6.a 柱の変形

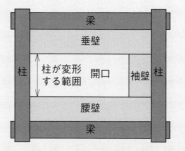
図6.b 実際の構造物の柱

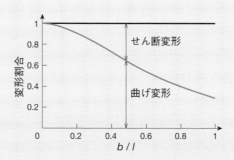
図6.c 柱の曲げ変形とせん断変形の割合

　壁については，厚さt，幅a，高さlの壁の面の平行方向（面内）と直交方向（面外）の水平剛性k_{Hw}とk_{Hwb}は次式となる。

$$k_{Hw} = \frac{GA}{l} = \frac{Eat}{2(1+\nu)l} \tag{2}$$

$$k_{Hwb} = \frac{12EI}{l^3} = \frac{Eat^3}{l^3} \tag{3}$$

式(2)はせん断変形，式(3)は式(1)と同じく曲げ変形を考慮したものである。柱と壁の寸法を$b=0.6$ m，$l=3$ m，$a=6$ m，$t=0.2$ m，鉄筋コンクリートのヤング係数$E=21$ GPa，ポアソン比$\nu=1/6$，せん断弾性係数$G=9$ GPaとすれば，$k_{Hc}=101$ MN/m，$k_{Hw}=3,600$ MN/m，$k_{Hwb}=37$ MN/mとなり，壁の面内剛性は柱の約36倍になる。また壁の面外剛性は面内剛性の約1/100と極めて小さい。曲げ変形が主となる柱に比べて，壁の面内方向はせん断変形が主となり剛性が高いため，ラーメン構造より壁が多い構造のほうが，水平剛性が高く変形が小さい。一方で平面で壁の配置が偏ると，**偏心率**（第9章で扱う）が大きくねじれやすい建物となり，剛性は高くても耐震性は低下するので注意が必要である。

　柱が細長い場合は曲げ変形が主となるが，太く短くなるとせん断変形の影響も大きくなる。長さl，$b \times b$の正方形断面の柱（断面二次モーメント$I = b^4/12$，断面積$A = b^2$）について，曲げ変形とせん断変形を考えると

$$\delta_{Hc} = \frac{Pl^3}{12EI} + \frac{Pl}{GA} = \frac{Pl^3}{Eb^4} + \frac{2(1+\nu)Pl}{Eb^2} = \frac{Pl^3}{Eb^4}\left\{1 + 2(1+\nu)\left(\frac{b}{l}\right)^2\right\} \tag{4}$$

となる。これより，曲げ変形とせん断変形の比率をb/lについて図示すると**図6.c**となる。b/lが大，すなわち太くて短い柱ほどせん断変形の影響が大きくなり，曲げ変形のみを考慮して柱をモデル化

すると変形を過小評価，剛性を過大評価することになる。

建物のある層に層せん断力が作用する場合，剛床仮定により層のすべての柱や壁の変形が一定とすれば，剛性に比例して大きな力を分担する。鉄筋コンクリートでは，剛性の高い壁や短柱がせん断破壊すると脆性的な（急激に破壊が進む）性質を示すので，壁には十分な強度をもたせるとともに，b/l が 0.5 を上回るような短柱は避けるようにしている。上で述べた腰壁・垂壁や袖壁の影響，剛域の扱いなどを考慮しないと剛性を過小評価することになり，分担する力も過小評価になる点にも注意が必要である。

6.3 単純な振動モデルで表現できない現象

6.3.1 立体的な振動

ここまで見てきたように，重要な現象を見落とさず，その影響を適切にとらえるモデル化は，建物の振動の評価や設計において重要である。建物の性質によっては，多質点系のモデルが適切ではない場合もある。建物の振動を1方向ごとに独立な挙動と考え，剛床仮定により平面内の柱は同じ変形とみなして層剛性を評価し，質点系でモデル化するためには，建物が整った形状である必要がある。逆に平面や立面で不整形な建物や吹き抜けがある場合などは，ねじれや床変形などの立体的な振動が無視できず，単純なモデル化が容易でない場合もある。

図6.5は平面形状に特徴がある建物の振動計測の例である。当初は上から見てL型であったが，増築によりコ型の対称形に変化した。構造・階数ともに変化していないので，主に平面形状の影響を比較していることになる。増築前後で1次固有振動数はほとんど変化がないが，振動の形状（モード）は変化しており，増築前は非対称形状でねじれの影響が大きいことがわかる。このような建物では，1方向の振動を想定した多質点系のモデル化では2方向の振動の関係やねじれ振動の影響が表現できず，建物の各部に働く力を十分に考慮できない可能性がある。

上下方向の振動も一般的なモデルでは考慮されない。通常の中低層建物では上下方向の固有振動数は 10 Hz 以上となるため，地震応答では無視しても問題は少ない。しかし，超高層建物や免震建物な

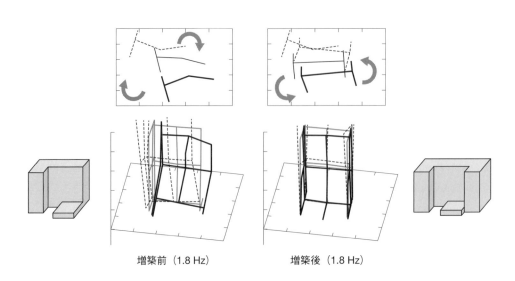

増築前（1.8 Hz）　　　増築後（1.8 Hz）

図6.5 不整形な平面をもつ建物の増築前後の振動特性（常時微動計測による）

どでは，長周期化によって水平方向の応答が抑制されることから，相対的に上下動の影響が大きくなる。高層建物では上下動の固有振動数が数Hzとなり，上下応答が増幅しやすい傾向がある。また鉄骨大スパン梁を採用した建物やロングスパンの床では上下動の固有振動数が低くなり，上下応答の増幅が無視できないことがある（Note 6.2参照）。

6.3.2 地盤と構造物との動的相互作用

建物と地盤の動的相互作用は，適切にモデル化することが難しい現象である。地盤は建物を支えるばねの役割と，地下に振動エネルギーを逸散させる減衰の役割がある。簡単には図6.1右下のように，地盤の影響をばねやダッシュポットに置き換えて構造物の多質点系モデルに付け加える方法がある（**スウェイ・ロッキングモデル**，第8章で扱う）。しかし，このばねやダッシュポットの特性は，基礎の形状や形式（直接基礎と杭基礎），根入れの有無，地盤の性質などによって大きく異なる。また水平方向，上下方向，ねじれ（上から見た回転），ロッキング（横から見た回転）など方向によっても違う特性がある。7.3節で述べる周波数応答解析では，減衰の影響を振動数に依存する特性を用いて複素数のばねで表現している。地盤は遠方まで無限に続いており，場所による不均質も大きいため，このようなばねを適切に求めることは容易ではない。

このように上部構造の応答に対する地盤の影響を地盤ばねにより表現しても，基礎構造そのものの応答や作用する地震力は計算できない。たとえば，杭基礎に働く力を考慮するために**図6.6**のようなモデルを使うことがある。計算は比較的容易だが，地盤の場所によるばねの設定などで結果が大きく異なるため，適切なモデル化の判断は難しい。さらに，有限要素法（FEM）などによる詳細なモデル化も可能であり，目的に応じて解析方法が選択される。

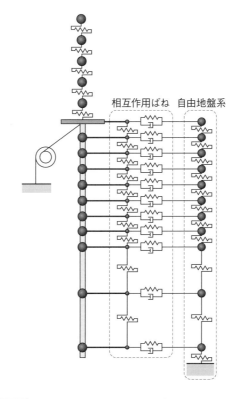

図6.6 杭基礎のモデル化の例（Penzienモデル）

6.3.3 非線形・弾塑性の影響

構造物や地盤の材料は，変形が小さいときには線形・弾性となる場合が多いが，大地震時のように変形が大きくなると非線形・弾塑性になる。この特性は，材料の性質に加えて，部材や構造物全体の挙動にも起因する。たとえば鉄筋コンクリートでは，鉄筋とコンクリートの付着やクラックの発生など，鉄骨造では部分的な塑性化や接合部の損傷が部材や構造物の非線形性に影響する。免震構造物ではダンパーが非線形・弾塑性特性を示し，建物全体の応答に対する減衰として機能している。また，地盤は小振幅から非線形特性を示し，とくに軟弱地盤では振幅が大きくなるに従い強い非線形性をもつ。条件によっては液状化のような特殊な非線形特性を示す場合もある。さらに，建物と地盤の間は通常は密着しているが，強い地震動により剥離や浮き上がりを生じる場合もある。強い地震動による建物の応答や安全性を確認するためには，これらの非線形特性を適切にモデル化して評価する必要がある。

非線形・弾塑性の影響を考慮するためには，振動の振幅に応じて変化する材料特性を時間経過に従って計算することになる（詳しくは7.5節で扱う）。一方，簡単に考慮する方法として等価線形化法がある（**図6.7**）。これは，非線形・弾塑性の特性として振幅が大きくなるに従って剛性が低く，弾塑性履歴の面積が増えることを考慮して，振幅ごとに等価な剛性と減衰を定めて線形モデルによる計算を繰り返す方法である。等価線形化法は振幅が大きく，また応答が非定常になると精度が下がる傾向があるが，計算が容易なため目的に応じて使用される。

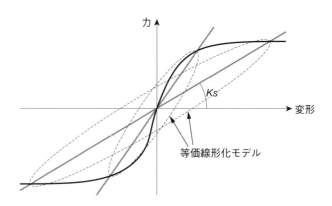

図6.7 等価線形化による弾塑性特性の考慮

〈上下振動のモデル化〉

構造物の水平方向の剛性は，主に柱や壁などの鉛直部材の曲げ剛性あるいはせん断剛性で決まる。一方，上下方向の剛性は鉛直部材の軸剛性に左右される。細長い柱について，長さl，断面は$b \times b$の正方形，ヤング係数Eとすれば，曲げ剛性は$k_{Hc} = Eb^4/l^3$，軸剛性は$k_{Vc} = EA/l = Eb^2/l$，したがって$k_{Vc}/k_{Hc} = (l/b)^2$となり，軸剛性のほうがはるかに大きいことがわかる（たとえば$l/b = 5$であれば25倍になる）。

図6.d(a) の1スパンの構造物（奥行方向にも1スパンで柱4本）について，水平・上下方向の固有振動数は以下となる。

$$f_H = \frac{1}{2\pi}\sqrt{\frac{4k_{Hc}}{m}} = \frac{1}{2\pi}\sqrt{\frac{4Eb^4}{ml^3}} \tag{1}$$

$$f_V = \frac{1}{2\pi}\sqrt{\frac{4k_{Vc}}{m}} = \frac{1}{2\pi}\sqrt{\frac{4Eb^2}{ml}} \tag{2}$$

式(2)では上下振動は柱の伸縮のみを対象としており,質量は図6.d(b) のように柱頭に集中していると考える。柱の寸法を $b = 0.6$ m, $l = 3$ m, スパン $a = 6$ m, 鉄筋コンクリートのヤング係数 $E = 21$ GPa, 鉄筋コンクリート建物の床面積あたりの平均重量を12 kN/m² (約1.2 tf/m²) とすれば,6×6 mの床の重量は430 kNとなり,これらを式(1)(2)に代入すると,$f_H \approx 15.3$ Hz, $f_V \approx 76.3$ Hzとなる。固有振動数は剛性の平方根に比例するので,上下と水平の剛性の比 $k_{Vc}/k_{Hc} = (l/b)^2 = 25$ からも,上下と水平の固有振動数の5倍の差が確認できる。実際には床は上下方向には一体で振動しないので,等価質量は小さくなり,固有振動数の差はさらに大きくなる。このように,構造物の上下方向の固有振動数は一般に水平方向よりかなり高くなるため,通常は上下方向の応答増幅は考慮しない。

一方,床の上の歩行など上部への加振力がある場合は,図6.d(c) のように,床の上下方向の曲げ変形を考慮する必要がある。実際の構造物では床は2方向に面的に変形し,梁の曲げ剛性も加わるが,簡単のために両端固定の板状の床版 (6 m×6 m, 厚さ $t = 0.2$ m) が1方向のみにたわむと考えると,$k_{Vs} = 12EI/a^3 = Et^3/a^2$ となり,床の上下の固有振動数は $f_{Vs} \approx 1.6$ Hzとなる。周囲4辺を拘束された床の剛性は1方向のたわみの場合より大きく,床の上下振動は中央が大きいことを考慮すれば床の等価質量は小さくなる。これらの影響により実際の k/m がモデルの2～3倍になるとしても,床の上下振動の固有振動数は2～3 Hz程度であり,図6.d(b) の柱剛性を考慮した場合の70 Hz以上と比べて数十分の1となる。

このように,考慮すべき現象に応じてモデルも異なり,結果として振動特性が大きく異なることに注意が必要である。

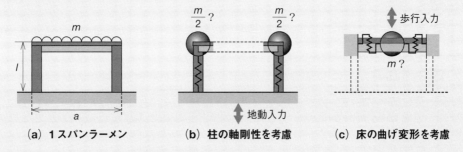

(a) 1スパンラーメン　　(b) 柱の軸剛性を考慮　　(c) 床の曲げ変形を考慮

図6.d 1スパンラーメンの上下振動

〈演習問題〉

1 身近にある建物の特徴を観察し，振動モデルを構築するときに留意すべき点を考えよ。1自由度系や多質点系で十分に表現できそうな建物，逆に複雑な特性を考慮する必要がありそうな建物などに注目せよ。

2 身近にある鉄筋コンクリート造建物を観察し，梁，柱，垂壁，腰壁，袖壁などを確認せよ。また，鉄骨造の建物で，同様に構造躯体が表れているか観察せよ。

3 右図の構造物のX方向およびY方向の水平剛性を求めよ。なお，梁および床は十分な曲げ剛性をもっていて変形しないものとし，柱は曲げ変形のみとして，柱と梁の接合部は変形しないと考える（柱の変形する部分は$480-80=400$ cm）。壁の面内はせん断変形のみとして，壁の面外の剛性は無視してよい。

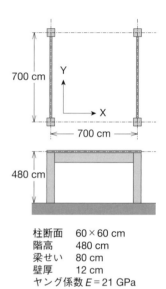

柱断面　　60×60 cm
階高　　　480 cm
梁せい　　80 cm
壁厚　　　12 cm
ヤング係数 $E = 21$ GPa
せん断弾性係数 $G = 9$ GPa

4 演習問題3で扱った構造物の上下振動について，柱の軸剛性を考慮した場合と，床の曲げ剛性を考慮した場合の固有振動数を求めて差を確かめよ。なお，鉄筋コンクリート建物の床面積あたりの平均重量を12 kN/m^2（約1.2 tf/m^2），床スラブの厚さを20 cmとして1方向曲げと考え，小梁の曲げ剛性は無視してよい。

第7章 1自由度系の振動

振動問題の性質は，最も基本的な1自由度系でまず理解するのがよい。これは，振動の重要な性質を把握するためだけでなく，ほぼ1自由度系で表現できる建物が多いこと，多質点系でも複数の1自由度の振動方程式の解の重ね合わせで表現できることなどの理由による。振動を表現するための運動方程式は時間に対する2階の常微分方程式なので，その解を求めることは微分方程式を解くことにあたる。この点に留意して，自由振動，定常振動，過渡応答の解の特性をまとめるとともに，微分方程式の実際的な解法として，フーリエ変換による周波数応答解析と数値積分法について説明する。最後に，建物の実際的な振動を扱う際に必須となる非線形，弾塑性応答の扱いについて述べる。

7.1 1自由度系の振動方程式と解

7.1.1 振動方程式

(1) 質点の力のつり合い

1自由度系の表現は図6.2で示したように多様であるが，倒立振り子で表現することが多い。**質量** m の質点が水平方向の**剛性** k のばねと**粘性減衰係数** c のダッシュポットで支えられている1自由度の**倒立振り子**モデルについて，質点の水平方向変位 $x(t)$ が生じる状態を考える（**図7.1**）。

この質点の運動に伴って発生する力について，水平方向に加わる**慣性力** $m\ddot{x}(t)$，**粘性減衰力** $c\dot{x}(t)$，**復元力** $kx(t)$ と水平方向の外力 $P(t)$ のつり合いから，以下の1自由度系の**振動方程式**が得られる。

$$m\ddot{x}(t) + c\dot{x}(t) + kx(t) = P(t) \tag{7.1}$$

ここで，$\ddot{x}(t) = d^2x(t)/dt^2$, $\dot{x}(t) = dx(t)/dt$ である。減衰力，復元力は速度，変位とは逆向きであり，慣性力は**ダランベールの原理**[*1] にもとづいて加速度とは逆向きに作用する。式(7.1) は，風などによ

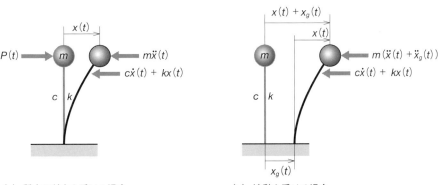

(a) 質点に外力を受ける場合　　(b) 地動を受ける場合

図7.1 1自由度系の振動に伴う座標系と質点の力のつり合い

り構造物に外力が働く場合に相当する。地震により構造物が振動する場合は，地動変位$x_g(t)$に対して構造物と地盤の相対変位$x(t)$が生じ，絶対変位＝地動変位＋相対変位となる。慣性力は絶対加速度$\ddot{x}(t)+\ddot{x}_g(t)$に比例し，変形に伴う減衰力は相対速度に比例し，復元力は相対変位（変形）に比例するので，振動方程式は以下になる[*2]。

$$m\ddot{x}(t) + c\dot{x}(t) + kx(t) = -m\ddot{x}_g(t) \tag{7.2}$$

式(7.2) 右辺は地動による等価な外力と考えることができる。振動方程式の特別な場合として，外力を受けない**自由振動**の方程式は以下となる。

$$m\ddot{x}(t) + c\dot{x}(t) + kx(t) = 0 \tag{7.3}$$

これらの振動方程式は，線形弾性の復元力と粘性減衰力を仮定している。実際の建物では，質量は材料と形状から高い精度で設定できる。剛性も材料定数などから推定できるが，変形が小さい範囲を除いて振幅により変化し，変位-力関係が非線形となって，ループ状の**弾塑性復元力特性**をもつ。

（2）構造物の減衰

減衰は名前の通り振動エネルギーを消費し，揺れを減らす現象で，その原因やエネルギー消費を生じる場所によって**表7.1**のように整理される。**内部減衰**は建物内部や地盤内で生じるエネルギー消費であり，建物の変形（ひずみ）に対応する相対変位で表現される。構造物の弾塑性復元力特性によるエネルギー吸収や免震・制振建物などで用いられるダンパーも含まれる。**外部減衰**は建物を取り巻く地盤，水，空気などとの関係で生じるものであり，地盤と構造物との動的相互作用による逸散減衰や，高層建物の風による空力減衰などが対応する。十分な精度が必要な設計ではこれらのメカニズムを直接モデル化して扱うこともあるが，実状はモデル化が容易ではないため，一般建物の設計では経験的な値により粘性減衰として簡易に設定する場合が多い。

表7.1 建物の減衰の分類

原因	内部減衰（建物内のエネルギー消費）		外部減衰（建物と周辺との間のエネルギー消費）		
	固体	液体・気体	固体-固体	固体-液体	固体-気体
摩擦抵抗	内部摩擦減衰		外部摩擦減衰		
粘性抵抗		内部粘性減衰		外部粘性減衰	
逸散・相互作用			地下逸散減衰	流力減衰	空力減衰
塑性化	塑性履歴減衰				

7.1.2 振動方程式の解

（1）振動方程式の解

先に導出した1自由度系の振動方程式は2階線形常微分方程式である。式(7.1)，(7.2)のように右辺が0でない場合を**非斉次微分方程式**，式(7.3)のように右辺が0の場合を**斉次微分方程式**とよぶ。非斉次微分方程式の解は，斉次微分方程式の一般解（**斉次解**または**余解**とよぶ）と，非斉次微分方程式の

[*1]：質量×加速度の逆向きの力を形式的に考えることで，動的な問題を静的な力のつり合いで表現できること。
[*2]：変位と変形の違いに注意。慣性力に関係する加速度は変位，復元力は変形に依存する。同様に外部減衰は変位速度，内部減衰は変形速度に依存する。

解（**非斉次解**または**特解**とよぶ）の和で表現できる．振動方程式で考えれば，一般の応答は，外力が作用しない場合の自由振動（余解）と定常調和応答（特解）の重ね合わせで求められる．ここではまず，自由振動と定常調和応答について振動方程式の解を検討する．

（2）自由振動の解

1自由度系の基本特性として，**固有円振動数**[*3]ω，**固有振動数**f，**固有周期**T，そして**減衰定数**hを以下のように定義する．

$$\omega = \sqrt{\frac{k}{m}} = 2\pi f = \frac{2\pi}{T}, \quad h = \frac{c}{2m\omega} \tag{7.4}$$

これらを用いて，自由振動の方程式(7.3) を以下のように書きなおすことができる．

$$\ddot{x}(t) + 2h\omega \dot{x}(t) + \omega^2 x(t) = 0 \tag{7.5}$$

式(7.5) の解として$x(t) = Ae^{\lambda t}$を仮定して代入すれば，$\lambda^2 + 2h\omega\lambda + \omega^2 = 0$が得られるので，$h<1$ならば$\lambda = \pm i\sqrt{1-h^2}\,\omega - h\omega$となり，式(7.5) の解は以下になる．

$$x(t) = e^{-h\omega t}(ae^{i\sqrt{1-h^2}\,\omega t} + be^{-i\sqrt{1-h^2}\,\omega t}) \tag{7.6}$$

この解は2つの未定定数a, bを含むので，時刻$t=0$における変位と速度の値d_0, v_0を用いて次式となる[*4]．

$$h<1 のとき：x(t) = e^{-h\omega t}\left(d_0 \cos\sqrt{1-h^2}\,\omega t + \frac{v_0 + h\omega d_0}{\sqrt{1-h^2}\,\omega}\sin\sqrt{1-h^2}\,\omega t\right) \tag{7.7}$$

式の形から，$h<1$の場合の減衰自由振動では，**減衰固有円振動数**$\omega_d = \sqrt{1-h^2}\,\omega$，あるいは**減衰固有周期**$T_d = T/\sqrt{1-h^2}$で振動しながら，減衰に応じた指数関数$e^{-h\omega t}$で振幅が減少していくことがわかる．式(7.7)で$h=0$の場合は**非減衰自由振動**となり，初期振幅を保ったまま固有振動数ωで振動し続ける．

$h>1$（**過減衰**）と$h=1$（**臨界減衰**）の場合は以下となり，振動せずに中立点へ漸近する応答となる．

$$h>1 のとき：x(t) = e^{-h\omega t}\left(d_0 \cosh\sqrt{h^2-1}\,\omega t + \frac{v_0 + h\omega d_0}{\sqrt{h^2-1}\,\omega}\sinh\sqrt{h^2-1}\,\omega t\right) \tag{7.8}$$

$$h=1 のとき：x(t) = e^{-\omega t}\{d_0 + (d_0\omega + v_0)t\} \tag{7.9}$$

以上の減衰自由振動の波形を**図7.2**(a) に示す．$h<1$の場合，自由振動波形の隣り合う1周期ごとの振幅の比は式(7.7) から

$$\frac{x_i}{x_{i+1}} = e^{2\pi h/\sqrt{1-h^2}} \tag{7.10}$$

となり，減衰定数hだけに依存するから，自由振動波形の隣り合う極大値からx_i/x_{i+1}を読み取り（図7.2(b)），以下のように減衰定数を推定することができる．とくに減衰定数が小さいときは式の後半のように簡易な形で表せる．

$$h = \frac{1}{2\pi}\ln\frac{x_i}{x_{i+1}}\frac{1}{\sqrt{1+\left(\frac{1}{2\pi}\ln\frac{x_i}{x_{i+1}}\right)^2}} \approx \frac{1}{2\pi}\ln\frac{x_i}{x_{i+1}} \approx \frac{1}{2\pi}\left(\frac{x_i}{x_{i+1}} - 1\right) \quad (h \ll 1) \tag{7.11}$$

[*3]：円振動数は角振動数と同じ．建築物の振動の分野では，円振動数を使うことが多い．第Ⅲ部では角振動数を用いている．

[*4]：オイラーの公式$e^{ix} = \cos x + i\sin x$から，$\cos x = \dfrac{e^{ix} + e^{-ix}}{2}$, $\sin x = \dfrac{e^{ix} - e^{-ix}}{2i}$が導かれる．これを用いて導出する．

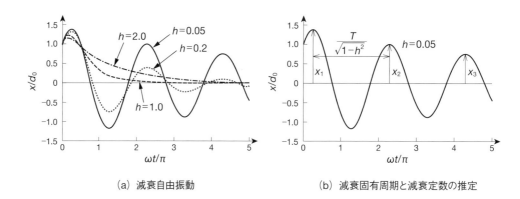

(a) 減衰自由振動　　　　　　　　(b) 減衰固有周期と減衰定数の推定

図7.2　自由振動

（3）調和外力に対する定常応答と共振曲線

式(7.1)について，$P(t)$が**調和外力**である場合の解を求める。調和外力とは，$P(t) = P_0 \cos pt$（pは外力の円振動数）で表される力である。このとき，振動方程式(7.1)は以下のようになる。

$$\ddot{x}(t) + 2h\omega\dot{x}(t) + \omega^2 x(t) = \frac{P_0}{m}\cos pt \tag{7.12}$$

式(7.12)の1つの解を$x(t) = Ax_s \cos(pt - \theta)$と仮定し代入して整理すると[*1]，

$$A = \frac{1}{\sqrt{\{1-(p/\omega)^2\}^2 + 4h^2(p/\omega)^2}}, \quad \theta = \tan^{-1}\frac{2h(p/\omega)}{1-(p/\omega)^2} \tag{7.13}$$

となる。ここで，$x_s = P_0/k$は**静的変位**，Aは**動的応答倍率**，θは**位相角**である。調和外力の円振動数pと固有円振動数との比p/ωに対して動的応答倍率Aをプロットした図を**共振曲線**という（**図7.3**）。共振曲線は$p/\omega = \sqrt{1-2h^2}$でピークとなり，最大値は$1/2h\sqrt{1-h^2}$となる。すなわち，減衰定数hが小さい場合は，調和外力の円振動数が1自由度系の固有円振動数にほぼ等しいときに動的応答倍率が最大となる。このことを**共振**とよぶ。また動的応答倍率の最大値は$1/2h$にほぼ等しく，減衰が小さいほど大きくなる。位相角は$p/\omega = 1$で$\pi/2 = 90°$となる。これは応答の速度が最大となる変位の中立点で，外力が最大値となり，質点の運動を加速する状況であることを示している。

建物の**強制加振実験**において，調和加振力を発生する起振器を建物内に設置し，加振振動数を変化させながら応答を計測することで共振曲線を求めることができる。ここで，得られた共振曲線から固有振動数と減衰定数を推定する方法を考える。減衰固有振動数は共振曲線がピークとなる振動数を読めばよいが，図7.3(a)からわかるように，減衰定数が大きい場合（0.3〜0.4以上）ではピークが低くなだらかになるため，振動数の読み取りの精度が低くなる。減衰定数の推定は以下の3通りがよく用いられる。

（1）1/2h法：式(7.13)から$A(p/\omega = 1) = 1/2h$であり，減衰が小さい場合はほぼ$p/\omega = 1$で共振曲線がピークとなるので，共振曲線のピーク高さ$= 1/2h$から減衰定数を求める。

（2）$1/\sqrt{2}$法：共振曲線のピーク高さの$1\sqrt{2}$に対するピーク幅（振動数p/ωの幅）が，減衰が小さい場合は$2h$にほぼ等しいことから減衰定数を求める。共振曲線のピーク高さA_{max}は，式

[*1]：三角関数の合成の公式 $A\cos x + B\sin x = \sqrt{A^2 + B^2}\cos\left(x - \tan^{-1}\frac{B}{A}\right)$ を用いる。

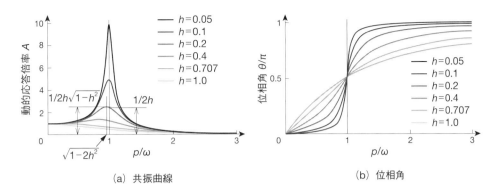

(a) 共振曲線 (b) 位相角

図7.3　共振曲線

(7.13) に $p/\omega = \sqrt{1-2h^2}$ を代入して $A_{\max} = 1/2h\sqrt{1-h^2}$ となるので，$p/\omega = \bar{p}$ とおけば

$$\frac{1}{\sqrt{2}} A_{\max} = \frac{1}{2\sqrt{2}\,h\sqrt{1-h^2}} = \frac{1}{\sqrt{(1-\bar{p}^2)^2 + 4h^2\bar{p}^2}} \tag{7.14}$$

となる．これより $\bar{p}^2 = 1 - 2h^2 \pm 2h\sqrt{1-h^2}$ となり，h が小さければ $\bar{p} \approx 1 - h^2 \pm h\sqrt{1-h^2}$，したがって2つの解の差は $2h\sqrt{1-h^2} \approx 2h$ となる．

(3) 位相勾配法：式(7.13) から θ の $p/\omega = 1$ における傾きが $1/h$ に等しいことを用いる．共振曲線の位相は式(7.13) から $\theta = \tan^{-1}\dfrac{2h\bar{p}}{1-\bar{p}^2}$ となり，したがって傾きは，

$$\frac{d\theta}{d\bar{p}} = \frac{2h(1+\bar{p}^2)}{(1-\bar{p}^2)^2 + 4h^2\bar{p}^2} \tag{7.15}$$

となる．これより，$\bar{p} = 1$ のとき $\dfrac{d\theta}{d\bar{p}} = \dfrac{1}{h}$ が導かれる．

これらの手法はいずれも共振曲線の特定の点のみを使っているので，実験や図の読み取りの精度に影響されやすい．より正確な推定のためには，理論式による共振曲線全体が実験結果に最も合うように，最小二乗法で固有振動数と減衰定数を推定する手法が用いられる．

（4）調和地動に対する定常応答

式(7.2) について，調和地動 $x_g(t) = x_0 \cos pt$ を受ける場合は，

$$\ddot{x}(t) + 2h\omega \dot{x}(t) + \omega^2 x(t) = x_0 p^2 \cos pt \tag{7.16}$$

となり，この式の特解を $x(t) = Ax_0 \cos(pt - \theta)$ と仮定し代入して整理すると，地動変位に対する**相対変位応答**は p/ω の関数として以下のように求められる．

$$A = \left|\frac{x(t)}{x_g(t)}\right| = \frac{(p/\omega)^2}{\sqrt{\{1-(p/\omega)^2\}^2 + 4h^2(p/\omega)^2}}, \quad \theta = \tan^{-1}\frac{2h(p/\omega)}{1-(p/\omega)^2} \tag{7.17}$$

また，地動の加速度に対する**絶対加速度応答**は以下となる．

$$\left|\frac{\ddot{x}(t) + \ddot{x}_g(t)}{\ddot{x}_g(t)}\right| = \frac{\sqrt{1+4h^2(p/\omega)^2}}{\sqrt{\{1-(p/\omega)^2\}^2 + 4h^2(p/\omega)^2}}, \quad \theta' = \tan^{-1}\frac{2h(p/\omega)^3}{1-(1-4h^2)(p/\omega)^2} \tag{7.18}$$

図7.4にこれらの関数を示す．相対変位では応答倍率が高い振動数で1に漸近し，位相は $p/\omega = 1$ で $\pi/2 = 90°$ となる．振り子を揺する問題（第5章参照）を考えると，ゆっくり揺すると $p/\omega \ll 1$ の場合になり，手と振り子は一緒に動き，同位相で相対変位は0になる．一方，素早く揺すると $p/\omega \gg 1$ とな

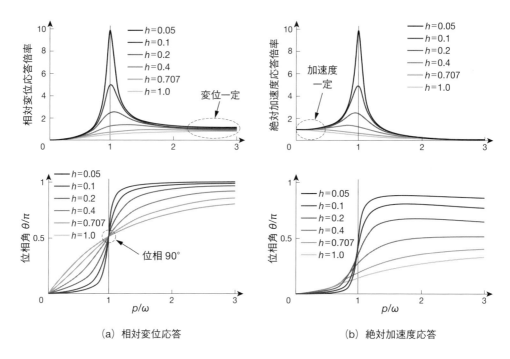

(a) 相対変位応答   (b) 絶対加速度応答

図7.4 地動入力の応答倍率

り，振り子は静止して手だけが動くが，相対変位で見れば振幅は1で位相が逆（$\pi = 180°$）となる。振り子の固有振動数に近い振動数$p/\omega = 1$で揺すれば，位相は90°となり，中立点で速度が最大のときに力が最大になるため，さらに加速して揺れがどんどん大きくなる。

一方，絶対加速度応答では，応答倍率は低振動数で1に漸近し，高振動数では0となる。位相は減衰定数が大きいと$p/\omega = 1$で$\pi/2$にはならず，共振曲線とは異なることに注意が必要である。

建物で考えれば，地震動の振動数が建物の固有振動数に近い場合には，共振のため建物の応答は大きくなり，減衰が小さいほど共振による増幅も大きくなる。**免震建物**や**超高層建物**では地震動の振動数pに比べて固有振動数ωが一般に低い（固有周期が長い）ので，相対変位は地動と逆位相で大きさがほぼ等しく，絶対加速度は小さく空間的に静止に近い状態になり，建物や室内に作用する慣性力も小さくなる。なお，建物の地震時の挙動を加速度計で計測すると絶対加速度となるので，建物の上部と1階の観測データの比（伝達関数）から固有振動数や減衰定数を推定する場合は，図7.4(b)の特徴（とくにピークに対応する位相角が90°にならないこと）を理解しておく必要がある。

〈地震計の原理〉

振動を計測する地震計は内部に1自由度系をもち，地動入力に対する1自由度系の応答を物理的あるいは電気的に出力している（**図7.a**）。この特性は，地動を受ける1自由度系の解から理解できる。なお，振動を計測するセンサには，このほかにもさまざまな原理のものがある。

1自由度系の固有振動数を低く（固有周期を長く）とれば，それより高い振動数の範囲について，相対変位は地動と同じ振幅となる。さらに減衰定数を$1/\sqrt{2}$程度に大きくすれば，固有振動数に近い振動数でも共振せず，相対変位応答倍率は1.0でほぼ一定となる（**図7.b**）。これが**変位計**である。地動と逆位相となることに注意する。質点にペンを付けて相対変位を直接記録する初期の地震計は，

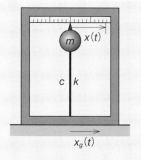

図7.a 地震計

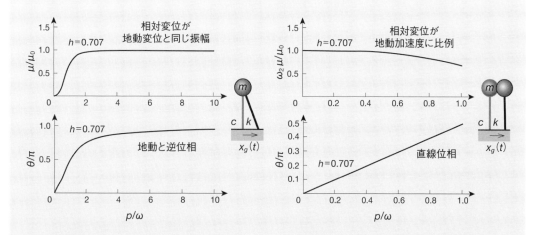

図7.b 変位計の相対変位応答倍率　　**図7.c** 加速度計の相対変位応答倍率

この原理にもとづいている。固有振動数を非常に低くするためには，質量を大きく，剛性を小さくする必要があるため，変位計は大型になり，調整が難しく壊れやすい傾向がある[*1]。質点の動きをコイルと磁石により電気信号に変換する地震計もある。この場合は速度に比例する電気出力となり，動コイル型速度計とよばれる。

加速度計では，固有振動数を高く設定することにより，それより低い振動数の地動については絶対加速度応答倍率はほぼ1.0で一定となる（図7.4(b)）。このとき相対変位応答は地動加速度に比例し，位相は減衰が大きければ振動数に比例する傾向（直線位相）となる（**図7.c**）[*2]。加速度計は固有振動数を高くするので振動部分の質量が小さく，大きな力（加速度）に耐えられるため，慣性力による姿勢検出や衝撃検知，**強震計**（強い地震動を計測する地震計）などに用いられる。また小型であることを活かして模型実験などに有効である。一方，固有振動数より低い振動数では相対変位応答が小さいため，計測の精度を高める工夫が必要になる。

[*1]：一般に物の大きさがL倍になると，重さmはL^3倍，硬さkはL倍になるので，振動数は$1/L$になる。角柱の重さと等価ばね（軸方向，曲げ方向）を考えてみるとよい。

[*2]：位相が原点を通る直線となる場合は，すべての振動数で一定の時間遅れに対応することに注意する（式(7.51)参照）。

7.2 過渡応答と地震応答スペクトル

7.2.1 過渡応答

　定常振動から外力が変化して別な定常振動に移る途中の状態を**過渡応答**という。地震のように，静止状態から外力が始まる場合も該当する。

（1）調和地動に対する過渡応答

　時刻 0 から始まる調和地動入力 $x_g(t) = x_0 \cos pt$ $(t \geq 0)$ を受ける場合の 1 自由度系の解を考える。7.1.2 項(1)で述べたように，定常調和加振の解 $A x_0 \cos(pt - \theta)$ および式(7.17)と斉次解(7.6)の和を考え，初期静止条件 $x(0) = \dot{x}(0) = 0$ を考慮すれば，以下のように表現できる。

$$\frac{x(t)}{x_0} = \frac{\bar{p}^2}{\sqrt{(1-\bar{p}^2)^2 + 4h^2\bar{p}^2}} \left\{ \cos(pt - \theta) - e^{-h\omega t} \left(\cos\theta \cos\omega_d t + \frac{h\cos\theta + \bar{p}\sin\theta}{\sqrt{1-h^2}} \sin\omega_d t \right) \right\} \quad (7.19)$$

ここで，$\bar{p} = p/\omega$（1 自由度系の固有円振動数に対する外力の円振動数の比），$\omega_d = \sqrt{1-h^2}\,\omega$（1 自由度系の減衰固有円振動数），$\theta = \tan^{-1}\dfrac{2h\bar{p}}{1-\bar{p}^2}$ である。式(7.19)の波形を**図 7.5** に示す。時刻 0 から始まる自由振動が徐々に減衰し，定常応答が主となっていく様子がわかる。

　調和地動入力の円振動数 p と 1 自由度系の固有円振動数 ω の関係で 3 通りの過渡応答を**図 7.6** に示す。p/ω の値により特徴が異なり，$p/\omega = 1$ のときにとくに応答が大きくなり，地動入力に対する共振が

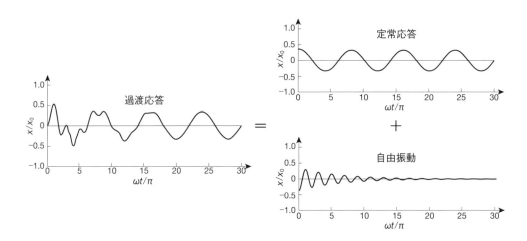

図7.5 調和地動入力を受ける 1 自由度系の過渡応答（$p/\omega=0.25$, $h=0.05$）

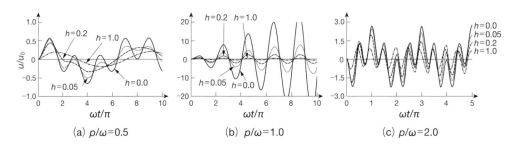

図7.6 異なる周期の調和地動入力に対する過渡応答

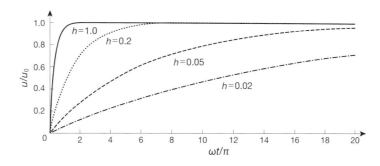

図7.7 調和地動入力による過渡応答で共振する場合の振幅の変化

生じている。式(7.19)に$\bar{p} = p/\omega = 1$，$\theta = \pi/2$を代入し，一般の建物で$h \ll 1$ならば$\omega_d = \sqrt{1-h^2}\omega \approx \omega$であるので，

$$x(t) \approx \frac{x_0}{2h}(1 - e^{-h\omega t})\sin \omega t \tag{7.20}$$

となる。式(7.20)から，十分な時間が経過した後の共振時の最大振幅は$1/2h$に比例し，$h=0$なら∞となることがわかる。これは図7.4の応答倍率の最大値に対応している。また，共振で定常応答になるまでの振幅の変化は式(7.20)の$1 - e^{-h\omega t}$の項による。これを**図7.7**に示す。減衰定数hが小さいほど定常応答に至るまでの時間（固有周期で規準化した時間）も長くなり，図7.6(b)とも対応することがわかる。たとえば，$h = 0.2$（20%）なら3周期（$\omega t/\pi = 6$）でほぼ定常となるが，$h = 0.02$（2%）では10周期（$\omega t/\pi = 20$）でも最大振幅の70%程度にしかならない。

免震建物は減衰定数0.2程度の場合が多く，地震動の周期が建物の固有周期に近くても大きな応答にはならないが，超高層建物では減衰定数が$0.01 \sim 0.02$（$1 \sim 2$%）と小さいので，何十回も振動しながら定常共振状態になり，増幅倍率も大きいため，大規模地震の長く続く揺れに対して大きな共振を起こす可能性があることがわかる。

（2）ステップ応答

ステップ関数は以下のように定義される（**図7.8**(a)）。

$$U(t) = \begin{cases} 0 & t < 0 \\ \dfrac{1}{2} & t = 0 \\ 1 & t > 0 \end{cases} \tag{7.21}$$

これを用いて**ステップ外力**$P(t) = FU(t)$を式(7.1)に代入し，$t \leq 0$で質点は静止しているとすれば，

$$x(t) = \frac{F}{k}\left\{1 - e^{-h\omega t}\left(\cos\sqrt{1-h^2}\,\omega t + \frac{h}{\sqrt{1-h^2}}\sin\sqrt{1-h^2}\,\omega t\right)\right\} \tag{7.22}$$

$$\dot{x}(t) = \frac{F}{m}\frac{1}{\sqrt{1-h^2}\,\omega}e^{-h\omega t}\sin\sqrt{1-h^2}\,\omega t \tag{7.23}$$

となる。この場合の定常応答は静的変位F/kに相当する。式(7.22)を図7.8(b)に示す。これはベランダのような片持ち梁の先端に，時刻$t = 0$で物を置いたときの上下振動にあたり，減衰自由振動を始めて最後には静的変位F/kに収束する。このとき，減衰定数が小さければ最大振幅は静的変位の約2倍になっており，動的効果を考慮した影響と考えることができる。これはまた，短期と長期の安全率が2倍違うことに相当すると思えばよい。

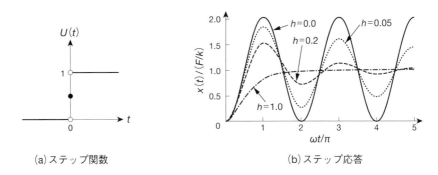

(a)ステップ関数　　　　　　　　　(b)ステップ応答

図7.8　ステップ関数とステップ応答

（3）単位インパルス応答

微小時間Δtの間だけ一定の外力Fが作用する場合，力積$\Delta t \cdot F = 1$のままΔtを無限に小さくすると，以下の**デルタ関数**で表される**単位インパルス**となる（**図7.9**(a)(b)）。

$$\delta(t) = \lim_{\Delta t \to 0} \frac{1}{\Delta t}\{U(t) - U(t-\Delta t)\} = \frac{dU(t)}{dt} \tag{7.24}$$

これは，ディラックのデルタ関数として以下のように定義される。

$$\int_{-\infty}^{\infty} \delta(t-\tau)f(t)dt = f(\tau) \tag{7.25}$$

デルタ関数は陽に書けない特殊な関数（超関数）であるが，その性質は以下のように表せる。

$$\int_{-\infty}^{\infty} \delta(t)dt = 1$$
$$\delta(t) = 0 \quad (t \neq 0) \tag{7.26}$$

これより，デルタ関数の値は∞となる。

単位インパルス外力に対する1自由度系の応答$x(t)$は，式(7.24)の関係からΔtの時間差で逆向きのステップ荷重をかけて$\Delta t \to 0$とすることに相当するので，式(7.22)，(7.23)で$F=1$の場合のステップ応答$x_U(t)$の導関数として以下のように表すことができる。

$$x(t) = \lim_{\Delta t \to 0}\frac{1}{\Delta t}\{x_U(t) - x_U(t-\Delta t)\} = \dot{x}_U(t) = \frac{1}{m}\frac{1}{\sqrt{1-h^2}\,\omega}e^{-h\omega t}\sin\sqrt{1-h^2}\,\omega t \tag{7.27}$$

式(7.27)を図7.9(c)に示す。これはたとえば，建物に衝撃力を与えたときの振動にあたり，運動量と力積との関係から定まる初速度$v_0 = 1/m$をもつ減衰自由振動に一致する。初期変位は$d_0 = 0$である。地動加速度が単位インパルスの場合は式(7.24)で単位インパルス外力を$-m\delta(t)$に置き換えると考えれば，式(7.27)の右辺に$-m$を乗じればよい。

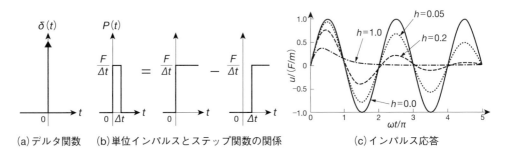

(a)デルタ関数　　(b)単位インパルスとステップ関数の関係　　　　(c)インパルス応答

図7.9　単位インパルス（デルタ関数）とインパルス応答

(4) 任意地動に対する応答

任意の外力を時間軸上で連続する多数のインパルスと考え、それぞれのインパルスが作用した時点からインパルス応答が始まるとすれば、任意外力$P(t)$に対する応答$x(t)$は、振幅と開始時刻が異なる多数のインパルス応答の重ね合わせで以下のように表現できる（**図7.10**）。

$$x(t) = \int_{-\infty}^{t} \frac{P(\tau)}{m\sqrt{1-h^2}\,\omega} e^{-h\omega(t-\tau)} \sin\sqrt{1-h^2}\,\omega(t-\tau)d\tau \tag{7.28}$$

式(7.28)の解を**デュアメル積分**という。またこの形式は一般に合積（畳み込み積分、重畳積分、コンボリューション）とよばれる[*1]。

任意の地動加速度$\ddot{x}_g(t)$に対する相対変位応答は、式(7.28)に$P(t) = -m\ddot{x}_g(t)$を代入して以下となる。

$$x(t) = -\int_{0}^{t} \frac{\ddot{x}_g(\tau)}{\sqrt{1-h^2}\,\omega} e^{-h\omega(t-\tau)} \sin\sqrt{1-h^2}\,\omega(t-\tau)d\tau \tag{7.29}$$

これより、相対速度および絶対加速度応答は以下のように求められる。

$$\dot{x}(t) = -\int_{0}^{t} \ddot{x}_g(\tau) e^{-h\omega(t-\tau)} \cos\sqrt{1-h^2}\,\omega(t-\tau)d\tau + h\omega x(t) \tag{7.30}$$

$$\ddot{x}(t) + \ddot{x}_g(t) = -2h\omega\dot{x}(t) - \omega^2 x(t) \tag{7.31}$$

以上からわかるように、応答は1自由度系の固有振動数ωに対応する振動数成分が多く含まれる。

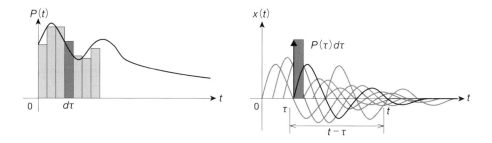

図7.10 インパルス応答を用いた任意外力の応答

(5) フリングステップ入力に対する応答

横ずれ活断層のすぐわきなどでは、地動変位$x_g(t)$が**図7.11**(a)のような関数となることが知られている。これを**フリングステップ**とよぶ。断層すべりによる地動速度をV_0、すべりの継続時間をt_rとすれば、

$$\begin{aligned}x_g(t) &= V_0\{tU(t) - (t-t_r)U(t-t_r)\} \\ \dot{x}_g(t) &= V_0\{U(t) - U(t-t_r)\} \\ \ddot{x}_g(t) &= V_0\{\delta(t) - \delta(t-t_r)\}\end{aligned} \tag{7.32}$$

となる。式(7.32)は逆符号の単位インパルス加速度入力の組を意味するので、このときの相対変位応答は式(7.27)を組み合わせて以下となる。

$$x(t) = \frac{V_0}{\sqrt{1-h^2}\,\omega}\{U(t)e^{-h\omega t}\sin\sqrt{1-h^2}\,\omega t - U(t-t_r)e^{-h\omega(t-t_r)}\sin\sqrt{1-h^2}\,\omega(t-t_r)\} \tag{7.33}$$

[*1]：式の形からわかるように、この式から応答を求めることは、計算量が大きくなるため実際的ではない。一般的な応答の計算法は7.3節および7.4節で説明する。

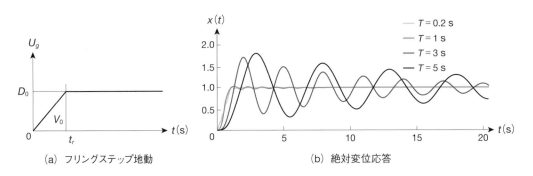

(a) フリングステップ地動　　(b) 絶対変位応答

図7.11　地動入力がフリングステップの場合の応答

式(7.33)から，フリングステップの立ち上がり時間t_rに対して，固有周期$T=2\pi/\omega$が長い場合，および地動速度V_0が大きい場合は，変位応答が大きくなることがわかる．絶対変位応答の例を図7.11(b)に示す．$t_r=1.0$ s，$V_0=1.0$ m/s，$h=0.05$として，固有周期Tは0.2，1.0，3.0，5.0 sとした．図より$T \leq t_r$の場合には相対変位は小さいが，建物周期が長くなると最大相対変位が地動変位に近づき，最大絶対変位は地動変位の倍になる．超高層建物では相対変位が大きくても建物高さが高いため変形角は小さくなるが，免震では免震層の変形が大きくなり，擁壁に衝突する可能性があることに注意が必要である（表層地盤を考慮した結果は10.5節参照）．

7.2.2　地震応答スペクトル

地震動入力$\ddot{x}_g(t)$に対する応答は，1自由度系の周期Tと減衰定数hにより変化する．**図7.12**(a)(b)に，**エルセントロ**地震動NS成分[*1]について，1自由度系の絶対加速度応答を示す．地震動に含まれる周期成分の特性と1自由度系の固有周期の関係で応答はまったく異なり，主に建物の固有周期で揺れ，とくに入力波形に多く含まれる周期と同じ固有周期の構造物で応答が大きいことがわかる．応答の特性を表す指標はさまざまあるが，建物に及ぼす影響を考えれば最大値が重要である．ある地震動に対する1自由度系の相対変位，相対速度，絶対加速度応答の最大値を，1自由度系の固有周期Tと減衰定数hの関数として表したものを**地震応答スペクトル**とよび，以下のように定義する．

$$S_D(T,h) = |x(t)|_{\max} \quad \text{（変位応答スペクトル）} \quad (7.34)$$

$$S_V(T,h) = |\dot{x}(t)|_{\max} \quad \text{（速度応答スペクトル）} \quad (7.35)$$

$$S_A(T,h) = |\ddot{x}(t) + \ddot{x}_g(t)|_{\max} \quad \text{（加速度応答スペクトル）} \quad (7.36)$$

エルセントロ地震動の加速度応答スペクトルを図7.12(c)に示す．減衰定数が小さいほど応答は大きくなるため，減衰定数ごとに異なる線で描く．エルセントロ地震動に対するS_D，S_V，S_Aを**図7.13**に，また異なる地震動の応答スペクトルを**図7.14**に示す[*2]．

応答スペクトルには以下の近似関係がある．

$$S_A(T,h) \approx \omega S_V(T,h) \approx \omega^2 S_D(T,h) \quad (7.37)$$

[*1]：1940年米国インペリアルバレー地震の際にエルセントロ変電所で観測された地震動で，現在でも構造設計に用いられる代表的な記録．

[*2]：これらの地震動は，エルセントロ地震動と同様に，構造設計で多用される（10.1節参照）．

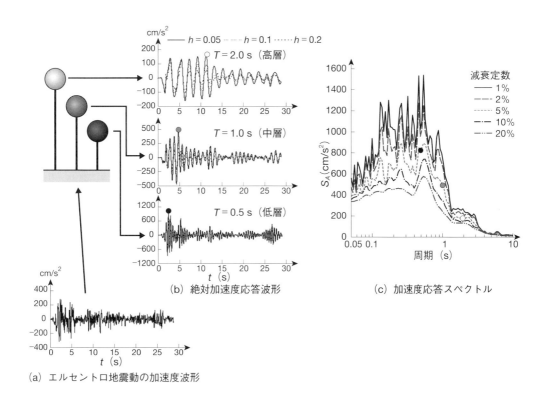

図7.12 エルセントロ1940NS地震動に対する絶対加速度応答と加速度応答スペクトル

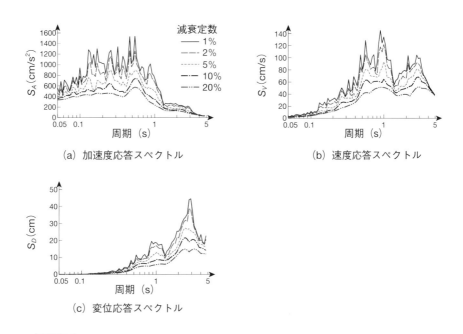

図7.13 エルセントロ1940NS地震動の加速度・速度・変位応答スペクトル

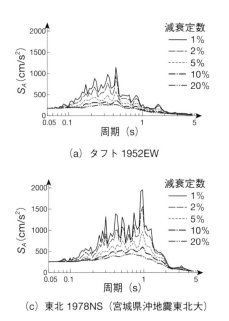

図7.14 異なる地震動の加速度応答スペクトル

この関係は周期Tの調和地動入力を考えれば理解でき，定常ではない地震応答でもほぼ成り立つ[*1]。このことから，以下の2通りの式で**擬似速度応答スペクトル**を定義できる。

$$_pS_V(T,h) = \frac{S_A(T,h)}{\omega} = \frac{TS_A(T,h)}{2\pi} \tag{7.38}$$

$$_pS_V(T,h) = \omega S_D(T,h) = \frac{2\pi S_D(T,h)}{T} \tag{7.39}$$

式(7.38)と(7.39)の擬似速度応答スペクトルは5％程度の減衰定数の場合はかなりよく一致するが，式(7.35)によるS_Vとは短周期域と長周期域で差が生じることに注意する。

式(7.37)の近似関係を用いれば，変位・速度・加速度の応答スペクトルを1枚の図で示した**トリパータイト応答スペクトル**が**図7.15**のように得られる。横軸は固有周期，縦軸は擬似速度応答スペクトルであり，ここでは式(7.39)により求めている。各軸ともに対数軸であるので式(7.39)の関係から，左下から右上に向かって変位応答スペクトル（S_D），右下から左上に向かって加速度応答スペクトルの近似値（$\omega^2 S_D$）が示されている。

応答スペクトルの形状から，地震動に対する構造物の応答特性を検討できる。**図7.16**にエルセントロ地震動の加速度応答スペクトルを用いて，一般の耐震建物，免震建物，制振建物の加速度応答の相違を示す。地震動の加速度応答スペクトルは，多くの場合，震源や表層地盤の影響で周期1秒以下の短周期で卓越する。中低層建物の固有周期は一般に1秒以下であるが，免震建物は固有周期を数秒まで大幅に長くすることで，一般的な地震動が卓越する周期をさけて共振を防ぎ，減衰定数を大きくしてさらに加速度応答を減じている。これにより建物や室内家具が受ける慣性力が減少し，建物の損傷や家具の転倒を防いでいる。ただし，図7.13(c)からわかるように，固有周期が長い場合は相対変位応答が大きくなるため，免震建物では免震層の相対変位が最大で数10 cmとなることを想定して設計

[*1]：$S_A(T,h)$は絶対加速度応答，$S_V(T,h)$と$S_D(T,h)$はそれぞれ相対速度応答，相対変位応答であることに注意。

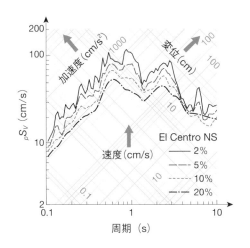
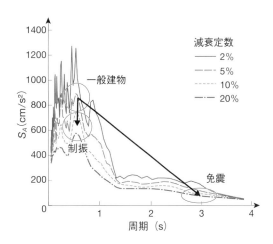

図7.15 エルセントロ1940NS地震動のトリパータイト応答スペクトル

図7.16 エルセントロ1940NS地震動に見る免震・制振建物の加速度応答低減効果

される。一方，ダンパーなどを備えた制振建物では，固有周期はあまり変化させず減衰定数を大きくすることで，応答を低減させている。固有周期が長く減衰が小さい鉄骨造高層建物で多用される。

以上のように，応答スペクトルは，ある地震動に対するさまざまな建物の応答を容易に知ることができる手段であるだけでなく，地震動の特性を表す指標としても使われる。建物の耐震設計においては，考慮すべき地震動の特性を応答スペクトルの形で指定することが行われている（第9章で扱う）。

7.3 周波数応答解析

7.3.1 フーリエ解析

地震動や建物の振動問題を扱うために，**フーリエ解析**は重要な役割を担っている。任意の関数は周期の異なる三角関数の和で表すことができる。すなわち，地震動などの不規則な時間関数を周期関数に分解してそれぞれの振幅（**フーリエスペクトル**）で表すことで，どのような周期（振動数）の成分がどの程度含まれるか，すなわち周期特性（振動数特性）を調べることができる[*2]。

フーリエ変換は時間領域の関数と振動数領域の関数を一対一で対応付ける変換であり，これを用いて振動数領域での有用な性質を利用できる。とくに時間領域の微分・積分が振動数領域では簡単な乗除演算に変換されるため，2階の常微分方程式である振動方程式の効率的な解法として用いられる。まず，フーリエ解析の基礎的な事項をまとめる。

（1）フーリエ変換の基礎

時間関数$x(t)$とそのフーリエ変換$X(\omega)$は以下の関係がある。

$$X(\omega) = \int_{-\infty}^{\infty} x(t) e^{-i\omega t} dt \quad \text{（フーリエ変換）} \tag{7.40}$$

$$x(t) = \frac{1}{2\pi} \int_{-\infty}^{\infty} X(\omega) e^{i\omega t} d\omega \quad \text{（フーリエ逆変換）} \tag{7.41}$$

[*2]：周波数と振動数はほぼ同様の意味であるが，前者は電気などの分野，後者は物理的な振動現象において使われる場合が多い。本章では振動数で統一するが，「周波数応答解析」については慣用に従い周波数を用いることとする。

フーリエ逆変換に係数$1/2\pi$があることに注意する。式(7.41) をフーリエ積分ともよぶ。ωは円振動数で，振動数fとは$\omega=2\pi f$の関係がある[*1]。$x(t)$と$X(\omega)$は**フーリエ変換対**になっており，

$$x(t) \leftrightarrow X(\omega) \tag{7.42}$$

と表すこととする。フーリエ変換の意味は，積分変換の核となる$e^{i\omega t}$の特性を考えればよい。オイラーの公式から以下が得られる。

$$e^{i\omega t} = \cos \omega t + i \sin \omega t \tag{7.43}$$

この関数を図示すると**図7.17**になる。これは**フェイザー**ともよばれ，軌跡は**複素平面**（ガウス平面）で原点を中心とする半径1の円となり，円振動数ω，周期$T=2\pi/\omega$で回転している。すなわちフーリエ変換は，変換対象の時間関数$x(t)$と，円振動数ωをもつ振幅1の周期関数との相関の大きさを，すべてのωについて求める操作といえる。

式(7.43) を式(7.40) に代入すると，

$$X(\omega) = \int_{-\infty}^{\infty} x(t)\cos\omega t dt - i\int_{-\infty}^{\infty} x(t)\sin\omega t dt = X_R(\omega) + iX_I(\omega) \tag{7.44}$$

となる。したがって$X(\omega)$は複素数であり[*2]，実部$X_R(\omega)$は偶関数である$\cos\omega t$，虚部$X_I(\omega)$は奇関数である$\sin\omega t$との相関を表していることがわかる。$x(t)$は偶関数$x_e(t)$と奇関数$x_o(t)$の和で$x(t)=x_e(t)+x_o(t)$と表現できる[*3]。$x_e(t)$，$x_o(t)$のフーリエ変換をそれぞれ$X_e(\omega)$，$X_o(\omega)$とすれば$X(\omega)=X_e(\omega)+X_o(\omega)$となる。$X_e(\omega)$，$X_o(\omega)$は以下のように表せる。

$$X_e(\omega) = \int_{-\infty}^{\infty} x_e(t)\cos\omega t dt - i\int_{-\infty}^{\infty} x_e(t)\sin\omega t dt = \int_{-\infty}^{\infty} x_e(t)\cos\omega t dt = X_R(\omega) \tag{7.45}$$

$$X_o(\omega) = \int_{-\infty}^{\infty} x_o(t)\cos\omega t dt - i\int_{-\infty}^{\infty} x_o(t)\sin\omega t dt = -i\int_{-\infty}^{\infty} x_o(t)\sin\omega t dt = iX_I(\omega) \tag{7.46}$$

つまりフーリエ変換の実部$X_R(\omega)$は，$x(t)$の偶関数成分，虚部$X_I(\omega)$は$x(t)$の奇関数成分に対応する。

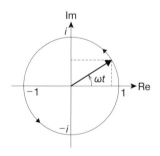

図7.17 フェイザー

[*1]：前節ではωとfを1自由度系の非減衰固有（円）振動数に用いたが，本節では同じ記号を，（円）振動数を表す変数として用いていることに注意。Tも，前節では固有周期を表していたが，本節では時間のデータ長さなどに用いる。固有（円）振動数および固有周期はω_0，f_0およびT_0などで表す。また第8章でi次の固有振動を扱う場合は，ω_i，f_iあるいはT_iなどとする。いずれもそれぞれの分野や基本式で多用される表現に倣っている。

[*2]：式(7.40)，(7.41) から$x(t)$と$X(\omega)$はいずれも複素数であるが，振動現象を扱う範囲では，$x(t)$は実数と考えることが一般的である。

[*3]：$x_e(t) = \dfrac{x(t)+x(-t)}{2}$，$x_o(t) = \dfrac{x(t)-x(-t)}{2}$

フーリエ変換は，次式のように絶対値$|X(\omega)|$と位相$\phi(\omega)$を用いて表現することもできる。

$$X(\omega) = |X(\omega)|e^{i\phi(\omega)} \tag{7.47}$$

ここに，$|X(\omega)|$を**フーリエ振幅スペクトル**，$\phi(\omega)$を**フーリエ位相スペクトル**といい，フーリエ変換の実部$X_R(\omega)$と虚部$X_I(\omega)$により次のように表される[*4]。

$$|X(\omega)| = \sqrt{\{X_R(\omega)\}^2 + \{X_I(\omega)\}^2} \tag{7.48}$$

$$\phi(\omega) = \tan^{-1}(X_I(\omega)/X_R(\omega)) \tag{7.49}$$

フーリエ振幅スペクトルは地震動などの振動数特性を表示する場合に用いられる。前節で説明した地震応答スペクトルも定義は異なるが同様の指標であり，減衰定数$h=0$の場合の速度応答スペクトルは加速度フーリエスペクトルに近いことが知られている[*5]。フーリエ位相スペクトルは，その振動数微分が時間領域の波形の重心に対応することが重要な性質である（Note 7.2，Note 12.3参照）。

（2）フーリエ変換の特性

フーリエ変換の定義式から導くことのできる特性のうち，振動問題を扱う場合にとくに重要となるフーリエ変換対を以下に示す（導出はNote 7.2参照）。

$$c_1 x_1(t) + c_2 x_2(t) \leftrightarrow c_1 X_1(\omega) + c_2 X_2(\omega) \quad \text{（線形性）} \tag{7.50}$$

$$x(t-t_0) \leftrightarrow X(\omega)e^{-i\omega t_0} \quad \text{（時間推移）} \tag{7.51}$$

$$\frac{d^n x(t)}{dt^n} \leftrightarrow (i\omega)^n X(\omega) \quad \text{（時間微分）} \tag{7.52}$$

$$x_1(t) * x_2(t) \leftrightarrow X_1(\omega) X_2(\omega) \quad \text{（合積）} \tag{7.53}$$

ここで，$x_1(t) * x_2(t) = \int_{-\infty}^{t} x_1(\tau) x_2(t-\tau) d\tau$である。フーリエ変換と逆変換はほぼ対称の形であるので，これらの特性は時間と振動数を入れ替えてもほぼ同様に導くことができる。ただし，フーリエ逆変換に係数$1/2\pi$があることに注意する。

[*4]：式(7.47) の$e^{i\phi(\omega)}$をオイラーの公式により実部と虚部に分解すれば，$X_R(\omega) = |X(\omega)|\cos\phi(\omega)$，$X_I(\omega) = |X(\omega)|\sin\phi(\omega)$となり，式(7.48)，(7.49) が導出できる。

[*5]：式(7.30) において減衰定数$h=0$として符号を除けば次式となる。

$$\dot{x}(t) = \int_0^t \ddot{x}_g(\tau) \cos\omega(t-\tau) d\tau$$

$$= \cos\omega t \int_0^t \ddot{x}_g(\tau) \cos\omega\tau d\tau + \sin\omega t \int_0^t \ddot{x}_g(\tau) \sin\omega\tau d\tau$$

$$= \sqrt{\left[\int_0^t \ddot{x}_g(\tau) \cos\omega\tau d\tau\right]^2 + \left[\int_0^t \ddot{x}_g(\tau) \sin\omega\tau d\tau\right]^2} \cos(\omega t + \phi)$$

これより減衰定数$h=0$の速度応答スペクトルは

$$S_V = \left|\sqrt{\left[\int_0^t \ddot{x}_g(\tau) \cos\omega\tau d\tau\right]^2 + \left[\int_0^t \ddot{x}_g(\tau) \sin\omega\tau d\tau\right]^2}\right|_{\max}$$

$\ddot{x}_g(t)$のフーリエスペクトルの絶対値は式(7.42) と(7.48) から

$$|\ddot{X}_g(\omega)| = \sqrt{\left[\int_{-\infty}^{\infty} \ddot{x}_g(t) \cos\omega t\, dt\right]^2 + \left[\int_{-\infty}^{\infty} \ddot{x}_g(t) \sin\omega t\, dt\right]^2}$$

これらが類似の式となることが確認できる。実際には$S_V \geq |\ddot{X}_g(\omega)|$となるが，差は大きくない。

Note 7.2 〈振動方程式のフーリエ解析に必要な関係式〉

(1) 時間推移

式(7.51) 左辺で $t - t_0 = s$ としてフーリエ変換すると，以下のように導出できる。

$$\int_{-\infty}^{\infty} x(t-t_0) e^{-i\omega t} dt = \int_{-\infty}^{\infty} x(s) e^{-i\omega(s+t_0)} ds = \left[\int_{-\infty}^{\infty} x(s) e^{-i\omega s} ds\right] e^{-i\omega t_0} = X(\omega) e^{-i\omega t_0} \tag{1}$$

すなわち，時間領域で時間ずれがある場合は，振動数領域では振動数に比例する位相を乗じた形になる。デジタルデータの時間刻みより小さい時間ずれを調整したい場合など，時間領域では困難な場合でも，振動数領域で式(1) を使えば任意の t_0 で時間軸上のずれを調整できる。

(2) 時間微分・時間積分

$\lim_{t \to \pm\infty} x(t) = 0$ のとき，$\dot{x}(t)$ のフーリエ変換は部分積分を用いて以下のように導出できる。

$$\int_{-\infty}^{\infty} \dot{x}(t) e^{-i\omega t} dt = \left[x(t) e^{-i\omega t}\right]_{-\infty}^{\infty} + i\omega \int_{-\infty}^{\infty} x(t) e^{-i\omega t} dt = i\omega X(\omega) \tag{2}$$

この式から，1階の時間微分は振動数領域では $i\omega$ を乗じるだけで容易に計算できる。

同様に時間積分は $X(\omega)/i\omega$ となるが，$\omega = 0$ における値 $X(0)$ を考慮すると $X(\omega)/i\omega + \pi X(0) \delta(\omega)$ となる。第2項は振動数領域のデルタ関数なので，後述する式(8) から時間領域で定数となり，積分定数に相当する。地震動の加速度を扱う場合は $X(0) = 0$ となる場合が多いが，断層近傍の地震動など残留変位がある場合（変位入力がステップ関数やフリングステップに近い場合）には，加速度を積分して変位を求めるときに注意が必要である。

(3) 合積

合積とフーリエ変換の積分の順序を交換し，式(1) の関係を使って以下のように導出できる。

$$\int_{-\infty}^{\infty} [x_1(t) * x_2(t)] e^{-i\omega t} dt = \int_{-\infty}^{\infty} \left[\int_{-\infty}^{\infty} x_1(s) x_2(t-s) ds\right] e^{-i\omega t} dt$$

$$= \int_{-\infty}^{\infty} x_1(s) \left[\int_{-\infty}^{\infty} x_2(t-s) e^{-i\omega t} dt\right] ds = \int_{-\infty}^{\infty} x_1(s) [X_2(\omega) e^{-i\omega s}] ds$$

$$= \left[\int_{-\infty}^{\infty} x_1(s) e^{-i\omega s} ds\right] X_2(\omega) = X_1(\omega) X_2(\omega) \tag{3}$$

この関係によれば，式(7.28)でデュアメル積分により応答を計算する代わりに，振動数領域で積を求めればよい。詳しくは7.3.2節で説明する。

(4) 対称性・スケーリング

フーリエ変換の定義式(7.40) から，変数を置換すれば以下の関係が求められる。

$$X(t) \leftrightarrow 2\pi x(-\omega) \tag{4}$$

$$x(-t) \leftrightarrow X(-\omega) \tag{5}$$

$$x(at) \leftrightarrow \frac{1}{|a|} X\left(\frac{\omega}{a}\right) \tag{6}$$

(5) 重要な関数のフーリエ変換

a) デルタ関数

$$X(\omega) = \int_{-\infty}^{\infty} \delta(t) e^{-i\omega t} dt = 1 \qquad \therefore \delta(t) \leftrightarrow 1 \tag{7}$$

同様に

$$x(t) = \frac{1}{2\pi} \int_{-\infty}^{\infty} \delta(\omega) e^{i\omega t} d\omega = \frac{1}{2\pi} \qquad \therefore \frac{1}{2\pi} \leftrightarrow \delta(\omega) \tag{8}$$

b) ステップ関数

$U(t) \leftrightarrow X(\omega)$ とすると, $dU(t)/dt = \delta(t)$ から $i\omega X(\omega) = 1$。時間積分の式を考慮すると以下となる。

$$U(t) \leftrightarrow \frac{1}{i\omega} + \pi\delta(\omega) \tag{9}$$

c) 符号関数

符号関数は変数が正のとき1, 負のとき-1となる関数で, $\mathrm{sgn}(t) = U(t) - U(-t)$ で表せる。式(5) を用いて以下となる。

$$\mathrm{sgn}(t) \leftrightarrow \frac{2}{i\omega} \tag{10}$$

d) 調和関数

式(1), (4) から $\delta(t-t_0) \leftrightarrow e^{-i\omega t_0}$ が得られ, 同様にして式(5) から $e^{-i\omega_0 t} \leftrightarrow 2\pi\delta(\omega+\omega_0)$ が導ける。これを用いて $\cos \omega_0 t$ のフーリエ変換は以下となる(115ページの脚注参照)。

$$\cos \omega_0 t = \frac{e^{i\omega_0 t} + e^{-i\omega_0 t}}{2} \leftrightarrow \pi[\delta(\omega-\omega_0) + \delta(\omega+\omega_0)] \tag{11}$$

振動数 ω_0 だけでなく $-\omega_0$ にも成分をもつことに注意する。$\sin \omega_0 t$ についても同様に導出できる。

(6) 因果性

$t < 0$ で $x(t) = 0$ を満たす性質を**因果性**という。因果性は時間領域でステップ関数を乗じることで表現できる。自由振動や過渡応答は時刻原点以前は現象が起こっておらず, 因果性を有するので, 以下のようなフーリエ変換が必要になる。

$$e^{-at} U(t) \leftrightarrow \int_0^{\infty} e^{-at} e^{-i\omega t} dt = \frac{1}{a+i\omega} \tag{12}$$

$$e^{-at} \sin bt\, U(t) \leftrightarrow \frac{b}{(a+i\omega)^2 + b^2} \tag{13}$$

$$e^{-at} \cos bt\, U(t) \leftrightarrow \frac{a+i\omega}{(a+i\omega)^2 + b^2} \tag{14}$$

$a = h\omega$, $b = \sqrt{1-h^2}\,\omega$ とすれば, 左辺は式(7.6) などの時間領域の解と同じ形であることがわかる。

因果関数のフーリエ変換に関して**図7.d**の性質がある。この図では, 時間領域と振動数領域の対称性を明示するために, $x(t) \leftrightarrow F(\omega)$, $f(t) \leftrightarrow X(\omega)$ というフーリエ変換対を用いている。$x(t)$, $X(\omega)$ は時間領域・振動数領域の実因果関数(因果性を満たす実数関数), $F(\omega)$, $f(t)$ は複素関数であり, $F_R(\omega)$, $f_R(t)$ はそれらの実部を表す。$x(t)$ が実時間関数であることから, 式(7.45), (7.46) より $F(\omega)$ は原点 $\omega = 0$ に対して共役対称 ($F_R(-\omega) = F_R(\omega)$, $F_I(-\omega) = -F_I(\omega)$) である。さらに $x(t)$ が因果性を満たすことから, 実部 $F_R(\omega)$ と虚部 $F_I(\omega)$ の間には次式のヒルベルト変換の関係がある。

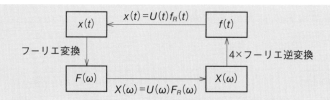

図7.d 実因果関数のフーリエ変換

$$F_I(\omega) = -\frac{1}{\pi}\int_{-\infty}^{\infty}\frac{F_R(s)}{\omega-s}ds, \quad F_R(\omega) = \frac{1}{\pi}\int_{-\infty}^{\infty}\frac{F_I(s)}{\omega-s}ds + F_R(\infty) \quad (15)$$

$F_R(\infty)$ は $x(0)\delta(t)$ のフーリエ変換に対応する実数である。したがって実因果関数は、そのフーリエ変換の実部の $\omega\geq 0$ の範囲、あるいは虚部の $\omega\geq 0$ の範囲のみで元の関数を表現できることがわかる。

$F(\omega)$ の虚部も考慮して $2U(\omega)F(\omega)$ のフーリエ逆変換を求めると $x(t)+ix_H(t)$ となり、これを**複素包絡形**（コンプレックス・エンベロープ）とよぶ。これは図7.dの $f(t)$ に等しい。$x_H(t)$ は $x(t)$ のヒルベルト変換である。複素包絡形の絶対値は、元の時間関数の包絡形になる。

$F(\omega)=|F(\omega)|e^{i\theta(\omega)}$, $f(t)=|f(t)|e^{i\phi(t)}$ とすれば、位相の傾きで次式が定義される。

$$t_{gr}(\omega) = -\frac{d\theta(\omega)}{d\omega}, \quad \omega_{gr}(t) = \frac{d\phi(t)}{dt} \quad (16)$$

地震工学の分野では、$\omega_{gr}(t)$ に代えて $f_{gr}(t)=\omega_{gr}(t)/2\pi$ が多く用いられる。$t_{gr}(\omega)$ は振動数 ω の成分の時間領域での重心、$f_{gr}(t)$ は時刻 t の成分の振動数領域での重心（あるいは時刻 t の瞬時振動数）に相当する[1]。$t_{gr}(\omega)$ は群遅延時間にあたり、地震動特性の分析に用いられる（Note 12.3参照）。

実因果な時間関数 $x(t)$ のフーリエ変換 $F(\omega)$ は、**最小位相推移関数** $F_M(\omega)$ と**全域通過関数** $F_A(\omega)$ の積に分解できる。すなわち $F(\omega)=F_M(\omega)F_A(\omega)$ であり、このことを因数分解と呼ぶことがある。最小位相推移関数の対数は実部と虚部がヒルベルト変換対になっており、対応する時間領域関数 $x_m(t)$ は $F(\omega)$ と同じスペクトル振幅を持つ因果関数の中で重心が原点に最も近い関数となる。一方、全域通過関数 $F_A(\omega)$ はすべての振動数で振幅＝1であり、位相は最小位相推移関数により（すなわちスペクトル振幅により）決まる。このような因数分解は、地震波の分析・合成に使われることがあり、最小位相推移関数が振幅、全域通過関数が位相の情報を持つと考えられる[2][3]。

7.3.2 フーリエ解析による振動方程式の解

フーリエ変換は微分方程式の代表的な解法の1つであり、その理由は式(7.52) である。振動方程式の解をフーリエ変換で求めてみよう。地動を受ける1自由度系の振動方程式は以下である。

$$m\ddot{x}(t) + c\dot{x}(t) + kx(t) = -m\ddot{x}_g(t) \quad \text{(7.2 再掲)}$$

式(7.52) から、$x(t)\leftrightarrow X(\omega)$, $\dot{x}(t)\leftrightarrow i\omega X(\omega)$, $\ddot{x}(t)\leftrightarrow -\omega^2 X(\omega)$ となり、地動に関しては $\ddot{x}_g(t)\leftrightarrow \ddot{X}_g(\omega)$ として式(7.2) に代入して、

$$-m\omega^2 X(\omega) + ci\omega X(\omega) + kX(\omega) = -m\ddot{X}_g(\omega)$$

$$\therefore X(\omega) = \frac{-1}{\dfrac{k}{m}-\omega^2+i\omega\dfrac{c}{m}}\ddot{X}_g(\omega) = \frac{-1}{\omega_0^2-\omega^2+2h\omega_0\omega i}\ddot{X}_g(\omega)$$

$$= \frac{-1}{(a+i\omega)^2 + b^2} \ddot{X}_g(\omega) = H_d(\omega)\,\ddot{X}_g(\omega) \tag{7.54}$$

となる．式(7.54)ではωは円振動数の変数であり，$\omega_0 = \sqrt{k/m}$が1自由度系の固有振動数である．また$a = h\omega_0$, $b = \omega_0\sqrt{1-h^2}$である．$H_d(\omega)$は1自由度系の固有振動数と減衰定数のみで決まる振動数領域の複素関数であり，地動加速度と相対変位応答の関係を示す**伝達関数**という．これより，時間領域では式(7.28)のように合積（デュアメル積分）で表現された振動方程式の解は，振動数領域では1自由度系の伝達関数と地動のフーリエスペクトルとの積で得られる．

$H_d(\omega)$を因果性を考慮してフーリエ逆変換すれば，Note 7.2の式(13)を用いて

$$h_d(t) = -\frac{1}{b} e^{-at} \sin bt\, U(t) \tag{7.55}$$

となり，式(7.27)のインパルス応答関数に一致する．すなわち，インパルス応答関数と伝達関数はフーリエ変換対である．式(7.53)を用いて相対変位応答は以下のように表せる．

$$x(t) = -\frac{1}{b} \int_{-\infty}^{\infty} e^{-a\tau} \sin b\tau\, U(\tau)\, \ddot{x}_g(t-\tau) d\tau \tag{7.56}$$

インパルス応答関数が因果性を満たすため積分区間が$(-\infty, \infty)$となることに留意すれば，式(7.28)と同じ形であることがわかる．式(7.54)から，地動加速度に対する相対速度応答および絶対加速度応答を表す伝達関数は以下のように表される．

$$i\omega X(\omega) = \frac{-i\omega}{(a+i\omega)^2 + b^2} \ddot{X}_g(\omega) = H_v(\omega)\,\ddot{X}_g(\omega) \tag{7.57}$$

$$-\omega^2 X(\omega) + \ddot{X}_g(\omega) = \left(\frac{\omega^2}{(a+i\omega)^2 + b^2} + 1\right) \ddot{X}_g(\omega) = H_a(\omega)\,\ddot{X}_g(\omega) \tag{7.58}$$

伝達関数は振動数に関する複素関数であり，その実部，虚部，絶対値の形は**図7.18**のようになる．調和地動に対する応答を検討した図7.4と比較すれば，同一であることがわかる．

　以上からわかるように，対象とする建物の特性を伝達関数の形で表すことができれば，入力の時間関数をフーリエ変換し，振動数領域で伝達関数との積を求めてフーリエ逆変換することで応答を求めることができる．このような手順を**周波数応答解析**とよぶ．フーリエ変換は，次項で述べる高速フーリエ変換（FFT）によって効率的に計算できる．これにより応答計算が容易になり，さらに複雑な建物についても多質点系で同様に伝達関数を導くことができる（8.2.2項で扱う）．地盤と構造物との動

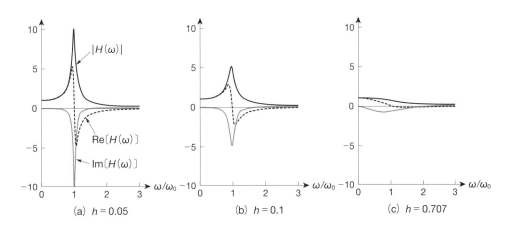

図7.18　伝達関数の概形

的相互作用（10.4節で扱う）のように重要な特性が振動数の関数になる場合は，周波数応答解析が必須である。逆に，時間や振幅に依存する変数がある場合，たとえば非線形・弾塑性特性（7.5節で扱う）は振動数領域での記述が困難なため，時間領域での数値積分による解法（7.4節で扱う）か，あるいは等価線形化法（7.5.2項で扱う）が用いられる。

7.3.3 時間・振動数の離散化と高速フーリエ変換（FFT）
（1）時間領域の離散化

振動問題を扱う場合の時間関数やそのフーリエ変換について，ここまでは連続関数で表現してきた（数学的に厳密な定義ではなく$x(t)$で表現されるという意味）。このようなデータを**アナログデータ**とよぶことがある）。一方，実際の観測データを分析する場合には，離散化して**デジタルデータ**として扱うことが一般的である。アナログデータをデジタルデータに変換することを**A/D変換**という。この場合，時間変数について離散化する標本化（サンプリング）と，関数値を離散化する量子化がある。

時間関数について，**サンプリング時間**Δt（**サンプリング振動数**$f_s = 1/\Delta t$）で離散化して扱うことを考える（図**7.19**(a)）。たとえば地震動の加速度をΔt間隔で計測したデータと考えればよい。データ長さをTとすればデータ数は$N = T/\Delta t$となる。Δtを大きく（間隔を広く）するとデータ数は少なくなるが，時間関数に含まれる周期の短い（変動の激しい）現象を表現できなくなる。図7.19(b)において，実線で示した周期T，振動数$1/T$の成分について，$\Delta t = T/2$のサンプリング（●）は元の波形を正しく表現しているが，それより間隔が広い$\Delta t = 2T/3$のサンプリング（○）では点線のように長い周期の誤った波形と見なされる。サンプリング時間Δtで正しく表現できる最大の振動数は$f_{max} = 1/2\Delta t = f_s/2$であり，これを**ナイキスト振動数**とよぶ。ナイキスト振動数を超える振動数の波形は，ナイキスト振動数を挟んで対称の低い振動数の成分と誤って判断され，スペクトル上のノイズとなる。これを**エイリアス**とよぶ。図7.19(b)で$\Delta t = 2T/3$のサンプリング（○）では，ナイキスト振動数は$f_{max} = 1/2\Delta t = 3/4T$となり，これを超える振動数$1/T$の成分（実線）が，振動数$1/2T$の誤った成分（破線）と見なされることが確認できる。$1/2T$はナイキスト振動数$3/4T$に関して$1/T$と対称の振動数である。エイリアスによるノイズを避け，元の波形の形状を正確に表現するためには，波形に含まれる最大振動数の2倍以上のサンプリング振動数が必要となる。これを**サンプリング定理**という。

地震動や建物の地震応答を扱う場合を考えてみよう。対象とする周波数は通常は30 Hz程度以下であるため，それより高い振動数の成分をフィルタでカットしたうえで，$\Delta t = 0.01$ s（$f_s = 100$ Hz，$f_{max} = 50$ Hz）でサンプリングする場合が多い。このとき，データに60 Hzのノイズ成分があれば，エイリアスにより40 Hzの成分が現れ，本来の40 Hz成分と区別がつかない[1]。目的とする振動数に対してナイキスト振動数が十分大きければエイリアスの影響は少なく，またフィルタの設定にも余裕があるため，$\Delta t = 0.005$ sあるいはさらに小さいΔtとする場合もある。

量子化は，関数値（現象の振幅）を有限の桁数で表すことを指し，その刻みの幅を決める必要がある（図7.19(a)）。実際には扱える波形の最大の値を決めたうえで，必要な精度の分割数を決めることが多い。コンピュータでは2^nで分割すると都合がよいため，このときnを**量子化ビット数**とよぶ。たとえば片側2 G（約2,000 cm/s^2）の加速度記録を20ビットで量子化すると，正負を考慮して$4000/2^{20} \doteqdot 0.0038$ cm/s^{2}の刻みとなる。一般的な地震計の量子化ビット数は20〜24程度であり，量子化の誤差が問題となることはほとんどないが，量子化ビット数が小さい簡易な計測器を利用する場合や，振幅レベルの低い現象を対象とする場合には配慮が必要なことがある。

---

[1]：西日本では，計測にあたって60 Hzの電源ノイズが生じることがある。東日本では50 Hzになる。

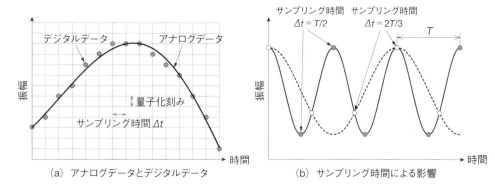

(a) アナログデータとデジタルデータ　　(b) サンプリング時間による影響

図7.19　時間領域の波形の離散化

（2）フーリエ級数と有限フーリエ近似

本節の最初に説明したフーリエ変換（フーリエ積分）は，式(7.40)，(7.41)のように時間領域・振動数領域ともに連続かつ無限区間で定義されている。一方，**フーリエ級数**は，以下のように表される。

$$x(t) = \sum_{j=0}^{\infty} (A_j \cos j\omega t + B_j \sin j\omega t) = \sum_{j=-\infty}^{\infty} C_j e^{ij\omega t} \tag{7.59}$$

ここで，A_j, B_jは実係数，C_jは複素係数であり，任意の時間関数が周期の異なる三角関数の和で表現できるという意味である。時間領域では連続関数であるが，振動数領域では振動数間隔ωの離散関数となっている。式(7.59)で表現できる周期関数のうち，最も周期の長い成分は$j=1$にあたり，$T=2\pi/\omega$となる。関数$x(t)$は$0 \leq t < T$（または$-T/2 < t \leq T/2$）の範囲で与えられた周期関数と考えることになり，振動数領域で離散化することは時間領域で有限の区間（長さT）の周期関数を扱うことに相当する。これは$\delta(\omega - \omega_0)$のフーリエ逆変換を考えると理解できる。

さらに時間領域の離散化を行うと，$\omega t = 2\pi t/T$，$T = N\Delta t$を考慮して以下のように表現される。

$$x(t) = x(m\Delta t) = A_0 + \sum_{k=1}^{N/2-1} \left(A_k \cos \frac{2\pi km}{N} + B_k \sin \frac{2\pi km}{N} \right) + A_{N/2} \quad (0 \leq m \leq N-1) \tag{7.60}$$

ここでkは振動数領域の離散点の番号であり，振動数の刻みは$\Delta f = 1/T = 1/N\Delta t$となる。最大振動数は$\Delta f \times N/2 = 1/2\Delta t$となり，ナイキスト振動数と一致する。これは$1/\Delta t$の振動数範囲で繰り返す周期関数を扱うことに相当する。また$k=0$, $N/2$で$B_k = 0$となっている。このようにして時間・振動数ともに離散・有限区間とした式(7.60)を**有限フーリエ近似**という。

以上をまとめると，時間領域と振動数領域のフーリエ変換対について，時間tと振動数ωの一方を離散化することは，他の領域で有限区間（周期関数）と考えることに対応する。その関係は，$f_{\max} = 1/2\Delta t$，$\Delta f = 1/T$となる。時間領域と振動数領域でいずれもN個のデータがあることは，2つの領域の情報量が等しいことを示している（**表7.2**）。

振動数領域の離散化の影響を実際的な問題で考えよう。$\Delta t = 0.01$ sのとき，スペクトルの振動数刻みは$\Delta f = 1/T$であり，$T = 20$ sで0.05 Hz，40 sで0.025 Hz，5分で約0.0033 Hzとなる。たとえば超高層建物の固有周期が5 s = 0.2 Hzとすれば，20 sの記録では4周期分，振動数領域では0 Hzから固有振動数まで4点しかなく，とくに減衰定数が小さい場合の鋭いピークの位置や形状を正確に表現することは困難である。**図7.20**では，固有周期5 s，減衰定数2%の構造物の共振曲線に対して，$T = 40.96$ s（後述するように，高速フーリエ変換プログラムではデータ数を2^nとする）の条件で離散化したイメージを重ねて描いた。離散化された振動数では，固有振動数に対応するピーク位置が必ずしも正確に評価されず，また減衰定数に関係するピークの高さや幅も誤差が見られる。同じΔfでも，対象建物の固有

表7.2 フーリエ解析の区間（無限・有限）と連続・離散

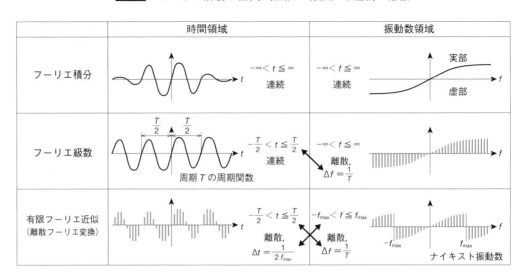

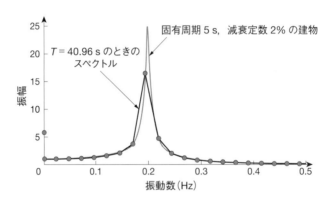

図7.20 振動数領域の離散化

振動数が高ければピークの幅も大きくなり，精度への影響は少なくなる。以上から，とくに長周期や低減衰の振動現象に着目する場合は，十分長いデータが必要になることがわかる。

　地盤の波動伝播を扱う場合などは，空間的な変動を離散化して表現することになる。この場合も，空間離散化の刻み（間隔）は，対象とする波長の1/2より小さいことが必要であり，実際には1/4～1/6程度に細かくする。空間軸に関する変動は，フーリエ変換により空間周波数領域（波数領域）に変換される（第10章で扱う）。この場合は，空間の次元により2次元あるいは3次元のフーリエ変換となるが，基本的な性質は時間・周波数領域の場合と同様の考え方で導くことができる。

(3) 高速フーリエ変換（FFT）

　式(7.60)の有限フーリエ近似をそのまま計算すると，合計N個の係数A_k, B_kを連立一次方程式で求めることになり，N^2に比例する計算量となる。**高速フーリエ変換**（Fast Fourier Transform, **FFT**）は，$N=2^n$のときに限り$N \log N$に比例する計算量まで減らせる計算アルゴリズムであり，Nが大きいほど効果が大きい[*1]。FFTは1960年代に開発され，これにより周波数応答解析が現実的になった。

　FFTを使用する際には，変換するデータ長（データ数）を$N=2^n$とすること，時間領域の実関数を変換すると得られるN個の複素数のスペクトルのうちナイキスト振動数にあたる$N/2+1$番目以降はナイキスト振動数に対して共役対称になっていること，フーリエ逆変換を行う場合はこの対称性を考

慮してスペクトルのデータの後半（負の振動数に対応）も作成する必要があること，などに注意が必要である。

〈統計的手法によるスペクトル解析〉

　ある建物に地震計を設置して観測を行えば，複数の地震に関する記録が得られる。各地震の記録は震源特性などにより異なる性質をもつが，建物の1階と屋上のフーリエスペクトルの比から伝達関数を求めれば，建物の特性を反映した一定の結果が得られる。また，常時微動（建物や地盤で普段から継続している微小な振動）を計測すれば，非常に長い時間の振動記録が得られる。このとき，時刻により振動の特性は多少異なることが多いが，やはり建物の1階と屋上の関係はほぼ一定の伝達関数となることが期待される。

　多数の記録あるいは長い記録はランダムな性質をもち，統計的な特性を評価する必要がある。これを**統計的スペクトル解析**とよぶ。基本となる統計的なスペクトル特性は以下で与えられる。

$$S_{XX}(\omega) = E[|X(\omega)|^2] = E[X(\omega)X^*(\omega)] \tag{1}$$

ここで，$S_{XX}(\omega)$はエネルギースペクトル，$E[\ ]$は期待値，$X^*(\omega)$は$X(\omega)$の共役複素数である。定常的に継続する現象については，類似の定義で時間平均の概念を含むパワースペクトルが以下で定義される。

$$S_{XX}(\omega) = \lim_{T \to \infty} \frac{1}{T} E[|X(\omega, T)|^2] \tag{2}$$

記録の長さTは有限なので極限操作を省き，$1/T$を除けば式(1)となる。地震動などの過渡データを扱う場合はエネルギースペクトルが適切である。期待値操作は複数の記録$x_i(t)$のフーリエスペクトル$X_i(\omega)$により以下で計算される。ただし見通しのよさから，以後は式(1)の表現を用いる。

$$S_{XX}(\omega) = \frac{1}{N} \sum_{i=1}^{N} X_i(\omega) X_i^*(\omega) \tag{3}$$

　振動モデルの入力と応答の関係を統計的スペクトル解析により検討する。振動モデルの入力を$x(t)$，応答を$y(t)$，それぞれのフーリエスペクトルを$X(\omega)$，$Y(\omega)$，伝達関数を$H(\omega)$とすれば，

$$Y(\omega) = H(\omega)X(\omega) + N(\omega) \tag{4}$$

ここで，$N(\omega)$は$X(\omega)$，$Y(\omega)$と関係のない観測ノイズを想定している。両辺に$X^*(\omega)$を乗じて期待値をとれば

$$E[Y(\omega)X^*(\omega)] = H(\omega)E[X(\omega)X^*(\omega)] + E[N(\omega)X^*(\omega)] \tag{5}$$

$$S_{XY}(\omega) = H(\omega)S_{XX}(\omega) + S_{XN}(\omega) \tag{6}$$

＊1：FFTでは，式(7.60)を計算する際に，時間領域のデータ列を偶数番目と奇数番目の2つに分割すれば，それぞれのフーリエ変換の和で元のデータ列のフーリエ変換が表せることを利用している。データ列の長さが$N = 2^n$のときは，この操作をn回繰り返すことで長さが1となり，その数がフーリエ変換に等しい。そこから逆にn回の和で元のデータ列のフーリエ変換が高速に求められる（実際にはさらに計算上の工夫がなされている）。データ列の長さが2^nではない場合は，データ列の後ろに0を加えて2^nとなるようにする。これを後続のゼロとよぶ。詳しくは文献[4]を参照されたい。

$$\therefore H_1(\omega) = \frac{S_{XY}(\omega)}{S_{XX}(\omega)} \tag{7}$$

となる。ここで，$S_{XY}(\omega)$ は $X(\omega)$ と $Y(\omega)$ のクロススペクトルである。$X(\omega)$ と関係のないノイズ $N(\omega)$ のクロススペクトル $S_{XN}(\omega)$ は期待値がゼロになるので，式(7) が導かれる。式(4) を変形して，

$$X(\omega) = \frac{1}{H(\omega)} Y(\omega) + N'(\omega) \tag{8}$$

となり，同様の操作を行って伝達関数を求めると

$$\therefore H_2(\omega) = \frac{S_{YY}(\omega)}{S_{YX}(\omega)} \tag{9}$$

が得られる。式(7) と(9) はノイズがなければ一致するが，一般的には異なるため，それぞれ $H_1(\omega)$，$H_2(\omega)$ と表すことにする。誘導過程から出力側の信号 $Y(\omega)$ に観測ノイズ $N(\omega)$ がある場合は $H_1(\omega)$ が，逆に入力側の信号 $X(\omega)$ に観測ノイズ $N'(\omega)$ がある場合は $H_2(\omega)$ が，適切な伝達関数の推定のために有効であることがわかる。

エネルギースペクトルはフーリエスペクトルの2乗にあたるので，入力と出力のフーリエスペクトル比を振幅として，クロススペクトルの位相をもつ伝達関数は以下で表される。

$$H_V(\omega) = \sqrt{\frac{S_{YY}(\omega)}{S_{XX}(\omega)}} \frac{S_{XY}(\omega)}{|S_{XY}(\omega)|} \tag{10}$$

$X(\omega)$ と $Y(\omega)$ の各振動数での相関から，以下のコヒーレンス関数が定義される。

$$\mathrm{coh}^2(\omega) = \frac{|S_{XY}(\omega)|^2}{S_{XX}(\omega) S_{YY}(\omega)} \tag{11}$$

コヒーレンス関数は実数で，$0 \leq \mathrm{coh}^2(\omega) \leq 1$ を満たし，$X(\omega)$ と $Y(\omega)$ の相関が高い（つまりノイズの影響が小さい）振動数では1に，無相関の場合は0となる。また，次式を満たす。

$$\mathrm{coh}^2(\omega) = \frac{H_1(\omega)}{H_2(\omega)} \tag{12}$$

したがって，ここで定義した3種類の伝達関数は以下の関係となることがわかる。

$$|H_1(\omega)| \leq |H_V(\omega)| \leq |H_2(\omega)| \tag{13}$$

$H_V(\omega)$ は，$X(\omega)$ と $Y(\omega)$ のいずれにもある程度のノイズがある場合に用いる。このように，伝達関数推定法は対象となる現象や観測の状況で使い分ける必要がある。

7.4 時間積分法

時間領域にて Δt 間隔で離散化されたデータを前提として，時間変数に関する微分方程式を微小な時間間隔 Δt ごとに順次数値的に積分して解を求めることを**数値時間積分**とよぶ。振動方程式を扱う場合は，Δt の間の相対加速度の変化を仮定した**ニューマークのβ法**，1自由度系の厳密解が与えられる**ニガム法**がよく用いられる。これらの数値積分法によれば，応答計算を高速に行えるうえ，非線形性など時刻や振幅により特性が変化する構造物に適用可能な点が重要である。

7.4.1 ニューマークのβ法

(1) 振動方程式の離散表現とニューマークのβ法

地動入力を受ける1自由度系の振動方程式(7.2)において，時刻$t_n = n\Delta t$のときの変位をx_nとすれば，振動方程式は以下のように表せる。

$$m\ddot{x}_n + c\dot{x}_n + kx_n = -m\ddot{x}_{gn} \tag{7.61}$$

ニューマークのβ法では，時刻$t_{n+1} = t_n + \Delta t$のときの相対変位と相対速度を，時刻t_nとt_{n+1}の値を用いて以下のように表す。

$$x_{n+1} = x_n + \dot{x}_n \Delta t + \frac{1}{2}\{(1-2\beta)\ddot{x}_n + 2\beta\ddot{x}_{n+1}\}\Delta t^2 \tag{7.62}$$

$$\dot{x}_{n+1} = \dot{x}_n + \frac{1}{2}(\ddot{x}_n + \ddot{x}_{n+1})\Delta t \tag{7.63}$$

ここで，βは後述する定数である。式(7.62)は，Δt^3の項までテイラー展開（Note 10.1を参照）を行い，その係数の1/6をβ，$\dddot{x}_n = (\ddot{x}_{n+1} - \ddot{x}_n)/\Delta t$とおけば得られる。式(7.63)の第2項は，$\Delta t$の間の加速度の変化が線形として，その積分を台形公式で表現したと考えればよい。あるいは，Δtの間の加速度が平均値で一定と考えても同じ形となる。

加速度は式(7.61)から以下のように表される。

$$\ddot{x}_{n+1} = -\frac{c}{m}\dot{x}_{n+1} - \frac{k}{m}x_{n+1} - \ddot{x}_{gn+1} \tag{7.64}$$

ここに式(7.62)，(7.63)を代入して，

$$\ddot{x}_{n+1} = -\frac{\ddot{x}_{gn+1} + \frac{c}{m}\left(\dot{x}_n + \frac{1}{2}\ddot{x}_n\Delta t\right) + \frac{k}{m}\left\{x_n + \dot{x}_n\Delta t + \left(\frac{1}{2}-\beta\right)\ddot{x}_n\Delta t^2\right\}}{1 + \frac{c}{2m}\Delta t + \beta\frac{k}{m}\Delta t^2} \tag{7.65}$$

を得る。$c/m = 2h\omega$，$k/m = \omega^2$により，1自由度系の固有円振動数と減衰定数で表してもよい。式(7.65)において時刻t_nにおける変位x_n，速度$\dot{x}_n$，加速度$\ddot{x}_n$と時刻t_{n+1}の地動入力$\ddot{x}_{gn+1}$があれば，時刻t_{n+1}の加速度$\ddot{x}_{n+1}$が計算でき，式(7.63)から$\dot{x}_{n+1}$，式(7.62)からx_{n+1}がそれぞれ計算できる。これを繰り返せば，時刻t_nの値から次の時刻t_{n+1}の値を順次計算できる。

この計算手順によれば，応答を高速に計算できるだけでなく，1自由度系の特性（剛性kなど）が振幅や履歴により変化する非線形・弾塑性特性を示す場合（7.5節）でも，式(7.65)で各時刻の値として表現できれば計算できる。これは他の応答計算法にはない大きな利点である。また，第8章で述べる多自由度系の場合は，式(7.62)〜(7.64)の変位をベクトル，質量・減衰・剛性を行列で扱うことにより同様に計算できる。

(2) βの値と計算の安定性

式(7.62)に含まれる定数βはΔt間の相対加速度の変化に対応しており，1/4または1/6が多用される。$\beta = 1/4$の場合は，式(7.62)の右辺{ }内が$(\ddot{x}_n + \ddot{x}_{n+1})/2$となることから，テイラー展開の$\Delta t^2$項の相対加速度を$\Delta t$間の平均値とすることに対応する。この場合を**平均加速度法**という。$\beta = 1/6$の場合は，Δt間に加速度が線形変化することに対応し，**線形加速度法**とよぶ。このほか，$\beta = 1/8$は段階加速度法，$\beta = 0$は衝撃加速度法に対応する。

数値積分で繰り返し計算を行う際に，打切り誤差による発散などの不安定現象を防ぐには，時間刻みΔtが対象とする構造物の固有周期Tに対して十分小さいことが必要である。ニューマークのβ法が

安定する条件は，$\beta = 1/4$ では常に安定（無条件安定），$\beta = 1/6$ では $\Delta t \leq 0.55T$ のとき安定（条件付安定）。これは図7.19で示したサンプリングの条件 $\Delta t \leq T/2$ に近い。実際には計算精度を確保するため，これより十分な余裕をもって時間刻みを細かくする必要があることは周波数応答解析と同様である。

7.4.2 ニガム法

ニガム法は，1自由度系の応答を厳密解にもとづいて順次計算する方法である。地動加速度 $\ddot{x}_{gn}$ が時間刻み Δt の間で線形変化するとして，時刻 t_n と t_{n+1} の間で以下のようになる。

$$\ddot{x}_g(t) = \frac{\ddot{x}_{gn+1} - \ddot{x}_{gn}}{\Delta t}(t - t_n) \tag{7.66}$$

これを式(7.2)に代入して時刻 t_n と t_{n+1} の間の運動方程式を求め，初期条件として $t = t_n$ の変位と速度を与えて $t = t_{n+1}$ の変位と速度を求める。その結果をまとめると次式となる[*1]。

$$\begin{Bmatrix} x_{n+1} \\ \dot{x}_{n+1} \end{Bmatrix} = [A] \begin{Bmatrix} x_n \\ \dot{x}_n \end{Bmatrix} + [B] \begin{Bmatrix} \ddot{x}_{gn} \\ \ddot{x}_{gn+1} \end{Bmatrix} \tag{7.67}$$

ここで，$[A] = \begin{bmatrix} a_{11} & a_{12} \\ a_{21} & a_{22} \end{bmatrix}$，$[B] = \begin{bmatrix} b_{11} & b_{12} \\ b_{21} & b_{22} \end{bmatrix}$ の要素は次のようになる。

$$a_{11} = e^{-h\omega \Delta t}\left(\frac{h}{\sqrt{1-h^2}}\sin \omega_d \Delta t + \cos \omega_d \Delta t\right)$$

$$a_{12} = \frac{e^{-h\omega \Delta t}}{\omega_d}\sin \omega_d \Delta t$$

$$a_{21} = -\frac{\omega}{\sqrt{1-h^2}}e^{-h\omega \Delta t}\sin \omega_d \Delta t$$

$$a_{22} = e^{-h\omega \Delta t}\left(\cos \omega_d \Delta t - \frac{h}{\sqrt{1-h^2}}\sin \omega_d \Delta t\right)$$

$$b_{11} = e^{-h\omega \Delta t}\left[\left(\frac{2h^2-1}{\omega^2 \Delta t} + \frac{h}{\omega}\right)\frac{\sin \omega_d \Delta t}{\omega_d} + \left(\frac{2h}{\omega^3 \Delta t} + \frac{1}{\omega^2}\right)\cos \omega_d \Delta t\right] - \frac{2h}{\omega^3 \Delta t}$$

$$b_{12} = -e^{-h\omega \Delta t}\left[\left(\frac{2h^2-1}{\omega^2 \Delta t}\right)\frac{\sin \omega_d \Delta t}{\omega_d} + \frac{2h}{\omega^3 \Delta t}\cos \omega_d \Delta t\right] - \frac{1}{\omega^2} + \frac{2h}{\omega^3 \Delta t}$$

$$b_{21} = e^{-h\omega \Delta t}\left[\left(\frac{2h^2-1}{\omega^2 \Delta t} + \frac{h}{\omega}\right)\left(\cos \omega_d \Delta t - \frac{h}{\sqrt{1-h^2}}\sin \omega_d \Delta t\right)\right.$$
$$\left.- \left(\frac{2h}{\omega^3 \Delta t} + \frac{1}{\omega^2}\right)(\omega_d \sin \omega_d \Delta t + h\omega \cos \omega_d \Delta t)\right] + \frac{1}{\omega^2 \Delta t}$$

$$b_{22} = -e^{-h\omega \Delta t}\left[\frac{2h^2-1}{\omega^2 \Delta t}\left(\cos \omega_d \Delta t - \frac{h}{\sqrt{1-h^2}}\sin \omega_d \Delta t\right) - \frac{2h}{\omega^3 \Delta t}(\omega_d \sin \omega_d \Delta t + h\omega \cos \omega_d \Delta t)\right] - \frac{1}{\omega^2 \Delta t}$$

$$\tag{7.68}$$

加速度は，式(7.64)と同様に変位，速度と地動加速度を振動方程式に代入して求めればよい。ω は固有円振動数，$\omega_d = \omega\sqrt{1-h^2}$ は減衰があるときの固有円振動数である。式(7.68)に含まれる振動特性は固有円振動数，減衰定数，時間刻みであり，これらが変化しなければ $[A]$，$[B]$ は最初に一度計算すればよいので計算速度が速くなる。また地動加速度の線形変化の仮定以外は厳密解にもとづくため，ニューマークの β 法のような数値計算上の安定性の制約もない。以上の性質から線形1自由度系の応

[*1]：変位と速度を組み合わせて状態ベクトルとする**状態方程式**の形式になっていることに注意。

答計算に適した方法であり，応答スペクトルを求める際などに利用されている。

7.5 弾塑性応答と等価線形解析

7.5.1 弾塑性復元力

(1) 弾塑性復元力のモデル

　これまで1自由度系の剛性kや減衰cなどの特性は，変位や時間にかかわらず一定として扱ってきた。復元力が剛性と相対変位に常に比例する場合は線形弾性の特性となる。一方，実際の材料は大きな力を受けて一定の変形（ひずみ）に達すると降伏し，塑性変形が増大して見かけ上の剛性が低下する。これを**非線形特性**という。また地震動のように正負方向に繰り返し力が加わる場合は，変形が大きくなる方向と小さくなる方向で異なる復元力—変形関係式に従うようになる。これを**弾塑性復元力特性**という。構造物として考えると，変形が小さい場合は材料の特性を反映して線形弾性の挙動を示すが，変形が大きくなるにつれて力が集中する（ひずみが大きくなる）箇所を中心に材料が塑性化し，さらに部分的に亀裂やすべりなどの損傷を生じるため，復元力と変形の関係は特徴的な履歴ループを描く。一般的な構造物の復元力特性の例を**図7.21**に示す。

　通常は相対変位に依存する特性に絞って弾塑性復元力特性として考慮する。速度に依存する特性は，等価な粘性減衰係数により区別して表現する場合が多い。したがって運動方程式は以下のようになる。

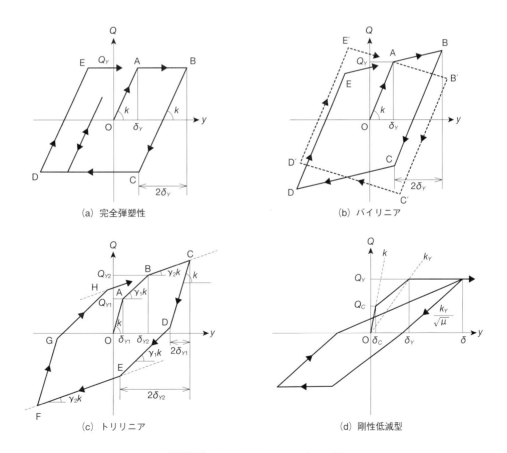

図7.21 弾塑性復元力モデルの例

$$m\ddot{x}(t) + c\dot{x}(t) + Q\{x(t)\} = -m\ddot{x}_g(t) \tag{7.69}$$

弾塑性復元力 $Q\{x(t)\}$ のモデルは，材料や構造形式を考慮して，実験結果なども参考にして決める場合が多い．たとえば鉄骨造では，鉄の材料の特性は図7.21(a)のような**完全弾塑性**でほぼ表現できる．鉄骨造の構造物全体でみると，各層（階）の水平方向の復元力と相対変位の関係は，(b)**バイリニア**や(c)**トリリニア**などで近似できることが多い．このほかに鉄骨造の接合部の滑りなどによる影響を考慮する場合もある．一方，鉄筋コンクリート造では，クラックの発生による剛性低減効果などさまざまな要因が影響するため(d)のような複雑な形状となる．鉄骨造に比べてループ面積は小さい傾向がある．

弾塑性復元力のモデルは多くの場合，直線の組み合わせで構成される．もちろん，関数で一意に表現できれば曲線の組み合わせであってもよい．地盤の応答解析で使用されるRamberg-Osgoodモデル（R-Oモデル）や双曲線モデル（H-Dモデル）はその例である（Note 10.3参照）．

（2）弾塑性応答計算

弾塑性復元力をもつ振動系の応答を求めるには，7.4節で扱った時間積分法が適切である．弾塑性復元力はループ形状を示すため変位だけでは復元力が一意に決まらないが，直前の時刻に対する変位の増分の正負，すなわち速度の符号にも注目すれば，ループの折れ曲がり点（直線・曲線が接続されている点）のどちら側にいるかが判定でき，ループ上の位置が決定できるので，復元力も求められる．復元力特性が非線形の場合の運動方程式を時間積分で解く場合は，**ニュートン・ラフソン法**などの反復法を用いる．

図7.22(a)にニュートン・ラフソン法の概念を示す．時刻$t=t_n$の相対変位x_nが求められているとき，$t=t_n$の復元力の傾きを剛性としてt_{n+1}の相対変位を求める．復元力が非線形の場合は真の復元力に対して残差（不つり合い力）が生じるので修正し，その変位に対応する復元力の傾きを剛性として同様の手順を反復する．残差が十分小さくなれば収束と見なして，時刻$t=t_{n+1}$の相対変位x_{n+1}と復元力Q_{n+1}が求められる．この方法は収束までの反復回数は少なく，非線形性が強い場合に適するが，反復ごとに剛性を計算する負荷は大きい．

図7.22(b)では，時間ステップの最初の1回だけ剛性を計算し，反復する間は一定としている．収束までの反復回数は増えるが，剛性の計算負荷は小さくなる．(b)の方法を修正ニュートン・ラフソン法，これと対比して(a)をフルニュートン・ラフソン法とよぶ．さらに(c)に示すように，復元力特性の原点の傾きである初期剛性を，すべての時間ステップ・すべての反復計算に共通で用いる初期剛性法もある．

これらの計算方法による精度や計算時間の差は非線形特性や時間刻みに左右されるため，適切な選

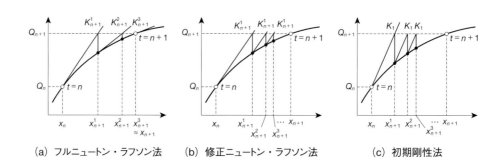

(a) フルニュートン・ラフソン法　　(b) 修正ニュートン・ラフソン法　　(c) 初期剛性法

図7.22　ニュートン・ラフソン法による非線形の時間積分法

択が必要となる。第8章で説明する多自由度系で弾塑性応答を計算する場合は，剛性行列を作りなおすたびに分解が必要となるため計算負荷が大きい。また，減衰行列の設定にあたり，剛性行列に比例すると仮定する**剛性比例減衰**が一般に用いられる。この場合に，初期剛性法に対応する初期剛性比例減衰と，時間ステップごとの剛性を定める瞬間剛性比例減衰がある。初期剛性比例減衰は，大きな初期剛性により一般に減衰を過大評価する傾向があるので注意が必要である。

7.5.2 等価線形モデル

（1）弾性1自由度系の減衰

減衰は，7.1節で扱ったように，振動エネルギーを消費する現象と考えることができる。粘性減衰と弾性復元力をもつ1自由度系が調和外力を受ける場合の解を $x(t) = a\cos(pt - \theta)$ とすれば，粘性減衰力と弾性復元力からなる復元力 $q(t)$ は以下のように表される。

$$q(t) = c\dot{x}(t) + kx(t) \tag{7.70}$$

この場合に，$x(t)$ を横軸，$q(t)$ を縦軸として図に表すと，**図7.23**のように楕円となる。振動数 p における楕円の面積 ΔW は，

$$\Delta W = 2h\omega p\pi a^2 \tag{7.71}$$

ここで，ω は1自由度系の固有円振動数，h は減衰定数，p は調和外力の振動数である。ΔW は力と変位がなす面積であるから，1周期の間に復元力がなす仕事と考えることができる。一方，最大のひずみエネルギーは $W = \omega^2 a^2/2$ であるので，

$$h = \frac{1}{4\pi}\frac{\Delta W}{W}\frac{\omega}{p} = \frac{1}{4\pi}\frac{\Delta W}{W} \quad (p = \omega \text{のとき}) \tag{7.72}$$

となる。これより1自由度系が固有振動数に等しい振動数で定常振動をしている場合は，粘性減衰力が1周期になす仕事 ΔW は，最大ひずみエネルギー W の $4\pi h$ 倍となることがわかる。粘性減衰の場合は ΔW は振動数 p に比例することに注意する。

（2）弾塑性系の等価減衰

弾塑性復元力特性をもつ1自由度系について，ある振幅で定常共振状態のループが与えられれば，式(7.72)に従って，1周期のループ面積（仕事）ΔW と最大変位による等価ポテンシャルエネルギー W_e から，等価減衰定数 h_e が以下のように得られる。

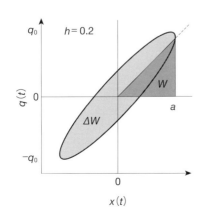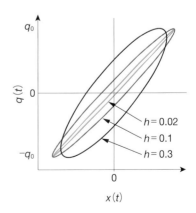

図7.23 固有振動数に等しい振動数の調和外力を受ける1自由度系の相対変位と復元力の関係

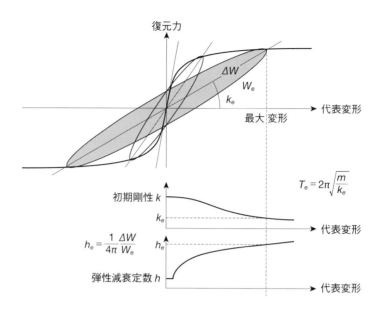

図7.24 等価線形化法

$$h_e = \frac{1}{4\pi} \frac{\Delta W}{W_e} \tag{7.73}$$

一般的な弾塑性系では，振幅が大きいほど等価減衰定数も大きくなる傾向がある（ループが太くなる）。一方，振動数にはあまり影響されない場合が多い。

（3）等価線形化法

弾塑性系に静的に力を加えた場合の相対変位—復元力関係から，最大の変位を設定すれば，それに対応する弾塑性ループの最大点と原点を結ぶ割線の傾きにより，等価剛性を設定することができる。弾塑性系の場合は一般的に振幅が大きくなるほど等価剛性が低下し，対応する等価な固有周期は大きくなる。図7.24に示すように，構造物の変位の代表点について，変位の大きさごとに等価剛性k_eと等価減衰定数h_eを求めておけば，これを用いた線形弾性の応答計算で弾塑性系の応答を簡略に推定することができる。これを**等価線形化法**という。

弾塑性モデルと応答レベルを定めれば，等価剛性と等価減衰定数を簡単な式で書くこともできる。たとえば，完全弾塑性モデルで定常応答・共振の場合は，塑性率μを用いた以下の近似式が知られている。

$$k_e = \frac{k}{\mu}, \quad h_e = \frac{2}{\pi}\left(1 - \frac{1}{\mu}\right) \tag{7.74}$$

ここで，塑性率μは，構造物の降伏点の変形に対する最大変形の比である。

地盤材料は，せん断剛性について，せん断ひずみγがごく小さい範囲から線形から外れた性質を示すことが知られている。繰り返しせん断変形させた場合のせん断ひずみに対するせん断剛性比G/G_0および減衰定数h_eの関係を土の動的変形特性とよび，地盤の地震応答を推定する場合などに用いられる。図7.25に土質による動的変形特性を示す。等価剛性Gを$\gamma = 10^{-6}$の値G_0に対する比で表している。初期剛性の大きい砂礫や砂質土では，せん断ひずみに対する剛性低下が大きめ，減衰定数も大きめとなる（Note 10.3参照）。

（4）等価線形化法による応答計算

等価線形化法による応答計算は，本来は時間や変形（ひずみ）により剛性や減衰が変化する非線形

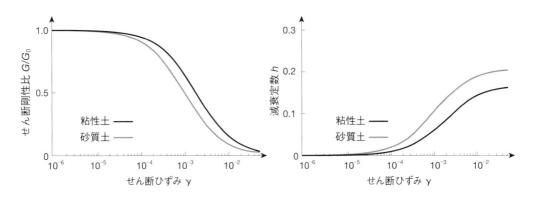

図7.25 土の剛性率・減衰定数とせん断ひずみの関係の例（HDモデルのG–γ，h–γ曲線）

の対象物について，平均的な一定値である等価剛性や等価減衰を用いた線形計算で近似することにあたる。このためには繰り返し計算が必要になる。具体的には，まず変形（ひずみ）のレベルを微小と想定して等価剛性と等価減衰定数を評価し，線形応答計算を行う。計算された変形は当初に想定した値とは異なる値となるため，等価剛性と等価減衰定数を変形に合うように決めなおして，線形応答計算を再度行う。これを繰り返せば適切な変形に収束することが期待できる。

　弾塑性復元力のモデルが与えられていれば，7.5.1項で説明した時間積分を行うほうが計算精度が高くなるが，モデルの正確な設定や計算は難しくなる。これに対して等価線形化法は，弾塑性復元力のモデル化を詳細に行うことなく，設計などにおいて弾塑性応答の概略を評価する目的に適している。最近の設計法である限界耐力計算法では，応答スペクトルと組み合わせた等価線形化法が用いられている（9.3節で扱う）。

　このほかに，振動数領域で定式化されている周波数応答解析において，材料などの非線形特性を考慮する場合も等価線形化が有力な計算方法となる。たとえば，地盤の地震応答解析では，多数の層からなる地盤（成層地盤）の地中と地表の関係を，**重複反射理論**（10.3節参照）により振動数領域の伝達関数で表すことが行われる。しかし，図7.25に示すような土の非線形特性は，振動数領域の解析では直接表現できない。このとき，せん断剛性Gと減衰定数hを定めて線形応答計算を振動数領域で行い，フーリエ逆変換で時間領域のせん断ひずみを求めて，Gとhを修正する。この手順を応答が収束するまで繰り返す。この方法による地盤の地震応答解析法は，プログラム名"SHAKE"として知られている。

　等価線形化法では，変化する剛性や減衰定数を全応答継続時間に対して平均的な一定値で近似することになるため，非線形特性が著しく変化する場合は精度が低下することが多い。また中立点から片側にずれて振動する場合など，最大変形が大きくても動的な変形振幅が小さいときには，最大変形のみで決まる等価剛性と等価減衰定数では限界がある。さらに，地震動など非定常な時間変化をする変位やひずみに関して，代表的な値の決め方も課題になる。たとえばSHAKEでは，最大せん断ひずみの0.65倍を有効ひずみとして，図7.25などから等価剛性や等価減衰定数を求めている。これは理論的な理由ではなく，多くの地震動や地盤で適切な値として経験的に決められたものである。

〈実物大の振動実験施設「減災館」〉

Note 7.4

名古屋大学減災館は，建物そのものを利用した多様な振動実験を想定して設計されている（**図7.e**）。本章で扱った振動方程式により導かれる現象や特性を，実際の建物を使って検討し，また体験することもできる。

建物全体は，南海トラフ地震を想定して固有周期5.2 sの基礎免震建物になっている。免震装置は天然ゴム系積層ゴムアイソレータ，オイルダンパー，直動転がり支承の組み合わせで，ほぼ弾性の復元力特性をもち，小振幅から剛性が小さく，加振が容易である。基礎免震層には100トンジャッキが3台設置され，建物全体を片側150 mmまで引いて離す自由振動実験が可能である。

屋上には，建物全体と同じ周期5.2 s，質量410 tの免震建物が設置され，アクチュエータで各方向に加振できる（実験時以外は固定している）。加振力は数 tf程度であるが，減衰定数が小さいため，固有周期に近い正弦波で共振させることで片側900 mmまで増幅できる。これにより40 tf程度の慣性力を発生させて建物全体の強制振動実験も可能であり，室内では長周期地震動の体感ができる。

建物各階，基礎，周辺地盤の加速度計，免震層の相対変位計，基礎側面・底面の土圧計など，モニタリング機器を常設し，振動実験や地震応答，常時微動を観測している。繰り返し実験を行い，

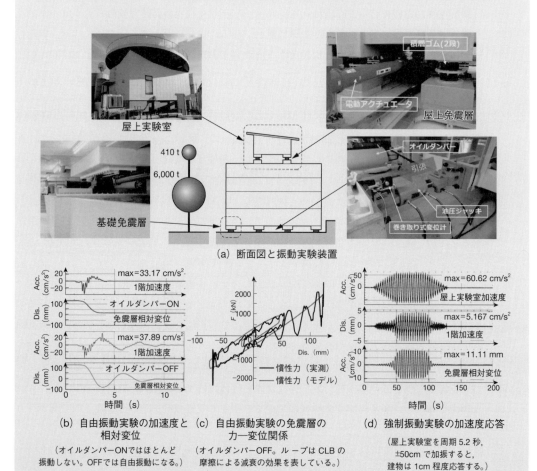

図7.e　減災館の振動実験装置と実験結果

記録を長期にわたり蓄積することで，免震装置の長期にわたる性能検証を行っている。

減災館を用いて，AMD（Active Mass Damper）やTMD（Tuned Mass Damper）を備えた免震建物の特性検討も予定されている。また，建物本体と屋上実験室を地盤と建物に見立てれば，相互作用実験にもなる。

【参考文献】

[1] 和泉正哲，勝倉裕，地震動の位相情報に関する基礎的研究，日本建築学会論文報告集，第327号，pp. 20-28，1983
[2] 和泉正哲，勝倉裕，大野晋，超関数理論に基づくFFT手法を用いた地震動の分離と合成に関する理論的考察，日本建築学会構造系論文報告集，第390号，pp. 18-26，1988
[3] 和泉正哲，勝倉裕，大野晋，地震動の因数分解に関する基礎的研究，日本建築学会構造系論文報告集，第390号，pp. 27-33，1988
[4] 大崎順彦，新・地震動のスペクトル解析入門，鹿島出版会，1994
[5] 柴田明徳，最新耐震構造解析（第3版），森北出版，2014

〈演習問題〉

1 第6章の演習問題3で扱った構造物について，X方向およびY方向の固有周期を求めよ。なお，鉄筋コンクリート建物の床面積あたりの平均重量を$12\,\mathrm{kN/m^2}$（約$1.2\,\mathrm{tf/m^2}$）とする。

2 ある建物の自由振動実験を行ったところ，下図の記録が得られた。縦軸は相対変位，横軸は時刻（0〜5 s）である。この記録から，建物の固有周期と減衰定数を推定せよ。

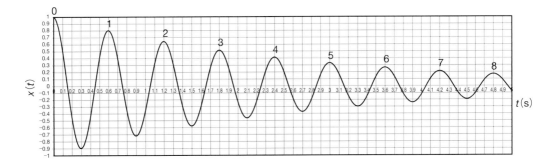

3 右図のエルセントロ地震動の加速度応答スペクトルから，以下の建物の最大加速度応答と最大変位応答を求めよ。

(1) 第6章の演習問題3のRC造建物（X方向，Y方向）

(2) 鉄骨造10階建て建物（高さ30 m）

(3) 免震建物（固有周期3 s）

なお，減衰定数はRC造で5%，鉄骨造で2%，免震建物は20%とする。

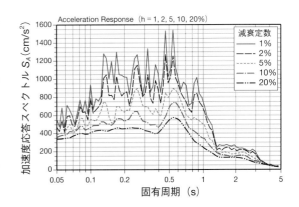

4 高層建物と免震建物の地震時の応答特性や耐震性について，以下のキーワードを用いて300字程度で説明せよ．

　　固有周期，減衰定数，地震動，加速度，変位，地盤，共振，制振

5 Note 7.2に示したフーリエ変換の基礎的な関係式を，記載した説明や式に従って導出してみよ．また，振動方程式と応答解析の振動数領域での表現である式(7.54)，(7.57)，(7.58)の導出を確認せよ．

6 ニューマークのβ法またはニガム法により，表計算ソフトウェアなどを用いて1自由度系の応答を計算せよ．時間刻み$\Delta t = 0.01$ sとする．1自由度系は周期1 s，減衰定数は0，5，20%として比較することとし，以下のような地動加速度，初期変位などに関して計算して，本文中の結果と比較せよ．

(1) 地動加速度が0，時刻$t=0$で初期変位1，初期速度0から始まる自由振動の場合

(2) 地動加速度が時刻$t=0$から始まる周期0.5 s，1 s，2 sのサイン関数（振幅1）の場合

(3) 地動加速度が時刻$t=0$で単位インパルスの場合

第8章 多自由度系の振動

多層建物の振動を扱う場合は，各階の床を質点とし，各層の水平剛性を表すばねで層間をつないだせん断多質点系（多自由度系）でモデル化することが多い。このようなモデルの振動方程式は，行列とベクトルを用いて1自由度系と同様の形式で表すことができ，さらにモード分解により1自由度系の解の重ね合わせで多自由度系の解を表現することができる。本章では，これらの手順を解説する。

8.1 多自由度系の振動方程式と解

8.1.1 振動方程式

多層の建物が水平方向に振動する状態を考える。質量は各階の床位置に集中するものと考え，柱や壁などの重さは上下の床に分配する。剛性は各層（ある階の床から上の階の床までの間の柱や壁で支えられた部分を**層**とよぶ）がせん断変形[*1]すると仮定し，その水平剛性を考える。n階の建物はn質点系にモデル化され，水平1方向の変形のみを考慮すればn自由度系となる。一般的な建物では，床の変形が少なく，ある層の水平剛性が他の層と独立と仮定して**せん断多質点系**（**多自由度系**）にモデル化することが多い（**図8.1**）。

1自由度系と同様に各質点に関する力のつり合いを考える。せん断質点系では，各質点に対して上下の層の**層せん断力**（水平方向の層間変形と層剛性に比例する力）が働いている。多層建物の最下層に働く層せん断力は**ベースシアー**とよばれ，建物全体に加わる水平力を表すため，設計において注目

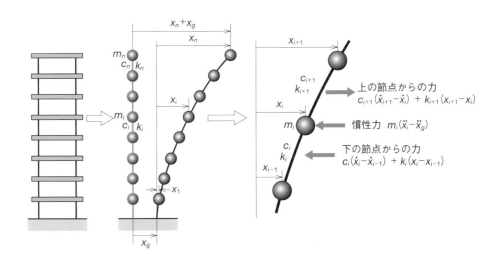

図8.1 多層建物のせん断多質点系によるモデル化

[*1]：層としてはせん断変形であるが，フレームを構成する柱・梁などの部材は曲げ変形していることに注意。

する指標である(第9章で扱う)。ここでは,減衰力も各層の層間速度と粘性減衰係数の積で働くものとしているが,実際には剛性のように明確な値で表現できないことも多いため,後で述べるように構造物全体についてモード減衰として与えることもある。

地動入力$\ddot{x}_g(t)$を受ける場合の1,$i(2 \leq i \leq n-1)$,n番目の質点の力のつり合いは次のようになる。

$$m_1(\ddot{x}_1+\ddot{x}_g) + c_1\dot{x}_1 - c_2(\dot{x}_2-\dot{x}_1) + k_1 x_1 - k_2(x_2-x_1) = 0$$
$$m_i(\ddot{x}_i+\ddot{x}_g) + c_i(\dot{x}_i-\dot{x}_{i-1}) - c_{i+1}(\dot{x}_{i+1}-\dot{x}_i) + k_i(x_i-x_{i-1}) - k_{i+1}(x_{i+1}-x_i) = 0 \quad (8.1)$$
$$m_n(\ddot{x}_n+\ddot{x}_g) + c_n(\dot{x}_n-\dot{x}_{n-1}) + k_n(x_n-x_{n-1}) = 0$$

式の簡単化のため変位$x(t)$の時間変数は省いている。また質点番号は下から振ってある。これをすべての質点について整理すると,多自由度系の振動方程式が以下のように得られる。

$$[M]\{\ddot{x}\} + [C]\{\dot{x}\} + [K]\{x\} = -[M]\{1\}\ddot{x}_g \quad (8.2)$$

ここで,$[M]$は**質量行列**,$[C]$は**減衰行列**,$[K]$は**剛性行列**であり,以下のように表される。$\{x\}$は相対変位ベクトルで,要素は各質点の相対変位である。

$$[M] = \begin{bmatrix} m_1 & 0 & \cdots & 0 \\ 0 & m_2 & & 0 \\ \vdots & \vdots & \ddots & \vdots \\ 0 & 0 & \cdots & m_n \end{bmatrix}, [C] = \begin{bmatrix} c_1+c_2 & -c_2 & \cdots & 0 \\ -c_2 & c_2+c_3 & & 0 \\ \vdots & & \ddots & \vdots \\ 0 & 0 & \cdots & c_n \end{bmatrix}, [K] = \begin{bmatrix} k_1+k_2 & -k_2 & \cdots & 0 \\ -k_2 & k_2+k_3 & & 0 \\ \vdots & & \ddots & \vdots \\ 0 & 0 & \cdots & k_n \end{bmatrix},$$

$$\{x\} = \begin{Bmatrix} x_1 \\ x_2 \\ \vdots \\ x_n \end{Bmatrix}, \{1\} = \begin{Bmatrix} 1 \\ 1 \\ \vdots \\ 1 \end{Bmatrix} \quad (8.3)$$

式(8.2)から,n自由度系はn元連立2階常微分方程式となる。また式(8.3)から,せん断質点系の質量行列は対角行列,減衰行列と剛性行列は3重対角行列となる。各層の曲げ変形を考慮する場合には,等価せん断ばねを用いたせん断質点系や,せん断と曲げの両者の自由度も考慮した曲げせん断質点系を考える場合もある。

8.1.2 振動方程式の解
(1) 非減衰自由振動

式(8.2)の解を求めるにあたり,まず減衰と地動入力を0とした非減衰自由振動を考える。

$$[M]\{\ddot{x}\} + [K]\{x\} = \{0\} \quad (8.4)$$

ここで相対変位ベクトルを$\{x\} = \{\phi\}e^{i\omega t}$とする。各質点が一定の振動モード$\{\phi\}$を保って円振動数$\omega$で振動している状態である。これを式(8.4)に代入して

$$(-\omega^2[M] + [K])\{\phi\}e^{i\omega t} = \{0\} \quad (8.5)$$

となる。これは$[M]$,$[K]$についてスカラーω^2とベクトル$\{\phi\}$を求める**一般化固有値問題**である。式(8.5)が$\{\phi\} = \{0\}$以外の解をもつ条件は,

$$|-\omega^2[M] + [K]| = 0 \quad (8.6)$$

となる。これを**特性方程式**という。これを解いてn個の固有値ω_j^2を求め,対応するベクトル$\{\phi_j\}$を求

める。結果を行列にまとめると，

$$[\Omega^2] = \begin{bmatrix} \omega_1^2 & 0 & 0 \\ 0 & \ddots & 0 \\ 0 & 0 & \omega_n^2 \end{bmatrix}, \quad [\Phi] = [\,\{\phi_1\} \cdots \{\phi_n\}\,] \tag{8.7}$$

となる。ここで，$[\Omega^2]$ は対角の**スペクトル行列**，$[\Phi]$ は**モード行列**であり，スペクトル行列の要素の正の平方根 ω_j は小さいほうから j 次の**固有円振動数**，対応する $\{\phi_j\}$ は j 次の**固有モード**あるいは**固有ベクトル**とよぶ。$j=1\sim n$ はモード次数，n は自由度で，せん断多質点系では質点数に等しい。固有モードはその定数倍でも条件を満たす（ベクトルの要素の比率だけが定まる）ため，一般には j 次の固有モードについて以下のように**正規化**する。

$$\{\phi_j\}^{\mathrm{T}}[M]\{\phi_j\} = \sum_{i=1}^{n} m_i \phi_{ji}^2 = 1 \tag{8.8}$$

ここで，^{T} は転置を，ϕ_{ji} は $\{\phi_j\}$ の i 要素を表す。さらに固有モードには次式の性質がある。

$$\{\phi_j\}^{\mathrm{T}}[M]\{\phi_k\} = 0 \quad (j \neq k) \tag{8.9}$$

$$\{\phi_j\}^{\mathrm{T}}[K]\{\phi_k\} = 0 \quad (j \neq k) \tag{8.10}$$

この性質を，固有モードが質量行列，剛性行列を介して直交している（**直交性**）といい，各次の固有モードが独立であることを示している。式(8.8)も考えて正規化固有モードについてまとめると，

$$[\Phi]^{\mathrm{T}}[M][\Phi] = [I] \tag{8.11}$$

$$[\Phi]^{\mathrm{T}}[K][\Phi] = [\Omega^2] \tag{8.12}$$

となる。n 自由度系の任意の変位ベクトル $\{x(t)\}$ は，n 個の独立な固有モードの線形結合で以下のように表せる。

$$\{x(t)\} = \sum_{j=1}^{n} \{\phi_j\} \xi_j(t) = [\Phi]\{\xi(t)\} \tag{8.13}$$

ここで，$\{x(t)\} = \{x_1(t),\cdots,x_n(t)\}^{\mathrm{T}}$，$\{\xi(t)\} = \{\xi_1(t),\cdots,\xi_n(t)\}^{\mathrm{T}}$ であり，定数となる固有モードと区別するため時間の変数 (t) を明示した。$\xi_j(t)$ は j 次モードの変位にあたる。式(8.13)の両辺に $\{\phi_j\}^{\mathrm{T}}[M]$ を左からかけて，式(8.9)も考慮して整理すると

$$\xi_j(t) = \frac{\{\phi_j\}^{\mathrm{T}}[M]\{x(t)\}}{\{\phi_j\}^{\mathrm{T}}[M]\{\phi_j\}} = \{\phi_j\}^{\mathrm{T}}[M]\{x(t)\} \tag{8.14}$$

が得られる。これを**展開定理**という。非減衰自由振動の方程式(8.5)に式(8.13)を代入して，左から $\{\phi_j\}^{\mathrm{T}}$ をかけ，式(8.8)〜(8.10)の関係を用いると，

$$\ddot{\xi}_j(t) + \omega_j^2 \xi_j(t) = 0 \quad (j=1,\cdots,n) \tag{8.15}$$

となる。式(8.4)の n 元連立微分方程式が，式(8.15)では独立な n 本の微分方程式に変換されている。それぞれの微分方程式は1自由度系の振動方程式に等しいので，第7章の方法を用いて，$\xi_j(t), j=1,\cdots,n$ を求め，式(8.13)で応答を計算することができる。このような多自由度系の解法を**モード合成法**という。すべての j について式(8.11)，(8.12)も考慮して整理すれば以下の式が得られる。

$$\{\ddot{\xi}(t)\} + [\Omega^2]\{\xi(t)\} = \{0\} \tag{8.16}$$

スペクトル行列$[\Omega^2]$は対角行列なので，式(8.16) では連立方程式が非連成化されている。

（2） 減衰自由振動（比例減衰）

減衰がある場合の多自由度系の振動方程式(8.2) において，非減衰の固有モード$\{\phi_j\}$が減衰行列$[C]$を介して直交性を満たす場合は，非減衰の固有モードのままでモード合成を行うことができる。

$$\{\phi_j\}^T[C]\{\phi_k\} = 0 \quad (j \neq k) \tag{8.17}$$

このような条件を満たす減衰行列は，質量行列および剛性行列に比例する形で表されるため，**比例減衰**とよばれ，以下のように表せる。

$$[C] = a_0[M] + a_1[K] \tag{8.18}$$

これを**レイリー減衰**，第一項のみの場合は**質量比例減衰**，第二項のみの場合は**剛性比例減衰**という。一般的な比例減衰の表現は，これらを含む以下で表現できる。

$$[C] = [M]\sum_{k=0}^{n-1} a_k([M]^{-1}[K])^k \tag{8.19}$$

これを**コーギー減衰**とよぶ。このとき，j次モードの減衰定数h_jと固有円振動数ω_jにより以下のように表す。

$$[\Phi]^T[C][\Phi] = \begin{bmatrix} 2h_1\omega_1 & 0 & 0 \\ 0 & \ddots & 0 \\ 0 & 0 & 2h_n\omega_n \end{bmatrix} = 2\begin{bmatrix} h_1 & 0 & 0 \\ 0 & \ddots & 0 \\ 0 & 0 & h_n \end{bmatrix}[\Omega] = 2[H][\Omega] \tag{8.20}$$

式(8.2) の右辺を$\{0\}$とおいた減衰自由振動方程式に式(8.13) を代入し，左から$\{\phi_j\}^T$をかけて，式(8.20) も考えれば

$$\ddot{\xi}_j(t) + 2h_j\omega_j\dot{\xi}_j(t) + \omega_j^2\xi_j(t) = 0 \quad (j=1,\cdots,n) \tag{8.21}$$

となる。これは式(7.5) と同じ形であり，j次モードについて式(7.7) と同様の解が得られる。これを式(8.13) に代入すると，以下のように多自由度系の減衰自由振動の解が得られる。

$$\{x(t)\} = \sum_{j=1}^{n}\{\phi_j\}e^{-h_j\omega_j t}\left(d_{0j}\cos\sqrt{1-h_j^2}\omega_j t + \frac{v_{0j}+h_j\omega_j d_{0j}}{\sqrt{1-h_j^2}\omega_j}\sin\sqrt{1-h_j^2}\omega_j t\right) \tag{8.22}$$

ここで，d_{0j}, v_{0j}はj次モードの自由振動成分における変位と速度の初期値である。

j次モードの減衰定数h_jは，式(8.19) と(8.11)，(8.12) を比較することにより次のようになる。

$$\begin{aligned} h_j &= \frac{1}{2\omega_j}\sum_{k=0}^{n-1} a_k\omega_j^{2k} \quad \text{（コーギー減衰）} \\ h_j &= \frac{a_0}{2\omega_j} = h_1\frac{\omega_1}{\omega_j} \quad \text{（質量比例減衰）} \\ h_j &= \frac{a_1\omega_j}{2} = h_1\frac{\omega_j}{\omega_1} \quad \text{（剛性比例減衰）} \\ h_j &= \frac{1}{2}\left(\frac{a_0}{\omega_j} + a_1\omega_j\right) \quad \text{（レイリー減衰）} \end{aligned} \tag{8.23}$$

これらの式の傾向を**図8.2**に示す。各次の減衰定数は，質量比例減衰では固有振動数に反比例，剛性比例減衰では比例するので，1つの振動数（たとえば1次固有振動数）に対する減衰定数を決めればよい。レイリー減衰は2つの振動数について減衰定数を設定する。一般的な構造物の応答解析では剛性比例減衰が使われることが多く，1次モードの減衰定数h_1を定めれば，高次の減衰定数は固有振動数

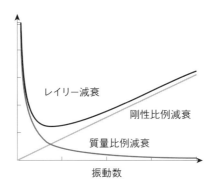

図8.2 比例減衰の特性

に比例して決まる。この場合は高振動数の減衰を過大評価する傾向があることに注意が必要である。弾塑性復元力を考える場合には，振幅の増大に伴って剛性が低下し，見かけの減衰が増加するため，変化する剛性に合わせて減衰定数を低下させる**瞬間剛性比例減衰**が使われる。この場合はニュートン・ラフソン法の利用に注意を要する（7.5.1節参照）。このほかに，建物の部分や部材ごとに異なる減衰定数から比例減衰を定める方法に，**ひずみエネルギー比例型減衰**[*1]がある。各次モードのひずみエネルギーに応じて，建物の部分に設定された減衰を割り振る形になっており，高次モードでも一定の減衰を使用できる点も長所である。

（3）地動入力に対する応答

式(8.2)に式(8.13)を代入し，左から $\{\phi_j\}^T$ をかければ

$$\ddot{\xi}_j(t) + 2h_j\omega_j\dot{\xi}_j(t) + \omega_j^2\xi_j(t) = -\beta_j\ddot{x}_g(t) \quad (j=1,\cdots,n) \tag{8.24}$$

となる。ここで β_j は**刺激係数**と呼ばれ，正規化モードであれば次式で表される。

$$\beta_j = \frac{\{\phi_j\}^T[M]\{1\}}{\{\phi_j\}^T[M]\{\phi_j\}} = \{\phi_j\}^T[M]\{1\} \tag{8.25}$$

展開定理を表す式(8.13)，(8.14)を参考にして，すべての項が1のベクトル $\{1\}$ を固有モードで展開すると，

$$\{1\} = \sum_{j=1}^n \beta_j\{\phi_j\} \tag{8.26}$$

となる。ここで，$\beta_j\{\phi_j\}$ を j 次の**刺激関数**とよぶ。刺激係数 β_j はこの展開の係数であり，剛体変位に対する各モードの寄与の度合，言い換えれば地動入力が各モードに与える影響の大きさを示している。したがって式(8.24)で j 次モードの応答 $\xi_j(t)$ は，固有円振動数 ω_j，減衰定数 h_j の1自由度系に地動加速度 $\ddot{x}_g(t)$ の β_j 倍が作用したときの応答となる。地動加速度 $\ddot{x}_g(t)$ を受ける1自由度系の解を $\xi_j'(t)$ とすれば，式(8.24)も参考にして，多自由度系の解はモード合成法により以下のように表現できる。

[*1]：ひずみエネルギー比例型減衰は以下で与えられる。

$$h_j = \frac{\{\phi_j\}^T\sum_l(h_lk_l)\{\phi_j\}}{\{\phi_j\}^T[K]\{\phi_j\}}$$

ここに $\sum_l$ は建物の部分 l に関する総和である。これにより対角項が $2h_j\omega_j/m_j$ となる $[H]$ を用いて，$[C] = 2[M][\Phi][H][\Phi]^T[M]$ により比例減衰行列が求められる。

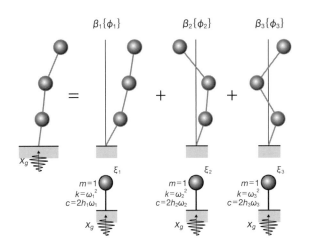
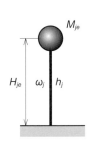

図8.4 j 次の等価質量と等価高さ

図8.3 地動入力を受ける多自由度系のモード合成法

$$\{x(t)\} = \sum_{j=1}^{n} \beta_j \{\phi_j\} \xi_j'(t) \tag{8.27}$$

式(8.27)の内容を，3自由度の例について**図8.3**に示す。

多自由度系の各次の固有モードについて，周期や減衰だけでなく，構造物のベースシアー（最下層の層せん断力）や転倒モーメント（地動水平入力により建物基部にかかるモーメント）を表現し得る1自由度系を考えると（**図8.4**），**等価質量** M_{je} と**等価高さ** H_{je} は以下のように定義される。

$$M_{je} = \frac{\left(\sum_{i=1}^{n} m_i \phi_{ji}\right)^2}{\sum_{i=1}^{n} m_i \phi_{ji}^2} \tag{8.28}$$

$$H_{je} = \frac{\sum_{i=1}^{n} m_i \phi_{ji} H_i}{\sum_{i=1}^{n} m_i \phi_{ji}} \tag{8.29}$$

等価質量は j 次モードの応答が構造物のベースシアーに及ぼす割合，等価高さは j 次モードの応答が構造物の転倒モーメントに及ぼす影響を示す。実務上は，構造物全体の性質に寄与の大きい1次モードについて，等価質量と等価高さを考慮したモデルにより応答を評価する場合が多い。

Note 8.1 〈2自由度系の振動〉

多自由度系の振動方程式の実例として，2自由度系の特性を考えてみよう（**図8.a**）。

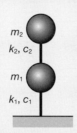

図8.a 2自由度系

せん断質点系の非減衰自由振動の式(8.4)は以下のようになる。

$$\begin{bmatrix} m_1 & 0 \\ 0 & m_2 \end{bmatrix}\begin{Bmatrix} \ddot{x}_1 \\ \ddot{x}_2 \end{Bmatrix} + \begin{bmatrix} k_1+k_2 & -k_2 \\ -k_2 & k_2 \end{bmatrix}\begin{Bmatrix} x_1 \\ x_2 \end{Bmatrix} = \begin{Bmatrix} 0 \\ 0 \end{Bmatrix} \tag{1}$$

この解を $\{x_1, x_2\}^T = \{\phi_1, \phi_2\}^T e^{i\omega t}$ とおいて上式に代入すると，特性方程式は以下になる。

$$\begin{vmatrix} k_1+k_2-\omega^2 m_1 & -k_2 \\ -k_2 & k_2-\omega^2 m_2 \end{vmatrix} = 0 \tag{2}$$

展開すれば ω^2 に関する2次式となり，解の正の平方根のうち小さいほうが1次の固有円振動数 ω_1，大きいほうが2次の固有円振動数 ω_2 となる。$a=m_2/m_1$，$b=\sqrt{k_2/m_2}/\sqrt{k_1/m_1}$，$\omega_0=\sqrt{k_1/m_1}$，$\omega_j=r_j\omega_0$，$j=1,\ 2$ とおくと

$$r_j = \frac{\sqrt{(1+b)^2+ab^2} \mp \sqrt{(1-b)^2+ab^2}}{2}, \quad \beta_j\{\phi_j\} = \frac{(b^2-r_j^2)+ab^2}{(b^2-r_j^2)^2+ab^4}\begin{Bmatrix} b^2-r_j^2 \\ b^2 \end{Bmatrix}, \quad j=1,\ 2 \tag{3}$$

となる。第6章で示した**図8.b**のような構造物は，いずれも a，b の値を選べば2自由度系で振動の概略が表現できる。代表的な例を詳しく検討してみよう。

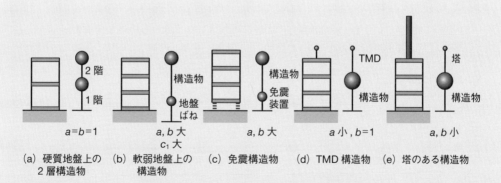

図8.b 2自由度系でモデル化できる構造物

例1：(a) 2階建

1階と2階がほぼ同じとすれば，$a=m_2/m_1=1$，$b=\sqrt{k_2/m_2}/\sqrt{k_1/m_1}=1$ となるので，

$$\omega_j = \frac{\sqrt{5}\mp 1}{2}\omega_0 \approx 0.6\omega_0,\ 1.6\omega_0$$

$$\beta_j\{\phi_j\} = \begin{vmatrix} \dfrac{5 \pm \sqrt{5}}{10} \\ \dfrac{5 \pm 3\sqrt{5}}{10} \end{vmatrix} \approx \begin{vmatrix} 0.72 \\ 1.16 \end{vmatrix}, \begin{vmatrix} 0.28 \\ -0.16 \end{vmatrix} \quad (4)$$

したがって，1階のみの場合の固有振動数 ω_0 に対して，2階建の1次固有振動数は約0.6倍，2次固有振動数は約1.6倍，モード形は1階の値を1とすると2階はそれぞれ約1.6，－0.6（モードの負の値は1階の逆方向を示す）となる。

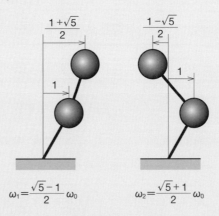

図8.c モード形

例2：(d) TMD (Tuned Mass Damper) 付き建物

TMDは，構造物の上部に固有振動数の等しい小さな付加振動系を設置することで，構造物の共振を抑える装置である。この場合，付加振動系の質量 m_2 は構造物に対して1%程度であり（a は小），固有振動数は構造物と正確に一致する必要がある（$b=1$）。このとき

$$\omega_j = \dfrac{\sqrt{4+a} \mp \sqrt{a}}{2}\omega_0, \quad \beta_j\{\psi_j\} = \dfrac{1}{2a}\dfrac{a \pm \sqrt{a^2+4a}}{a+4 \mp \sqrt{a^2+4a}}\begin{vmatrix} -a \pm \sqrt{a^2+4a} \\ 2 \end{vmatrix}, \quad j=1,\ 2 \quad (5)$$

1次と2次の固有振動数および刺激関数の成分を a に対して図示すると**図8.d**となる。これより，質量比 a が小さいとき，構造物全体の固有振動数は1次，2次ともに付加振動系がない場合とほぼ変わらないが，構造物の応答（刺激関数の1番目の項）は1よりかなり小さくなり，反対に付加振動系の応答は数倍になる。なお，$a=1$ のところでグラフを読めば，例1と一致することが確かめられる。

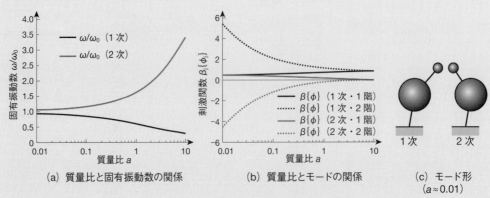

(a) 質量比と固有振動数の関係　　(b) 質量比とモードの関係　　(c) モード形 ($a \approx 0.01$)

図8.d TMD付き建物の振動特性

（4）非比例減衰

ここまで見てきたように，比例減衰を仮定すれば非減衰の場合と同様のモード合成が使用でき，都合がよい。構造物が均一の材料で構成され全体として同様の減衰特性をもつ場合は，比例減衰でモデル化しても大きな問題はなく，影響の大きい低次モードの減衰定数を適切に定めることが一般的である。一方，鉄筋コンクリート造と鉄骨造が混在する場合などは，それぞれの部分で異なる減衰特性をもつ。この場合は，式(8.2)の減衰行列でi層の減衰係数c_iを与えたように，構造物の各部に対応する減衰特性を定めて減衰行列を構成する必要があり，一般には比例減衰にはならない[*1]。このような減衰特性を**非比例減衰**という。構造物の各部の減衰特性が異なる場合（混構造），特定の部分に大きな減衰がある場合（免震・制振），地盤との動的相互作用を考慮する場合などは，非比例減衰で扱う必要がある。n自由度の減衰自由振動の方程式は，

$$[M]\{\ddot{x}\} + [C]\{\dot{x}\} + [K]\{x\} = \{0\} \tag{8.30}$$

ここで解を$\{x\} = \{\phi\}e^{\lambda t}$とおいて代入し，$\{x\} = \{0\}$でない解をもつ条件から

$$|\lambda^2[M] + \lambda[C] + [K]| = 0 \tag{8.31}$$

となる。式(8.31)はλに関する$2n$次の方程式であり，固有値や固有モードはn組の共役複素数となる（**複素固有値問題**）。このとき，比例減衰とは異なり，各質点での単振動に振幅だけでなく位相の差があることになり，すべての質点が同時に最大値あるいは0にならない振動形となる。

地動入力を受ける非比例減衰系について，$\{y\} = \{\dot{x}\}$を用いて2階n元連立微分方程式を1階$2n$元連立微分方程式に変換する。これを**減階**といい，以下のように状態方程式が導出できる。

$$\begin{bmatrix}[0] & [M]\\ [M] & [C]\end{bmatrix}\begin{Bmatrix}\{\dot{y}\}\\ \{\ddot{x}\}\end{Bmatrix} + \begin{bmatrix}-[M] & [0]\\ [0] & [K]\end{bmatrix}\begin{Bmatrix}\{y\}\\ \{x\}\end{Bmatrix} = \begin{Bmatrix}\{0\}\\ -[M]\{1\}\ddot{x}_g\end{Bmatrix} \tag{8.32}$$

ここで，$[A] = \begin{bmatrix}[0] & [M]\\ [M] & [C]\end{bmatrix}$, $[B] = \begin{bmatrix}-[M] & [0]\\ [0] & [K]\end{bmatrix}$, $\{q\} = \begin{Bmatrix}\{y\}\\ \{x\}\end{Bmatrix}$, $\{p\} = \begin{Bmatrix}\{0\}\\ -[M]\{1\}\ddot{x}_g\end{Bmatrix}$とすれば，

$$[A]\{\dot{q}\} + [B]\{q\} = \{p\} \tag{8.33}$$

となる。解を$\{q\} = \{\psi\}e^{\lambda t}\left(\{\psi\} = \begin{Bmatrix}\lambda\{\phi\}\\ \{\phi\}\end{Bmatrix}\right)$とおいて特性方程式$|\lambda[A] + [B]| = 0$を求めると，解は$2n$個あり，一般に次のような複素数となる。

$$\lambda_j = \lambda_{jR} + i\lambda_{jI} = -h_j\omega_j + i\omega_j\sqrt{1 - h_j^2}, \quad \omega_j = \sqrt{\lambda_{jR}^2 + \lambda_{jI}^2}, \quad h_j = \frac{-\lambda_{jR}}{\sqrt{\lambda_{jR}^2 + \lambda_{jI}^2}} \tag{8.34}$$

$\{q(t)\} = [\Psi]\{\zeta(t)\}$とおけば，固有モード行列$[\Psi]$は$2n \times 2n$の複素行列となる。これを用いて以下のようにモード応答を求めることができる。

$$\dot{\zeta}_j(t) - \lambda_j\zeta_j(t) = \frac{\{\psi_j\}^T\{p(t)\}}{\{\psi_j\}^T[A]\{\psi_j\}}, \quad \zeta_j(t) = \frac{1}{\{\psi_j\}^T[A]\{\psi_j\}}\int_0^t e^{\lambda_j(t-\tau)}\{\psi_j\}^T\{p(\tau)\}d\tau \tag{8.35}$$

8.1.3 スウェイ・ロッキングモデル

地盤と構造物との動的相互作用を考慮する場合に，簡易な方法として，地盤の影響を水平方向と回転方向のばねで表現することが行われる。水平方向をスウェイばね，回転方向をロッキングばねとよび，

[*1]：ひずみエネルギー比例型減衰（153ページ）を用いれば，比例減衰として扱うことができる。

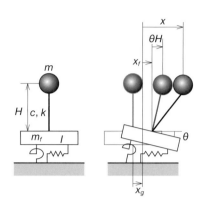

図8.5 スウェイ・ロッキングモデル

これらの2つのばねで質点系を支えるモデルを**スウェイ・ロッキングモデル**という（**図**8.5）。上部構造物は，簡単のため1質点（1自由度）としているが，多質点系でも同様に表現できる（演習問題4参照）。

地動入力$\ddot{x}_g(t)$を受ける場合の基礎のロッキング，スウェイ，上部構造物の質点に関する力のつり合いは次式のように表せる。

$$\begin{aligned}
I\ddot{\theta} + c_R\dot{\theta} + k_R\theta - c(\dot{x}-\dot{x}_f-\dot{\theta}H)H - k(x-x_f-\theta H)H &= 0 \\
m_f(\ddot{x}_f+\ddot{x}_g) + c_H\dot{x}_f + k_H x_f - c(\dot{x}-\dot{x}_f-\dot{\theta}H) - k(x-x_f-\theta H) &= 0 \\
m(\ddot{x}+\ddot{x}_g) + c(\dot{x}-\dot{x}_f-\dot{\theta}H) + k(x-x_f-\theta H) &= 0
\end{aligned} \qquad (8.36)$$

ここで，I, m_f, mはそれぞれ基礎の回転慣性，基礎の質量，上部構造物の質量，k_R, k_H, kはロッキング，スウェイ，上部構造物の剛性，c_R, c_H, cはロッキング，スウェイ，上部構造物の粘性減衰，θ, x_f, xは基礎のロッキング角とスウェイ変位，上部構造物の地盤に対する相対変位，Hは高さである。上部構造物の地盤に対する相対変位xは，上部構造物の変形による基礎に対する相対変位に加えて，スウェイによる地盤との相対変位成分とロッキングによる回転成分からなる。したがって，上部構造物の質点の復元力に対応する相対変位は$x-x_f-\theta H$，減衰力に対応する相対速度は$\dot{x}-\dot{x}_f-\dot{\theta}H$となることに注意すれば，式(8.36)を導くことができる。また基礎の絶対加速度は$\ddot{x}_f+\ddot{x}_g$となり，地表面の加速度$\ddot{x}_g$とは異なることもわかる。まとめて書くと，以下の式となる。

$$[M]\{\ddot{x}\} + [C]\{\dot{x}\} + [K]\{x\} = -[M]\{1'\}\ddot{x}_g \qquad (8.37)$$

ここに，$[M] = \begin{bmatrix} I & 0 & 0 \\ 0 & m_f & 0 \\ 0 & 0 & m \end{bmatrix}$, $[C] = \begin{bmatrix} c_R+cH^2 & cH & -cH \\ cH & c_H+c & -c \\ -cH & -c & c \end{bmatrix}$, $[K] = \begin{bmatrix} k_R+kH^2 & kH & -kH \\ kH & k_H+k & -k \\ -kH & -k & k \end{bmatrix}$

$$\{x\} = \begin{Bmatrix} \theta \\ x_f \\ x \end{Bmatrix}, \quad \{1'\} = \begin{Bmatrix} 0 \\ 1 \\ 1 \end{Bmatrix} \qquad (8.38)$$

式(8.37)は非比例減衰となるため，複素固有値・固有ベクトルとなる。8.1.2項(4)の方法で扱う代わりに，振動数領域で解を求めてみる。両辺をフーリエ変換して振動数をωとすると以下となる。

$$\begin{bmatrix} -I\omega^2+i\omega(c_R+cH^2)+(k_R+kH^2) & (i\omega c+k)H & -(i\omega c+k)H \\ (i\omega c+k)H & -\omega^2 m_f+i\omega(c_H+c)+(k_H+k) & -(i\omega c+k) \\ -(i\omega c+k)H & -(i\omega c+k) & -\omega^2 m+i\omega c+k \end{bmatrix} \begin{Bmatrix} \Theta(\omega) \\ X_f(\omega) \\ X(\omega) \end{Bmatrix}$$

$$= -\begin{bmatrix} I & 0 & 0 \\ 0 & m_f & 0 \\ 0 & 0 & m \end{bmatrix} \begin{Bmatrix} 0 \\ 1 \\ 1 \end{Bmatrix} \ddot{X}_g(\omega) \tag{8.39}$$

基礎の質量m_fと回転慣性Iを無視すれば，

$$(-\omega^2 m + \bar{k})X(\omega) = -m\ddot{X}_g(\omega) \tag{8.40}$$

となる。ここで$\bar{k}$は複素数であり，以下のように表される。

$$\frac{1}{\bar{k}} = \frac{1}{k + i\omega c} + \frac{1}{k_H + i\omega c_H} + \frac{H^2}{k_R + i\omega c_R} \tag{8.41}$$

これは3つのばねが直列になっていることを示す。これより建物全体の固有周期$\bar{T}$は次式で表される。

$$\bar{T} = T\sqrt{1 + \frac{k}{k_H} + \frac{kH^2}{k_R}} \tag{8.42}$$

ここでTは上部構造物の基礎固定の固有周期である。式(8.42)から，スウェイ・ロッキングばねが小さいほど地盤―建物連成系の固有周期は長くなること，とくに上部構造物の剛性kが大きいほどその影響が大きいことや，建物高さが高いほどロッキングばねの影響が大きいことなどがわかる。

Note 8.2 〈建物の1次元せん断連続体置換〉

ここまでは多層構造物を多質点系でモデル化して振動方程式を検討してきた。一方，このような構造物の動的挙動を波動現象で表現することも可能である。各階の質量，剛性，階高が均一のn階建て構造物を1次元せん断連続体に置換することを考える。構造物の固有周期Tは高さHとおおむね線形の関係があるので，次式で表されることが多い。

$$T = \theta H \tag{1}$$

ばらつきは大きいものの，鉄筋コンクリート造で$\theta = 0.02$ s/m，鉄骨造で$\theta = 0.03$ s/m程度である。一方，高さHの連続体が下端で固定，上端は自由となっている場合の1次固有周期は，連続体のせん断波速度Vを用いて次式で表される。これは表層地盤の周期を略算する**1/4波長則**として知られている（10.3.3項参照）。

$$T = \frac{4H}{V} \tag{2}$$

式(1)と(2)から構造物と等価な連続体のせん断波速度は$V = 4/\theta$となり，上記のθの値から鉄筋コンクリート造で$V = 200$ m/s，鉄骨造で$V = 133$ m/s程度となる。

構造物の単位床面積あたりの重量をwとすると，連続体の質量密度ρ_bは重力加速度gと階高lを用いて

$$\rho_b = \frac{w}{gl} \tag{3}$$

階高を4 m，床荷重を鉄筋コンクリート造で12 kN/m² (約1.2 tf/m²)，鉄骨造で8 kN/m² (0.8 tf/m²)とすると，建物の平均の単位体積重量はそれぞれ約3 kN/m³，2 kN/m³ (0.3 tf/m³，0.2 tf/m³) となる。1自由度系の固有周期は$T = 2\pi\sqrt{m/k}$であるから，式(2)から高さlの連続体のせん断波速度は以下となる。

$$V = \frac{4H}{T} = \frac{2l}{\pi}\sqrt{\frac{k}{m}} \qquad (4)$$

スパン a の正方形の床の質量は $m = wa^2/g$，長さ l で一辺 b の正方形断面の両端固定柱の水平剛性は $k = 12EI/l^3$（Note 6.1参照）であるので，ラーメン構造の等価せん断波速度は以下となる．

$$V = \frac{2b^2}{\pi a}\sqrt{\frac{Eg}{lw}} \qquad (5)$$

鉄筋コンクリート造を想定して，ヤング係数を $E = 21$ GPa（2.1×10^6 tf/m²），$a = 6$ m，$l = 4$ m，$b = 1$ m，$w = 12$ kN/m³（1.2 tf/m³）とすると，式(5)からせん断波速度は220 m/sとなり，式(1)，(2)より求めた200 m/s程度の値とおおむね対応する．鉄骨造の場合には，$w = 8$ kN/m³（0.8 tf/m²），$a = 6$ m，$I = 2 \times 10^{-3}$ m⁴（角形鋼管 550×550×19×19 mm），$l = 4$ m，$E = 210$ GPa（2.1×10^7 tf/m²）とすると，せん断波速度は132 m/s程度になり，やはり式(1)，(2)から求めた値と一致する．

壁式構造について考えると，スパン a，壁厚 t の壁の水平剛性はせん断変形を考慮して $k = Gat/l$ となるので，等価せん断波速度は，

$$V_b = \frac{2}{\pi}\sqrt{\frac{Gglt}{la}} \qquad (6)$$

となる．鉄筋コンクリート造でせん断弾性係数を $G = 9$ GPa（0.9×10^6 tf/m²），$t = 0.2$ m とするとせん断波速度は630 m/sとなり，ラーメン構造の3倍程度となる．

このような波動モデルで構造物を表現すれば，地盤も含む相互作用モデルを波動理論で構築することも可能になる．地盤の特性と比較してみると，鉄筋コンクリート造では見かけの単位体積重量は1/6程度，剛性はラーメン構造では表層地盤と同程度，壁式構造では表層地盤より堅く支持地盤程度となる．鉄骨造では，さらに重量が小さく，剛性も軟弱地盤程度となっている．動的相互作用は構造物が地盤に対して重く堅い場合に顕著になることを考えれば，構造物の構造種別や構造形式により影響が異なることがわかる．

8.2 多自由度系の応答解析

8.2.1 モード合成法

前節で扱ったように，モード合成法により固有モードに対応する1自由度系の応答解析の時刻歴 $\xi'_j(t)$ を重ね合わせることで，多自由度系の応答を表現できる．

$$\{x(t)\} = \sum_{j=1}^{n} \beta_j \{\phi_j\} \xi'_j(t) \qquad (8.27 \text{ 再掲})$$

各次の応答は1自由度系の応答計算法（ニガム法など）を用いて計算すればよい．

式(8.27)では n 自由度の構造物に対して n 個の固有モードをすべて重ね合わせているが，一般の建物では次数が大きくなるため現実的ではない．多数の固有モードのうち，低次の少数の固有モードで刺激係数 β_j が大きくなる傾向があるため，1次から適当な次数までの固有モードの和で応答を近似することが行われる．なお，モード解析が可能となるのは線形の場合であり，非線形性が大きくなる場合は1自由度に置換して等価線形化法を適用するなどの方法が用いられる．

8.2.2 周波数応答解析

多自由度系の周波数応答解析は，1自由度系の場合（7.3.2項を参照）と同様である．地動を受ける多自由度系の振動方程式は次のようになる．

$$[M]\{\ddot{x}\} + [C]\{\dot{x}\} + [K]\{x\} = -[M]\{1\}\ddot{x}_g \tag{8.2 再掲}$$

両辺をフーリエ変換して変位応答についてまとめると次式となる．

$$\{X(\omega)\} = -\{-\omega^2[M] + i\omega[C] + [K]\}^{-1}[M]\{1\}\ddot{X}_g(\omega) \tag{8.43}$$

右辺をωの関数として計算したうえで，$\{X(\omega)\}$の各成分をFFTでフーリエ逆変換すればよい．$\{X(\omega)\}$の振動数変化は大きくないので，少ないωに対して式(8.43)を計算し，スプライン補間などで内挿して高速化する方法もある．

周波数応答解析が可能となるのはモデルが線形の場合であり，非線形性が大きくなる場合は等価線形化や収束計算などが必要になる．一方，振動数に依存する問題を扱う際には周波数応答解析が有効であり，例として地盤と構造物との動的相互作用問題が挙げられる．8.1.3項で扱ったスウェイ・ロッキングモデルは地盤の影響を定数の剛性と減衰に置き換えているが，実際の地盤の特性は振動数に依存することが知られている．

8.2.3 時刻歴応答解析

多自由度のモデルを7.4節で扱った数値積分法で解くことも可能である．とくに部材レベルでの詳細なモデル化や弾塑性特性を考慮する場合は，モード合成法や周波数応答解析は使用できず，数値積分法を用いる必要がある．

ニューマークのβ法に関する式(7.62)～(7.64)を多自由度系に書き換えれば次式となる．

$$\{x_{n+1}\} = \{x_n\} + \{\dot{x}_n\}\Delta t + \frac{1}{2}[(1-2\beta)\{\ddot{x}_n\} + 2\beta\{\ddot{x}_{n+1}\}]\Delta t^2 \tag{8.44}$$

$$\{\dot{x}_{n+1}\} = \{\dot{x}_n\} + \frac{1}{2}[\{\ddot{x}_n\} + \{\ddot{x}_{n+1}\}]\Delta t \tag{8.45}$$

$$\{\ddot{x}_{n+1}\} = -[M]^{-1}[C]\{\dot{x}_{n+1}\} - [M]^{-1}[K]\{x_{n+1}\} - \{1\}\ddot{x}_{gn+1} \tag{8.46}$$

式(8.44)と式(8.45)は，時刻$t_{n+1}=t_n+\Delta t$のときの相対変位・相対速度ベクトルを，時刻t_nとt_{n+1}の値を用いて表したものであり，定数βは1自由度系と同様である．また式(8.46)は振動方程式(8.2)を変形して，時刻t_{n+1}の加速度を表したものである．これらの式を用いた解法は，1自由度系と同様である．まず式(8.46)に式(8.44)と式(8.45)を代入し，$\{\ddot{x}_{n+1}\}$について解く．この式に既知の値である時刻t_nの$\{x_n\}$，$\{\dot{x}_n\}$，$\{\ddot{x}_n\}$，時刻t_{n+1}の地動入力$\ddot{x}_{gn+1}$，および多自由度系の$[M]$，$[C]$，$[K]$を代入して，時刻t_{n+1}の加速度$\{\ddot{x}_{n+1}\}$を計算し，式(8.44)，(8.45)に代入すれば$\{x_{n+1}\}$，$\{\dot{x}_{n+1}\}$が求まる．これを繰り返せば解が求められる．

8.2.4 応答スペクトル法（SRSS法）

地動入力を受ける1自由度系の応答を考える際に，構造設計などにあたって最も重要な応答最大値を簡易に読み取るため，応答スペクトルを定義した．多自由度系でも同様に，各次の固有周期と減衰定数から応答スペクトルにより固有モードの応答最大値を求め，主要な低次固有モードの重ね合わせで多自由度系の応答最大値を略算する方法がある．この方法を応答スペクトルによる**モーダルアナリ**

シスという。単にモーダルアナリシスというときは，この方法を指す場合が多い。

　各次の固有モードの応答最大値は同時には生じないため，最大値をそのまま重ね合わせると過大になる。そこで最大値の二乗和平方根（Square Root of Sum of Squares，**SRSS**と略す）による次式がよく用いられる。

$$\|x\|_{\max} = \sqrt{\sum_j [\beta_j |\phi_j| S_d(T_j, h_j)]^2} \qquad (8.47)$$

ここで，$S_d(T_j, h_j)$は変位応答スペクトル，T_j，h_jはj次の固有周期と減衰定数である。構造物に固有周期が近接した固有モードがある場合は，SRSSでは過小評価になる傾向があるため，モードの相関を考慮した完全二次結合（Complete Quadratic Combination，**CQC**）を用いる。

$$\|x\|_{\max} = \sqrt{\sum_j \sum_k [\beta_j |\phi_j| S_d(T_j, h_j)] \rho_{jk} [\beta_k |\phi_k| S_d(T_k, h_k)]} \qquad (8.48)$$

ここで，ρ_{jk}はj次とk次の固有振動モードの相関係数である。異なる次数のモードの相関がまったくなければ，$\rho_{jk} = 0 (j \neq k)$となり，式(8.48)は式(8.47)と同じ式となることがわかる。

〈連立方程式の解法と固有値解析法〉

　多自由度系の問題を扱う際には，連立方程式と固有値問題の解法が必要となり，自由度に応じたサイズの行列・ベクトルの効率的な数値演算法が重要になる。

（1）連立方程式の解法

　以下の剛性方程式を解く問題を考える。

$$[K]\{x\} = \{f\} \qquad (1)$$

この解は$\{x\} = [K]^{-1}\{f\}$となるが，次数が大きいと逆行列の計算は容易でない。このとき行列$[K]$（$\det[K] \neq 0$）を以下のように分解して解く方法がよく用いられる。

$$[K] = [L][U]：\textbf{LU 分解}あるいは\textbf{三角分解}，[L]は下三角行列，[U]は上三角行列 \qquad (2)$$

具体的に3×3行列で書いてみると，

$$\begin{bmatrix} k_{11} & k_{12} & k_{13} \\ k_{21} & k_{22} & k_{23} \\ k_{31} & k_{32} & k_{33} \end{bmatrix} = \begin{bmatrix} 1 & 0 & 0 \\ l_{21} & 1 & 0 \\ l_{31} & l_{32} & 1 \end{bmatrix} \begin{bmatrix} u_{11} & u_{12} & u_{13} \\ 0 & u_{22} & u_{23} \\ 0 & 0 & u_{33} \end{bmatrix} \qquad (3)$$

$[U]$の1行目は$[K]$の1行目と同じ。次に，$[L]$の1列目は$l_{21} = k_{21}/u_{11}$，$l_{31} = k_{31}/u_{11}$。続いて，$[U]$の2行目を決め，$[L]$の2列目，$[U]$の3行目の順で計算できる。LU分解を行ったあと，$[U]\{x\} = \{y\}$として式(1)に代入すれば

$$[L][U]\{x\} = [L]\{y\} = \{f\}, \quad \therefore \begin{bmatrix} 1 & 0 & 0 \\ l_{21} & 1 & 0 \\ l_{31} & l_{32} & 1 \end{bmatrix} \begin{Bmatrix} y_1 \\ y_2 \\ y_3 \end{Bmatrix} = \begin{Bmatrix} f_1 \\ f_2 \\ f_3 \end{Bmatrix} \qquad (4)$$

となる。$[L]$は下三角行列なので，1行目から解けば，$y_1 = f_1$，次に$y_2 = f_2 - y_1 l_{21}$，さらに$y_3 = f_3 - y_1 l_{31} - y_2 l_{32}$のように容易に$\{y\}$が求められる。これを用いて

$$[U]\{x\} = \{y\}, \quad \text{あるいは} \begin{bmatrix} u_{11} & u_{12} & u_{13} \\ 0 & u_{22} & u_{23} \\ 0 & 0 & u_{33} \end{bmatrix} \begin{bmatrix} x_1 \\ x_2 \\ x_3 \end{bmatrix} = \begin{bmatrix} y_1 \\ y_2 \\ y_3 \end{bmatrix} \tag{5}$$

を得る。今度は最終行（この例では3行目）から上へ順次解けば$\{x\}$が求められる。以上の手順はそれぞれ，ガウスの消去法の前進消去と後退代入にあたる。$[K]$が共通の問題を繰り返し解く場合（同じ構造物で力の条件が違う場合）はLU分解が1回ですむため計算量が節約できる。なお，式(2)の行列式は以下となり，下三角行列と上三角行列の行列式は対角成分の積で容易に求められる。

$$\det[K] = \det[L]\det[U] \tag{6}$$

$[K]$が実対称行列の場合（剛性行列など）は，以下のように分解できる。

$$[K] = [L][D][L]^{\mathrm{T}} : \textbf{LDL分解}, \ [L]\text{は対角成分が}1\text{の下三角行列}, \ [D]\text{は対角行列} \tag{7}$$

$$\{x\} = [K]^{-1}\{f\} = ([L]^{-1})^{\mathrm{T}}[D]^{-1}[L]^{-1}\{f\} \tag{8}$$

さらに$[K]$が正定値行列（すべての固有値が正）ならば，LDL分解の特別な場合として以下のように分解できる。

$$[K] = [L][L]^{\mathrm{T}} : \textbf{コレスキー分解}, \ [L]\text{は下三角行列} \tag{9}$$

式(8)と同様にすれば，剛性方程式の解$\{x\}$を容易に求めることができる。

（2）固有値問題の解法

固有値問題は次式で表される。

$$[A]\{x\} = \lambda\{x\} : \textbf{標準固有値問題} \tag{10}$$

$$[A_0]\{x\} + \lambda[A_1]\{x\} + \lambda^2[A_2]\{x\} + \cdots + \lambda^m[A_m]\{x\} = \{0\} : \textbf{一般化固有値問題} \tag{11}$$

これを満たすλを**固有値**，対応する$\{x\}$を**固有ベクトル**という。一般化固有値問題で$m=1$かつ$[A_1]$が単位行列の場合は標準固有値問題になる。多自由度系の場合は一般化固有値問題であり，$[A_0]=[K]$, $[A_1]=-[M]$とすれば非減衰振動（式(8.5)），$[A_0]=[K]$, $[A_1]=[C]$, $[A_2]=[M]$とすれば（非比例の）減衰振動に対応する（式(8.30)）。

標準固有値問題の解法は$\{x\} \neq \{0\}$の条件より

$$\det([A] - \lambda[I]) = 0 \tag{12}$$

これを特性方程式という。$[A]$が$n \times n$であれば式(12)はλのn次式となり，そのn個の解が固有値となる。固有値が求まれば，対応する固有ベクトルは式(10), (11)から求められる。$[A]$が実対称行列の場合，固有値と固有ベクトルの要素はすべて実数であり，異なる次数の固有ベクトルは直交する。また固有ベクトルは定数倍でも条件を満たすため，正規化（ベクトルの大きさ＝1）を行うことが多い。これにより次式を満たす。

$$\{x_j\}^{\mathrm{T}}\{x_k\} = 0, \quad \{x_j\}^{\mathrm{T}}\{x_j\} = 1 \tag{13}$$

これを**正規直交性**という。

非減衰振動の場合は，$[K]$, $[M]$が実対称行列なら固有値は正の実数，対応する固有ベクトルは

実ベクトルとなる。また非比例減衰の場合は固有値と固有ベクトルは$2n$個あり，n組の共役複素数となる。

　固有値解析を数値的に行う場合に，固有方程式を解いて固有値を求めて対応する固有ベクトルを計算する方法と，固有ベクトルを先に求めて対応する固有値を計算する方法がある。前者は明解であるが，行列式の計算に時間がかかり，代数方程式を解く際の誤差も影響することが知られている。その他の方法ではヤコビ法などがある。

　固有値を求める代表的な方法として**QR法**がある。これは次式の**QR分解**を用いる。

$$[A] = [Q][R], \quad [Q]は直交行列（転置行列と逆行列が等しくなる行列），[R]は上三角行列 \tag{14}$$

QR分解を行うにはハウスホルダー法などを用いる。これを用いて$[A_1] = [Q_1][R_1]$から始め，両辺に左から$[Q_1]^{\mathrm{T}}$，右から$[Q_1]$を乗じる。この操作は相似変換[*1]のため固有値は変化しない。

$$[Q_1]^{\mathrm{T}}[A_1][Q_1] = [Q_1]^{\mathrm{T}}[Q_1][R_1][Q_1] = [Q_1]^{-1}[Q_1][R_1][Q_1] = [R_1][Q_1] = [A_2] \tag{15}$$

$[R_1]$と$[Q_1]$の積の順が逆になっている。$[A_2] = [Q_2][R_2]$として同様の操作を繰り返すと，結局，次の漸化式になる。

$$[A_{k+1}] = [R_k][Q_k] \tag{16}$$

この操作を繰り返すことにより，$[Q_k]$は単位行列に，$[A_k]$は上三角行列に漸近し，$[A_k]$の対角項が固有値となる。

　固有ベクトルを先に求める方法には，**べき乗法（パワー法）**がある。任意のベクトル$\{x\}$に$[A]$を繰り返し乗じると最大次数の固有ベクトルに漸近する，という特性を利用する。同様に$[A]^{-1}$を繰り返し乗じると1次の固有ベクトルに漸近する。それぞれ最初の固有ベクトルが求まれば，次の次数のベクトルが順次求められる。したがって低次の限定された固有モードのみ近似的に求める場合は効率がよい。

　サブスペース法は，非減衰振動の一般固有値問題について同様に適用できる手法である。求めた固有ベクトルから固有値を計算するには，次式の**レイリー商**を使えばよい。

$$R(x) = \frac{\{x\}^{\mathrm{T}}[A]\{x\}}{\{x\}^{\mathrm{T}}\{x\}} \tag{17}$$

【参考文献】

[1] 柴田明徳, 最新耐震構造解析（第3版），森北出版，2014

[*1]：相似変換とは，正方行列$[A]$に対して，正則行列（逆行列が存在する行列）$[P]$により$[B] = [P]^{-1}[A][P]$の形式で行列変換すること。この操作により行列式や固有値は変化しない。$[B] = [P]^{\mathrm{T}}[A][P]$の場合は合同変換となる。線形変換の意味では，合同変換は長さと角が不変の変換，相似変換は角が不変，長さは定数倍になる変換となる。QR法では$[Q]$は直交行列であることに注意する。

〈演習問題〉

1 行列 $A = \begin{bmatrix} 1 & -2 & 0 \\ -2 & 1 & 0 \\ 0 & 0 & 2 \end{bmatrix}$ の固有値を求め，対応する固有ベクトルを求めよ。

2 第6章の演習問題3および第7章の演習問題1で扱った構造物が2層になった場合を考える。この構造物の1次と2次の固有周期と固有モードを求めよ。

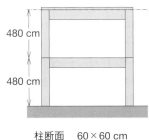

柱断面　60×60 cm
梁せい　80 cm
ヤング係数 E = 21 GPa

3 演習問題2の構造物について，エルセントロ地震動に関する各階の最大変位応答を，SRSSを用いたモーダルアナリシスにより求めよ。減衰定数は1次，2次ともに5%とする。応答は図7.12，図7.13の応答スペクトルから読みとること。

4 3階建ての建物のスウェイ・ロッキングを考慮した振動方程式を，式(8.2)，(8.36)，(8.37)，(8.38)を参考に導出せよ。上部構造物は3自由度せん断質点系（図）と考えてモデル化してよい。

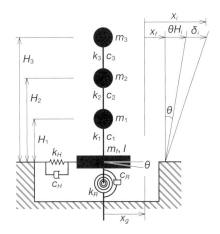

Earthquake Engineering

耐震設計法

建物の耐震設計は，地震被害を繰り返し受けて経験的に発展・改良されてきた。3.2節にあるように，科学的な考え方にもとづく検証は日本においては明治期以降であり，大正関東大震災により初めて耐震規定が定められ，現在に至る建築基準法は戦後に定められた。その後も大きな地震災害を経て，原因となる地震や地震動の性質（入力），構造物の揺れと各部分に作用する力（荷重），構造物や材料の特性（耐力）を明らかにしつつ，社会の状況と望まれる安全レベルとの関係を踏まえて改良されてきた。近年になって，都市や構造物の発展に伴って生じた新たな地震被害に対応し，地震，地震動，地盤，構造物，そして都市や社会に関する知見も加わって，耐震設計法は進歩している。本章では，現在の耐震設計法の考え方をまとめるとともに，最近の地震災害を受けた新たな動きについても述べることにする。

9.1 現在の耐震設計法の概要[*1]

9.1.1 新耐震設計法

現在の耐震設計の基本は**新耐震設計法**の考え方によっている。戦後の何度かの被害地震を経て，1970年代に研究開発が進み，1978年宮城県沖地震も契機となって，1980年に建築基準法施行令改正につながった。1981年6月に施行されてからすでに40年近くが経過し，その後の改正などにより変更・追加がなされて名称も変更されているが，現在でも「新耐震」とよばれることがある。

新耐震設計法では耐震性の検討を以下の2段階としている。

(1) 中程度以下の地震[*2]に対しては，**許容応力度計算**により損傷を防ぐ。
(2) 大地震[*2]に対しては，**保有水平耐力計算**にもとづく安全性確認で，損傷は生じても倒壊などを防ぎ，人命を保護する。

前者を**1次設計**，後者を**2次設計**ともいう。それ以前の設計法では，構造物が弾性範囲内に収まるようにする許容応力度計算によっていたが，さらに大きなレベルの地震動を想定して，損傷を受けた際の弾塑性挙動を考慮する保有水平耐力計算が加わっている。これらの検討はすべての建物で必要なわけではなく，9.1.4項に示すように，建物の高さや規模により要求される設計内容が異なる。

また，地盤や構造物の動的挙動を考慮して地震力[*3]を設定している点も特徴である。それ以前の設計法では，建物に作用する地震力を建物重量に比例する水平力と定めていた。この比例係数を**水平震**

[*1]：耐震設計法を含む建築基準法は，その第1条に記されているように，最低基準を定めるものであることに注意（1.3.6項参照）。
[*2]：この場合，「地震」は「地震動」と解釈すべきであろう。
[*3]：地震力と地震荷重については1.3.1節脚注1（15ページ）を参照。本章では建築基準法・施行令の表記に従って地震力あるいは層せん断力などを用い，地震荷重の用語は使用していない。

度*4といい，0.2を基準にして建物の高さにより割り増している．これは，外力を規定することを意味する．一方，新耐震設計法では地震により建物に作用する力を**層せん断力**で定義している．これは内力を定義したことになる．この計算の基準となる**標準せん断力係数**は，1次設計と2次設計でそれぞれ0.2と1.0とされ，0.2は従来の設計法に整合するように定められている．地震動で考えれば，おおむね震度5程度と震度6弱～6強程度にあたるとされている*5．

9.1.2 性能規定と限界耐力計算法

　新耐震設計法では，対象となる建物の材料や構造が満たすべき条件が施行令，告示などで具体的に詳細に定められている．これらを**仕様規定**という．動的な考え方にもとづくとはいえ，構造物の地震時の応答や変形を直接求める形になっておらず，新耐震設計法における許容応力度計算や保有水平耐力計算の過程は，建物が仕様規定に適合することを前提として一般的な建物の性質にもとづいて構築されている．したがって，超高層や免震・制振などの特別な構造形式の場合，あるいは新たな材料・構造を使用する場合には，特別な検討にもとづく認可が必要である．

　1998年に改正され2000年から施行された建築基準法では，技術開発や規制緩和を背景として，多様な構造や材料の使用とそれに対応する構造設計を許容し得る**性能規定**に対応した*6．性能規定では，要求される性能項目と満足すべき性能の内容・レベルを定め，それを満たすことを確認する**検証法**を指定する．耐震設計においては，新しい検証法として**限界耐力計算法**が導入された．なお，従来の許容応力度計算と保有水平耐力計算，後述するエネルギー法なども使用できる．

　限界耐力計算法では，地震，風，雪などの外力に対して，損傷限界と安全限界の2レベルの性能を満たすことを確認する．地震については，以下のように説明できる．

(1) 建物の耐用期間中に何度か遭遇する地震（稀な地震）に対して，**損傷限界**を超えない．すなわち構造上主要な部分には損傷を生じず，**使用性**が確保されること．
(2) 建物が1度経験するかしないかの極めて稀な地震に対して，**安全限界**を超えない．すなわち建物が倒壊・崩壊せず，**安全性**が確保されること．

これらはそれぞれ新耐震設計法の1次設計と2次設計の考え方に対応しており，検証法は異なるものの，満たすべき耐震性能は同等になるよう配慮されている．

　限界耐力計算法では，要求される性能レベルに対応した地震動特性を解放工学的基盤で規定し*7，表層地盤の影響を考慮して構造物への入力地震動を決め，それに対する構造物の弾塑性応答と変形を求めて地震力を評価し，限界値に対して安全性を直接的に検証する．この考え方は時刻歴応答解析にもとづく設計法と同様であるが，限界耐力計算法では一般的な建物の設計を想定して，等価線形化法にもとづく1自由度系の応答を応答スペクトルにより評価するなどの簡略化がなされている．また，耐久性などにかかわるものを除き仕様規定は適用されない．

---

*4：地震動強さを表す指標である震度（震度階級）とは意味が異なるので注意．
*5：標準せん断力係数は，建物内の位置（高さ）によって異なる応答の平均的な値を意味しているので，建物の応答増幅特性により，同じ標準層せん断力係数に対応する地震動強さが異なることに注意を要する（後述）．
*6：性能規定は，構造設計だけでなく，建築基準法全体に導入された考え方であることに注意．
*7：新耐震設計法では平均的建物応答を規定しているのに対し，限界耐力計算法では解放工学的基盤での地震動を規定している．このため両者における地震力は，地盤や建物の条件により大きく異なることがある．

9.1.3 そのほかの耐震設計法

限界耐力計算法と同等以上の耐震性の検証法として，エネルギーのつり合いにもとづく計算法（**エネルギー法**）がある。この方法の特徴は，構造物の各層の限界状態をエネルギー吸収量で評価する点にある。地震により生じた構造物の塑性変形が損傷状態と関係するので，各層の限界状態に対応する塑性ひずみエネルギーから保有エネルギー吸収量を求める。一方，地震によって構造物に入力するエネルギーを評価し，それを建物各層に配分することで，各層の必要エネルギー吸収量を求める。これらを用いて，保有エネルギー吸収量≧必要エネルギー吸収量が各層で満たされることを確認する。この結果から構造物の各層でバランスよくエネルギー吸収が行われるよう設計することになる。

エネルギー法の適用例は必ずしも多くないが，累積塑性変形が損傷と関連する鋼構造に適している。また，履歴型のエネルギー吸収部材を含むパッシブ制振構造[*1]では，ダンパー部分と主架構についてそれぞれエネルギー吸収量を評価して耐震安全性を評価できる利点がある。

このほかに，超高層建物や免震・制振建物などの設計では，多自由度系の**時刻歴応答解析**により検証を行っている。この方法は複雑な構造物の応答を直接的かつ正確に評価できる点で優れており，コンピュータによる計算も容易になってきたが，構造物のモデル化や入力地震動の設定に高度な技術と判断が必要となる。免震建物の設計では，通常は時刻歴応答解析を用いるが，建物や敷地地盤がある条件を満たす場合には限界耐力計算法にもとづく簡易な方法も使用できる。すなわち，免震層の応答変位や地震力の評価には限界耐力計算に準ずる方法を用い，上部構造はほぼ剛体的に挙動すると考えて許容応力度設計を行う。この設計法は2000年建設省告示2009号などにもとづくため，設計された免震建物を**告示免震建物**とよぶことがある。

住宅の耐震性能については，「住宅の品質確保の促進等に関する法律（**品確法**）」にもとづく**耐震等級**がある。品確法は住宅の全体的な性能の表示，性能評価の基準と第三者評価機関の整備，紛争処理や瑕疵担保などを含む法律である。このなかで耐震性能に関しては，構造躯体の倒壊等の防止および損傷防止について，建築基準法レベルを耐震等級1として，その1.25倍，1.5倍の外力を想定した設計をそれぞれ耐震等級2，耐震等級3とする。最低限を定めた建築基準法に対して，それを上回る性能を定量的に指定できる点に特徴がある。

9.1.4 建物による耐震設計手順

建築基準法第20条（構造耐力）では，建築物は種々の荷重に対して安全な構造とするため，構造種別，高さ，規模などで区分して，それぞれに必要な基準に適合することを定めている。現在の耐震設計については，簡易なほうから以下のように整理できる[*2]。ただし，設計者の判断などにもとづいて上位の（高度な）設計法を用いてよいことになっている。

(1) 木造2階建やS造，RC造，SRC造平屋の小規模の建物は，構造に関する規定（仕様規定）を満

[*1]：制振構造は，建物に入力する振動エネルギーを減衰させ，あるいは増幅を防ぐ機構などを備えて，揺れの振幅や継続時間を低減するよう計画された構造物である。このうち，構造物内に振動エネルギーを吸収するダンパーなどを備えて減衰を大きくしたものをパッシブ制振とよぶ。これに対して，電力などにより構造物に制御力を与えて振動を抑える形式をアクティブ制振，周期や減衰などの振動特性を制御する形式をセミアクティブ制振という。

[*2]：これらのうち，(2)～(4) がもともとの新耐震設計法に対応するが，その名称や対象建物区分は何度か改訂されている。「許容応力度等計算」，「保有水平耐力計算」は，1次設計・2次設計を含む耐震計算ルートの名称となっている。また，耐震計算ルートの変更なども行われているため，最新の条文の確認が常に必要である。

[*3]：建築基準法第6条（建築等に関する申請及び確認）第1項第4号に該当する小規模建築物を指し，建築確認及び検査に関する簡易な扱いの特例がある。

たすことを確認する。その他の構造設計は不要。このような建物を**4号建築物**[*3]とよぶ。
(2) 構造形式により定められる高さや面積の制約を超えない建物は，構造に関する規定の確認と**許容応力度計算**を行う（**ルート[1]**）[*4]。
(3) 高さ31 m以下の建物は，ルート[1]に加えて層間変形角，偏心率・剛性率，耐力や靱性の確保等の確認を行う。これを**許容応力度等計算**とよぶ（**ルート[2]**）。
(4) 高さが31 mを超えて60 m以下の大規模な建物は，ルート[1]に加えて層間変形角の確認と**保有水平耐力**の確認を行う。これを**保有水平耐力計算**とよぶ（**ルート[3]**）。
(5) (2)～(4)に代えて**限界耐力計算法**あるいは同等以上の計算法を用いる。
(6) 高さが60 mを超える超高層建築物は，**時刻歴応答解析**にもとづく構造設計により安全性を確認し，国土交通大臣の認定を受ける。

以上の耐震設計のフローを**図9.1**に示す。耐震計算ルートは構造種別などによりさらに細分化される場合があり，たとえば鉄骨造のルート[1-1]と[1-2]，鉄筋コンクリート造のルート[2-1]と[2-2]などがある。これらの具体的な内容やその意味などについては次節以降で説明する。また，ある程度以上の高さや規模の建物や，上記のうち(3)～(6)の構造設計を行う場合などは，原則として**構造設計一級建築士**による設計への関与が義務付けられており，(3)～(5)については**構造計算適合性判定**（判定機関などによるピアチェック）を受ける必要がある。

9.2 許容応力度計算と保有水平耐力計算

9.2.1 ルート[1]～[3]の手順

いわゆる「新耐震設計法」に対応する耐震計算ルート[1]～[3]について，手順の概略を説明する。（図9.1も参照）。なお，限界耐力計算は9.3節でまとめて述べる。

(1) 許容応力度計算（ルート[1]）

ルート[1]は比較的小規模な建物が対象であり，許容応力度計算を以下の手順で行う。

(1) 荷重・外力（固定荷重，積載荷重，積雪荷重，風圧力，地震力など）の組合せを考慮して，構造耐力上主要な部分[*5]の断面に生じる長期・短期応力度を算定する。地震の場合は，短期応力度について，地震力に加えて固定荷重，積載荷重，地域により積雪荷重を考慮して算定する。
(2) 構造耐力上主要な部分で，長期・短期それぞれ応力度≦材料・部材の許容応力度を満たすことを確認する。地震については短期のみ確認する。

さらに構造種別に応じて検討を行う。

鉄骨造では，階数3以下などの場合に，標準せん断力係数を0.2から0.3に割増して許容応力度設計を行うとともに，筋かい端部や接合部の靱性確保，角型鋼管柱の応力割増しなどを行う（ルート[1-1]）。また，階数2以下でスパンがやや大きい場合は，上記に加えて偏心率の確認などルート[2]の考え方の

[*4]：ルート[1]は基本的に1次設計のみと位置付けられる場合が多い。実際には許容応力度計算に加えて構造種別により確認項目があり，これを2次設計の一部と考えることもできる。いずれにしても，比較的規模の小さい建物について，強度型の耐震性能を確認する方法がルート[1]といえる。

[*5]：構造耐力上主要な部分とは，基礎，基礎杭，壁，柱，小屋組，土台，斜材，床版，屋根版，横架材で，建築物の自重もしくは積載荷重，積雪荷重，風圧，土圧，水圧，地震その他の震動もしくは衝撃を支えるものとされている（建築基準法施行令第1条第3項）。

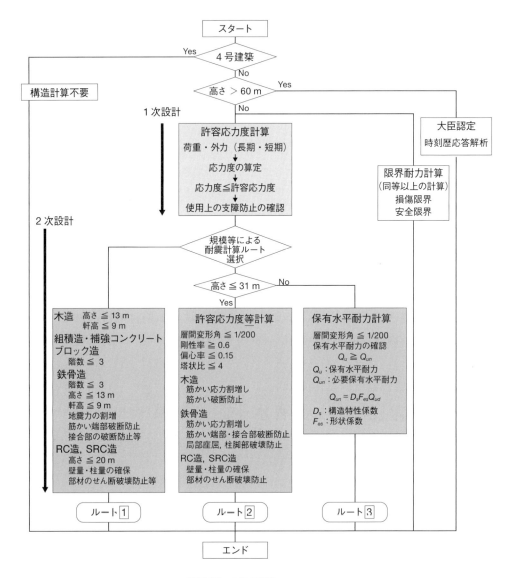

図9.1　耐震計算のフロー
・設計者の判断により上位の設計法（図中の右側のルート）を選択できる．
・本図はフローを示しており，内容を簡略に記載したところがある．

一部を取り入れたルート1-2がある．

　鉄筋コンクリート造では，耐力壁が多い場合は地震力に対して十分な強度が保たれるため，耐力壁と柱の水平断面積が階ごとに条件を満たすことを確認する（Note 9.1参照）．耐力が十分であれば大きな靱性は必要ではないが，部材のせん断破壊などにより急激に崩壊しないことを確認する．

（2）許容応力度等計算（ルート2）

　ルート1より規模の大きい建築物について，許容応力度計算に加えて，建築物の変形が耐震性に不利にならないよう，変形角やバランスなどに関する以下の項目を満たすことを確認する．

(1) 各層の層間変形角が1/200以内（変形により建築物の部分に著しい損傷を生じるおそれのない場合は1/120以内）であることを確認する．

(2) 各層の剛性率が0.6以上（剛性率は建物の各層の剛性分布を表し，平均的な層剛性に対する比）

(3)　各階の偏心率が0.15以下（偏心率は剛心と重心のずれを各階で求めて規準化したもの）

　このほかに，構造種別に応じた必要耐力や靱性などの確保に関する基準を満たすことを確認する。
　鉄骨造では，筋かい架構に作用する応力の割り増し，変形能力確保（筋かい端部や接合部の靱性確保，局部座屈の防止，柱脚の破壊防止など），角型鋼管柱の応力割増しなどを検討する。
　鉄筋コンクリート造では，ルート①と同様に耐力が大きくなるが，靱性により次の2ルートに分かれる[*1]。ルート2-1は，耐力が大きく，やや靱性がある建築物を対象とする。耐力壁が水平力の多くを負担するような架構である。またルート2-2は，耐力が大きく，靱性のある建築物が対象であり，開口部の大きい非耐力壁やそで壁付柱などが水平力の多くを負担する。設計の方法はルート①と類似で，耐力壁や柱の水平断面積が一定の条件を満たすことによりせん断耐力を評価するとともに，部材に必要な靱性を確保する規定が設けられる。詳細は後述する（Note 9.1参照）。

（3）保有水平耐力計算（ルート3）

　さらに規模の大きい建築物では，変形が大きくなる場合の耐震性を確保するために，許容応力度計算に加えて塑性変形を考慮した保有水平耐力の検討を行う。

　(1)　各層の層間変形角が1/200以内（変形により建築物の部分に著しい損傷を生じるおそれのない場合は1/120以内）であることを確認する。
　(2)　2次設計の地震力に対して，建物に生じる応答層せん断力を求め，許容し得る塑性変形量にもとづく低減（構造特性係数D_s）や不整形性にもとづく割り増し（形状係数F_{es}）を考慮して，必要保有水平耐力を算定する。
　(3)　骨組の終局強度解析などにより，各層の保有水平耐力を算定する。
　(4)　各層の保有水平耐力 ≥ 必要保有水平耐力であることを確認する。

　構造特性係数D_sは，地震時の建築物の弾塑性挙動に伴うエネルギー吸収能力を表す重要な指標である。これより，ルート3では塑性変形に伴うエネルギー吸収能力が地震入力エネルギーを上回るよう設計していることになる。

（4）耐震計算ルートによる耐震性の特徴と相違

　用いる耐震計算ルートにより，建物の耐震性のレベルや性格に相違があることに注意が必要である。すなわち，ルート①では強度型の設計となり，2次設計レベルも含めて基本的に無損傷の設計となる。一方，ルート3では2次設計レベルの地震動に対して構造に損傷が生じることを許容しており，強度が低く靱性に期待する設計（壁が少ない純ラーメン構造など）では損傷が大きくなる可能性がある。このことは，大地震後の建物の復旧や再使用にあたって大きな差となる。たとえば，役所など業務継続が必要な建物は強度型の低層建物が構造損傷が少ないため望ましく，規模や機能が許すならばルート①により設計された壁の多い鉄筋コンクリート造建築物が適切といえる。
　次節以降では，耐震計算ルート①～3の内容に関連して，具体的な説明を加える。

9.2.2　地震力

（1）層せん断力

　以下のように層せん断力係数C_iを定め，これを用いて層せん断力Q_iを求める。

[*1]：2015年以前は鉄筋コンクリート造ルート2-3があったが，現在は廃止されている。

$$C_i = Z \cdot R_t \cdot A_i \cdot C_0 \tag{9.1}$$

$$Q_i = C_i \cdot W_i \tag{9.2}$$

ここで，C_iはi層の**層せん断力係数**，Q_iはi層の**層せん断力**，W_iはi層以上の建物重量，Zは**地震地域係数**，R_tは**振動特性係数**，A_iはi層の**地震層せん断力係数の高さ方向分布を表す係数**，C_0は**標準せん断力係数**である。1次設計では$C_0 = 0.2$，2次設計では$C_0 = 1.0$とする。

式(9.1), (9.2)からわかるように，C_0は建物の平均的な応答加速度を重力加速度で除した値に相当する。地震力が建物の応答にもとづいて設定されているため扱いが容易である反面，想定する地震動の特性は明確ではない。建物の応答倍率を2.5〜3と考えれば，$C_0 = 1.0$に対応する大地震時の地盤の加速度は330〜400 cm/s^2，震度にして6弱〜6強程度に相当する。同様に$C_0 = 0.2$は66〜80 cm/s^{2}で震度5弱程度である。上部が大きく応答する建物ほど対応する地盤の揺れは小さいことになり，逆に壁の多い剛な建物であれば大きな地震動を想定していることになる。このように，応答にもとづいて地震力を設定したため，建物の特性により想定している地震動のレベルが異なることに注意が必要である。

建築物の地下部分に作用する地震力は，その部分の重量（＝固定荷重と積載荷重の和）に，次式で表現される水平震度kを乗じて計算する。これにより1次設計のみを行う。

$$k = 0.1(1 - H/40)Z \tag{9.3}$$

ここで，kは水平震度，Hは地表面からの深さ（20 mを超える場合は20）であり，地動を100 cm/s^{2}とすることに相当する。地下部分の地震力は不明な点が多く，式(9.3)も上部構造物の地震力との整合など検討の余地がある。また，2次設計が規定されていない問題もある。近年の観測や解析から，地盤の震動と上部建物の応答による力を考慮したモデル化と計算法の開発が進んでおり，これらにもとづいて地震力を算定することもできる。

（2）地震地域係数

地震地域係数は地域による地震発生確率や地震動の期待値を相対的に示すもので，**図9.2**のように，過去の地震災害の記録などにもとづき，$Z = 1.0 \sim 0.7$の値が場所ごとに決められている。この値の根拠は過去1500年程度の被害地震にもとづく地震動の期待値であるが，再現期間の長い地震災害については検討する期間によって評価が変化する。地震地域係数では，過去数百年のデータにもとづいて地震が少ない場所は今後も少ないと考え，地震力を1.0より低減している。これは，数百年程度以内で繰り

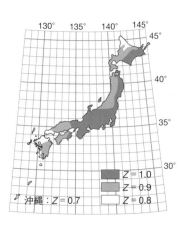

図9.2 地震地域係数

返すプレート境界型の大地震を重視したものと考えられる。一方、さらに長い期間で繰り返すプレート境界型の超巨大地震や長期間活動していない活断層の地震は、有史以来発生していないため次の大地震の発生が近いと考えることもでき、評価はまったく逆となる。2016年4月に発生した熊本地震では、地震地域係数0.8～0.9の地域で強い揺れが連続して発生し、多くの建物被害を生じたため、地震地域係数の意味について改めて議論が行われた。

(3) 振動特性係数

振動特性係数は地盤種別に対応した応答スペクトル特性と、建物の固有周期の関係で決まる地盤・地震動特性の影響を表している。R_tの定義は次式となり、その概形を**図9.3**に示す。

$$R_t = \begin{cases} 1 & T < T_c \\ 1 - 0.2(T/T_c - 1)^2 & T_c \leq T < 2T_c, \quad \text{ただし } R_t \geq 0.25 \\ 1.6 T_c / T & 2T_c \leq T \end{cases} \tag{9.4}$$

ここで、Tは建築物の設計用1次固有周期 (s) であり、次式で与える。

$$T = h(0.02 + 0.01\alpha) \tag{9.5}$$

ここで、hは高さ (m)、αは柱および梁の大部分が木造または鉄骨造である階の高さの合計のhに対する比であり、RC造なら$T = 0.02h$、S造では$T = 0.03h$となる。また、T_cは建築物の基礎直下の地盤種別による数値 (s) であり、第1種地盤 (硬質) 0.4、第2種地盤 (中間) 0.6、第3種地盤 (軟弱) 0.8となる。以上から求められるR_tの最大値は1.0で、条件により0.25まで低減される。

R_tでは短周期で地盤による差がなく、長周期では軟弱な第3種地盤のほうが相対的に大きくなっている。しかし実際には、長周期の地盤増幅は波長が長いので、共振がなければ地盤の硬軟によって大差なく、短周期では軟弱地盤のほうが大きくなる可能性が高いため、R_tの特性と矛盾がある。近年充実した多数の観測記録を用いて、応答スペクトルの特性を統計的に処理するなどの検討が必要と考えられる。

(4) 地震層せん断力係数の高さ方向の分布を示す係数

A_iは建物の高さ (周期Tにほぼ比例) や質量分布の影響による地震力の分布を表しており、**A_i分布**とよばれることが多い。

$$A_i = 1 + \left(\frac{1}{\sqrt{\alpha_i}} - \alpha_i\right)\frac{2T}{1 + 3T} \tag{9.6}$$

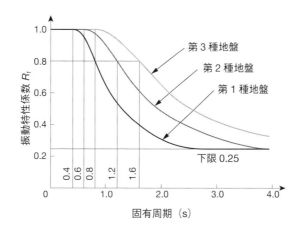

図9.3 振動特性係数

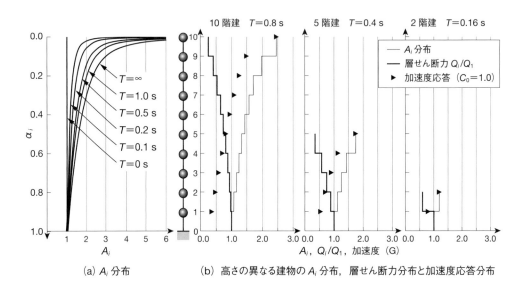

図9.4 A_i分布

ここで，α_iは最上階からi階までの重量の和を地上部の全重量で除した値，Tは設計用1次固有周期（式(9.5)）である．式(9.6)によるA_iの概形を**図9.4**(a)に示す．固有周期が短い低層建物では一様分布に近く，固有周期が長い高層建物では建物上部で急に大きくなる．図9.4(b)に，階数の異なる建物についてA_i分布から層せん断力分布Q_i/Q_1を求め，さらに$C_0 = 1.0$に対応する慣性力に直して加速度応答（単位G）を求めた結果を示す．RC造で階高4 m，各階重量は同一としている．階数が多い建物では頂部の応答が大きく，逆に1階の応答は0.35 G（10階建）〜0.8 G（2階）とかなり小さくなることがわかる．同様に，1次設計の$C_0 = 0.2$に対応する加速度応答は1階で0.07〜0.16 Gとなり，式(9.3)による地下震度の地表の値（$k = 0.1$）と結果的に整合している．

式(9.5)による設計用1次固有周期は建物高さのみで決まるため，剛性の高い壁式構造では実際より固有周期を長く評価することになり，建物上部で地震力を過大評価している．剛性が高い建物は地盤との動的相互作用が顕著であり，上部構造物の応答や変形がさらに減少する可能性があることを含めると，低層の壁式構造では地震力評価に相当の余裕があることがわかる．

9.2.3 剛性率と偏心率

剛性率は建物の高さ方向の剛性分布であり，次式で定義される．

$$R_s = r_s / \bar{r}_s \tag{9.7}$$

ここで，R_sは各階の剛性率，r_sは各階の層間変形の逆数＝階高/層間変位，$\bar{r}_s$は全階のr_sの相加平均である．すなわち，建物の各階の剛性が，全階の剛性の平均に比べて大きければ剛性率は1より大きく，小さければ1より小さくなる．新耐震では剛性率は0.6以上としている．とくに層せん断力が大きい下層で剛性率が小さい場合（ピロティなど）では，その層に損傷が集中する例が多い．

偏心率はある階のねじれやすさを示す指標であり，次式で定義される．

$$R_e = e / r_e \tag{9.8}$$

偏心率は水平2方向でそれぞれ検討する。ここで、e は偏心距離＝各階の重心（慣性力の合力の位置）と剛心（復元力の合力の位置）の距離の検討方向と直角方向の距離、r_e は弾力半径＝各階の剛心廻りのねじれ剛性を検討方向の剛性で割った値の平方根である。新耐震設計法では、偏心率は0.15以下としている。偏心率が大きい場合は、水平応答に伴ってねじれ（床面の面内の回転）が励起され、建物外周の変形が増加するため、耐震性が低下する。

9.2.4 保有水平耐力

（1）保有水平耐力と必要保有水平耐力

保有水平耐力計算では、構造物が大地震を受けて塑性変形する状態について、構造物が支え得る最大の層せん断力（**保有水平耐力** Q_u）が、建物に生じる応答層せん断力（**必要保有水平耐力** Q_{un}）を上回ること、すなわち $Q_u \geq Q_{un}$ を確認する。

各階の必要保有水平耐力 Q_{un} は次式で与えられる。

$$Q_{un} = D_s \cdot F_{es} \cdot Q_{ud} \tag{9.9}$$

ここで、D_s は各階の**構造特性係数**、F_{es} は各階の**形状特性係数**である。Q_{ud} は各階の地震力により各階に生じる水平力で、次式で計算される。

$$Q_{ud} = Z \cdot R_t \cdot A_i \cdot C_0 \cdot W_i \tag{9.10}$$

これは式(9.1)、(9.2)と同様の形であることがわかる。大地震時を想定しているので、$C_0 = 1.0$ とする。

保有水平耐力 Q_u は、構造物が水平力により崩壊するときの状態（終局状態）について、対応する層せん断力を求める。具体的な計算は、**節点振り分け法**（柱・梁の節点で塑性ヒンジの発生状況を仮定する方法）、**仮想仕事法**（崩壊メカニズムを想定して対応する水平力を求める方法）など手計算を前提とした方法と、計算機の利用が前提となる**増分解析**（**プッシュオーバー解析**）がある。増分解析の概念を図9.5に示す。多層の構造物について、柱・梁などの部材を考慮したモデルを作成し、A_i 分布などから算定した地震力分布で静的外力を少しずつ増やしながらかけて、各層の層間変形と層せん断力の関係を求める。構造物の各所に塑性ヒンジが生じて崩壊メカニズムが形成されると、力は増加しなくなり変位のみ大きくなるため、このときの層せん断力から保有水平耐力を求める。特定の層に変形が集中するような場合は、変形分布が一定になるよう力をかける変位制御もある。

（2）構造特性係数

構造物が大きく塑性変形しても容易に破壊しない（粘り強い）場合は、必要保有水平耐力を低減す

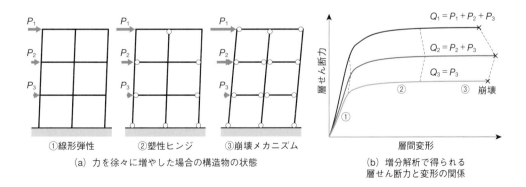

（a）力を徐々に増やした場合の構造物の状態　　（b）増分解析で得られる層せん断力と変形の関係

図9.5 増分解析

ることができ，逆に塑性変形の余裕が小さければ低減しないと考える．このための係数が**構造特性係数**であり，減衰の効果による低減を示すβも含めて，構造物の各階について次式で定義される．

$$D_s = \frac{\beta}{\sqrt{2\mu - 1}} \quad (9.11)$$

ここで，μはその階の許容しうる塑性率，$\beta = \dfrac{1.5}{1 + 10h}$（$h$は減衰定数）である．$D_s$は構造種別（鉄骨造かRC造），架構の形式，架構の粘り強さなどにより定義され，鉄骨造で0.25〜0.5，RC造で0.3〜0.55程度の値となる．塑性変形能力の大きい構造ほど小さくなるため，ラーメン構造のD_sは小さく，耐震壁では大きい．これらの値は式(9.11)から直接算定されるものではなく，新耐震設計法の検討にあたり種々の実験結果などにもとづく工学的判断により設定されており，今後の見直しが必要と考えられる．

最近では，腰壁，垂壁，袖壁などの2次部材[*1]を構造スリットでラーメンから切り離す設計が一般的となっている．これによりラーメンの塑性変形能力が向上してD_sが小さくなり，必要保有水平耐力が減って，しかも計算が容易になるなど設計上のメリットが大きい．しかし一方で，構造スリットにより剛性や強度は低下しており，構造設計で考慮していなかった余力が減って変形と損傷が増大する可能性があること，さらに応答が増大しやすくなるため地動を過小評価することにも注意が必要である．また，$D_s = 0.25$となる鉄骨造ラーメン構造では，震度6弱程度の比較的小さな地震動で大きな変形と損傷が生じることを意味しており，地震後の継続使用に問題を生じる可能性がある．

(3) 形状特性係数

剛性率が小さいか，あるいは偏心率が大きい層があるとき，その層の必要保有水平耐力を割増するための係数が**形状特性係数**F_{es}であり，次式で与えられる．

$$F_{es} = F_s \cdot F_e \quad (9.12)$$

ここで，F_sは剛性率による係数で，剛性率0.6以上で$F_s = 1.0$，0.6〜0.3でF_sの割り増し，剛性率0.3以下で$F_s = 1.5$となる．F_eは偏心率による係数で，偏心率0.15以下で$F_e = 1.0$，0.15〜0.3でF_eの割り増し，偏心率0.3以上で$F_e = 1.5$となる．両者の積から，F_{es}の値は1.0〜2.25となり，値が大きいほどバランスの悪い層ということになる．

〈鉄筋コンクリート造の壁・柱と地震被害〉

鉄筋コンクリート造では耐力壁の多い建築物が一般的であり，この場合は地震力に対して十分な強度をもつ．このような場合に，壁や柱などの鉛直部材の断面積が一定の条件を満たせば，水平方向の地震力に対して十分なせん断耐力があるとみなすことができる．鉄筋コンクリート造のルート1およびルート2-1，ルート2-2はこのような考え方にもとづいている．それぞれで用いられる式をまとめて以下に示す．

[*1]：主要な構造部分を構成する部材（1次部材）以外の部材を，非構造部材あるいは2次部材とよぶ．構造設計では安全側として2次部材の強度・剛性を無視することが一般的であるが，これらの部材により柱がせん断破壊しやすくなるなど変形特性の悪影響が無視できないことがある．

$$\text{ルート}\boxed{1} \quad \sum 2.5\alpha A_w + \sum 0.7\alpha A_c \geq ZWA_i \tag{1}$$

$$\text{ルート}\boxed{\text{2-1}} \quad \sum 2.5\alpha A_w + \sum 0.7\alpha A_c \geq 0.75ZWA_i \tag{2}$$

$$\text{ルート}\boxed{\text{2-2}} \quad \sum 1.8\alpha A_w + \sum 1.8\alpha A_c \geq ZWA_i \tag{3}$$

左辺において，A_w は検討する階の計算方向の耐力壁の水平断面積，A_c は柱等の断面積，α はコンクリート強度による係数（強度が大きいほど大，$1 \leq \alpha \leq \sqrt{2}$），$\Sigma$ は検討する階の該当する耐力壁あるいは柱の総和である。右辺の Z は地震地域係数，W は検討する階より上の建物重量，A_i は地震層せん断力係数の高さ方向分布を表す係数である。したがって左辺は，耐力壁や柱などの鉛直部材の水平強度を，単位強度（2.5α，0.7α など）と部材断面積の積により略算的に求めていることになる。一方右辺は，式(9.1)，(9.2) とも比較すれば，その階にかかる地震力に対応し，必要強度と考えることができる。

これらの式の意味は，東北大学の志賀敏男教授が示した**志賀マップ**で説明できる。志賀マップは，低層鉄筋コンクリート造建築物の地震被害状況が壁・柱量と密接な関係にあることを，1968年十勝沖地震や1978年宮城県沖地震の被害などにもとづいて見出したものである。**図9.a**において，横軸は検討階の壁の断面積を上階の床面積の総和で除した壁率，縦軸は壁・柱の平均せん断力になる。被害を受けた建物は左上に集中しており，壁が少なく，かつ壁・柱の平均せん断力が大きい場合に被害が大きいことが明確である。

式(1)〜(3) を図9.aにプロットして意味を考えてみる。ルート$\boxed{1}$の式(1) は，被害の有無の境界にほぼ対応しており，式を満たせば建物条件によらず軽微な被害にとどまることがわかる。式(1) 右辺は $C_0 = 1.0$ に相当しており，2次設計レベルの外力に対して十分な強度をもつと考えられる。それに比べてルート$\boxed{\text{2-1}}$は，右辺が0.75倍に低減されるため被害が発生する範囲に入っている。このルートの建物は靱性がある程度確保されること，剛性率や偏心率の検討が行われることなどに対応した低減と考えられる。ルート$\boxed{\text{2-2}}$は，袖壁付きの柱や開口壁などによる負担が大きく，靱性もある建築物が対象のため，壁率には依存せず壁・柱の平均せん断力で定義されていることになる。式(3) より下側の領域にも被害が多数見られるが，靱性の確保と剛性率・偏心率の検討により対応するものと考えられる。

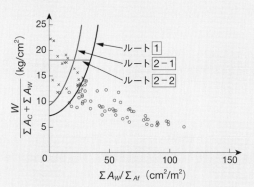

・建物被害は以下の記号による。
　○：無被害または軽微
　×：中波以上の被害
・A_f は検討階より上の階の床面積を示す。
　そのほかの記号は同じであるが，
　軸の単位が異なることに注意。
・各ルートの式において $\alpha = 1.0$ とする。
　コンクリート強度 $F_c \leq 18 \text{ N/mm}^2$ に相当。
・各ルートの式の≧を満たす領域は
　線の下側にあたる。

図9.a 志賀マップ（1978年宮城県沖地震における鉄筋コンクリート造建築物の被害）とルート$\boxed{1}$，$\boxed{\text{2-1}}$，$\boxed{\text{2-2}}$の式

9.3 限界耐力計算

9.3.1 限界耐力計算の概要

限界耐力計算の手順は以下のようにまとめることができる。なお，9.1.2項に示すように，限界耐力計算を使用する場合は損傷限界と安全限界の2段階の性能を確認する必要があるが，ここでは，主に安全限界に対応する手順を示す。添字の s は安全限界を示す。損傷限界（添え字 d を用いる）に関する確認も基本的に同様の手順であるが，弾性範囲にとどまることが異なる。具体的な定義式などの詳細は次節以降で説明する。

(1) 多層構造物の各層の弾塑性挙動を考慮して，等価1自由度系に変換する。構造物全体が倒壊に至る安全限界時の水平力 Q_s，有効質量 M，代表変位 Δs を求め，安全限界状態に対応する等価1自由度系の固有周期（安全限界固有周期） T_s を求める。

(2) 建物に入力する地震動を求める。極めて稀に発生する地震動に対応する解放工学的基盤の加速度応答スペクトル $S_{as}(T)$（減衰5%）を定義し，表層地盤による加速度増幅率 $G_s(T)$ を乗じる。

(3) 等価1自由度系の加速度応答を求める。(2)のスペクトルで安全限界固有周期 T_s に対する加速度応答を求め，安全限界代表変位に対応する等価1自由度系の減衰から加速度低減率 F_h を求めて乗じる。

(4) 構造物の各階に作用する加速度と質量から水平力を求め，層せん断力を求める。まず，等価1自由度系の加速度応答に加速度分布係数 B_{si} と質量 m_i を乗じて各階に作用する力 P_{si} を求め，層せん断力 Q_i を求める。

(5) 層の保有水平耐力 Q_{ui} が推定された層せん断力 Q_i を上回ることにより，極めて稀に発生する地震に対しての安全性を確認する。

9.3.2 等価1自由度系への置換

(1) 安全限界固有周期

限界耐力計算法では，弾塑性挙動を示す多層構造物を1自由度線形モデルに置換し，等価な固有周期を求める*1。この際に安全限界時の各層の変形を設定する必要があり，保有水平耐力に相当する力を受けたときの変形から求める。具体的には9.2.4項(1)で述べた**増分解析（プッシュオーバー解析）**を用いることが前提となる。これにより各層の保有水平耐力と対応する変位を求めるとともに，その状態に達するまで各層に有害な耐力低下がないことも確認する。

安全限界に対応する等価1自由度系の固有周期（**安全限界固有周期**） T_s を次式で定義する。

$$T_s = 2\pi \sqrt{\frac{M_{us}\Delta_s}{Q_s}} \tag{9.13}$$

ここで， M_{us} は有効質量， Δ_s は代表変位， Q_s は安全限界耐力（安全限界時の水平力）であり，等価1自由度系の剛性を力と変位の比 Q_s/Δ_s とすれば，一般的な固有周期と同じ形であることが確認できる。構造物が線形弾性の場合の固有周期に比べて，安全限界固有周期は大きな値となる。

有効質量と代表変位は次式で表される。

---

*1：多自由度系の1自由度化については8.1.2項(3)，等価線形化については7.5.2項(3)も参照されたい。

$$M_{us} = \frac{\left(\sum_{i=1}^{n} m_i \delta_{si}\right)^2}{\sum_{i=1}^{n} m_i \delta_{si}^2} \tag{9.14}$$

$$\Delta_s = \frac{\sum_{i=1}^{n} m_i \delta_{si}^2}{\sum_{i=1}^{n} m_i \delta_{si}} \tag{9.15}$$

ここで，m_i は i 階の質量，n は層数，δ_{si} は，安全限界耐力に相当する水平力 P_{si}' が作用する場合の各階の変位である．式(9.14) は式(8.28) においてモードを変位に書き直したものにあたり，同様に式(9.15) は式(8.29) に関係していることがわかる．水平力 P_{si}' は次式で表現される．

$$P_{si}' = \frac{B_{si} m_i}{\sum_{i=1}^{n} B_{si} m_i} Q_s \tag{9.16}$$

ここで，B_{si} は安全限界時の加速度分布係数（9.3.4項で述べる），Q_s は安全限界耐力である．Q_s は1階層せん断力係数換算値 q_{si} の最小値に構造物の全重量を乗じて求める．q_{si} は次式で表現される．

$$q_{si} = \frac{Q_{ui}}{F_{ei} \dfrac{\sum_{i=1}^{n} B_{si} m_i}{\sum_{i=1}^{n} B_{si} m_i} \sum_{i=1}^{n} m_i g} \tag{9.17}$$

ここで，Q_{ui} は i 階の保有水平耐力，F_{ei} は i 階の形状係数である．

(2) 周期調整係数

地盤調査により地盤の特性を求めた場合は，次式の**周期調整係数** r を T_s に乗じることができる．

$$r = \sqrt{1 + \left(\frac{T_{sw}}{T_s}\right)^2 + \left(\frac{T_{ro}}{T_s}\right)^2} \tag{9.18}$$

ここで，T_{sw}, T_{ro} はそれぞれスウェイ固有周期，ロッキング固有周期で，次式で与えられる．

$$T_{sw} = 2\pi \sqrt{\frac{M_{us}}{K_h}}, \quad T_{ro} = 2\pi \sqrt{\frac{M_{us}}{K_r}} H \tag{9.19}$$

ここで，K_h は水平地盤ばね定数，K_r は回転地盤ばね定数，H は代表高さである．これらの式は8.1.3項の導出と同様であり，式(9.18) は式(8.42) と一致する．したがって，r は地盤と構造物との動的相互作用による周期の伸長効果を考慮したものといえる．

9.3.3 地震動

(1) 工学的基盤の加速度応答スペクトル

限界耐力計算では，地震力算定の基礎となる加速度応答を，**解放工学的基盤**における加速度応答スペクトル $S_{as}(T_s)$ で与える．これは次式で与えられ，単位は m/s² である．

$$S_{as}(T_s) = \begin{cases} 3.2 + 30 T_s & T_s < 0.16 \\ 8.0 & 0.16 \leq T_s < 0.64 \\ 5.12/T_s & 0.64 \leq T_s \end{cases} \tag{9.20}$$

減衰5%に対応し，安全限界固有周期に対して定義されている．損傷限界については $S_{ad}(T_d)$ を $S_{as}(T_s)$

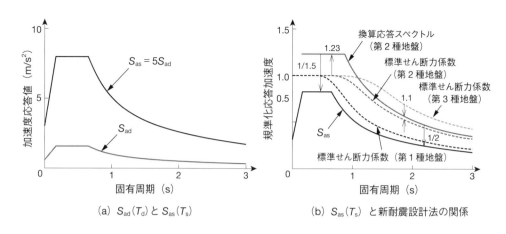

図9.6 工学的基盤の加速度応答スペクトル（告示スペクトル）

の0.2倍とする。これらを図示すると**図9.6**(a) となり，一般に**告示スペクトル**とよばれている。工学的基盤とは，地盤のせん断波速度V_sがおおむね400 m/s以上の地層であり，解放工学的基盤とは工学的基盤が露頭した状態を意味する。工学的基盤より浅い表層地盤の増幅は後述する加速度増幅率G_sにより考慮する。

$S_{as}(T_s)$設定の根拠は，以下のように説明されている。図9.6(b) に新耐震設計法の標準せん断力係数と振動特性係数の積$R_t \cdot C_0$を$S_{as}(T_s)$と比較して示す（縦軸は重力加速度で規準化したと考えればよい）。新耐震設計法で考慮する多質点系のベースシアーとここで考える1質点系の応答の関係から，2種地盤の$R_t \cdot C_0$を短周期側で1.23倍，長周期側で1.1倍すると，建物に入力する地表地震動の応答スペクトルに換算できる。さらに，標準的な第2種地盤について，解放工学的基盤に対する地表の増幅を短周期側で1.5倍，長周期側で2.0倍と仮定して割れば，$S_{as}(T_s)$が得られる。しかしこの説明では，先に述べたR_tと同様に短周期側では過大の可能性がある。一方，長周期側では実際の地盤増幅は2.0倍より小さいためS_{as}は過小評価となっている。S_aは告示免震建物でも使用されるため，長周期側のレベルには注意が必要と考えられる。

（2）表層地盤の加速度増幅率

工学的基盤より浅い表層地盤の**加速度増幅率**G_sは，地盤種別に応じて次式で計算する。

$$G_s = \begin{cases} 1.5 & T < 0.576 \\ 0.864/T & 0.576 \leq T < 0.64 \\ 1.35 & 0.64 \leq T \end{cases} \quad \text{（第1種地盤）} \tag{9.21}$$

$$G_s = \begin{cases} 1.5 & T < 0.64 \\ 1.5T/0.64 & 0.64 \leq T < 0.64gv/1.5 \\ gv & 0.64gv/1.5 \leq T \end{cases} \quad \text{（第2種：}gv = 2.025\text{，第3種：}gv = 2.7\text{）} \tag{9.22}$$

これらを図示すると**図9.7**(a) となる。図9.6(b) で述べた第2種地盤の増幅は式(9.22)と対応するが，先に述べた通り，実際の長周期側の加速度増幅は地盤種別にあまり依存しない傾向があることに留意する。

安全限界の場合は，地盤調査にもとづく表層地盤の構造から求める方法もある。液状化や傾斜地の影響がない場合について，工学的基盤（$Vs \geq 400$ m/s）より上の表層地盤の厚さが5 m以上あり，地盤の深さが一様（基盤の傾き5度以下）の場合に，表層地盤の各層の厚さとせん断剛性から計算される表層地盤の1次卓越周期T_1と2次卓越周期$T_2 = T_1/3$を用いて，以下のように計算する。

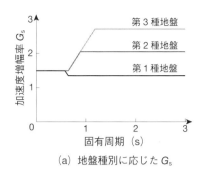
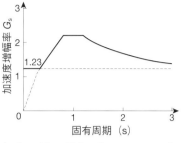

(a) 地盤種別に応じた G_s 　　(b) 表層地盤の構造に基づく G_s の例 ($T_1 = 1\,\mathrm{s}$)

図9.7 表層地盤の加速度増幅率

$$G_s = \begin{cases} G_{s2} \dfrac{T}{0.8T_2} & T \leq 0.8T_2 \\[1ex] \dfrac{G_{s1} - G_{s2}}{0.8(T_1 - T_2)} T + G_{s2} - 0.8 \dfrac{G_{s1} - G_{s2}}{0.8(T_1 - T_2)} T_2 & 0.8T_2 < T \leq 0.8T_1 \\[1ex] G_{s1} & 0.8T_1 < T \leq 1.2T_1 \\[1ex] \dfrac{G_{s1} - 1}{\dfrac{1}{1.2T_1} - 0.1} \dfrac{1}{T} + G_{s1} - \dfrac{G_{s1} - 1}{\dfrac{1}{1.2T_1} - 0.1} \dfrac{1}{1.2T_1} & 1.2T_1 < T \end{cases} \quad (9.23)$$

ただし，G_s は1.23以上とする．ここで，G_{s1}，G_{s2} は T_1，T_2 に対応する表層地盤増幅率で，表層地盤と工学的基盤の波動インピーダンス比と，表層地盤のひずみにもとづく減衰特性から算定する．式(9.23)について，$T_1 = 1\,\mathrm{s}$ の場合の例を図9.7(b)に示す．

建築物と表層地盤との相互作用に関する係数 β は，次式で与えられる．

$$\beta = \dfrac{K_{hb}\left\{1 - \left(1 - \dfrac{1}{G_s}\right)\dfrac{D_e}{\sum H_i}\right\} + K_{he}}{K_{hb} + K_{he}}, \quad \beta \geq 0.75 \tag{9.24}$$

ここで，K_{hb} は地下底面の水平地盤ばね定数，K_{he} は地下側面の水平地盤ばね定数，D_e は地表面から基礎底面までの深さ，ΣH_i は表層地盤の各層の層厚の和（表層地盤の厚さ）である．分子の中かっこ内は，地表面から基礎底面までの加速度増幅分を割り引いたもので，これにより基礎底面での地震力を表し，側面の地震力と重みづけ平均して β としている．下限値0.75は，一般建物の実測による知見から，加速度の低減は最大でもこの程度であるとしている．これは，地盤と構造物との動的相互作用による入力の相互作用（入力損失）に相当する．

9.3.4 地震力と検証

(1) 加速度低減率

ここまで求めた解放工学的基盤の加速度応答スペクトルと表層地盤の加速度増幅率の積から，安全限界固有周期に対応する値を読み取れば，安全限界における構造物の加速度応答を求めることができる．ただし，式(9.20)は減衰定数5%（$h = 0.05$）について定めたものであるので，安全限界に対応して大きく塑性化する場合の等価線形化による減衰定数を考慮した次式の係数 F_h を乗じる．減衰が大きいほど応答スペクトルは小さくなるので，F_h は**加速度低減率**とよばれる．

$$F_h = \dfrac{1.5}{1 + 10h} \tag{9.25}$$

ここで，h は構造物の減衰定数であり，$h = 0.05$ で $F_h = 1.0$ となる。減衰定数は，安全限界に対応する部材あるいは構造物全体の弾塑性挙動と塑性化の度合いにより，等価線形化（図7.23）の考え方にもとづいて求める。式(9.25)は，実際にはかなりの誤差を含む式であることに留意する。また，損傷限界時には F_h は使用しない（弾性時の減衰定数を5%と考えることに対応する）。

（2）加速度分布係数

加速度分布係数 B_{si} は，等価1自由度系の応答から i 階の応答を求める係数である。A_i と同様の高さ方向の分布を表す係数であるが，A_i が内力に相当する層せん断力分布であるのに対し，b_{si} は応答のモード形を表している。したがって，安全限界固有周期に対応する刺激関数（8.1.2項（3））から定める。構造物が均質，あるいは5階以下の場合は次式で計算できる。

$$B_{si} = p\, q\, r_m\, b_{si} \tag{9.26}$$

ここで，r_m は有効質量比 = 有効質量 M_{us}/全質量 Σm_i，p は階数による補正で平屋で 0.8～5階以上で 1.0，q は r_m が 0.75 未満で 0.75，r_m が 0.75 以上のとき 1.0 となる。

b_{si} は A_i の定義と対応があり，式(9.6)と同様の α_i（最上階から i 階までの重量の和を地上部の全重量で除した値 = 基準化重量）と設計用1次固有周期 T を用いて次式で表される。

$$b_{si} = \begin{cases} 1 + (\sqrt{\alpha_i} - \alpha_i^2)\dfrac{2T}{1+3T}\dfrac{\sum_{i=i}^{n} m_i}{m_n} & (i = n : \text{最上階}) \\ \\ 1 + (\sqrt{\alpha_i} - \sqrt{\alpha_{i+1}} - \alpha_i^2 + \alpha_{i+1}^2)\dfrac{2T}{1+3T}\dfrac{\sum_{i=i}^{n} m_i}{m_n} & (i \neq n) \end{cases} \tag{9.27}$$

（3）地震力と検証

以上から，構造物の i 階に生じる安全限界時の地震力 P_{si} は，次式のように表される。

$$P_{si} = S_{as}(T_s) \cdot m_i \cdot B_{si} \cdot F_h \cdot Z \cdot G_s(T_s) \tag{9.28}$$

ここで，m_i は i 階の質量，Z は地震地域係数である。これを対象層より上で和をとれば，安全限界時の層せん断力（必要保有水平耐力に相当）になるので，これを用いて次式を確認する。

$$\sum_{k=i+1}^{n} P_{si}' \geq \sum_{k=i+1}^{n} P_{si} \tag{9.29}$$

ここで，P_{si}' は式(9.16)の安全限界耐力に相当する水平力であり，その和は保有水平耐力に相当する。

同様に，損傷限界については

$$P_{di} = S_{ad}(T_d) \cdot m_i \cdot B_{di} \cdot Z \cdot G_s(T_d) \tag{9.30}$$

式(9.24)と比べて，F_h が含まれない点に注意する。検証すべきは次式となる。

$$\sum_{k=i+1}^{n} P_{di}' \geq \sum_{k=i+1}^{n} P_{di} \tag{9.31}$$

〈観測地震動の応答スペクトルと設計〉

1995年兵庫県南部地震のあと，国内では震度観測地点や地震観測地点が増加し，全国で数千カ所

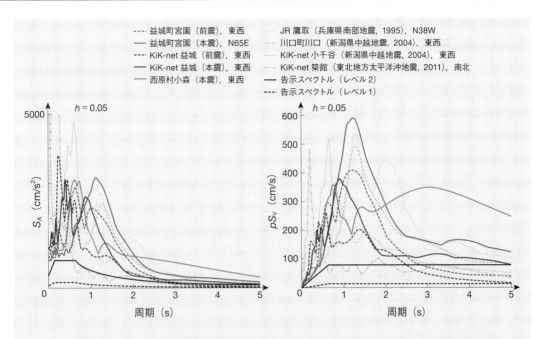

図9.b 震度7の地震動の応答スペクトルと設計で考慮するスペクトルの比較

に及ぶようになった。さらに地震計の性能の向上，オンライン化などシステムの機能も向上して，多数のデータが蓄積されている。これにより，震源の近傍や特別な地盤条件による局所的な強い揺れも観測されるケースが増加した。

近年の地震災害で震度7を観測した地震動の加速度応答スペクトルを**図9.b**に示す。図9.5で示した限界耐力計算法における解放工学的基盤の加速度応答スペクトルも記入してある。また，式(7.37)による擬似速度応答スペクトルも示す。解放工学的基盤で定義された応答スペクトルに対して表層地盤の加速度増幅率を考えても，また新耐震設計法の$R_t \cdot C_0$と比較しても，観測された地震動がはるかに上回ることがわかる。

この中で，1995年兵庫県南部地震（阪神・淡路大震災）の神戸市のJR鷹取駅，2016年熊本地震の本震の益城町宮園などでは，1〜1.5秒の成分が2次設計レベルより数倍以上大きくなっている。これらの地震では多数の建物で倒壊などの被害となったが，新耐震にもとづく建物では設計よりはるかに大きい入力に対しても明らかに被害率が低かったものの，中層以上の変形しやすい建物では損傷が多かったことが知られている。このことは，耐震性能として評価されていない余力の存在，A_i分布の影響，靭性に期待する建物の実際の耐震性能，建物堅さによる想定地動の違い，動的相互作用効果など，本文中でも述べた現行の耐震設計法の課題を示している。一方，2011年東北地方太平洋沖地震（東日本大震災）で唯一震度7になった宮城県築館の記録は，0.5秒以下の短周期で数千cm/s^{2}となっている（局所的な地盤の影響が含まれることが知られているが，いずれにしても大きな振幅である）が，周辺の建物被害は小さかったことが知られている。短周期の揺れで大きく応答する低層建物は強度型の設計となり，かつR_tの過大評価，A_i分布の影響，地下逸散減衰効果なども含めて十分な耐震性をもつことを示している。

現在の耐震設計で考慮している地震動は2次設計で震度6弱〜6強程度とされているが，そのレベルを大きく上回る地震動が観測されても，建物によっては直ちに大きな被害が生じるとは限らない。構造種別・構造形式や用いた構造設計ルートなどにより建物が備える振動特性や耐震性能は大きく異なるため，各建物に要求される性能を明確化して，適切な判断に基づく設計が必要となる。

9.4 最近の地震災害と耐震設計

3.2節で示したように，地震災害を繰り返し受ける中で発生した特徴的な建物被害について，耐震設計で考慮するようになってきた。ここでは，最近の地震被害にもとづく検討の例を説明する。

9.4.1 長周期地震動
（1） 背景

長周期地震動とは，建築の分野では周期1秒〜数秒程度の周期帯域で卓越する地震動成分であり，固有周期の長い超高層建物や免震建物などへの影響が重要である。とくにプレート境界の大規模地震では長周期地震動が生成されやすく，揺れが遠方まで伝播し，長時間続くため，減衰の小さい超高層建物の共振が問題となる。2003年十勝沖地震では，長周期の揺れにより苫小牧の石油タンクの液面が揺動するスロッシングが発生し，大規模な火災につながった。また2011年東北地方太平洋沖地震（東日本大震災）では，首都圏の多数の超高層建物が影響を受けただけでなく，さらに遠方の大阪の高層ビルが共振して大きく揺れ，室内・機器類を中心に多数の被害を受けた。

このような**長周期かつ長時間継続する地震動**について，国土交通省は2016年に「超高層建築物等における南海トラフ沿いの巨大地震による長周期地震動対策について」を出して，超高層建築物や免震建築物の構造設計における対応方針を打ち出している。この背景には，内閣府よる南海トラフ沿いの巨大地震による長周期地震動に関する報告（2015年）や，国土交通省による建築基準整備促進事業により進められた長周期地震動の検討がある。これにより，南海トラフの巨大地震（安政東海地震，宝永地震など）を想定して，超高層建築物等に影響を与える0.1〜10秒の周期成分を含み，継続時間が500秒以上の設計用長周期地震動が作成された。この地震動は事業名から「**基整促波**」とよばれ，設計において極めて稀に発生する地震動（レベル2地震動）に対する検討に用いられる。

（2） 超高層建築物等における長周期地震動の対策

これにより南海トラフ地震で大きな影響が予想される地域について，超高層建築物や免震建築物（以下，超高層建築物等）における長周期地震動への対策が以下のように定められている。

(1) 対象区域は，超高層建築物等に大きな影響が予想される関東，静岡，中京，大阪で定められている（**図9.8**）。これらは，設計時に構造計算に用いた地震動の大きさを上回る可能性が「非常に高い」，「高い」，「ある」地域に分けられ，関東以外は「非常に高い」「高い」地域が設定されている。

(2) 対象地域に超高層建築物を大臣認定により新築する場合は，認定の審査に加えて以下を行う。
- ・構造計算において，極めて稀に発生する地震動に対する検討に，対象地震により建設地で発生すると予想される長周期地震動1波以上による検討を加える。このとき，基整促波か同等以上の地震動を使用する。10区域の擬似速度応答スペクトルを図9.8に示す。
- ・家具の転倒・移動防止対策に対する設計上の措置について説明を行う。
- ・免震建築物や鉄骨造の超高層建物について，長時間の繰り返しの累積変形の影響を考慮して安全性の検証を行う。

(3) 既存の超高層建築物等については，その建物の1次固有周期における図9.8のスペクトルが，設計時の構造計算に用いた地震動のいずれも上回る場合は，自主的な安全性の水準の再検証や必要に応じた補強等の措置を行うことが望ましい。

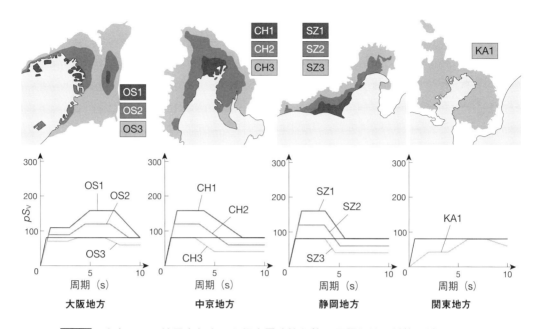

図9.8 南海トラフ地震を想定した超高層建築物等の長周期地震対策の対象区域と擬似速度応答スペクトル（国土交通省，2016年）

図9.8のスペクトルにおいて，設計時に構造計算に用いた地震動の大きさを上回る可能性が「非常に高い」区域では，最大で告示スペクトルの2倍となる。また振幅が大きい周期は各地域の深部地下構造などにより異なっていることにも注意する。

9.4.2 特定天井
（1）背景

2011年東北地方太平洋沖地震（東日本大震災）では，多くの建物で天井の落下が発生した。ミューザ川崎や九段会館，茨城空港などの被害が大きく，九段会館では死傷者も出た。建築基準法施行令第39条では，天井は風圧，地震，その他の振動および衝撃によって脱落しないこととなっている。しかし，これまでにも多くの地震で同様の被害が発生しており，2001年芸予地震においては複数の体育館などの被害が注目された。2003年十勝沖地震では，釧路空港ターミナルビルの高さ10 mの吹き抜けの天井が広い範囲で落下した。これを受けて，国土交通省は「大規模空間を持つ建築物の天井の崩落対策について（技術的助言）」（2003年）を出し，原因の検討と対策の周知を行った。しかし，その後の2005年宮城県沖地震で，仙台の温水プールの天井が崩落して30人以上の負傷者を出している。

東日本大震災の被害を受けて，地震による天井脱落対策に関する検討が進み，実大振動実験なども踏まえた対策案が作成され，それをもとに建築基準法施行令が2013年に改正された。この中で，脱落によって重大な危害を生じるおそれのある天井を**特定天井**と定義し，劣化防止や構造耐力上の検討を義務付けた。同時に告示「特定天井及び特定天井の構造耐力上安全な構造方法を定める件」（2013年）などにより具体的な対応を示している。なお，東日本大震災で見られたエレベータの被害から，エレベータの脱落防止等についても天井と同様に施行令に加えられている（2014年）。

（2）特定天井の定義と対策の概要

ここでは上記告示にもとづいて説明する。特定天井は，具体的には6 mを超える高さにあり，水平投影面積が200 m²を超え，単位面積質量2 kg/m²を超える吊り天井で，人が日常的に利用する場所に

設置されているものをさす。構造安全性の検討は，稀に発生する地震（中程度の地震）において天井が損傷しないことを検証し，それを超える地震でも脱落の低減を図ることを目標にしている。

具体的な対策は，斜め部材（ブレース等）により吊り天井の振れを抑制するとともに，天井面と壁等の間に一定のクリアランスを設けることで，天井材の損傷や落下を防ぐ方針になっている。この安全性を確認するために，一定の仕様に適合することを確認する方法（仕様ルート），計算により構造耐力上の安全性を検証する方法（計算ルート）の2通りがある。または，上記とは異なる方法であっても，大臣認定を受けることで使用可能となる（大臣認定ルート）。

仕様ルートでは，天井面構成部材等の単位面積質量，天井材の緊結，支持構造部の仕様，吊り材の規格，吊り材および斜め部材の取付け方法，吊り材の配置，天井面の段差，吊り長さ，斜め部材の配置，天井面鋼製部材と壁等とのクリアランス，などが詳細に定められている。これらの一部を満たさない場合は計算ルートで確認するか，あるいは大臣認定を必要とする。

計算ルートでは，吊りボルトや斜め部材等の適切な配置，天井面が一体的に挙動する十分な面内剛性などを前提として，稀に発生する地震により天井面に作用する力を評価し，これにより天井部材や接合部が損傷しないことと，天井と壁の間のクリアランスが十分であることを確かめる。天井面の応答は，水平震度法，応答スペクトル法（限界耐力計算法にもとづいて床応答スペクトルを求め，天井部材の固有周期を考慮して応答を評価する方法），および簡易スペクトル法が示されている。

大臣認定ルートは，特殊な構造の天井について実験や数値計算により安全性を検証する場合などが対応する。

既存の建物の天井が特定天井の条件に該当する場合は，上記の新築時の条件がただちに遡及適用されないが，一定規模以上の増改築などでは対策を要する。この場合に，ネットやワイヤーなどによる落下防止対策でも可とされている。

9.4.3 津波
（1）背景

2011年東北地方太平洋沖地震（東日本大震災）では，**津波**により建築物が甚大な被害を受けた。とくに，重量のある鉄筋コンクリート造の倒壊，転倒，滑動や漂流物による被害などが注目された。将来の南海トラフ地震などに備えて，津波避難ビルや災害拠点建物の計画における津波に対する安全性は，重要性を増している。

東日本大震災後に「東日本大震災における津波による建築物被害を踏まえた津波避難ビル等の構造上の要件に係る暫定指針」（国土交通省，国土技術政策総合研究所，2011）が作成された。また津波防災地域づくりに関する法律（2011）にもとづく指定避難所等の技術基準として，「津波浸水想定を設定する際に想定した津波に対して安全な構造方法等を定める件」（国土交通省告示，2011）が出されている。津波避難ビルの検討は東日本大震災以前から行われており，中央防災会議の東海地震対策大綱（2003年），東南海・南海地震対策大綱（2003年）を受けて，内閣府の「津波避難ビル等に係るガイドライン」（2005年）などが検討されていた。2004年スマトラ島沖地震によるインド洋大津波の被害も背景にある。

（2）津波波圧と津波波力，浮力

上記ガイドラインなどにおいて構造物に作用する津波荷重の考え方はおおむね共通しており，津波による波圧を次式で算定している。

$$q_z = \rho g (a h - z) \tag{9.32}$$

ここで，q_zは構造設計用の進行方向の津波波圧（kN/m²），ρは水の単位体積質量（t/m³），gは重力加速度（m/s²），hは設計用浸水深（m），zは津波波圧を算定する部分の地盤面からの高さ（m），aは浸水係数で3とする。南海トラフ地震における津波浸水深の想定が内閣府や自治体により行われているため，これを設計用浸水深として用いることにし，その3倍の静水圧を波圧とする。浸水係数3は，津波が到来する方向に津波を軽減する遮蔽物がある場合は2，遮蔽物に加えて海岸や河川から500 m以上離れていて，流速が増大する要因がなければ1.5まで低減できる。なお，浸水係数3の根拠は被害事例や実験などであり，したがって，式(9.32)は静水圧で考えていても実際の流速の影響は含まれていることになる。

上記の津波波圧にもとづき，建物が受ける津波波力は，受圧面（津波を受ける面）において津波波力が同時に作用するとして積分して求める。津波波力は高さzの関数なので，受圧面の幅が高さにより異なる場合は考慮する。また水が有効に抜ける開口（非耐圧部材の部分を含む）がある場合は受圧面積を低減できる。

浮力については，転倒被害の事例などからその影響が無視できないことが明らかになったため，津波に浸かった部分の建築物の体積（内部空間を含む）に相当する浮力が働くものとして考慮する。水位が徐々に上がる場合などは，建物内への水の流入分を考慮して（割り引いて）算定することもできる。

以上の荷重については，津波の流速の考慮など今後の高度化の可能性があり，日本建築学会の「建築物荷重指針・同解説（2015）」はそれらも含めてまとめられている。

（3） 建物の設計

以上の荷重を考慮して，以下の項目を検討する。

(1) 受圧面（津波を受ける面）の耐圧部材（津波の荷重に耐える必要がある主要構造部材）について，終局強度以内とし，骨組みへの力の伝達や止水などに留意する。
(2) 津波波力に対応する水平荷重に対して，各層の水平耐力が上回ることを確認する。増分解析による保有水平耐力計算を行うことが考えられるが，ルート①，②の必要耐力の算定式などによってもよい。
(3) 浮力および自重も考慮して，津波荷重により転倒・滑動しないことを確認する。杭基礎の場合は引き抜き耐力を超えないことなどの確認になる。
(4) 構造設計上の配慮として，洗堀を考慮して杭基礎とするか直接基礎の場合は傾斜を防ぐ。洗堀とは津波の流れにより建築物の基礎や周辺の地盤が削られ，流失する現象である。
(5) 漂流物の衝突による損傷を考慮し，構造耐力上主要な部分が破壊しない，または一部の破壊が全体崩壊につながらないことを確認する。これはあらゆる漂流物を検討することが困難なことも含めている。

9.5　耐震診断と応急危険度判定

新築建物に適用される設計法から対象を広げて，旧基準などによる建物や被災した建物を評価する方法を説明する。これらは防災対策および被災後の復旧などにあたり重要である。また耐震性能に関連するさまざまな指標や評価法が目的により用いられているので，相互に比較しておくことは有用である。

9.5.1 耐震診断

(1) 耐震診断の意義

　現在の耐震基準が適用される以前の基準で設計された建物は，十分な耐震性能をもたない可能性がある。現行基準に適合しない建物を**既存不適格建築物**といい，ただちに改善する義務はないものの，防災上は大きな問題となっている。**耐震診断**は，旧基準で設計された建物が，現行基準と同等の耐震性を有するか否かを判定する方法である。したがって，対象は1981年6月の現行基準施行以前に設計された建物となるが，それ以降の建物でも何らかの理由（劣化など）で耐震性の低下が懸念される場合は実施することがある。

　1995年兵庫県南部地震（阪神・淡路大震災）では，建物の倒壊により多数の犠牲者を出した。この際に，1981年以前に建てられた建物で明らかに被害程度が高く，旧基準の建物の対策が重要であることが認識された。このことを受けて「建築物の耐震改修の促進に関する法律」（**耐震改修促進法**）が1995年12月に施行され，旧基準の建物の耐震診断や耐震改修を進める方針が出された。2006年の改正では，地方公共団体による耐震改修促進計画の策定（耐震化の目標設定などを含み，都道府県は1年以内に策定）などが加わった。これらにもとづいて，自治体による耐震診断・耐震改修の促進策として，費用の一定割合の補助などの助成制度が広く行われている。

　2013年の改正では，不特定多数が利用する大規模建築物，避難確保上特に配慮を要する人が利用する大規模施設，危険物の大規模な貯蔵場などの**要緊急安全確認大規模建築物**について，耐震診断の実施と結果報告を義務付け，その結果を公表することとした。また，緊急輸送道路等の避難路沿道建築物（倒壊して重要道路をふさぐおそれのある建物），防災拠点建築物などの**要安全確認計画記載建築物**については，同様に耐震診断・結果報告を義務付けるとともに，耐震改修促進計画に位置づけることとしている。以上のように，耐震診断は，地震防災のかなめである耐震化を進めるうえで基礎となる重要な指標ということができる。

(2) 木造耐震診断の概要

　木造の戸建住宅を主な対象とした耐震診断法は2通りある。**一般診断法**では全体に簡易な判断で，補強の必要の有無など概略を診断する方法といえる。一方，建築士が実施する前提の**精密診断法**は，次式で評点を求めている。

$$上部構造評点 = 保有耐力 Q_u / 必要耐力 Q_r \tag{9.33}$$

必要耐力Q_rは設計用地震層せん断力（稀な地震）などから求める。また保有耐力Q_uは，耐力壁の耐力と剛性率・偏心率による低減で求める。上部構造評点≥ 1.0が耐震性の目安で，1.5以上で倒壊しない，1.0〜1.5は一応倒壊しない，0.7〜1.0は倒壊の可能性あり，0.7未満は倒壊の可能性が高いと判断する。壁の耐力は，壁の種類等によって細かく定められている。さらに詳細には，増分法，限界耐力計算，あるいは時刻歴応答計算などによる精密診断法もある。

　精密診断法や一般診断法において，軟弱地盤の場合に必要耐力が1.5倍に割り増しされる点が新築と大きく異なり，軟弱地盤地域の耐震改修が進まない一因になっている。また，文化財など伝統的な構法による木造建築物については，一般的な在来木造とは異なり，その特殊性（変形性能など）を考慮した耐震診断法がある。

　これらに加えて，「誰でもできる我が家の耐震診断」（日本建築防災協会）など，居住者が自ら確認するチェックリストがある。簡単ではあるが重要な点がまとめられ，住宅耐震性に関する理解と関心の向上や，専門家による耐震診断への誘導などの効果がある。

（3）RC造の耐震診断の概要

RC造（SRC造を含む）の耐震診断において，耐震性能の指標は次式の**構造耐震指標**（I_s**値**）を各層・各方向で求めて用いる。

$$I_s = E_o \cdot S_D \cdot T \tag{9.34}$$

ここで，E_oは保有性能基本指標であり，強度指標Cと靭性指標Fの積で$E_o = C \cdot F$と表せる。S_Dは形状指標で，偏心率や剛性率などに対応する。Tは経年指標で，構造躯体に劣化などがあれば1.0から低減する。I_s値による耐震性が満たすべき目標値は**構造耐震判定指標**（I_{so}**値**）で示し，以下のように設定される。

$$I_{so} = E_s \cdot Z \cdot G \cdot U \tag{9.35}$$

ここで，E_sは耐震判定基本指標であり，後述するように第1次診断では0.8，第2次・第3次診断では0.6とする。これは，現行の耐震基準と同等の耐震性に対応する値と考えればよい。Zは地域指標（耐震基準の地震地域係数に対応），Gは地盤指標，Uは用途指標である。Uは，学校や官庁施設で1.25（$I_{so} = 0.75$），防災拠点となる官庁施設で1.5（$I_{so} = 0.9$）などが用いられる。式(9.35)にZが含まれている点は重要建物の診断にあたり注意を要する。以上から，次式を満たすことを階ごとに確認する。

$$I_s \geq I_{so} \tag{9.36}$$

I_s値の条件に加えて，RC造では累積強度指標$C_{TU} \cdot S_D$について，次式を確認する。

$$C_{TU} \cdot S_D \geq 0.3 \tag{9.37}$$

（4）RC造の耐震診断の種類

RC造の耐震診断には第1次診断から第3次診断まで3通りあり，対象とする建物の構造特性によって適切な方法を選択する。

第1次診断は，壁の多い強度型の建物を対象として，延床面積に対する柱率・壁率（柱や壁の水平断面積）から保有性能基本指標E_oを評価する。この際に，耐震性は強度指標Cのみを考えており，靭性指標$F = 1.0$とみてもよい。第1次診断が適する建物は，耐震設計法におけるルート①やルート②の一部が該当し，必ずしも多くない。しかし，柱率・壁率は耐震性能の重要なポイントであり，図面から容易に計算できるため，第2次診断を行う場合でも第1次診断を参考値とする場合がある。柱率・壁率と地震被害との関係を明確に示した**志賀マップ**（Note 9.1参照）の上に対象建物の各階・各方向の値をプロットして確認することもよく行われる。

第2次診断は，各階・各方向で柱や壁の終局耐力と塑性変形能力を考慮して，E_oを評価する。第1次診断に比べて配筋を考慮しており，コンクリートの圧縮強度や中性化，劣化状態や図面との整合などの現地調査を行う。RC造の部材は形状や配筋により強度や靭性に特徴があり，たとえば壁のついていない曲げ柱は，強度Cは小さいが靭性Fが大きい。各階の柱や壁をこのような特徴ごとにグルーピングしてCとFを求め，これらを階ごとにまとめてE_oを求める。梁の変形は無視しているので，柱や壁の損傷で層の耐震性を評価していることになり，とくに柱や壁のせん断破壊の影響が重大な旧基準のラーメン構造（耐震壁付きラーメンを含む）の診断に適した方法といえる。兵庫県南部地震以降の学校や庁舎などの耐震診断においては第2次診断が一般的である。

第3次診断は，柱や壁の終局耐力と塑性変形能力だけでなく，梁が降伏する場合や壁の回転なども含めてE_oを評価する。構造が崩壊する状態を考えていることになり，保有水平耐力を求めることに相

当する．したがって旧基準の建物への適用は複雑な構造をもつ場合などに限定されている．

(5) 鉄骨造の耐震診断の概要

鉄骨造は靭性があるため，保有水平耐力の算定にもとづく診断（第3次診断）が主となる．これを一般診断といい，さらに詳細な検討が必要な場合や，一般診断で扱えない特殊な大スパン構造などでは個別に検討する精密診断も行われる．

鉄骨造の一般診断における指標は，i層について次式で示される．

$$I_s = \frac{U_N \cdot E_o}{F_{es} \cdot Z \cdot R_t}, \quad E_o = \frac{Q_u \cdot F}{W \cdot A_i} \tag{9.38}$$

$$q = \frac{Q_u}{0.25 F_{es} \cdot W \cdot Z \cdot R_t \cdot A_i} \tag{9.39}$$

ここで，I_sは構造耐震指標，qは保有水平耐力にかかわる係数，Q_uは保有水平耐力，Fは靭性指標，W_iは層が支える重量，U_Nは劣化係数である．qの分母の0.25はラーメン構造の最小D_sにあたる．靭性指標F_iは，部材や接合部の塑性変形能力を考慮して，部材種別により設定する．劣化係数U_Nは経年指標Tに対応するもので，鉄骨造に特有の変形，ゆがみ，溶接，隙間などを確認して，問題があれば1.0から低減する．$I_{so}=0.6$として，I_sとqの2つの指標を用いて，想定する地震動に対する耐震性を以下のように判定する．

$$\begin{aligned}
&I_s \geq 0.6, \quad \text{かつ} \quad q \geq 1.0 \text{ のとき，倒壊の危険性が低い} \\
&I_s < 0.3, \quad \text{かつ} \quad q < 0.5 \text{ のとき，倒壊の危険性が高い} \\
&\text{上記以外の場合，倒壊の危険性がある}
\end{aligned} \tag{9.40}$$

(6) 耐震改修

耐震診断により耐震性が不足であることが判明した場合は，**耐震改修**か建て替えとなる．耐震改修の実施例が増えて技術開発も進んだため，耐震性だけでなく，付加される耐震要素と建物機能・デザインとのバランス，コスト，工期や作業難易度，工事中の建物使用の可否などについて多様な選択が可能になっている．

耐震改修の方法は大別して，強度や靭性を向上させて耐震性を向上させる方法，免震・制振などにより応答を低減する方法などがある．主に強度を増加させる方法が一般的に多用されており，木造住宅では壁や筋交の増設，RC造では耐震壁増設や鉄骨ブレースの付加，鉄骨造ではブレース増設などが行われる．とくに中低層RC造（学校校舎など）では，作業性，工期，コストなどから外周ラーメンに鉄骨ブレースを外づけする方法が多用されており，あと施工アンカーによる施工法の検討も含めて多くの実績がある．

免震化による改修は，既存建物の地下階を切断して免震装置を設置するため，コストや工期など工事規模が大きくなるが，改修後の耐震性能が高く被災後の継続使用が可能となること，工事中も建物を継続使用できること（居ながら改修）などの理由で，庁舎などの改修に使用されることが多い．免震化により上部建物や室内物品に作用する地震力が減少するため，文化財建築や重要物品を収容した建物の耐震改修に利用されることがある．

制振改修は，減衰の小さい鉄骨造建物で効果が高い．鉄骨造の高層オフィスビルなどでは，9.4.1項に示すように，将来の巨大地震における長周期・長時間地震動の影響が問題となる．この場合はダンパー等を設置して減衰によるエネルギー吸収を増大する制振改修が一般的である．また，建物の固有周期と同調した振動系を上部に設置する**TMD**（Tuned Mass Damper）や，建物の震動を打ち消すよう重りを制御する**AMD**（Active Mass Damper）なども制振改修の例である．木造住宅でもエネルギー吸収装置を柱梁接合部に付加して，応答低減を目指す改修方法がある．

9.5.2 応急危険度判定と被災度判定
(1) 応急危険度判定の制度

　地震災害により被災した建物については，速やかに被災状況を調査して，余震などによる危険の回避や建物使用の可否の判断を行う必要がある。これらは専門家の調査・判断にもとづかねばならないが，災害時の多数の建物被害に対して建築技術者は不足しており，効率的な対応のための方法や体制を整備することが重要になる。このための制度が**被災建築物応急危険度判定**（以下，**応急危険度判定**）である。都道府県は，都道府県被災建築物応急危険度判定要綱を定めて，**応急危険度判定士**（以下，判定士）の養成・登録，必要な資機材等の準備，体制の準備，災害時の体制の確保と運用の準備などを行っている。これらの活動は，災害対策基本法にもとづき都道府県が定める**地域防災計画**に含まれるものであり，大規模な災害の場合は広域で連携して実施することになる。

　応急危険度判定士は，建築士資格を有する民間の建築技術者，行政の建築担当者などが主であり，都道府県等が実施する応急危険度判定士講習会などを受講して登録を行い，定期的な再講習や訓練などに参加して技術を高めている。現在，全国で約10万人が登録している。応急危険度判定の技術などは1980年代から整備され，1992年に東海地震対策として静岡県や神奈川県で判定士制度が発足した。本格的な活動は1995年兵庫県南部地震からであり，のべ約6,500人が47,000棟余りの判定を行った。その後に都道府県の体制がさらに整備され，地震災害時の判定活動が行われている。民間の判定士については基本的にボランティアとなるため，事故などに備えた補償制度が用意されている。

(2) 応急危険度判定の概要

　応急危険度判定は，余震等による人命にかかわる2次災害の防止が目的である。したがって被災建物を速やかに調査し，危険につながる要因を的確に判定して，建物所有者や使用者，通行者などに恒久的な復旧対応までの間の注意を伝えることが重要である。短時間で多数の建物について実施するために調査は目視のみで判定プロセスは簡素化されており，危険な要因があれば安全側に判定することになる。また判定結果は暫定的なものであり，詳細な追加調査が行われた場合や，危険要因を撤去した場合，逆に余震などで被害が拡大した場合などは，結果を変更することもあり得る。避難場所として使用する建物については，ライフラインなどの機能も確認する。

　対象とする建物は地震で被害を受けた木造，RC造（SRC造を含む），鉄骨造などで，一般的な建物である。木造であれば在来工法による戸建住宅などが対象となり，枠組壁工法（ツーバイフォー）やプレハブにも準用できる。鉄骨造では，高さ45m以下の一般的建物が対象で，45mを超えるものや大スパン，立体トラス，吊り構造など特殊なものは対象外とする。RC造は一般的な場所打ちコンクリートのラーメン構造や壁式構造を対象とし，他のコンクリート系建物にも準用できるが，階数10以上または高さ31m以上の高層・超高層は対象外とする。

　調査は有資格者である応急危険度判定士が2人以上の組で実施する。まず外観の目視調査を行い，危険な状態があるか確認する。外観から危険個所や状態が確認されれば，内部調査は不要で，ただちに危険の判定とする。外観から危険個所が認められない場合は，安全に注意して内部調査を行い，後述する方法で詳しく確認することが原則となる。調査結果は，構造種別ごとの応急危険度判定調査票に整理して記入する。

　判定結果は，危険（赤），要注意（黄），調査済（緑）の3通りとなる。「危険」は原則立入禁止，「要注意」は立ち入りに十分な注意が必要，「調査済」は建物の使用が可能ということを示している。「安全」ではなく「調査済」とするのは，調査した範囲では危険は見つからず被災度は小さいという意味であり，建物は使用可能と判断されるが余震などには十分に注意する。これらの判定結果は，建物の目立つところに結果に対応する色のステッカーで掲示することになっている。

(3) 応急危険度判定の方法

　応急危険度判定士による調査において，外観からただちに危険と判断された場合を除き，内外の調査を行う。この場合，建築物の躯体や周辺の危険度と，付随する落下転倒危険物の危険度を，構造種別ごとに複数の項目について確認することになっている。各項目は安全なほうからA，B，Cの3ランクの選択肢がある。例として，木造の場合を以下に示す。なお，これらは調査票の上では表形式になっており，結果の集計が容易になっている。

　a) 隣接建築物・周辺地盤等および構造躯体に関する危険度
　　① 隣接建築物・周辺地盤の破壊による危険（A：危険無し，B：不明確，C：危険有り）
　　② 構造躯体の不同沈下（ここでは基礎の不同沈下ではなく，床や小屋組の沈下を指している。A：無しまたは軽微，B：著しい床や屋根の変形，C：小屋組の破壊や床の全体沈下）
　　③ 基礎の被害（A：無被害，B：部分的，C：著しい，崩壊有り）
　　④ 建築物の1階の傾斜（A：1/60以下，B：1/60〜1/20，C：1/20超）
　　⑤ 壁の被害（A：軽微なひび割れ，B：大きな亀裂，剥落，C：落下の危険有り）
　　⑥ 腐食・蟻害の有無（A：ほとんど無し，B：一部の断面欠損，C：著しい断面欠損）
　b) 落下危険物・転倒危険物に関する危険度
　　① 瓦（A：ほとんど無被害，B：著しいずれ，C：全面的にずれ，破損）
　　② 窓枠・窓ガラス（A：ほとんど無被害，B：歪み，ひび割れ，C：落下の危険有り）
　　③ 外装材湿式（A：ほとんど無被害，B：部分的なひび割れ，隙間，C：顕著なひび割れ，剥離）
　　④ 外装材乾式（A：目地の亀裂程度，B：板に隙間，C：顕著な目地ずれ，板破壊）
　　⑤ 看板・機器類（A：傾斜無し，B：わずかな傾斜，C：落下の危険有り）
　　⑥ 屋外階段（A：傾斜無し，B：わずかな傾斜，C：明瞭な傾斜）
　　⑦ その他（具体的に記載）（A：安全，B：要注意，C：危険）

　a) 構造躯体とb) 落下・転倒危険物のそれぞれについて，全部の項目でAランクであれば調査済，Bランクが1つ以上あれば要注意，Cランクが1つ以上あれば危険とする。最後に，a) 構造躯体とb) 落下・転倒危険物の危険度の高いほうの結果を総合判定とする。

　鉄骨造やRC造の場合も大枠は同じだが，構造種別による被害特性を反映したものとなる。鉄骨造では，層の傾斜（残留層変形），座屈，筋交の破断，柱梁接合部の破壊，柱脚の破損，腐食などの項目がある。RC造では柱や壁などの鉛直部材の損傷度を外観からI〜Vの5段階に分類し，破壊に対応する損傷度V，水平耐力が失われる損傷度IVの柱の割合を数えて，それぞれ10%，20%を超えればCランクとする。

　以上からわかるように，なるべく短時間で，構造形式の特徴を踏まえた項目により重要な危険状態を把握することと，1ヵ所でも危険な点があれば総合判定が危険となるようにして，安全側の判定にしている点が重要である。なお，調査を実施する機関や対象建物により調査項目が若干異なる場合があるが，原則は共通である。

(4) 被害認定（罹災証明）

　応急危険度判定は，あくまで2次災害防止のための緊急調査であり，建物の危険な状態の有無を調べることが目的である。その後は，復旧に向けての対応として被害認定が行われる。地震だけでなく，水害等の自然災害も含めて，罹災した建物の経済的な被害程度を認定することを**被害認定**という。市町村職員が建物の傾斜，屋根・外壁・基礎など主要な構成要素の損傷状況を外観から調査し，住家全

体に占める損害割合を評価する。被害の程度は，「全壊」「大規模半壊」「半壊」「半壊に至らない」の4区分で国の基準が定められている。被害認定の結果により**罹災証明**が発行され，以下に示す仮設住宅の申し込みや各種補助制度などの手続き，支援金の支給などが行われるようになる。近年の災害では，庁舎などの被災により行政の対応が遅れ，被害認定・罹災証明発行の手続きが滞った例もある。

住宅が被災などにより住めなくなった場合は，**災害救助法**にもとづき，行政が提供する**避難所**あるいは**仮設住宅**を利用することとなる。仮設住宅の貸与期間は2年以内とされている。現在の日本ではプレハブ工法による平屋が主であるが，地域や状況によっては木造などの他の構造も用いられる。供給能力や敷地の問題があり，広域巨大災害の場合は著しく不足することが予想されている。また，既存賃貸住宅の空き部屋を利用する**みなし仮設**もある。

自然災害による被災者の生活再建のために，**被災者生活再建支援法**にもとづく支援金がある。自然災害により住宅が全壊，半壊により解体，長期間の居住不能，半壊で大規模補修が必要などの状態になった世帯に対して，一定の額（最大300万円）が支給される。

損害保険会社による**地震保険**の**損害認定**は，建築基準法による構造耐力上主要な部分[*1]について行われる。損害の割合に応じて，「全損」「大半損」「小半損」「一部損」の4区分となり，それにより支払われる保険金額の割合が決められている。ただし，地震保険の支払総額には上限があり，大規模な災害では支払い額が減少する可能性が高い。

(5) 被災度区分判定

被災度区分判定は，建物の復旧に当たって被災程度を定量的に評価し，補修・補強の要否を判定して，効果的な補修・補強を行うための調査である[*2]。このための指標として**耐震性能残存率**Rを以下で定義する。

$$R = \frac{被災後の耐震性能}{被災前の耐震性能} \times 100 (\%) \tag{9.41}$$

被災後の耐震性能は，応急危険度判定で用いた損傷度Ⅰ～Ⅴを用いて各柱の強度を低減する。曲げ柱なら損傷度Ⅰ～Ⅴで強度はそれぞれ0.95，0.75，0.50，0.10，0とする。これをすべての柱で求めて総和すればRが計算できる。これを用いて被災度区分を，軽微（$R \geq 95\%$），小破（$80 \leq R < 95$），中破（$60 \leq R < 80$），大破（$R < 60$），倒壊（建物の全体または一部が崩壊，$R \fallingdotseq 0$）と定義する。Rによる被災度区分は，調査者の判定におおむね対応するが，境界付近では前後することもあることがわかっている。

建物の応急復旧から恒久復旧に向けて，地震の震度と被災度の関係から対応を判断する。震度が大きい揺れで被災度が低ければ，耐震性があると考えて，補修により応急復旧できる。たとえば震度5強で軽微な被害，震度6弱で小破程度であれば，現行耐震基準並みといえる。一方，震度が小さいのに被災度が大きい場合は耐震性不足のため，応急復旧は困難で，耐震補強か建て直しを要する。たとえば1次設計レベル以下の震度5弱で被害を生じた場合などが相当する。

[*1]：9.2.1項脚注（169ページ脚注*5）に同じ。
[*2]：補修は被災前と同レベルの耐震性，補強はそれを上回る耐震性を目指すもの。

【参考文献】

[1] 国土交通省国土技術政策総合研究所・国立研究開発法人建築研究所（監修），2015年版　建築物の構造関係技術基準解説書，全国官報販売協同組合，2015
[2] 日本建築学会，建築物荷重指針・同解説（2015），2015
[3] 日本建築学会，建物と地盤の動的相互作用を考慮した応答解析と耐震設計，2006
[4] 石山祐二，耐震規定と構造動力学＜新版＞，三和書籍，2018

〈演習問題〉

1 新耐震設計法で用いられる振動特性係数，地震地域係数，A_i 分布，剛性率，偏心率，構造特性係数について，その意味を簡潔に説明せよ。

2 鉄筋コンクリート造の2層建物について，2次設計を考える。まず，各層の層せん断力を求めよ。次に，必要保有水平耐力を求めよ。なお，建設地は名古屋市で第2種地盤とする。鉄筋コンクリート造のラーメン構造であるので各階で $D_s = 0.3$，整形な建物で剛性率や偏心率は良好であるため各階で $F_{es} = 1.0$ とする。また，各階の荷重は固定荷重と積載荷重を合わせて 200 kN とする。実際には曲げモーメントやせん断力の算定にあたり，柱や梁の太さを考慮する必要があるが，ここでは図のように簡略化して扱うこととする。

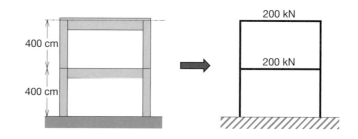

3 前問の構造物について，図のように柱・梁の降伏モーメントが与えられているとき，各層の保有水平耐力を求めよ。保有水平耐力の計算には，節点振り分け法か，仮想仕事法を用いること。

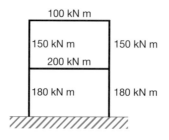

Earthquake Engineering

第III部　耐震工学のための振動・波動理論

いうまでもなく，耐震工学は地震に強い構造物を作るための学問である。その目標を実現するためには，構造物の振動について知るだけではなく，地盤の震動についても知る必要がある。第III部では，主として地盤の揺れを理解するために必要な振動・波動理論を学び，あわせて耐震設計のための地震動を予測する方法を概観する。

第10章 地盤と構造物の振動

地盤は構造物を支持する一方，地下で発生した地震による揺れを地表の構造物に伝達する役割も担っている。そのため，地上に構造物を設置する限り，地震動から逃れることはできない。一方，建物が振動すると直下の地盤に揺れが伝わり，建物の振動のエネルギーが逸散することで，結果として建物の揺れが軽減されることもある。そして，地震の規模や震源からの距離が同程度でも，地盤の性質によって地震動は千差万別である。したがって，地震に強い構造物を作るには，地盤の振動に関する知識が必要不可欠となる。

本章では，まず10.1節において地震動の観測の歴史について概観し，これまでに得られている代表的な地震動の記録を紹介する。次に，地盤の振動について，簡単な1次元の波動方程式を導くところから解説する。具体的には，10.2節において地盤の揺れについての運動方程式から波動方程式の基本形を導き，その解によって表される地震波の性質を概観する。10.3節では，実際に存在する堆積地盤に近い平行成層地盤のモデルを用いて，堆積層による地震動の増幅について取り扱う。さらに，10.4節では地盤と構造物との動的相互作用について基礎的な内容を解説する。10.5節では地盤上に位置する建物の振動について，簡単なモデルによりその特徴を分析する。最後に，10.6節では実際に地下の構造を調査するために用いられているさまざまな手法について紹介する。

10.1 地震動の観測

地盤の振動を理解するために何よりも重要なことは，実際の地震時の地盤の揺れを計測することである。構造物や建物に影響を及ぼすような強い地震動は**強震動**ともよばれ，これを振り切れることなく計測することを目的に設計された地震計を強震計という。

強震観測の歴史は，1931年アメリカ合衆国に招かれた末広恭二の勧めにより，同国太平洋岸において始まった。1933年のロングビーチ地震で初めて強震記録が得られている。その後，1940年のインペリアルバレー地震では，カリフォルニア州エルセントロ（El Centro）で最大値326 cm/s^{2}に達する加速度波形が記録され，1952年のカーン郡地震[*1]では同州タフト（Taft）で最大値147 cm/s^{2}の強震記録が得られた。日本においては，1952年に初めて国産のSMAC（Strong Motion Acceleration Committee）型強震計が開発され，強震観測が始まった。日本で得られた強震記録の初期のものとして，1964年の新潟地震で得られた新潟県営川岸町アパートのものがある。1968年の十勝沖地震では，八戸港で比較的大きな長周期成分を含む強震記録が得られた。エルセントロ・タフト・八戸の強震記録は，現在に至るまで耐震設計に用いる設計用入力地震動としてよく利用されている[*2]。また，1995年の兵庫県南部地震以降，強震観測の状況は一変した。震災の帯に象徴されるような地形や地盤条件による地震動

[*1]：カーンカウンティ地震，アーヴィン・タハチャッピ地震ともよばれる。
[*2]：エルセントロと八戸の記録は南北成分，タフトの記録は東西成分が用いられることが多い。

10.1 | 地震動の観測

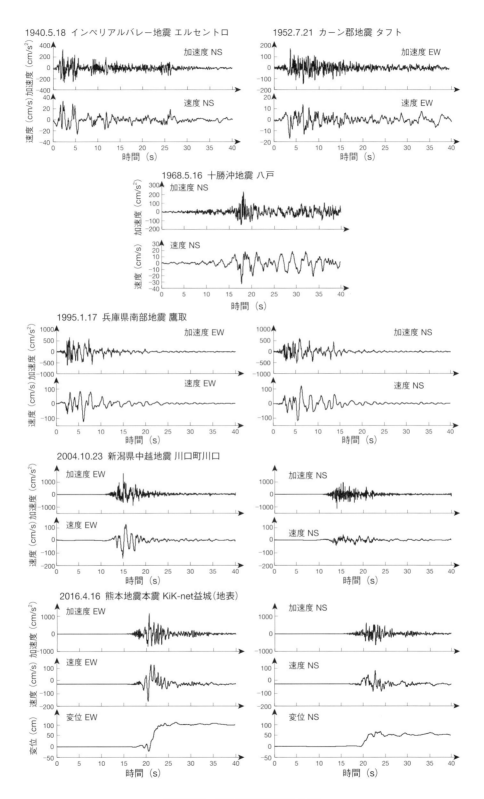

図10.1 地震動観測記録の例

の違いが明らかになったことや,発災後の対応のために震度分布の速やかな把握が必要であることから,かつてない規模の強震観測網が整備された。防災科学技術研究所のK-NETとKiK-netは合計で全国に1700点以上の観測点をもつ。また,消防庁が都道府県と連携して整備した震度計はおよそ3200点に及ぶ。震度計は気象庁の定めた方法で震度を算出するための機器であるが,そのしくみは強震計と同じである。

現在までに観測されている強震動の例として,**図10.1**にエルセントロ波・タフト波・八戸波・および日本の主な内陸地殻内地震による地震動観測記録を示す。震源断層近傍で観測された地震動の波形は,大振幅のパルス状の特徴を有している。とくに周期1s程度のパルス状の地震動は一般的な建物に大きな被害をもたらすことが多く,**キラーパルス**とよばれている。また,断層破壊の進行方向と観測点との位置関係によって生じるディレクティビティ効果(詳しくは12.1.3項を参照)によるキラー

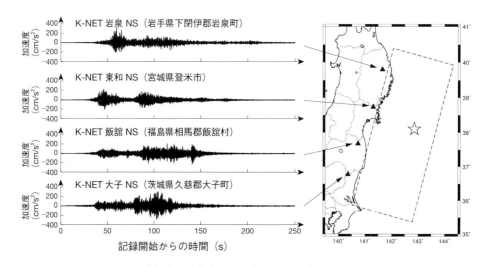

(a) 東北地方太平洋沖地震の強震記録

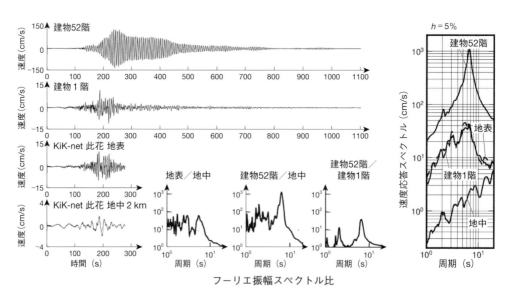

(b) 大阪湾岸の高さ256 mの建物と近接地点の地表・地中の強震記録

図10.2 2011年東北地方太平洋沖地震の地震動記録

パルスは，とくに**指向性パルス**ともよばれる。また，2016年熊本地震本震のKiK-net益城の記録のように，震源近傍において大きな残留変位を伴う地震動が観測されることがある。このようなステップ関数状の永久変位は**フリングステップ**とよばれ，超高層建物や免震建物に対しても大きな応答を生じさせる可能性がある。

次に，プレート境界地震による地震動の観測例として，**図10.2**に2011年東北地方太平洋沖地震の強震記録と大阪湾岸の高さ256 mの建物で計測された応答波形を示す[*1]。海溝型地震では，広範囲にわたって強い揺れが観測される，継続時間の長い波形となる，長周期地震動が励起されやすいなどの特徴が見られる。図10.2では，大きな振幅の波群が複数観測されているが，これは震源断層上に存在する複数の強震動生成域[*2]の影響と考えられている。また，この地震では，長周期地震動により東京都心部の超高層建物で非構造部材に被害が生じたほか，震源から700 km以上離れた大阪湾岸の建物において片振幅137 cmに達する大きな応答が記録された。52階と1階とのフーリエスペクトル比を見ると，周期6.5 sの成分が50倍程度に増幅していることがわかる。この大きな増幅は，地震動の卓越している周期と建物の固有周期が一致したことにより共振現象が生じたためと解釈されている。

10.2 1次元の振動

10.2.1 波動方程式

構造物の安全性にかかわるような被害は揺れの水平成分によって生じることが多い。これをもたらす振動の最も簡単なモデルとして，**図10.3**のように，均質な線形弾性体の地盤の中を鉛直方向に伝わるせん断波（横波）について考える。ここでは，せん断波を前提として定式化を行うが，疎密波（縦波）についても同様の定式化が可能である。

下向きにz軸をとり，密度ρ，断面積S，厚さΔzの微小体を考えると，その質量は$\rho S \Delta z$である。この微小体に作用する外力は，せん断応力を$\tau(z, t)$とすると，$S\tau(z+\Delta z, t)$と$-S\tau(z, t)$の2つであるので，運動方程式は以下のようになる[*3]。

$$\rho S \Delta z \frac{\partial^2 u(z, t)}{\partial t^2} = S\tau(z+\Delta z, t) - S\tau(z, t) \tag{10.1}$$

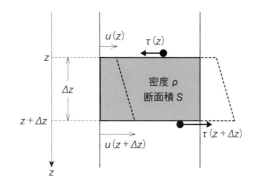

図10.3 地盤中の微小体に作用する力

---

*1：東北地方太平洋沖地震は，津波の波源域が海溝付近にまで及ぶなど，やや特殊な地震である。しかし，プレート境界地震による地震動の特徴は現れているので，ここで例として取り上げる。
*2：震源断層面上で特に地震波を強く放出する領域で，アスペリティともよばれる。詳細は12.1.5項を参照されたい。
*3：第7, 8章では，時間微分を$\dot{x}$のような記号で表したが，本章では時間以外の変数による微分も頻出するため，常にdx/dtや$\partial x/\partial t$（偏微分の場合）の記号を用いることとする。

この式の両辺を $\rho S \Delta z$ で割り，$\Delta z \to 0$ の極限を考えると，偏導関数の定義[*1]より次式のようになる。

$$\frac{\partial^2 u(z,t)}{\partial t^2} = \frac{1}{\rho}\frac{\partial \tau(z,t)}{\partial z} \tag{10.2}$$

せん断応力 τ は，せん断弾性係数 G を比例係数として，せん断ひずみ γ に比例する。

$$\tau(z,t) = G\gamma(z,t) \tag{10.3}$$

せん断ひずみは，変位の z 方向の変化率として定義される[*2]。

$$\gamma(z,t) = \frac{\partial u(z,t)}{\partial z} \tag{10.4}$$

式 (10.4) を式 (10.3) へ代入し，ついで式 (10.2) へ代入することで，以下の**波動方程式**が得られる。

$$\frac{\partial^2 u(z,t)}{\partial t^2} = V^2 \frac{\partial^2 u(z,t)}{\partial z^2} \tag{10.5}$$

ここで，$V = \sqrt{G/\rho}$ と定義した。

弾性体中を伝播するせん断波による変位の時空間分布は，波動方程式 (10.5) の解によって表現される。式 (10.5) は2階偏微分方程式であり，次式のように2つの任意関数を含む一般解をもつ。

$$u(z,t) = f(z - Vt) + g(z + Vt) \tag{10.6}$$

この一般解の導出については，Note 10.2 を参照されたい。式 (10.6) の第1項は，時刻 0 において $f(z)$ という分布であった変位が時刻 t では z 軸の正方向へ Vt だけ平行移動していることを表す。同様に，第2項は，時刻 0 において $g(z)$ という分布であった変位が時刻 t では z 軸の負方向へ Vt だけ平行移動していることを表す。すなわち，式 (10.6) は変位の分布が z 軸の正負の両方向へ速さ V で伝播することを表している。以上の定式化ではせん断波を取り扱っているので，V はせん断波速度とよばれる。

〈テイラー展開・マクローリン展開とオイラーの公式〉

ある区間で無限回微分可能な関数 $f(x)$ について，$x = a$ 付近での値を次のようなべき級数によって表現することを考えてみる。

$$f(x) = \sum_{n=0}^{\infty} b_n (x-a)^n \tag{1}$$

各項の係数 b_n を決定しよう。まず，この式に $x = a$ を代入すると，$b_0 = f(a)$ と決定することができる。次に，式 (1) を x で微分すると，次式が得られる。

$$f'(x) = \sum_{n=1}^{\infty} n b_n (x-a)^{n-1} \tag{2}$$

この式に $x = a$ を代入すると，$b_1 = f'(a)$ と決定することができる。さらに，式 (2) をふたたび x で微分すると，次式が得られる。

[*1]：z と t の関数 $\tau(z,t)$ の z についての偏導関数の定義は以下のとおりである。

$$\frac{\partial \tau(z,t)}{\partial z} = \lim_{\Delta z \to 0} \frac{\tau(z + \Delta z, t) - \tau(z,t)}{\Delta z}$$

[*2]：このような定義によるひずみを微小ひずみという。これは，微小体中での変位の変動が緩やかであると考えて，テイラー展開（Note 10.1 参照）の第2項までを採用することに相当する。

$$f''(x) = \sum_{n=2}^{\infty} n(n-1) b_n (x-a)^{n-2} \tag{3}$$

この式に $x=a$ を代入すると，$b_2 = f''(a)/2$ と決定することができる．以降，同様の手順を繰り返すことで，一般に式(1) の第 n 項の係数を $b_n = f^{(n)}(a)/n!$ と決定することができる．すなわち，関数 $f(x)$ の $x=a$ 付近での値を，以下のべき級数で計算することができる．

$$f(x) = \sum_{n=0}^{\infty} \frac{1}{n!} f^{(n)}(a) (x-a)^n \tag{4}$$

これを関数 $f(x)$ の $x=a$ のまわりでの**テイラー展開**といい，等号が成り立つ範囲を収束半径という．$x=0$ のまわりでのテイラー展開をとくに**マクローリン展開**ともいう．これらの級数展開は理論上でも数値計算上でも重要である．級数を途中で打ち切ると関数の近似値が得られるが，項数を十分大きくとることによって，いくらでもよい近似値を得ることができる．関数電卓などでの基本的な関数の計算は，マクローリン展開を基礎として近似値を求めていることが多い．例として，以下の関数のマクローリン展開を示す．収束半径はいずれも無限大である．

$$e^x = 1 + x + \frac{1}{2!} x^2 + \cdots + \frac{1}{n!} x^n + \cdots \tag{5}$$

$$\cos x = 1 - \frac{1}{2!} x^2 + \frac{1}{4!} x^4 - \cdots + (-1)^n \frac{1}{(2n)!} x^{2n} + \cdots \tag{6}$$

$$\sin x = x - \frac{1}{3!} x^3 + \frac{1}{5!} x^5 - \cdots + (-1)^n \frac{1}{(2n+1)!} x^{2n+1} + \cdots \tag{7}$$

ところで，指数関数のマクローリン展開(5) において，x を任意の複素数にしても，級数は収束することが知られている．θ を実数として，$x = i\theta$ と置き換えると，次のようになる．

$$\begin{aligned} e^{i\theta} &= 1 + i\theta - \frac{1}{2!} \theta^2 - i \frac{1}{3!} \theta^3 + \frac{1}{4!} \theta^4 + i \frac{1}{5!} \theta^5 - \frac{1}{6!} \theta^6 - i \frac{1}{7!} \theta^7 + \cdots \\ &= \left(1 - \frac{1}{2!} \theta^2 + \frac{1}{4!} \theta^4 - \frac{1}{6!} \theta^6 + \cdots \right) + i \left(\theta - \frac{1}{3!} \theta^3 + \frac{1}{5!} \theta^5 - \frac{1}{7!} \theta^7 + \cdots \right) \end{aligned} \tag{8}$$

この式の2つの括弧内は，それぞれ $\cos\theta$ と $\sin\theta$ のマクローリン展開である．これらの収束半径はいずれも無限大であるから，任意の θ について次の関係が成り立つ．

$$e^{i\theta} = \cos\theta + i \sin\theta \tag{9}$$

これを**オイラーの公式**という．$\cos(-\theta) = \cos\theta$，$\sin(-\theta) = -\sin\theta$ であるから，

$$e^{-i\theta} = \cos\theta - i \sin\theta \tag{10}$$

であり，$e^{i\theta}$ と $e^{-i\theta}$ は共役複素数の関係にある．逆に，三角関数は以下のように表される．

$$\cos\theta = \frac{e^{i\theta} + e^{-i\theta}}{2} \tag{11}$$

$$\sin\theta = \frac{e^{i\theta} - e^{-i\theta}}{2i} \tag{12}$$

指数関数と三角関数は，実数の範囲ではまったく異なる振舞いを示す関数であるが，複素数の範囲では非常に密接な関係にある．とくに，複素指数関数は振動現象などの解析に必要不可欠な数学的道具となっている．

10.2.2 波動としての正弦波

弾性体中を伝播する波動の最も基本的なものは，次式で示す正弦波である．

$$u(z, t) = A \cos(\omega t - kz + \theta) \tag{10.7}$$

あるいは，複素指数関数を用いて，次のように表現することもできる．

$$u(z, t) = A e^{i(\omega t - kz + \theta)} \tag{10.8}$$

$V = \omega/k$ とおくと，これらの式は波動方程式の一般解(10.6) の第1項で表される進行波の一種であることが理解できる．

式(10.7) および式(10.8) の A を**振幅**といい，$\omega t - kz + \theta$ の部分を**位相**という．ω は調和振動の**角振動数**[*1]であり，時間的に振動が1往復する**周期** T と $\omega = 2\pi/T$ の関係にある．**振動数** f は周期 T の逆数である．空間方向の角振動数に相当する k を**波数**といい，**波長** λ と $k = 2\pi/\lambda$ の関係にある[*2]．先述のとおり，波動の伝播速度 V と角振動数・波数または振動数・波長は，以下の関係がある．

$$V = \frac{\omega}{k} = \frac{\lambda}{T} = f\lambda \tag{10.9}$$

空間座標 z を固定すると，変位 u は時間 t に対して正弦波となる（調和振動）．また，t を固定すると，u は z に対して正弦波となる（空間的にも正弦波形）．

Note 10.2 〈波動方程式の一般解の導出〉

波動方程式(10.5) の一般解(10.6) を2種類の方法で導出する．準備として，空間座標 z の関数 $f(z)$ のフーリエ変換 $F(k)$ を次式で定義する．これは，7.3.1項に示した時間に対するフーリエ変換を空間に適用したものである．

$$F(k) = \int_{-\infty}^{\infty} f(z) e^{-ikz} dz \tag{1}$$

変数 k は 10.2.2項で述べた波数にほかならない．$f(z-a)$ のフーリエ変換は $e^{-ika} F(k)$ となる．また，フーリエ逆変換は次式で表される．

$$f(z) = \frac{1}{2\pi} \int_{-\infty}^{\infty} F(k) e^{ikz} dk \tag{2}$$

空間座標に関するフーリエ変換について，より詳しくは Note 11.3 を参照されたい．

（1）定常状態の仮定を用いる方法（変数分離法）

波動方程式の解を，空間座標 z にのみ依存する部分と時間 t にのみ依存する部分の積で表されるものと仮定する．これを変数分離という．

$$u(z, t) = Z(z) T(t) \tag{3}$$

式(3) を波動方程式(10.5) へ代入し，整理すると偏微分が常微分となり，次式のようになる．

[*1]：土木・建築分野では，円振動数とよぶことも多い．
[*2]：波数を波長の逆数 $1/\lambda$ と定義する場合もあるが，本書ではすべて本文中の定義に従った．

$$\frac{1}{T(t)}\frac{d^2 T(t)}{dt^2} = \frac{V^2}{Z(z)}\frac{d^2 Z(z)}{dz^2} \tag{4}$$

この式の左辺はtのみの関数，右辺はzのみの関数であり，tやzのいかなる値についても式(4)が成り立つためには，左辺と右辺がともに定数でなければならない。その定数を，ωを実数として$-\omega^2$とおく。また，波数$k = \omega/V$とおく。すると，式(4)は以下のような2本の常微分方程式に分けられる。

$$\frac{d^2 Z(z)}{dz^2} + k^2 Z(z) = 0 \tag{5}$$

$$\frac{d^2 T(t)}{dt^2} + \omega^2 T(t) = 0 \tag{6}$$

これらを解くと，以下の解が得られる。

$$Z(z) = A(k)e^{ikz} + B(k)e^{-ikz} \tag{7}$$

$$T(t) = C(\omega)e^{i\omega t} + D(\omega)e^{-i\omega t} \tag{8}$$

ここで，$A(k)$，$B(k)$，$C(\omega)$，$D(\omega)$は任意定数であるが，ωやkによって異なる値が許されるため，これらの関数の形で表した。式(7)と式(8)を式(3)へ代入して，波動方程式の解を得る。

$$u(z,t) = P^+(k)e^{ik(z-Vt)} + P^-(k)e^{-ik(z-Vt)} + Q^+(k)e^{ik(z+Vt)} + Q^-(k)e^{-ik(z+Vt)} \tag{9}$$

ここで，$P^+(k) = A(k)D(\omega)$，$P^-(k) = B(k)C(\omega)$，$Q^+(k) = A(k)C(\omega)$，$Q^-(k) = B(k)D(\omega)$である。ところで，途中で仮定した定数ωまたはkは任意の値であってよいため，あらゆるkについて式(9)を足し合わせたものも解となる。そこで，次式を考える。

$$u(z,t) = \frac{1}{2\pi}\int_{-\infty}^{\infty}\{P^+(k)e^{ik(z-Vt)} + P^-(k)e^{-ik(z-Vt)} + Q^+(k)e^{ik(z+Vt)} + Q^-(k)e^{-ik(z+Vt)}\}dk \tag{10}$$

係数$1/2\pi$は便宜上のものであるが，この式の各項は空間座標zに関するフーリエ逆変換の定義式になっており，以下のように書き表すことができる。

$$u(z,t) = p^+(z-Vt) + p^-(-(z-Vt)) + q^+(z+Vt) + q^-(-(z+Vt)) \tag{11}$$

ここで$p^+(z)$，$p^-(z)$，$q^+(z)$，$q^-(z)$はそれぞれ$P^+(k)$，$P^-(k)$，$Q^+(k)$，$Q^-(k)$のフーリエ逆変換であり，zについての任意関数となる。式(11)の前半2項はともに$z-Vt$の，後半2項はともに$z+Vt$の関数であるので，これらをまとめて次式のように表してもよい。

$$u(z,t) = f(z-Vt) + g(z+Vt) \tag{12}$$

これは波動方程式の一般解(10.6)と同じ表現である。

(2) フーリエ変換を利用する方法

波動方程式(10.5)の両辺を空間座標zについてフーリエ変換する。

$$\frac{\partial^2 U(k,t)}{\partial t^2} = -k^2 V^2 U(k,t) \tag{13}$$

$U(k,t)$は$u(z,t)$のzについてのフーリエ変換である。式(13)をtについての2階微分方程式と考えてその一般解を求めると，次式のようになる。

$$U(k,t) = F(k)e^{-ikVt} + G(k)e^{ikVt} \tag{14}$$

$F(k)$ と $G(k)$ はそれぞれ k を変数とする任意関数である。これらは式(13)を解く際に現れる任意定数であるが，波数 k によって異なる値であってよいため，k の関数とした。式(14)の両辺をフーリエ逆変換することで，波動方程式の一般解を得る。

$$u(z,t) = f(z - Vt) + g(z + Vt) \tag{15}$$

この方法は，変数分離法の最後に考慮したあらゆる k の値についての総和という取り扱いを，初めから z についてのフーリエ変換の形で実装したものといえる。

10.2.3 非弾性減衰

これまで，地盤に変形が生じたときに作用する力は，ひずみに比例する応力のみであるとして定式化を行ってきた。この場合，球面波では波面が広がっていくため，震源からの距離に反比例して振幅が減少する（これを**幾何減衰**という）。一方，平面波では波面が広がらないため，振幅の減少は起こらず，どこまでも同じ振幅で地震波が伝播していくことになる。しかし実際には，さまざまな要因により幾何減衰以外の減衰が生じ，平面波であっても伝播に伴って振幅が減少する。このような減衰を**非弾性減衰**とよんでいる。

非弾性減衰には，土の内部摩擦によって波動のエネルギーが失われる材料減衰や，地盤内の不均質により波動が反射・屈折することによりエネルギーが散逸する散乱減衰の効果が含まれる。それぞれの程度を減衰定数で表す場合，前者は振動数によらずおおむね一定値，後者は振動数に反比例する形でモデル化されることが多い。実用的には，材料減衰や散乱減衰の効果をすべて含んだ減衰の程度を，次式で定義される **Q値**（Quality factor）を用いて表現する。

$$\frac{2\pi}{Q} = \frac{\Delta E}{E} \tag{10.10}$$

ここで，E は**図10.4**の履歴ループにおいてひずみが最大になる点での弾性エネルギーである。ΔE は履歴ループの面積に相当し，振動の1周期ごとに消費されるエネルギーである。Q の値が大きいほど，エネルギー損失の割合が小さく，減衰しにくいことを表す。地震基盤以深の岩盤では，一般に Q値は振動数とともに増加する傾向が見られ，

$$Q = Q_0 \left(\frac{f}{f_0}\right)^n \tag{10.11}$$

のような形でモデル化されることが多い。Q_0 は基準振動数 f_0 での Q値を表す定数であり，多くの場合，

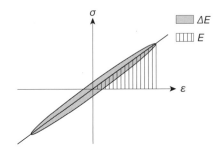

図10.4 非弾性減衰が存在する場合の履歴ループ

f_0 は1Hzが用いられる．Q値は媒質によって広い範囲で変動する．地殻やマントル，深部の堆積地盤では，おおむねQ_0は数十から数百，nは0.2から1の範囲である．一方，地表から数十m程度の浅部では，Q値が10を下回ることもある．

減衰定数も非弾性減衰の程度を表す指標であるが，次のように考えることで減衰定数hとQ値を互いに換算することが可能である．媒質のある1点が減衰振動の状態にあるとすると，その変位は次式のように表される．

$$u(t) = Ae^{-h\omega t}\cos(\sqrt{1-h^2}\omega t + \varphi) \tag{10.12}$$

振動の周期は$T=2\pi/\sqrt{1-h^2}\omega$である．ある時刻$t_1$で変位が極大であるとすると，その変位は

$$u(t_1) = Ae^{-h\omega t_1} \tag{10.13}$$

であり，それから1周期を経たあとの変位の極大値は

$$u(t_1+T) = Ae^{-h\omega(t_1+T)} \tag{10.14}$$

である．振動のエネルギーは変位振幅の2乗に比例するので，各時刻でのエネルギーは以下のように表される．

$$E(t_1) = kA^2 e^{-2h\omega(t_1)} \tag{10.15}$$

$$E(t_1+T) = kA^2 e^{-2h\omega(t_1+T)} \tag{10.16}$$

ここで，kは比例定数である．式(10.15)と式(10.16)から，式(10.10)のように1周期の振動で失われるエネルギーの割合を計算すると，以下のようになる．

$$\frac{2\pi}{Q} = \frac{\Delta E}{E} = \frac{E(t_1) - E(t_1+T)}{E(t_1)} = 1 - e^{-\frac{4\pi h}{\sqrt{1-h^2}}} \tag{10.17}$$

減衰が小さければ，$\sqrt{1-h^2}\approx 1$と近似して，次式が得られる．

$$h \approx -\frac{1}{4\pi}\log\left(1-\frac{2\pi}{Q}\right) \tag{10.18}$$

さらに，Qが大きければ（減衰が小さければ），対数関数$\log(1-x)$にマクローリン展開を施して1階微分係数の項までを採用することで，次式のように近似できる．

$$h \approx \frac{1}{2Q} \tag{10.19}$$

地震学の分野ではQ値が，地盤震動や建築構造の分野では減衰定数がよく用いられる．

10.3 平行成層地盤の振動

10.3.1 スネルの法則

10.2節では，均質な媒質中を伝播する波動について述べた．しかし，現実に存在する地盤は均質ではなく，おおむね深いほど硬く，浅いほど軟らかいことが多い．ここでは，地表面に対して平行に複数の層が存在する場合について考える．

図10.5に，波動伝播速度が異なる層間（$V_1<V_2$とする）の境界面に平面波が入射したときの波の反射と透過の様子を示す[*1]．実際には，地表面での反射波も発生するが，図では省略した．破線によっ

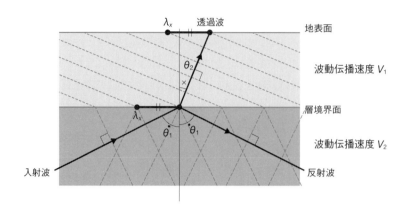

図10.5 層境界面で生じる屈折波と反射波

て表示されている波面は，式(10.7)で示されるような正弦波において位相が等しい面であり，その間隔は各層内での波長である。図中のどの深さの断面においても，x方向の見かけの波長λ_xが一定であることがわかる。そのため，x方向の見かけの波数k_xと伝播速度V_xも深さによらず一定である。

$$k_x = \frac{2\pi}{\lambda_x} = \frac{2\pi \sin \theta_1}{\lambda_1} = \frac{2\pi \sin \theta_2}{\lambda_2} = \text{const.} \tag{10.20}$$

$$V_x = f\lambda_x = \frac{V_1}{\sin \theta_1} = \frac{V_2}{\sin \theta_2} = \text{const.} \tag{10.21}$$

ここで，fは正弦波の振動数である。これらはいずれも，3層以上の平行成層地盤においても常に保存される量である。一般に，波動伝播速度の異なる弾性体どうしの境界面に波動が入射すると，境界面に沿う方向での見かけの波長・波数・伝播速度が保存されるように入射角と屈折角の関係が定まる。これを**スネルの法則**または**屈折の法則**という[*2]。

通常，地盤は深い層ほど固結が進んで硬く，波動伝播速度が大きい。そのため，スネルの法則に従うと，成層地盤に対して下方から斜めに地震波が入射しても，地表に近づくにつれて次第に波線は鉛直に向いてくる。そこで，表層地盤内での地震波の伝播を考えるときは，地震波が真下から入射するとして扱っても問題ない場合が多い。

10.3.2 重複反射理論

ここでは，平行成層構造の地盤に真下から地震波が入射した場合について，波動の反射・透過および振幅の変化などを考察する。ここで述べる一連の定式化は，**重複反射理論**とよばれる。

図10.6のようなn層からなる平行成層地盤を考え，各層上面から下向きにz軸を定義する。各層内は均一であるので，任意の層について10.2節と同様に波動方程式を作ることができる。ある1つの層のx方向についての運動方程式は

$$\rho \frac{\partial^2 u(z,t)}{\partial t^2} = \frac{\partial \tau(z,t)}{\partial z} \tag{10.22}$$

[*1]：地震波のうちS波はさらにSV波とSH波に分けられる（詳しくは11.3.1項を参照）。図10.5は下層からSH波が入射したときの様子であり，反射波・透過波ともにSH波である。SV波が入射したときは，反射SV波・透過SV波のほかに，反射P波・透過P波が励起され，より複雑になる。

[*2]：スネルの法則は，層境界面で波面が連続であることにもとづいている。これは，波動の伝播は波面上の各点からの球面波の発生の連続であるという**ホイヘンスの原理**によっている。

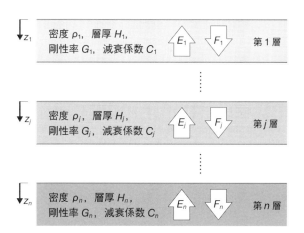

図10.6 n層の平行成層地盤

となる。ここで，uはx方向の変位，τは地表面に平行な面に対して働くせん断応力である。せん断応力はせん断ひずみに比例するものとするが，ここでは非弾性減衰の効果も取り入れることとし，せん断ひずみ速度に比例する項も含める。

$$\tau(z, t) = G \frac{\partial u(z, t)}{\partial z} + C \frac{\partial^2 u(z, t)}{\partial t \partial z} \tag{10.23}$$

ここで，Cは非弾性減衰の大きさを表す比例係数である。式(10.23)を式(10.22)へ代入し，次式を得る。

$$\rho \frac{\partial^2 u(z, t)}{\partial t^2} = G \frac{\partial^2 u(z, t)}{\partial z^2} + C \frac{\partial^3 u(z, t)}{\partial t \partial z^2} \tag{10.24}$$

次に，両辺を時間についてフーリエ変換する。

$$-\rho \omega^2 U(z, \omega) = (G + i\omega C) \frac{\partial^2 U(z, \omega)}{\partial z^2} \tag{10.25}$$

これ以降，大文字の関数記号は，対応する時間領域の関数のフーリエ変換を表すものとする。式(10.25)右辺の係数を1つの複素数で表現し，**複素剛性率**または**複素せん断弾性係数**とよぶ[*3]。

$$G^* = G + i\omega C = (1 + 2hi)G \tag{10.26}$$

ここで，$h = \omega C / 2G$は減衰定数であり，1自由度系での定義式(7.4)と本質的に同じものである。式(10.26)の定義より，複素剛性率の実部は剛性，虚部は非弾性減衰の大きさを表す。さらに，

$$p = \omega \sqrt{\frac{\rho}{G^*}} \tag{10.27}$$

と定義する。これは**伝播定数**とよばれるが，角振動数ωの関数であり，減衰の効果を含めた複素数の波数と考えられるものである。伝播定数を用いると，式(10.25)は次のような簡単な形になる。

$$\frac{\partial^2 U(z, \omega)}{\partial z^2} + p^2 U(z, \omega) = 0 \tag{10.28}$$

この微分方程式の解は振動数領域で表した変位であり，任意の複素数EとFを用いて次式で表される。

[*3]：複素剛性率の定義として $G^* = \left(1 + \dfrac{2h}{\sqrt{1-h^2}} i\right) G$ を用いる場合もある。

$$U(z, \omega) = Ee^{ipz} + Fe^{-ipz} \tag{10.29}$$

また，振動数領域で表したせん断応力は，次式で表される．

$$T(z, \omega) = G^* \frac{\partial U(z, \omega)}{\partial z} = ipG^*(Ee^{ipz} - Fe^{-ipz}) \tag{10.30}$$

式(10.29)および式(10.30)の第1項と第2項はそれぞれ上昇波と下降波を表す[*1]．EとFはそれぞれの複素振幅であり，その絶対値は振幅，偏角は位相を表している．ここで，E, F, pはすべてωの関数であることに注意する必要がある．

地盤を構成する各層の中で式(10.29)および式(10.30)の解が成立するが，成層地盤全体の振動を考える際は，地表面および層間の境界条件を考慮する必要がある．まず，地表面は自由端であり，せん断応力が働かないので，第1層では次式の条件が成り立つ．

$$T_1(0, \omega) = ip_1 G_1^*(E_1 - F_1) = 0 \tag{10.31}$$

この式から，$E_1 = F_1$であることがわかる．また，層境界面においては，変位とせん断応力が連続である必要がある．すなわち，第j層と第$j+1$層の境界面について考えると，以下の2つの条件式が成り立つ．

$$U_j(H_j, \omega) = U_{j+1}(0, \omega) \tag{10.32}$$

$$T_j(H_j, \omega) = T_{j+1}(0, \omega) \tag{10.33}$$

それぞれを具体的に書き出すと，次のようになる．

$$E_j e^{ip_j H_j} + F_j e^{-ip_j H_j} = E_{j+1} + F_{j+1} \tag{10.34}$$

$$ip_j G_j^*(E_j e^{ip_j H_j} - F_j e^{-ip_j H_j}) = ip_{j+1} G_{j+1}^*(E_{j+1} - F_{j+1}) \tag{10.35}$$

式(10.34)と式(10.35)を組み合わせて整理すると，以下の漸化式が得られる．

$$\begin{pmatrix} E_{j+1} \\ F_{j+1} \end{pmatrix} = \begin{vmatrix} \frac{1}{2}(1+R_j)e^{ip_j H_j} & \frac{1}{2}(1-R_j)e^{-ip_j H_j} \\ \frac{1}{2}(1-R_j)e^{ip_j H_j} & \frac{1}{2}(1+R_j)e^{-ip_j H_j} \end{vmatrix} \begin{pmatrix} E_j \\ F_j \end{pmatrix} \tag{10.36}$$

ここで，R_jは次式で定義される量であり，第j層と第$j+1$層の**インピーダンス比**とよばれる．

$$R_j = \frac{p_j G_j^*}{p_{j+1} G_{j+1}^*} = \sqrt{\frac{\rho_j G_j^*}{\rho_{j+1} G_{j+1}^*}} = \frac{\rho_j V_j^*}{\rho_{j+1} V_{j+1}^*} \tag{10.37}$$

ここで，V^*は減衰の効果を含めた複素数のS波速度である．係数E_jやF_jは，その相対的な大きさと位相が問題であり，絶対値にこだわる必要はない．そのため，たとえば$E_1 = F_1 = 1$とおくと，式(10.36)を繰り返し適用することで，全層の上昇波と下降波の複素振幅を決定することができる．

[*1]：このことは，式(10.29)が角振動数ωで調和振動する変位の複素振幅を意味していることを考えれば明らかである．すなわち，式(10.29)のフーリエ逆変換は，定義に従って

$$u(z, t) = \frac{1}{2\pi}\int_{-\infty}^{\infty} E(\omega)e^{i(\omega t + pz)}d\omega + \frac{1}{2\pi}\int_{-\infty}^{\infty} F(\omega)e^{i(\omega t - pz)}d\omega$$

となる．10.2.1項と同様に考えると，この式の第1項はz軸の負方向へ伝播する上昇波，第2項はz軸の正方向へ伝播する下降波であることがわかる．

10.3.3 地盤増幅を表す伝達関数

成層地盤中の第s層上面と第r層上面での変位スペクトルの比を，その層間での**伝達関数**または**増幅スペクトル**といい，次式で定義する。

$$Z_{r/s}(\omega) = \frac{U_r(0,\omega)}{U_s(0,\omega)} = \frac{E_r + F_r}{E_s + F_s} \tag{10.38}$$

とくに，第n層を基盤層として，$s=n$，$r=1$としたときの伝達関数$Z_{1/n}(\omega)$は，基盤面から地表への地震動の増幅を表す。

$$Z_{1/n}(\omega) = \frac{U_1(0,\omega)}{U_n(0,\omega)} = \frac{E_1 + F_1}{E_n + F_n} = \frac{2E_1}{E_n + F_n} \tag{10.39}$$

ただしこの場合，基盤面での地震動は$E_n + F_n$で表されるが，これは基盤面が内部にあって上を堆積地盤で覆われている状態でのものである。このような基盤面を**内部基盤面**とよぶ。一方，仮に第n層上面より上の地盤をすべて取り去った状態を考えると，このような基盤面を**解放基盤面**とよび，そこでの地震動を露頭波という。解放基盤面には，地表面と同じ境界条件を適用でき，$\bar{F}_n = E_n$となる。ここで，$\bar{F}_n$は解放基盤面を仮定したときの第n層の下降波の複素振幅である。解放基盤面から地表面までの伝達関数は，

$$Z_{1/\bar{n}}(\omega) = \frac{E_1 + F_1}{E_n + \bar{F}_n} = \frac{2E_1}{2E_n} \tag{10.40}$$

となる。この伝達関数は，解放状態の工学的基盤面（解放工学的基盤面）での地震動を予測した後に，地表面での地震動を予測する際に利用される[*2]。

ここで，簡単な例として2層からなる成層地盤を考える。このとき，内部基盤面から地表面への伝達関数は

$$Z_{1/2}(\omega) = \frac{2E_1}{E_2 + F_2} = \frac{1}{\cos p_1 H_1} \tag{10.41}$$

であり，解放基盤面から地表面への伝達関数は

$$Z_{1/\bar{2}}(\omega) = \frac{2E_1}{2E_2} = \frac{1}{\cos p_1 H_1 + iR_1 \sin p_1 H_1} \tag{10.42}$$

である。下層のS波速度が非常に大きければ，インピーダンス比R_1が非常に小さくなり，式(10.42)は式(10.41)にほぼ等しくなる。減衰定数h_1も小さいとして無視すると$p_1 H_1$は実数となり，$p_1 H_1 = \frac{1}{2}\pi, \frac{3}{2}\pi, \frac{5}{2}\pi, \cdots$となる振動数において増幅率が極大となる。とくに$p_1 H_1 = \pi/2$の場合，振動数は$f = V_1/4H_1$であり，表層内での波長$\lambda_1 = H_1/4$の成分に相当する（**図10.7**）。これは，基盤面が**固定端**，地表面が**自由端**として振舞い（演習問題2を参照），1波長の4分の1が表層厚に等しくなる振動数成分が卓越することを示しており，**1/4波長則**とよばれる。

図10.8に，いくつかのR_1とh_1の組み合わせにおける式(10.42)のスペクトルを示す（図中では添字を省略している）。振動数は，$V_1/4H_1$により基準化した値とした。図10.8において，インピーダンス比$R_1 = 0$のスペクトルは同じ減衰定数の式(10.41)の伝達関数に等しい。振動数$V_1/4H_1$とその奇数倍の成分が大きく増幅されること，インピーダンス比や減衰定数が小さいほど増幅効果が大きいこと，卓越振動数の前後で位相の正負が反転すること，卓越振動数においては位相差が$\pm\pi/2$になること，

[*2]：EとFは微分方程式(10.28)を解く際の任意定数として導入したものであり，他の文字で表記しても差し支えはない。しかし慣習的に，式(10.39)を$2E/(E+F)$の伝達関数，式(10.40)を$2E/2E$の伝達関数とよんでいる。

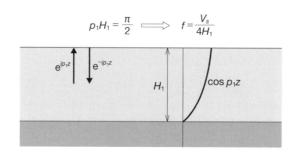

図10.7 1/4波長則

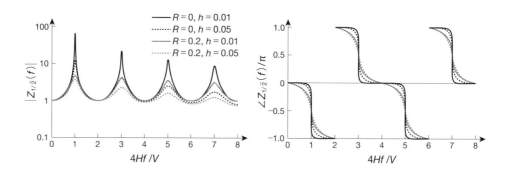

図10.8 2層地盤の増幅スペクトル（左：増幅倍率　右：位相差）

インピーダンス比や減衰定数が小さいほど位相の変化が急激であることなどが見てとれる。一般に，インピーダンスの大きく異なる物質間では，波動が境界面を透過する際の振幅の変化が大きい。入射波と透過波との振幅の比はインピーダンス比の逆数として定まる。地盤を伝わってきた地震波が建物に伝わる場合でも，同様のことがいえる。

 〈非線形の取り扱い〉

　10.3節で解説した地盤応答の理論は，地盤の各層が線形弾性体として振舞うことが前提となっている。しかし，地盤のせん断ひずみが非常に大きくなると，もはやこの前提が成り立たなくなる。こうした状況は，強震時における工学的基盤より浅い表層地盤で生じやすい。

　図10.aに定常繰返し載荷時の地盤のせん断応力―せん断ひずみ関係を示す。履歴ループの傾きが剛性率に，面積が減衰定数に対応する。せん断ひずみが大きくなると，剛性率は減少し，減衰定数は増加することがわかる。このような剛性率と減衰定数のひずみレベルに対する依存性をグラフ化すると，おおむね**図10.b**のようになる。剛性率Gの初期値G_0に対する割合とせん断ひずみγの関係を**G-γ曲線**，減衰定数hとせん断ひずみγの関係を**h-γ曲線**とよぶ。

　非線形の地盤の動的変形特性を表現する数値モデルとして，Hardin-Drnevichモデル（**H-Dモデル**，双曲線モデルともいう）がある。

$$\tau = \frac{G_0 \gamma}{1 + |\gamma/\gamma_r|} \tag{1}$$

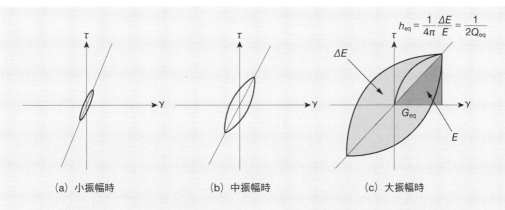

(a) 小振幅時　　(b) 中振幅時　　(c) 大振幅時

図10.a　定常繰返し載荷時の地盤のせん断応力―せん断ひずみの非線形性

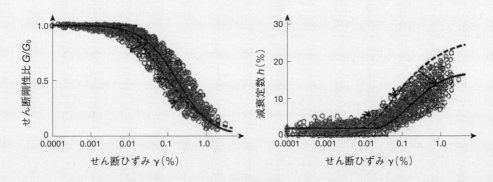

図10.b　地盤の剛性率・減衰定数とせん断ひずみの関係
［出典：日本建築学会，建物と地盤の動的相互作用を考慮した応答解析と耐震設計，2006］

$$h = \frac{4}{\pi}\left(1 + \frac{1}{\gamma/\gamma_r}\right)\left\{1 - \frac{\log(1+\gamma/\gamma_r)}{\gamma/\gamma_r}\right\} - \frac{2}{\pi} \quad (2)$$

ここで，γ_r は剛性率が初期値の半分になるときのせん断ひずみである。あるいは，以下のRamberg–Osgoodモデル（**R–Oモデル**ともいう）もよく用いられる。

$$\tau = \frac{G_0\gamma}{1 + \alpha|\tau/G_0\gamma_r|^{r-1}} \quad (3)$$

$$h = \frac{2}{\pi}\frac{\alpha(r-1)}{r+1}\frac{(\tau/\tau_f)^{r-1}}{1+\alpha(\tau/\tau_f)^{r-1}} \quad (4)$$

ここで，α と r は材料により定まる定数，τ_f はせん断強度である。H–Dモデルは，履歴ループ上で剛性率が土のせん断強度で飽和する性質が反映される長所をもつが，せん断ひずみの大きい領域で減衰定数が過大評価される傾向がある。一方，R–Oモデルは減衰定数を適切に設定しやすいが，履歴ループ上で剛性率の飽和が生じない（せん断応力がせん断強度を超えてしまう）ことが指摘されている。地盤の応答解析の際には，いずれのモデルを用いるにしても，その特徴を踏まえて欠点が現れないように工夫することが必要となる。

表10.aに，表層地盤の応答解析法と適用可能なせん断ひずみの範囲を示す。非線形を考慮した表層地盤の応答解析には，等価線形化法と逐次積分法がある。前者は振動数領域での解析（周期数応答解析）に適しているが，地盤の剛性率と減衰定数をひずみレベルに応じて変化させ，等価な線形の関係に置き換えるため，ひずみレベルが大きくなると精度が低下する。後者は時間領域での解析法であり，全応力解析と有効応力解析に分けられる。全応力解析は，構造物の非線形解析と同様の

表10.a 表層地盤の応答解析法と適用範囲

手法	特徴	必要データ	適用ひずみレベル	解析コード
1次元重複反射理論	・線形解析 ・振動数領域で増幅率を算定 ・時刻歴波形が得られる	P波速度, S波速度 (PS検層) Q値 (観測記録による同定)	10^{-5} 程度以下	SHAKE
等価線形解析	・地盤非線形を考慮 ・振動数領域 ・ひずみが小さいとき時刻歴波形が得られる	土の非線形特性 (ボーリングコアの室内試験)	$10^{-3} \sim 10^{-2}$ 程度以下	SHAKE DYNEQ
逐次積分法	・地盤非線形を考慮 ・時間領域 ・ひずみが大きいとき時刻歴波形が得られる	土の非線形特性 (ボーリングコアの室内試験)	$10^{-3} \sim 10^{-2}$ 程度を超える場合	
液状化解析	・液状化を考慮 ・有効応力解析 ・時刻歴波形が得られる	地下水位 透水係数, 間隙率, 内部摩擦角 (室内液状化試験)	—	YUSAYUSA
最大速度, 最大加速度による方法	・定数倍率が得られる	AVS30	—	

[日本建築学会, 地盤震動と強震動予測, 2016の表を参考に作成]

ものであり, H-DモデルやR-Oモデルなどで表される応力─ひずみ関係が応答解析に直接組み込まれる。数値計算には, 7.5節で述べたニューマークのβ法やニュートン・ラフソン法が用いられる。有効応力解析では, 固相と液相との2層問題を扱い, 間隙水圧の上昇やそれによる液状化現象を表現することができる。

10.4 地盤と構造物との動的相互作用

本節では, 地盤上に構造物が存在する場合について, その振動挙動を考える。ここでは, 建物の存在を念頭において解説するが, 一般の構造物についても基本的に同様である。通常, 建物の基礎は表層地盤と比較して硬いため, 地盤上の建物基礎の振動は, 図10.9に示す水上に浮かぶ船のようなイメージで捉えると理解しやすい。

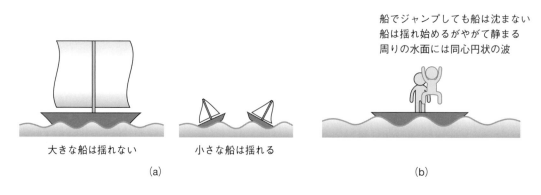

大きな船は揺れない　　小さな船は揺れる
(a)

船でジャンプしても船は沈まない
船は揺れ始めるがやがて静まる
周りの水面には同心円状の波
(b)

図10.9 入力の相互作用と慣性の相互作用
[(a) 図5.17再掲, (b) 図5.16再掲]

水上に浮かぶ船の振動について，2つの特徴が考えられる。第1に，水面を伝わる波の波長と船の大きさの関係によって，船の振動が励起される程度が異なる。波長よりはるかに大きな船は振動しないが，波長と同程度かそれより小さな船は波と同期して振動する。第2に，船の上で人が飛び跳ねたとしよう。このとき，船は上下に振動を始めるが，同時に水面を同心円状に伝わる波が励起され，船の振動のエネルギーが水中へ逸散することによって船の振動は徐々に減衰する。

地盤と建物の振動においても，これらと同様の現象が起こる。すなわち，建物基礎の大きさに対して地盤を伝わる地震波の波長が短ければ建物の振動は励起されにくい。この効果を**入力損失**あるいは**入力の相互作用**という。建物基礎の半幅を b，地震波の伝播速度を V，地震動の振動数を f とすると，建物基礎と地震波の波長との比 bf/V が小さいほど地盤の揺れは建物へ有効に入力される。この値（実際には，角振動数とS波速度を用いて $a_0 = \omega b / V_S$ と定義する）は**無次元振動数**とよばれる。また，建物が振動すると，建物基礎が接している地盤が変形することによって建物の振動が抑制されるとともに，建物の振動のエネルギーが地盤中へ逸散することにより，建物の振動が減衰する。この効果を**地下逸散減衰**あるいは**慣性の相互作用**という。これら2種類の相互作用をまとめて**地盤と構造物との動的相互作用**とよんでいる。このように，地盤上に建物が存在する場合には両者の間で力のやりとりが起こるため，地盤の揺れを地盤だけのモデルによって解析することは正しくないし，地盤の揺れを建物だけのモデルに入力して応答計算を行っても正しい応答を得ることはできない。

ただし，建物と地盤の相対的な硬さによって，相互作用効果の大きさは異なる。図10.10(a)のように，硬い地盤の上に建つ超高層建物の場合には，上部構造が大きく変形する一方で基礎の動きは地盤とほぼ同じであり，基礎を固定端として応答解析を行ってもおおむね妥当な結果が得られる。すなわち，地盤の剛性を無限大として，相互作用効果を無視してもよい。一方，図10.10(b)のように，軟らかい地盤の上に建つ低層建物の場合には，建物の動きにつられて直下の地盤が大きく変形する。これにより，建物の運動は剛体的な移動（スウェイ）と回転（ロッキング）が支配的となる。このときの建物の揺れは地盤を無視したものとは大きく異なるため，地盤の変形を考慮した解析が必要である。よく用いられるモデルは，地盤の特性を水平動・回転動の2つのばねで代表させ，その上に建物を載せるというものである。これを**スウェイ・ロッキングモデル**といい，地盤の揺れはこれらのばねを介して建物へ入力されると考える。

相互作用の解析法は多岐にわたるが，時間の取り扱いについては表10.1に示す時刻歴応答解析・周波数応答解析・モード解析に区分される。これらの特徴と長短は地盤や構造物の応答解析に適用する場合と同様である。一方，空間の取り扱いについては一体解法と部分解法があるが，これは動的相互

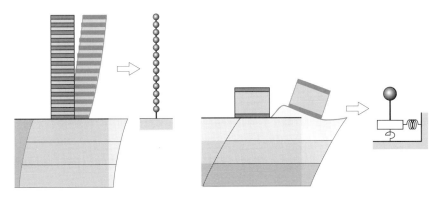

図10.10 地盤・建物系のモデル化

［図5.14再掲］

表10.1 時刻歴応答解析・周波数応答解析・モード解析

解析法	特徴	減衰の扱い
時刻歴応答解析	・非線形問題への適用が容易 ・部分モード法と組み合わせた解析が可能 ・動的サブストラクチャー法の適用には合成積の評価が必要となり煩雑 ・物性の振動数依存性を考慮しにくい ・係数行列のバンド性保存のため減衰モデルの設定に制約がある	一般の粘性減衰 たとえば 各部剛性比例減衰 各部質量比例減衰 各部レイリー減衰 ひずみエネルギー比例型減衰
周波数応答解析	・振動数依存性が考慮できるのでインピーダンスの振動数特性を反映できる ・有限要素法の境界処理法が豊富。薄層法境界や境界要素法境界などの解析的方法の利用が容易 ・種々の減衰モデルを用いることができる ・動的サブストラクチャー法の適用が容易 ・伝達関数を保存すれば異なる入力に対して容易に応答を求めることが可能 ・非線形問題に適用できない。等価線形としての取扱いは可能	一般の粘性減衰 （振動数依存性も可） 複素減衰 （振動数依存性も可）
モード解析	・モード縮約や部分モード法の適用が容易 ・実固有値解析結果を利用する場合が多いため減衰モデルが比例減衰に限定されがち ・無限媒体である地盤を対象とする場合には固有モードが膨大となる	実固有値解析では モード減衰（比例減衰） 複素固有値解析では 一般の粘性減衰

［日本建築学会，入門・建物と地盤との動的相互作用，1996の表を参考に作成］

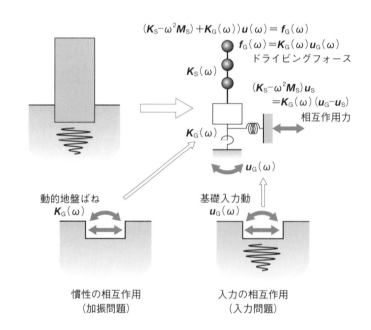

図10.11 動的サブストラクチャー法の概念図

作用解析に特有の考え方であろう。一体解法は地盤と構造物を1つのモデルで表現して解析するものであり，部分解法は地盤と構造物を各別にモデル化するものである。有限の大きさの構造物と半無限的に広がる地盤では各々に最適な解法が存在するため，部分解法が用いられる機会が多い。ここでは，部分解法の代表的なものとして，周波数応答解析において動的相互作用効果を境界上に縮約する**動的サブストラクチャー法**について解説する。

図10.11に動的サブストラクチャー法の概念図を示す。構造物・境界部・地盤に属する自由度をそ

れぞれ添字S，C，Mで表すことにすると，振動数領域での運動方程式は以下のようになる。

$$\begin{pmatrix} S^{SS} & S^{SC} & O \\ S^{CS} & S_S^{CC} + S_M^{CC} & S^{CM} \\ O & S^{MC} & S^{MM} \end{pmatrix} \begin{pmatrix} u^S \\ u^C \\ u^M \end{pmatrix} = \begin{pmatrix} f^S \\ f^C \\ f^M \end{pmatrix} \tag{10.43}$$

ここで，uとfはそれぞれ各部の変位と外力であり，Sは質量M，減衰係数C，ばね定数Kの各行列により以下のように構成される動的剛性行列である。

$$S = -\omega^2 M + i\omega C + K \tag{10.44}$$

式(10.43)のSの2つの上付添字は，例えばSCは境界部での入力に対する建物部の出力を意味する。$S_S^{CC} + S_M^{CC}$は境界部の変位によって境界部に生じる力を表すが，これを建物―境界部と境界部―地盤のばねに分けてモデル化したと考えるとよい。一体解法では，式(10.43)を直接解くことになる。

接触面型の動的サブストラクチャー法では，式(10.43)を建物系Sと地盤系Mに分離する。はじめに，式(10.43)の第2行を取り出す。

$$S^{CS} u^S + (S_S^{CC} + S_M^{CC}) u^C + S^{CM} u^M = f^C \tag{10.45}$$

この式の左辺の後半部をまとめて次のようにおく。

$$S_M^{CC} u^C + S^{CM} u^M = -f^{MC} \tag{10.46}$$

f^{MC}は建物系と地盤系との間でやりとりされる**相互作用力**であり，これを用いることで式(10.43)を2つの式に分離することができる。

$$\begin{pmatrix} S^{SS} & S^{SC} \\ S^{CS} & S_S^{CC} \end{pmatrix} \begin{pmatrix} u^S \\ u^C \end{pmatrix} = \begin{pmatrix} f^S \\ f^C + f^{MC} \end{pmatrix} \tag{10.47}$$

$$\begin{pmatrix} S_M^{CC} & S^{CM} \\ S^{MC} & S^{MM} \end{pmatrix} \begin{pmatrix} u^C \\ u^M \end{pmatrix} = \begin{pmatrix} -f^{MC} \\ f^M \end{pmatrix} \tag{10.48}$$

次に，式(10.48)の第2行をu^Mについて解き，第1行へ代入すると，次式が得られる。

$$S_G u^C = -f^{MC} + f_G \tag{10.49}$$

ここで，**インピーダンス行列**S_G，**ドライビングフォースベクトル**f_Gを定義した。

$$S_G = S_M^{CC} - S^{CM} S^{MM-1} S^{MC} \tag{10.50}$$

$$f_G = -S^{CM} S^{MM-1} f^M \tag{10.51}$$

インピーダンス行列S_Gは，式(10.48)において境界部の各自由度に単位変位を与えたときの境界部の各自由度に生じる反力に相当する。すなわち，境界部の変位を単位行列Iで与えることでインピーダンス行列を求めることができる。

$$\begin{pmatrix} S_M^{CC} & S^{CM} \\ S^{MC} & S^{MM} \end{pmatrix} \begin{pmatrix} I \\ U_I^M \end{pmatrix} = \begin{pmatrix} S_G \\ O \end{pmatrix} \tag{10.52}$$

これを**加振問題**といい，これで慣性の相互作用効果が評価される。U_I^Mは境界部変位Iの各列に対する地盤部変位の解をまとめた行列である。ドライビングフォースベクトルf_Gは，境界部の変位を0に拘束した状態で地盤に強制変位u^Mまたは外力f^Mを入力したときの境界部での反力に相当し，次式で求められる。

$$\begin{pmatrix} \boldsymbol{S}_\mathrm{M}^\mathrm{CC} & \boldsymbol{S}^\mathrm{CM} \\ \boldsymbol{S}^\mathrm{MC} & \boldsymbol{S}^\mathrm{MM} \end{pmatrix} \begin{pmatrix} \boldsymbol{0} \\ \boldsymbol{u}^\mathrm{M} \end{pmatrix} = \begin{pmatrix} \boldsymbol{f}_\mathrm{G} \\ \boldsymbol{f}^\mathrm{M} \end{pmatrix} \tag{10.53}$$

あるいは，本質的に同様のことであるが，境界部を解放した状態での変位$\boldsymbol{u}_\mathrm{G}$（**入力動ベクトル**とよぶ）を建物系への入力動としてドライビングフォースベクトルを求めることもできる。

$$\begin{pmatrix} \boldsymbol{S}_\mathrm{M}^\mathrm{CC} & \boldsymbol{S}^\mathrm{CM} \\ \boldsymbol{S}^\mathrm{MC} & \boldsymbol{S}^\mathrm{MM} \end{pmatrix} \begin{pmatrix} \boldsymbol{u}_\mathrm{G} \\ \boldsymbol{u}_\mathrm{D}^\mathrm{M} \end{pmatrix} = \begin{pmatrix} \boldsymbol{0} \\ \boldsymbol{f}^\mathrm{M} \end{pmatrix} \tag{10.54}$$

$\boldsymbol{u}_\mathrm{D}^\mathrm{M}$はこの条件下での地盤部の変位解である。この式の第2行を$\boldsymbol{u}_\mathrm{D}^\mathrm{M}$について解いて第1行へ代入し，式(10.49)を用いると次式が得られる。

$$\boldsymbol{S}_\mathrm{G} \boldsymbol{u}_\mathrm{G} = \boldsymbol{f}_\mathrm{G} \tag{10.55}$$

入力動ベクトルやドライビングフォースベクトルを求める問題を**入力問題**といい，これで入力の相互作用効果が評価される。

式(10.49)と式(10.47)の第2行から相互作用力$\boldsymbol{f}^\mathrm{MC}$を消去すると，式(10.47)は以下のように書き改めることができる。

$$\begin{pmatrix} \boldsymbol{S}^\mathrm{SS} & \boldsymbol{S}^\mathrm{SC} \\ \boldsymbol{S}^\mathrm{CS} & \boldsymbol{S}_\mathrm{S}^\mathrm{CC} + \boldsymbol{S}_\mathrm{G} \end{pmatrix} \begin{pmatrix} \boldsymbol{u}^\mathrm{S} \\ \boldsymbol{u}^\mathrm{C} \end{pmatrix} = \begin{pmatrix} \boldsymbol{f}^\mathrm{S} \\ \boldsymbol{f}^\mathrm{C} + \boldsymbol{f}_\mathrm{G} \end{pmatrix} \tag{10.56}$$

この式の左辺は建物系の地盤との境界部にインピーダンス行列$\boldsymbol{S}_\mathrm{G}$で表される動的地盤ばねが付加された状態を示しており，右辺は境界部にドライビングフォースベクトル$\boldsymbol{f}_\mathrm{G}$で表される外力が作用することを示している。すなわち，ドライビングフォースベクトルは境界部を空間的に固定するために必要な力を表しており，それと同じ大きさの力が作用・反作用の法則により建物に作用する。相互作用力は，ドライビングフォースベクトルに上部構造から作用する力を加えたものである。

建物と地盤の境界部に複数の自由度がある場合，インピーダンス行列はそれなりに複雑になる。しかし，建物基礎が剛体的に挙動すると考えられる場合，これを境界部として，自由度はx, y, z方向の並進運動と各軸まわりの回転運動に限定される。とくに$x(y)$方向変位と$y(x)$軸まわりの回転に注目すると，これがスウェイ・ロッキングモデルになる。地表面基礎の場合は，インピーダンス行列の非対角成分は小さな値になり，無視されることが多い。このとき，水平変位と回転に対する対角成分をそれぞれ**水平（スウェイ）インピーダンス**，**回転（ロッキング）インピーダンス**という。あるいは，単に地盤ばね，相互作用ばねなどともよばれる。また，$\boldsymbol{u}_\mathrm{G}$を**基礎入力動**とよぶ。

図10.12に，一様な半無限地盤上に設置した剛基礎について，水平インピーダンスや回転インピーダンスと無次元振動数a_0の関係を模式的に示す。おおよその傾向として，実部は振動数の増加とともに2次関数的に減少し，虚部は振動数にほぼ比例するものと考えると，インピーダンスは次式の形で近似することができる。

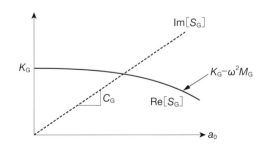

図10.12 地表面に設置された剛基礎のインピーダンス

$$S_{\mathrm{G}}(\omega) = K_{\mathrm{G}} - \omega^2 M_{\mathrm{G}} + i\omega C_{\mathrm{G}} \tag{10.57}$$

この式は，インピーダンスを静的地盤ばねK_{G}，ダッシュポットC_{G}，付加的な質量M_{G}で表現したものになっている。これを**インピーダンスのばね・ダッシュポット・付加質量近似**という。

以上の部分解法の説明は，系全体の挙動が線形であることを前提としている。非線形化や基礎の浮き上がりを考慮する場合には，線形重ね合わせの原理を適用できないので，非線形部分をまとめて1つの部分領域にして時刻歴応答解析を行う必要がある。非線形を含む解析は煩雑になるので，本書では立ち入らないこととする。より深く学習するには，専門書[1][2]を参照されたい。

10.5 地盤上の構造物の応答

建物などの構造物は地盤上に位置しており，地震の際に建物に入力される地震動には，地盤の振動特性によって生じる影響が含まれている。そのため，工学的基盤面などでの地震動に対する応答を，地盤と建物の双方を考慮したモデルで解析する必要がある。地盤と建物の間には10.4節で説明したような相互作用が存在するが，ここでは相互作用が無視できるような系について考えることとし，地盤構造は硬い基盤の上に軟らかい堆積層が存在する2層構造に単純化することで，地盤上の建物の応答について概観する。

図10.13にモデルを示す。地盤と建物をそれぞれ1質点系で近似し，$m_1 \gg m_2$とする。このとき，地盤と建物の運動方程式はそれぞれ以下のように表される。

$$\frac{d^2 y_1(t)}{dt^2} + 2h_1\omega_1 \frac{dy_1(t)}{dt} + \omega_1{}^2 y_1(t) = -\frac{d^2 x(t)}{dt^2} \tag{10.58}$$

$$\frac{d^2 y_2(t)}{dt^2} + 2h_2\omega_2 \left\{ \frac{dy_2(t)}{dt} - \frac{dy_1(t)}{dt} \right\} + \omega_2{}^2 \{y_2(t) - y_1(t)\} = -\frac{d^2 x(t)}{dt^2} \tag{10.59}$$

通常，建物の応答は地表面に対する相対変位で評価されることが多いが，ここでは地下の基盤面に対する相対変位で表現していることに注意されたい。岩盤での地震動に対する地表面と建物頂部の応答は，まず式(10.58)から地表面の応答$y_1(t)$を求め，次に式(10.59)から建物頂部の応答$y_2(t)$を求めることによって得られるほか，基盤面でのインパルス入力による地表と建物の応答を表す伝達関数[*1]を求めておき，これを入力地震動に対してたたみこむことによっても得られる。

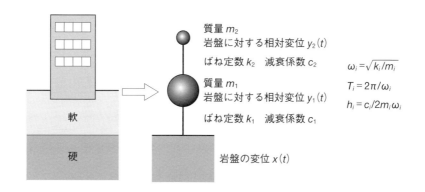

図10.13 地盤上の建物の応答を表現する最も簡単なモデル

---

*1：ラプラス変換を利用することにより得られる。

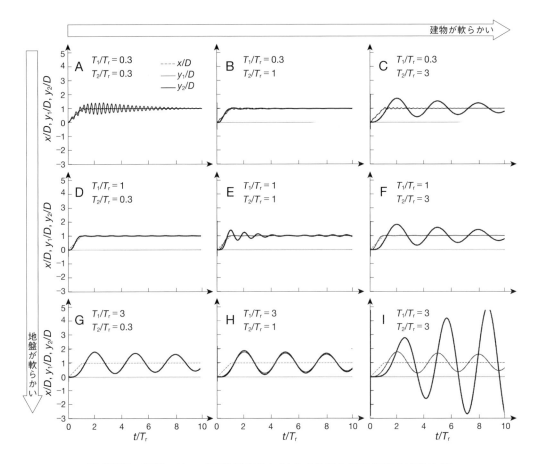

図10.14 傾斜ステップ関数型変位に対する地表と建物頂部の変位応答

　地震動を簡略化したものの1つの例として，傾斜ステップ関数型の変位波形を取り上げる．これは，内陸地殻内地震の震源断層近傍で生じる残留変位をともなう地震動を代表していると考えてよい．傾斜ステップ関数型の変位・速度・加速度波形は，立ち上がり時間 T_r と変位量 D を用いてそれぞれ以下のように表される．

$$x(t) = \frac{D}{T_r}\{R(t) - R(t-T_r)\} \tag{10.60}$$

$$\frac{dx(t)}{dt} = \frac{D}{T_r}\{U(t) - U(t-T_r)\} \tag{10.61}$$

$$\frac{d^2x(t)}{dt^2} = \frac{D}{T_r}\{\delta(t) - \delta(t-T_r)\} \tag{10.62}$$

ここで，$R(t)$ はランプ関数，$U(t)$ は単位ステップ関数，$\delta(t)$ はディラックのデルタ関数である[*1]．す

[*1]：ランプ関数 $R(t)$，単位ステップ関数 $U(t)$，ディラックのデルタ関数 $\delta(t)$ はそれぞれ以下のように定義される．

$$R(t) = \begin{cases} 0 & (t<0) \\ t & (t\geq 0) \end{cases}$$

$$U(t) = \begin{cases} 0 & (t<0) \\ 1/2 & (t=0) \\ 1 & (t>0) \end{cases}$$

$$\delta(t) = 0\,(t\neq 0) \quad \text{および} \quad \int_{-\infty}^{\infty}\delta(t)dt = 1$$

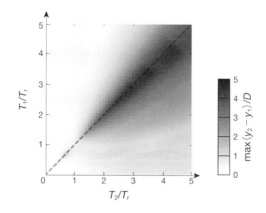

図10.15 建物の相対変位応答スペクトル

なわち，傾斜ステップ関数型変位に対する応答は，正負のインパルス力の組み合わせに対する応答と同じものである。

図10.14に，傾斜ステップ関数型の基盤変位に対する地表と建物頂部の変位応答をそれぞれ立ち上がり時間T_rと変位量Dで規格化して示す。建物と比較して地盤が十分に硬ければ（図中のB，C，F），建物の応答は基盤の地震動を直接入力した場合と同じであることがわかる。逆に，相対的に地盤が軟らかければ（図中のD，G，H），建物の応答は地盤の応答に支配されるが，この場合は実際には相互作用の効果が大きく現れる。注目するべきは地盤または建物の固有周期が基盤変位の立ち上がり時間よりも大きい場合（図中のF，H）であり，慣性により初めに大きな相対変位がもたらされるため，大振幅の自由振動が生じる（5.2節の実験を参照）。この挙動は，変位の立ち上がり時間よりも長い固有周期の構造物すべてに影響を与える点で，残留変位を伴う地震動に特有のものであり，繰り返し入力による共振現象とは異質のものである。地盤と建物の固有周期が一致する場合（図中のA，E，I）は，さらに共振の要素が加わる。とくに，地盤と建物の固有周期が一致し，かつ変位の立ち上がり時間よりも長い場合（図中のI）には，応答振幅と継続時間が極端に大きくなる。

図10.15に，建物の地表に対する最大相対変位が基盤変位波形と地盤・建物の固有周期に応じて変化する様子を示す。$T_1 = T_2$となる対角線上のほか，対角線から右側の領域全体で大きな値となる傾向がある。これは，前述のとおり，変位の立ち上がり時間よりも長い固有周期の構造物すべてが影響を受けることを示している。

10.6　地盤調査

地盤の振動をモデル化し，解析を行うためには，地下の密度・弾性定数・減衰特性などの分布を知る必要がある。地下構造を調査する方法としては，実際に地盤を掘削して試料を採取し，直接的に各種物性値を測定する方法がある。また，自然あるいは人工の地震波・電流・電磁波などの信号を利用し，それが地盤内を透過・反射・屈折した結果得られる応答から間接的に地下の構造を推定する方法があり，これらを**物理探査**と総称する。**表10.2**に地下構造探査手法の一覧を示す。以下，比較的よく用いられる手法として，ボーリング孔を用いるものとして標準貫入試験とPS検層，人工地震波を用いるものとして屈折法・反射法地震探査，常時微動を用いる方法について概要を紹介する。

（1）標準貫入試験

地層に試験用錐を貫入させ，その抵抗を把握するという地盤調査を一般にサウンディングとよぶ。

表10.2 地下構造探査手法の特徴

			基盤構造	表層形状	P波速度	S波速度	コスト	備考
人工振源を用いる方法	屈折法地震探査	爆破震源	◎	△	◎	—	○	○マクロ的 ●都市で実施困難
		バイブロ震源	○	△	○	—	?	○反射法と組合せに利点
	反射法地震探査	P波発振	○	◎	○	—	△	○3次元構造把握 ●浅部のみ
		S波発振	×	△	—	△	?	
	PS検層		◎ (点情報)	◎ (点情報)	◎	◎	×	○確実性 ●点情報，深部はコスト高
	VSP探査		◎ (点情報)	◎ (点情報)	◎	◎	×	○確実性 ●点情報，深部はコスト高
微動を用いる方法	地盤種別判定		×	×	—	—	◎	○簡便・安価 ●地盤構造の把握は難
	微動アレイ探査		×	○ (点情報)	○	◎	◎	○S波速度構造把握，簡便・安価 ●基盤速度の精度，平均的構造
重力を用いる方法	重力探査		△	?	—	—	○	○マクロな構造把握，情報量 ●極深部までの地盤の積分値
電気・電磁波を用いる方法	電気探査		×	△	—	—	○	○帯水層・破砕帯の推定 ●浅部のみ，影響因子が多い
	電磁探査		×	△	—	—	○	○浅部の活断層調査 ●浅部のみ，影響因子が多い

注記　　◎最適　○適　△やや適〜やや難　×難　—不可　　○利点　●欠点

［日本建築学会，地盤震動と強震動予測，2016の表を参考に作成］

日本ではJIS A 1219に標準的な試験方法が定められており，これを**標準貫入試験**という。**図10.16**に標準貫入試験装置の概略を示す。建物の建設の際などにボーリング調査と同時に行われており，とくに都市部においてデータが集積している。標準貫入試験用のサンプラーをボーリングロッドの先端につけてボーリング孔底に下ろし，63.5 kgのハンマーを76 cmの高さから落下させて，サンプラーを30 cm貫入させるのに必要な打撃回数を測定する。この値をN値とよび，地盤の硬さを示す指標とする。N値とS波速度の経験的な関係式などが地質ごとに提案されている。N値50以上の地層まで杭を打設することで建物の重量を支持することが多く，おおむね工学的基盤に相当すると判断される。

（2） PS検層

　PS検層は，ボーリング孔を利用して地盤のP波速度およびS波速度の深さ方向の分布を知るものである。孔内または孔口付近で地盤を打撃して地震波（P波またはS波）を発生させ，孔内の受振器で受振し，伝播時間から地下の地震波伝播速度を求める。PS検層の実施方法は複数あるが，代表的なものとして**図10.17**にダウンホール法とサスペンション法の概略を示す。ダウンホール法は孔口付近の地表で水平または鉛直方向の打撃によって地震波を発生させ，孔内の受振器で受振する。一般的には地表に置いた板をかけやなどで叩くことにより実施し，これを板たたき法という。サスペンション法は，

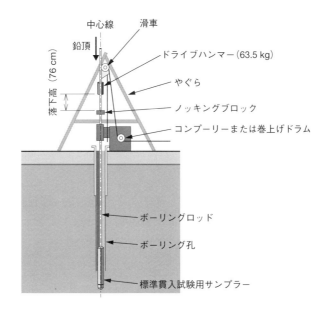

図10.16 標準貫入試験装置の概略

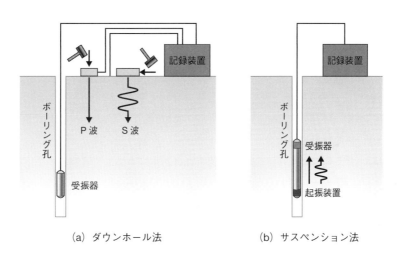

図10.17 PS検層

加振器と2つの受振器が一体になった装置を孔内へ挿入し，加振器からの地震波を2つの受振器で受振し，その時間差から受振器間の地震波伝播速度を求める。この方法は，加振力を孔壁へ伝達するために孔内水を必要とするため，地下水位よりも深い範囲でなければ計測できないものの，加振器から受信器までの区間速度を得ることができる。そのため，比較的細かい構造の特徴を把握することが可能である。

（3）屈折法地震探査

　人工的に発生させた地震波の屈折波または反射波を多数の受振器によって観測し，地下の地震波伝播特性を推定する方法を**地震探査**という。震源には，ダイナマイトなどの爆薬の発破または錘の落下，あるいは起震車（バイブロサイス，**図10.18**）によるものを用いる。**屈折法地震探査**は，実体波の屈折波を利用するものである（**図10.19**）。震源に近い受振点では，表層部分を伝わる直達波が最も早く到達するが，ある程度以上離れた受振点では，地下の地震波伝播速度の大きい層を伝わる屈折波が早

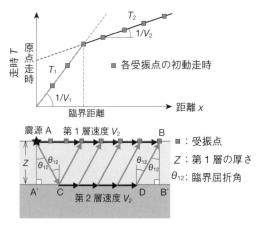

図10.18 起震車（バイブロサイス）
[写真提供：応用地質株式会社]

図10.19 屈折法地震探査の原理

く到達する。このことを利用して，「萩原の方法」[3]などを用いて地下構造の断面を推定する。

（4）反射法地震探査

　人工的に発生させた地震波を多数の受振器で受振する点は屈折法地震探査と同様であるが，**反射法地震探査**は地下の物性値境界面で反射した地震波を観測する方法である。通常，伝播速度の大きいP波が用いられる。**図10.20**に反射法地震探査の原理を示す。地下の反射面が地表面に平行であれば，地震波は加振点と受振点の中点で反射する。すなわち，図10.20の加振点S_1〜S_6からの地震波を受振点R_1〜R_6でそれぞれ観測したとき，これらはすべて共通の点Dで反射したものである。これらの記録について，走時を補正（Normal Move Out，NMO補正とよんでいる）しながら重合することにより，反射記録のS/N比[*1]を向上させることができる。反射法地震探査は屈折法地震探査と比較してより多くの情報を得ることができるため，広域の地下構造探査によく利用されている。人工震源としては爆発震源のほか起震車を用いることもあり，また陸上のみならず海上においても音波を利用して行われている。

（5）微動探査

　地表面は人体には感じられない程度の振幅で常に振動しており，これを**常時微動**という。その主な振動源は，風や波浪および交通振動や工場・工事振動などであり，地表に存在している。そのため，常時微動はほとんど表面波によって構成されている。表面波の水平上下スペクトル比（H/Vスペクトル）や分散曲線は地下の層構造を反映しているため，常時微動を高感度の地震計（常時微動計）によって計測することで，地下構造を推定することができる[*2]。この方法は，人工的な震源を用いる必要がなく簡便であるため，広く用いられている。

　常時微動による地下構造探査には，単点での計測を行う方法と，**微動アレイ探査**とよばれる複数点での同時計測を行う方法がある。前者は，簡便に実施でき，地下に明瞭な物性値境界面が存在する場合それを反映したピークが水平上下スペクトル比[*3]に現れるが，得られる情報が多くはないため，他の探査手法と組み合わせて補完的に用いられることが多い。後者は表面波の分散曲線を得ることがで

---

*1：記録に含まれるシグナル（意味のある波形）とノイズ（測定誤差）の強さの比。
*2：表面波は地表面付近を伝播する地震波であり，振動数成分によって伝播速度が異なるという特徴がある。この様子を図示したものが分散曲線であり，地下構造が与えられれば理論的に算出することができる。表面波の性質と分散曲線について，詳細は11.4節を参照されたい。

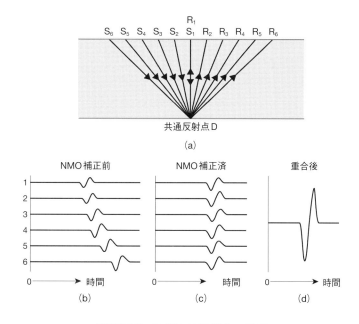

図10.20 反射法地震探査の原理

きるため，逆解析（Note 12.1参照）の手法を用いて地下構造を推定することができる。分散曲線を求めるための解析方法として，F–Kスペクトル法，SPAC（空間自己相関，Spatial Autocorrelation）法，CCA（Centerless Circular Array）法があるが，それぞれでアレイ配置の制約や解析対象周期帯が異なるため，組み合わせて用いられることもある。近年は，2地点の長期間の微動記録の相互相関関数が2点間のグリーン関数に近似できることを利用した地震波干渉法など，新たな手法が展開されている。

【参考文献】
[1] 日本建築学会，建物と地盤の動的相互作用を考慮した応答解析と耐震設計，2006
[2] 日本建築学会，入門・建物と地盤との動的相互作用，1996
[3] 萩原尊禮，基盤面の傾斜が一様でない場合の走時曲線解析法，地震（第1輯），第10巻，pp. 463-468，1938

〈演習問題〉

1 波動方程式(10.5)の一般解(10.6)が，元の方程式を満足することを確認する。
  (1) 式(10.6)第1項について，$p = z - Vt$ とおき，$\partial f/\partial z$ と $\partial f/\partial t$ を p の関数の形で表現せよ。
  (2) $\partial^2 f/\partial z^2$ と $\partial^2 f/\partial t^2$ を p の関数の形で表現せよ。
  (3) 式(10.6)第2項についても，$q = z + Vt$ とおくことで第1項と同様の処理が可能である。これらの結果から，式(10.6)が元の方程式(10.5)を満足することを確認せよ。

＊3：水平動と上下動のフーリエ振幅スペクトルの比で，H/Vスペクトルとも呼ばれる。スペクトルの比をとることで振動源の特性を除去し，地盤に固有の震動特性を抽出することができる。

2 角振動数ω，波数kでz軸の正負両方向へ伝播する正弦波形のせん断波を考える。

(1) この波動による変位を$u(z,t) = Ae^{i(\omega t - kz)} + Be^{i(\omega t + kz)}$とする。ここで，$A$と$B$はそれぞれ進行波と後退波の振幅である。せん断弾性係数をGとすると，せん断応力$\tau(z,t)$はどのように表されるか。

(2) **図a**のように，領域$z<0$でせん断弾性係数が無限大であるとする。$z=0$での境界条件と，AとBが満たすべき関係式を示し，反射波（上昇波）の振幅は入射波（下降波）と逆符号で同じ大きさであることを確認せよ。このような条件で波が反射するところを**固定端**といい，地震波が非常に硬い基盤層の上面で反射する場合に近似的に成り立つ。

(3) **図b**のように，領域$z<0$でせん断弾性係数が0であるとする。$z=0$での境界条件と，AとBが満たすべき関係式を示し，反射波（下降波）の振幅は入射波（上昇波）と同符号で同じ大きさであることを確認せよ。このような条件で波が反射するところを**自由端**といい，地震波が地表面で反射する場合がこれに該当する[*1]。

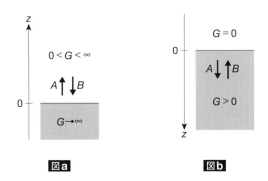

図a　　　　図b

3 10.2.3項では，非弾性減衰について，時間経過とともに振動が減衰することを定式化した。ここでは，波動の伝播とともに振動が減衰することを考える。

(1) 波動がx軸正方向へ速度vで伝わるとする。角振動数をω，位置$x=0$での変位を$u(0,t) = A\cos\omega t$とすると，位置xでの変位$u(x,t)$はどのように表されるか。ただし，減衰定数をhとする。

(2) 硬質の均質な岩盤では，おおむねQ値が振動数に比例するといわれている。このとき，減衰定数を式(10.19)のように近似すると，波動伝播の距離が同じであれば振幅の減少の度合いは振動数にかかわらず同じであることを説明せよ。このことは，任意の波形がフーリエ積分によって正弦波の重ね合わせで表現されることに注意すると，波動伝播に伴って振幅は減少するが波形は相似的に縮小するのみであり，形が変わらないことを示している。

[*1]：空気のせん断弾性係数は0であるが，体積弾性係数は0ではない。そのため，S波が地表面へ入射する場合は完全な自由端と考えてよいが，P波の場合はわずかに空気中へ波動が透過する。

第11章 3次元の振動

地盤の震動について，1次元に単純化したモデルでの解析方法はすでに第10章で取り扱った。本章では，より厳密かつ詳細に，3次元的に広がる地盤を伝播する地震波について解説する。構造物の耐震性を議論するには，第10章で取り扱った範囲の内容を理解しておけば十分であることも多いが，本章で取り扱うような事柄を知っておくことによって，より深く立ち入って地震波の伝播や地盤の震動を考えることができるであろう。

本章では，まず11.1節において3次元の連続体の変形とそれによって生じる力を取り扱うために必要となるひずみテンソルと応力テンソルを導入し，両者を結びつける弾性定数について整理する。次に，11.2節において3次元的に広がる地盤の振動について連続体の力学を基礎として解説する。いささか表現が複雑にはなるが，1次元のモデルで取り扱ったときと同様に，3次元の振動についても波動方程式が出現する。よく知られたP波とS波の存在，さらにその振動の様子や伝播速度が波動方程式から理論的に導かれることを明らかにする。11.3節では，平行成層地盤のモデルを用いて，鉛直方向だけではなく水平方向にも伝播する地震波の増幅について取り扱う。最後に，11.4節において地表面付近を伝播する表面波が波動方程式の解の一種として導かれることを示す。

11.1 ひずみと応力

11.1.1 ひずみテンソル

実際の地盤は3次元的に広がっており，一般には1次元の波動伝播モデルでは表現することができない。まず，3次元の連続体の変位や変形，さらに内部に生じる力を表現する方法を説明する。

連続体の内部に生じる変位と変形は，区別して考える必要がある。**変位**とは，連続体内のある1点が元の位置とは異なる場所に移動することである。対して，**変形**とは，連続体内のある大きさをもつ部分を考えたときに，変位の分布が生じることで，その部分の形状が変化することである。すなわち，連続体内に一様に変位が生じたとしても，それは単に全体が平行移動しただけのことであり，変形は生じていない。また，連続体の全体が剛体的に回転した場合も，変形は生じない。さらに，変形は伸縮変形とせん断変形に分けて考えることができる。**図11.1**に，変位を剛体並進変位・剛体回転変位・伸縮変形・せん断変形に分けて示す。

ここまでの議論から，変位分布の変動によって変形が生じることがわかる。そこで，連続体内の変位分布 $\boldsymbol{u} = (u_x, u_y, u_z)^{\mathrm{T}}$ に対して，**変位勾配テンソル**を次式で定義する。

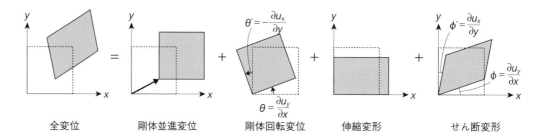

図11.1 連続体内の変位の構成要素

$$J = (J_{ij}) = \begin{vmatrix} \dfrac{\partial u_x}{\partial x} & \dfrac{\partial u_x}{\partial y} & \dfrac{\partial u_x}{\partial z} \\ \dfrac{\partial u_y}{\partial x} & \dfrac{\partial u_y}{\partial y} & \dfrac{\partial u_y}{\partial z} \\ \dfrac{\partial u_z}{\partial x} & \dfrac{\partial u_z}{\partial y} & \dfrac{\partial u_z}{\partial z} \end{vmatrix} \quad (11.1)$$

ここで，i, jはそれぞれx, y, zのいずれかである[*1]。ただし，変位勾配テンソルそのものが変形を表すわけではないことに注意せねばならない。剛体回転変位によっても変位勾配は生じるためである。そこで，変位勾配テンソルの対称成分を**ひずみテンソル**E，反対称成分を**微小回転テンソル**Ωとして定義する。

$$E = (\varepsilon_{ij}) = \frac{1}{2}\left(\frac{\partial u_i}{\partial x_j} + \frac{\partial u_j}{\partial x_i}\right) = \begin{vmatrix} \dfrac{\partial u_x}{\partial x} & \dfrac{1}{2}\left(\dfrac{\partial u_x}{\partial y} + \dfrac{\partial u_y}{\partial x}\right) & \dfrac{1}{2}\left(\dfrac{\partial u_x}{\partial z} + \dfrac{\partial u_z}{\partial x}\right) \\ \dfrac{1}{2}\left(\dfrac{\partial u_y}{\partial x} + \dfrac{\partial u_x}{\partial y}\right) & \dfrac{\partial u_y}{\partial y} & \dfrac{1}{2}\left(\dfrac{\partial u_y}{\partial z} + \dfrac{\partial u_z}{\partial y}\right) \\ \dfrac{1}{2}\left(\dfrac{\partial u_z}{\partial x} + \dfrac{\partial u_x}{\partial z}\right) & \dfrac{1}{2}\left(\dfrac{\partial u_z}{\partial y} + \dfrac{\partial u_y}{\partial z}\right) & \dfrac{\partial u_z}{\partial z} \end{vmatrix} \quad (11.2)$$

$$\Omega = (\omega_{ij}) = \frac{1}{2}\left(\frac{\partial u_i}{\partial x_j} - \frac{\partial u_j}{\partial x_i}\right) = \begin{vmatrix} 0 & \dfrac{1}{2}\left(\dfrac{\partial u_x}{\partial y} - \dfrac{\partial u_y}{\partial x}\right) & \dfrac{1}{2}\left(\dfrac{\partial u_x}{\partial z} - \dfrac{\partial u_z}{\partial x}\right) \\ \dfrac{1}{2}\left(\dfrac{\partial u_y}{\partial x} - \dfrac{\partial u_x}{\partial y}\right) & 0 & \dfrac{1}{2}\left(\dfrac{\partial u_y}{\partial z} - \dfrac{\partial u_z}{\partial y}\right) \\ \dfrac{1}{2}\left(\dfrac{\partial u_z}{\partial x} - \dfrac{\partial u_x}{\partial z}\right) & \dfrac{1}{2}\left(\dfrac{\partial u_z}{\partial y} - \dfrac{\partial u_y}{\partial z}\right) & 0 \end{vmatrix} \quad (11.3)$$

このうち，ひずみテンソルが変形を表すものである。その対角成分は図11.1の伸縮変形に対応するものであり，**直ひずみ**という。対して，非対角成分は図11.1のせん断変形に対応するものであり，**せん断ひずみ**という[*2]。微小回転テンソルの非対角成分は図11.1の剛体回転変位の回転角に対応するものである。

ひずみテンソルは対称行列の形をとっているので，座標系を適当に回転させることによって対角化

[*1]：ベクトルやテンソルの添字として，x, y, zに対応して1, 2, 3を用いることもある。たとえばJ_{xy}とJ_{12}は同じ意味である。数字による表記は，総和記号を用いる場合に都合がよい。

[*2]：工学においては，ひずみの定義として以下を用いることもある。
　　直ひずみ　　　$\varepsilon_x = \varepsilon_{xx}, \; \varepsilon_y = \varepsilon_{yy}, \; \varepsilon_z = \varepsilon_{zz}$
　　せん断ひずみ　$\gamma_{yz} = 2\varepsilon_{yz}, \; \gamma_{zx} = 2\varepsilon_{zx}, \; \gamma_{xy} = 2\varepsilon_{xy}$

することが可能である[*3]。このとき，固有ベクトルの向きは新しい座標軸の方向を示しており，これらをひずみの**主軸**という。また，各固有ベクトルに付随する固有値は各主軸方向の直ひずみを表しており，これらを**主ひずみ**という。ひずみテンソルの対角成分の和 $\varepsilon_{xx} + \varepsilon_{yy} + \varepsilon_{zz}$ は座標回転によって変化せず，一定の値となる。これは媒質の膨張または収縮を表し，**体積ひずみ**とよばれる。

11.1.2 応力テンソル

3次元の媒質内に作用する力を表現するには，**応力テンソル**を用いる。その成分は τ_{ij} と表記され，これは媒質内に x_i 軸に垂直な面を考えたとき，この面の単位面積に働く力（これを**応力ベクトル**または**表面力ベクトル**という）の x_j 軸方向の成分を表している。応力テンソルは3行3列の行列の形となる。これを T と表記し，媒質内のある面の単位法線ベクトルを n とすると，この面に働く応力ベクトルは Tn である。応力テンソルの対角成分は媒質を各座標軸方向に伸縮させる力を表すもので**直応力**といい，非対角成分は媒質をせん断変形させる力を表すもので**せん断応力**という。**図11.2**(a)に応力テンソルの各成分が作用する面とその向きを，(b)に xy 平面内でのせん断応力のつり合いを示す。

図11.2(b)からわかるように，せん断応力 τ_{xy} と τ_{yx} は微小部分をそれぞれ反時計回り・時計回りに回転させる偶力として働く。しかし，連続体内部でこのような回転が生じることはないので， $\tau_{xy} = \tau_{yx}$ であることがわかる。他の非対角成分についても同様であり，応力テンソルは対称行列の形をとる。そのため，ひずみテンソルと同様に，座標系を適当に回転させることによって対角化することが可能である。このとき，固有ベクトルの向きを応力の主軸といい，各固有ベクトルに付随する固有値を**主応力**という。応力テンソルの対角成分の和 $\tau_{xx} + \tau_{yy} + \tau_{zz}$ は座標回転によって変化せず，一定の値となるが，これは媒質全体を均等に膨張または収縮させる成分を表す。多くの場合，地中の応力場は圧縮力が支配的であるが，均等な圧縮力よりも，そこからのずれによって岩盤の破壊が起こり，地震の発生に至る。そこで，次式で定義される**偏差応力テンソル**を考える場合がある。

$$\begin{vmatrix} \tau_{xx} - p & \tau_{xy} & \tau_{xz} \\ \tau_{yx} & \tau_{yy} - p & \tau_{yz} \\ \tau_{zx} & \tau_{zy} & \tau_{zz} - p \end{vmatrix} \quad \text{ただし} \quad p = \frac{\tau_{xx} + \tau_{yy} + \tau_{zz}}{3} \tag{11.4}$$

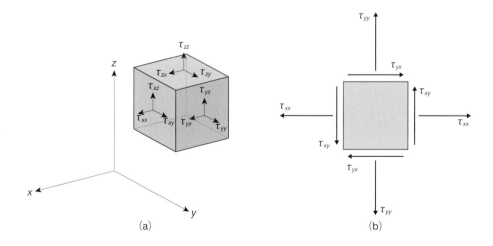

図11.2　(a) 応力テンソルの各成分が作用する面とその向き　(b) せん断応力のつり合い

[*3]：これは，Note 8.3で解説した標準固有値問題の応用の1つである。ひずみテンソルは実対称行列の形であるので，固有ベクトルは正規直交基底を構成する。これは座標系を伸縮・変形なしに回転することに相当する。また，主ひずみを表す固有値は必ず実数である。

11.1.3 構成関係

弾性体に変形が生じると，それに抵抗する力として応力が生じる。すなわち，剛体並進変位と剛体回転変位（微小回転テンソル）は応力の発生には寄与せず，ひずみテンソルによって応力テンソルが定まると考えてよい。

弾性体のひずみテンソルと応力テンソルの関係を**構成関係**または**構成則**という。ひずみが微小であれば，応力とひずみが線形の関係で結びつけられる[*1]。

$$\tau_{ij} = \sum_{k=1}^{3}\sum_{l=1}^{3} C_{ijkl}\varepsilon_{kl} \tag{11.5}$$

ここで，C_{ijkl} は応力テンソルの ij 成分のひずみテンソルの kl 成分に対する比例係数であり，**弾性定数テンソル**とよばれる。弾性定数テンソルは，その定義より81成分が存在する。しかし，ひずみテンソルと応力テンソルがともに対称行列の形であり，それぞれ独立な成分が6個ずつであることを考慮すると，弾性定数テンソルの独立な成分は36個となる。さらに，媒質の x，y，z 軸それぞれの方向についての性質が同じであるとすると（**等方性**），弾性定数テンソルの独立な成分は2個にまで絞られる。これらを λ と μ で表し，**ラメの定数**とよぶ。結局，等方線形弾性体の構成関係は次式で表される。

$$\tau_{ij} = \delta_{ij}\lambda\sum_{k=1}^{3}\varepsilon_{kk} + 2\mu\varepsilon_{ij} \tag{11.6}$$

ここで，δ_{ij} は**クロネッカーのデルタ**であり，$i=j$ で1，$i \neq j$ で0である。

式(11.6)より，せん断応力はせん断ひずみのみに比例することがわかる。このときの比例係数であるラメの定数 μ は，剛性率あるいはせん断弾性係数 G とよばれるものと同じである[*2]。また，等方線形弾性体の性質を表す定数として，他にヤング係数 E，ポアソン比 ν，体積弾性係数 K がある。これらは，すべてラメの定数を用いて表すことが可能である。**表11.1**に相互の変換式を示す。

11.2 3次元の波動

11.2.1 ナビエの方程式

地盤を伝わる地震波の挙動は，3次元の波動方程式に従う。本節では3次元の波動方程式を導き，いくつかの簡単な場合についてその解を示す。なお，3次元の波動を扱うにあたり，ベクトル解析を多用する。なじみのない読者は，Note 11.1を参照されたい。

図11.3に，3次元の微小体に作用する力を示す。この微小体の運動方程式を x，y，z 方向について作成すると，以下のようになる。

$$\begin{aligned}\rho\Delta x\Delta y\Delta z\frac{\partial^2 u_x(x,y,z,t)}{\partial t^2} &= \{\tau_{xx}(x+\Delta x,y,z,t) - \tau_{xx}(x,y,z,t)\}\Delta y\Delta z \\ &+ \{\tau_{yx}(x,y+\Delta y,z,t) - \tau_{yx}(x,y,z,t)\}\Delta z\Delta x \\ &+ \{\tau_{zx}(x,y,z+\Delta z,t) - \tau_{zx}(x,y,z,t)\}\Delta x\Delta y \\ &+ f_x(x,y,z,t)\Delta x\Delta y\Delta z\end{aligned} \tag{11.7}$$

[*1]：応力とひずみが線形の関係にある範囲は，地殻を構成する岩盤でせん断ひずみ 10^{-4} 程度以下，鉄鋼材料で引張ひずみ 10^{-3} 程度以下である。コンクリートは複合材料であるため幅広く変動するが，一般的に圧縮ひずみ 10^{-4} 程度以下であればほぼ線形関係が成り立つと考えることが多い。

[*2]：弾性波動論ではラメの定数とよんで μ で表記し，工学の分野ではせん断弾性係数とよんで G で表記することが多い。

表11.1 等方線形弾性体における各弾性定数間の変換式

	ヤング係数E	ポアソン比ν	体積弾性係数K	ラメの定数λ	ラメの定数μ
$E,\ \nu$	E	ν	$\dfrac{E}{3(1-2\nu)}$	$\dfrac{E\nu}{(1+\nu)(1-2\nu)}$	$\dfrac{E}{2(1+\nu)}$
$E,\ K$	E	$\dfrac{3K-E}{6K}$	K	$\dfrac{3K(3K-E)}{9K-E}$	$\dfrac{3EK}{9K-E}$
$E,\ \lambda$	E	$\dfrac{2\lambda}{E+\lambda+\alpha}$ *	$\dfrac{E+3\lambda+\alpha}{6}$ *	λ	$\dfrac{E-3\lambda+\alpha}{4}$ *
$E,\ \mu$	E	$\dfrac{E-2\mu}{2\mu}$	$\dfrac{E\mu}{3(3\mu-E)}$	$\dfrac{\mu(E-2\mu)}{3\mu-E}$	μ
$\nu,\ K$	$3K(1-2\nu)$	ν	K	$\dfrac{3K\nu}{1+\nu}$	$\dfrac{3K(1-2\nu)}{2(1+\nu)}$
$\nu,\ \lambda$	$\dfrac{\lambda(1+\nu)(1-2\nu)}{\nu}$	ν	$\dfrac{\lambda(1+\nu)}{3\nu}$	λ	$\dfrac{\lambda(1-2\nu)}{2\nu}$
$\nu,\ \mu$	$2\mu(1+\nu)$	ν	$\dfrac{2\mu(1+\nu)}{3(1-2\nu)}$	$\dfrac{2\mu\nu}{1-2\nu}$	μ
$K,\ \lambda$	$\dfrac{9K(K-\lambda)}{3K-\lambda}$	$\dfrac{\lambda}{3K-\lambda}$	K	λ	$\dfrac{3(K-\lambda)}{2}$
$K,\ \mu$	$\dfrac{9K\mu}{3K+\mu}$	$\dfrac{3K-2\mu}{6K+2\mu}$	K	$\dfrac{3K-2\mu}{3}$	μ
$\lambda,\ \mu$	$\dfrac{\mu(3\lambda+2\mu)}{\lambda+\mu}$	$\dfrac{\lambda}{2(\lambda+\mu)}$	$\dfrac{3\lambda+2\mu}{3}$	λ	μ

* $\alpha=\sqrt{E^2+9\lambda^2+2E\lambda}$

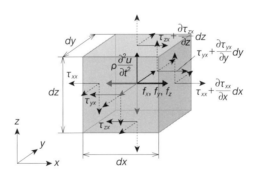

図11.3 3次元の微小体に作用する力（応力はx軸方向のみ表記）

$$\begin{aligned}
\rho\Delta x\Delta y\Delta z\frac{\partial^2 u_y(x,y,z,t)}{\partial t^2} &= \{\tau_{xy}(x+\Delta x,y,z,t)-\tau_{xy}(x,y,z,t)\}\Delta y\Delta z \\
&\quad + \{\tau_{yy}(x,y+\Delta y,z,t)-\tau_{yy}(x,y,z,t)\}\Delta z\Delta x \\
&\quad + \{\tau_{zy}(x,y,z+\Delta z,t)-\tau_{zy}(x,y,z,t)\}\Delta x\Delta y \\
&\quad + f_y(x,y,z,t)\Delta x\Delta y\Delta z
\end{aligned} \tag{11.8}$$

$$\rho \Delta x \Delta y \Delta z \frac{\partial^2 u_z(x,y,z,t)}{\partial t^2} = \{\tau_{xz}(x+\Delta x, y, z, t) - \tau_{xz}(x,y,z,t)\}\Delta y \Delta z$$
$$+ \{\tau_{yz}(x, y+\Delta y, z, t) - \tau_{yz}(x,y,z,t)\}\Delta z \Delta x \quad (11.9)$$
$$+ \{\tau_{zz}(x, y, z+\Delta z, t) - \tau_{zz}(x,y,z,t)\}\Delta x \Delta y$$
$$+ f_z(x,y,z,t)\Delta x \Delta y \Delta z$$

ここで，f_x, f_y, f_z は物体力とよばれるもので，重力などの微小体全体に作用する力を単位体積あたりの大きさで表したものである。これらの式の両辺を $\Delta x \Delta y \Delta z$ で割り，$\Delta x \to 0, \Delta y \to 0, \Delta z \to 0$ の極限を考えたうえで，3本の式を1本にまとめて示すと次式のようになる。

$$\rho \frac{\partial^2 u_i(\boldsymbol{x},t)}{\partial t^2} = \sum_{j=1}^{3} \frac{\partial \tau_{ij}(\boldsymbol{x},t)}{\partial x_j} + f_i(\boldsymbol{x},t) \quad (11.10)$$

ここで，位置ベクトル $\boldsymbol{x} = (x,y,z)^{\mathrm{T}}$ であり，添字 $i = 1, 2, 3$ はそれぞれ x, y, z に対応する。等方線形弾性体を仮定すると，応力—ひずみ関係式として式(11.6) を用いることができる。式(11.6) へひずみテンソルの定義式(11.2) を代入し，ついで式(11.10) へ代入することで，次の**ナビエの方程式**が得られる。

$$\rho \frac{\partial^2 u_i(\boldsymbol{x},t)}{\partial t^2} = (\lambda + \mu)\frac{\partial}{\partial x_i}\left(\sum_{j=1}^{3}\frac{\partial u_j}{\partial x_j}\right) + \mu \sum_{j=1}^{3}\frac{\partial^2 u_i}{\partial x_j^2} + f_i(\boldsymbol{x},t) \quad (11.11)$$

あるいは，変位を $\boldsymbol{u} = (u_x, u_y, u_z)^{\mathrm{T}}$，物体力を $\boldsymbol{f} = (f_x, f_y, f_z)^{\mathrm{T}}$ とベクトル表示すると，次のようになる[*1]。

$$\rho \frac{\partial^2 \boldsymbol{u}}{\partial t^2} = (\lambda + \mu)\nabla(\nabla \cdot \boldsymbol{u}) + \mu \nabla^2 \boldsymbol{u} + \boldsymbol{f} \quad (11.12)$$

ナビエの方程式は等方線形弾性体内の変位の時空間分布を未知量とする方程式であり，これを与えられた初期条件と境界条件のもとで解くことで，媒質内の波動伝播を知ることができる。

Note 11.1 〈ベクトル解析の基礎〉

任意の空間座標 $\boldsymbol{x} = (x,y,z)^{\mathrm{T}}$ に対して1つのスカラー ϕ が対応するとき，これをスカラー場といい，$\phi(\boldsymbol{x})$ と表記する。同様に，$\boldsymbol{x}$ に対して1つのベクトル $\boldsymbol{\psi}$ が対応するとき，これをベクトル場といい，$\boldsymbol{\psi}(\boldsymbol{x})$ と表記する。たとえば，連続体中の密度や剛性率の分布はスカラー場，弾性波動による変位の分布はベクトル場である。

x, y, z 軸方向の単位ベクトルを $\boldsymbol{i}, \boldsymbol{j}, \boldsymbol{k}$ として，形式的に次式のように表される偏微分演算子を定義する。

$$\nabla = \boldsymbol{i}\frac{\partial}{\partial x} + \boldsymbol{j}\frac{\partial}{\partial y} + \boldsymbol{k}\frac{\partial}{\partial z} \quad (1)$$

[*1]：式(11.12) のようなベクトル表記とは別に，以下のようなテンソル表記が用いられることもある。
$$\rho \ddot{u}_i = (\lambda + \mu)u_{j,ij} + \mu u_{i,jj} + f_i$$
この場合，添字のコンマはその座標変数で偏微分することを表し，同じ添字が2度現れたら総和を計算することを意味する（総和規約）。たとえば，右辺の $u_{j,ij}$ は
$$\sum_{j=1}^{3}\frac{\partial^2 u_j}{\partial x_i \partial x_j}$$
という式を簡略化して表記したものである。地震波動論においてはベクトル表記，相互作用論においてはテンソル表記が用いられることが多い。本章では，ベクトル表記を採用する。

式(1) 左辺の記号はナブラと読む。この演算子とスカラー場またはベクトル場の形式的な積として，以下の5種類の場を定義する。

スカラー場ϕの勾配：$\mathrm{grad}\,\phi$とも表記する。ϕの増加率が最大となる方向と，その大きさを表すベクトル場。演算子∇とスカラーϕとの形式的な積として，以下となる。

$$\nabla \phi = \boldsymbol{i}\frac{\partial \phi}{\partial x} + \boldsymbol{j}\frac{\partial \phi}{\partial y} + \boldsymbol{k}\frac{\partial \phi}{\partial z} \tag{2}$$

ベクトル場$\boldsymbol{\psi}$の発散：$\mathrm{div}\,\boldsymbol{\psi}$とも表記する。$\boldsymbol{\psi}$を流速場と見たとき，単位体積あたりの流出量を表すスカラー場。演算子∇とベクトル$\boldsymbol{\psi}$との形式的な内積として，以下となる。

$$\nabla \cdot \boldsymbol{\psi} = \frac{\partial \psi_x}{\partial x} + \frac{\partial \psi_y}{\partial y} + \frac{\partial \psi_z}{\partial z} \tag{3}$$

ベクトル場$\boldsymbol{\psi}$の回転：$\mathrm{rot}\,\boldsymbol{\psi}$あるいは$\mathrm{curl}\,\boldsymbol{\psi}$とも表記する。$\boldsymbol{\psi}$を流速場と見たとき，渦の角速度に相当するベクトル場。演算子∇とベクトル$\boldsymbol{\psi}$との形式的な外積として，以下となる。

$$\nabla \times \boldsymbol{\psi} = \begin{vmatrix} \boldsymbol{i} & \boldsymbol{j} & \boldsymbol{k} \\ \frac{\partial}{\partial x} & \frac{\partial}{\partial y} & \frac{\partial}{\partial z} \\ \psi_x & \psi_y & \psi_z \end{vmatrix} = \left(\frac{\partial \psi_z}{\partial y} - \frac{\partial \psi_y}{\partial z}\right)\boldsymbol{i} + \left(\frac{\partial \psi_x}{\partial z} - \frac{\partial \psi_z}{\partial x}\right)\boldsymbol{j} + \left(\frac{\partial \psi_y}{\partial x} - \frac{\partial \psi_x}{\partial y}\right)\boldsymbol{k} \tag{4}$$

ラプラス作用素（ラプラシアン）：スカラー場ϕについて，以下となる。

$$\nabla^2 \phi = \nabla \cdot (\nabla \phi) = (\nabla \cdot \nabla)\phi = \frac{\partial^2 \phi}{\partial x^2} + \frac{\partial^2 \phi}{\partial y^2} + \frac{\partial^2 \phi}{\partial z^2} \tag{5}$$

ベクトル場$\boldsymbol{\psi}$について，以下となる。

$$\nabla^2 \boldsymbol{\psi} = (\nabla \cdot \nabla)\boldsymbol{\psi} = \frac{\partial^2 \boldsymbol{\psi}}{\partial x^2} + \frac{\partial^2 \boldsymbol{\psi}}{\partial y^2} + \frac{\partial^2 \boldsymbol{\psi}}{\partial z^2} \tag{6}$$

任意のスカラー場ϕとベクトル場$\boldsymbol{\psi}$について以下の関係式が成り立つ。

$$\nabla \times (\nabla \phi) = \boldsymbol{0} \tag{7}$$

$$\nabla \cdot (\nabla \times \boldsymbol{\psi}) = 0 \tag{8}$$

$$\nabla \times (\nabla \times \boldsymbol{\psi}) = \nabla(\nabla \cdot \boldsymbol{\psi}) - \nabla^2 \boldsymbol{\psi} \tag{9}$$

11.2.2 ナビエの方程式の解

物体力$\boldsymbol{f}$が存在しない場合について，ナビエの方程式(11.12)の解を示す。**ヘルムホルツの定理**によると，変位を表すベクトル場$\boldsymbol{u}$をスカラーポテンシャルϕとベクトルポテンシャル$\boldsymbol{\psi}$を用いて次式のように表現することができる。

$$\boldsymbol{u} = \nabla \phi + \nabla \times \boldsymbol{\psi} \tag{11.13}$$

式(11.13)を式(11.12)へ代入して整理・変形すると，以下の方程式が得られる。

$$\frac{\partial^2 \phi}{\partial t^2} = \alpha^2 \nabla^2 \phi \tag{11.14}$$

$$\frac{\partial^2 \boldsymbol{\psi}}{\partial t^2} = \beta^2 \nabla^2 \boldsymbol{\psi} \tag{11.15}$$

ここで，αとβの定義は以下のとおりである．

$$\alpha = \sqrt{\frac{\lambda + 2\mu}{\rho}} \tag{11.16}$$

$$\beta = \sqrt{\frac{\mu}{\rho}} \tag{11.17}$$

式(11.14)と式(11.15)は，ともに10.2.1項で学んだ波動方程式を3次元に拡張した形になっている．前者は媒質の変位$\boldsymbol{u}$を構成する要素ϕが速度αで伝播する波動を表しており，これを**P波**とよぶ．後者は媒質の変位$\boldsymbol{u}$を構成するもう1つの要素$\boldsymbol{\psi}$が速度βで伝播する波動を表しており，これを**S波**とよぶ．変位ベクトル$\boldsymbol{u}$の発散と回転はそれぞれ

$$\nabla \cdot \boldsymbol{u} = \nabla \cdot (\nabla \phi) + \nabla \cdot (\nabla \times \boldsymbol{\psi}) = \nabla^2 \phi \tag{11.18}$$

$$\nabla \times \boldsymbol{u} = \nabla \times (\nabla \phi) + \nabla \times (\nabla \times \boldsymbol{\psi}) = -\nabla^2 \boldsymbol{\psi} \tag{11.19}$$

と表される．このことから，P波は体積変化を伴う変形，S波は回転を伴う変形が媒質中を伝播するものであることがわかる（**図11.4**）．これらの特徴から，P波を縦波または粗密波，S波を横波またはせん断波ともよぶ．また，式(11.16)と式(11.15)より，P波は常にS波よりも速く伝わることがわかる．地震動記録上でP波が先に，S波が後に現れるため，それぞれPrimaryとSecondaryの頭文字をとって名づけられた．

式(11.14)の簡単な形の解を2つ挙げておく．式(11.15)の各成分についても同じ形の解が存在する．1つは**球面波**であり，震源からの距離rを用いて次式で表される．

$$\phi = \frac{1}{r}\{f(r - \alpha t) + g(r + \alpha t)\} \tag{11.20}$$

ここで，fおよびgは任意の関数である．式(11.20)第1項は震源から同心球面状に広がる波動，第2項は震源へ向かって収束する波動を表す．第2項は理論的には存在することができるが，通常の現象では現れない．式(11.14)のもう1つの簡単な形の解は**平面波**であり，次式で表される．

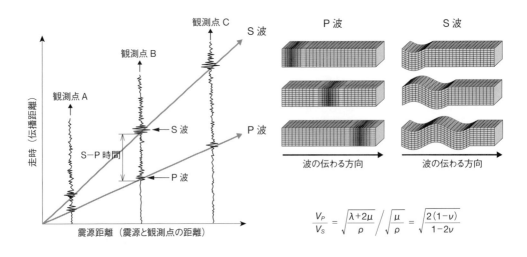

図11.4 P波とS波

$$\phi = f(\boldsymbol{x} - \alpha t \boldsymbol{n}) + g(\boldsymbol{x} + \alpha t \boldsymbol{n}) \tag{11.21}$$

ここで，$\boldsymbol{n}$ は波動の伝播方向を表す単位ベクトルである．式(11.21) 第1項は $\boldsymbol{n}$ と同じ方向，第2項は逆方向へ伝播する波動を表す．とくに，波形が正弦波である場合，平面波は次式で表される．

$$\phi = (A e^{-i\boldsymbol{k}\cdot\boldsymbol{x}} + B e^{i\boldsymbol{k}\cdot\boldsymbol{x}}) e^{i\omega t} \tag{11.22}$$

ここで，A と B は任意定数，$\boldsymbol{k}$ は**波数ベクトル**である．$\boldsymbol{k}$ は波動の伝播方向とその方向での波数を表し，その各成分は x，y，z 軸に沿う方向での見かけの波動伝播速度に対応する波数となる．$\boldsymbol{k}$ に垂直な平面上のすべての位置で式(11.22)の値は等しい．

Note 11.2 〈ひずみと応力の低次元化〉

S波速度の式(11.17)は，せん断に対する硬さ（せん断応力とせん断ひずみの比，剛性率）と密度の比の平方根の形になっている．P波速度の式(11.16) を同様に解釈すれば，伸縮に対する硬さ（直応力と直ひずみの比）は $\lambda + 2\mu$ であることがわかる．ここで，伸縮に対する硬さはヤング係数 E ではないのかと疑問を抱く読者がいるかもしれない．ここには，ひずみと応力の低次元化の問題がある．

3次元の等方線形弾性体の応力—ひずみ関係が式(11.6) で表されることは先に述べた．では，2次元的な問題を考えるとどうなるであろうか．2次元的とは，ひずみと応力の分布が x と y の関数として表され，z が変数として現れないことである．これには，2種類の状況が考えられる．1つは下敷きのように薄い物体の場合，もう1つは連続体中のひずみと応力が z 方向に一様である場合である．たとえば正の ε_{xx} または ε_{yy} が生じると，弾性体は z 方向に縮もうとする（これをポアソン効果といい，その大きさを表す指標がポアソン比である）．下敷きのように薄い物体であればこれが許容されるが，連続体中では z 方向の変形が拘束されるため，z 方向のひずみ ε_{zz} が生じない．そのため，下敷きのように薄い物体ではひずみ ε_{zz} が生じる一方で応力 τ_{zz} は 0 であり，連続体中ではひずみ ε_{zz} が 0 である一方で応力 τ_{zz} が生じる．前者を**平面応力問題**，後者を**平面ひずみ問題**という．

さらに低次元化して，1次元の問題を考える．これには，z 方向に伸びる細長い柱と，水平方向に一様で z 方向にのみ伸縮する地盤を考えるとよい．z 方向の伸縮 ε_{zz} に対して，前者では x，y 方向のひずみ ε_{xx}，ε_{yy} が許容される一方で応力 τ_{xx}，τ_{yy} は 0 であり，後者ではその逆である．この違いが原因となり，z 方向の直応力 τ_{zz} の ε_{zz} に対する比例係数が異なるものになる（導出は演習問題を参照）．

$$\text{細長い柱の場合} \quad \tau_{zz} = E \varepsilon_{zz} = \frac{\mu(3\lambda + 2\mu)}{\lambda + \mu} \varepsilon_{zz} \tag{1}$$

$$\text{地盤の場合} \quad \tau_{zz} = (\lambda + 2\mu) \varepsilon_{zz} \tag{2}$$

式(1) に現れる E はヤング係数にほかならない．地盤のP波速度は式(11.16) のとおりであるが，細長い柱を打撃したときに長さ方向に伝わる縦波の速度は $\sqrt{E/\rho}$ となる．

なお，このような違いが現れるのは，伸縮変形においてのみである．せん断変形においてはポアソン効果が関与しないため，せん断応力のせん断ひずみに対する比例係数は細長い柱と地盤で変わらず，同じせん断弾性係数となる．

11.2.3 グリーン関数

物体力 f が存在する場合について述べる.任意の物体力についてナビエの方程式 (11.11) を解くことは容易ではない.そのため,まず時刻 τ に1点 ξ に作用する p 座標方向の衝撃力

$$f_i(\boldsymbol{x}, t) = \delta_{ip}\delta(\boldsymbol{x}-\boldsymbol{\xi})\delta(t-\tau) \tag{11.23}$$

を考える.このときのナビエの方程式の解を**グリーンテンソル**または**グリーン関数**とよび,その i 成分を $G_{ip}(\boldsymbol{x}, t;\boldsymbol{\xi}, \tau)$ と表記する.すなわちグリーンテンソルは,以下の方程式を $i = 1, 2, 3$ および $p = 1, 2, 3$ の組み合わせについて解いた9つの解の総称である.

$$\rho\frac{\partial^2 G_{ip}(\boldsymbol{x},t;\boldsymbol{\xi},\tau)}{\partial t^2} = (\lambda+\mu)\frac{\partial}{\partial x_i}\left(\sum_{j=1}^{3}\frac{\partial G_{jp}(\boldsymbol{x},t;\boldsymbol{\xi},\tau)}{\partial x_j}\right) + \sum_{j=1}^{3}\frac{\partial^2 G_{ip}(\boldsymbol{x},t;\boldsymbol{\xi},\tau)}{\partial x_j^2}$$
$$+\delta_{ip}\delta(\boldsymbol{x}-\boldsymbol{\xi})\delta(t-\tau) \tag{11.24}$$

グリーンテンソルを利用して,任意の時空間分布の物体力に対して,ナビエの方程式の解を表現することができる.

$$u_i(\boldsymbol{x},t) = \sum_{p=1}^{3}\int_{-\infty}^{t}\int_{V}G_{ip}(\boldsymbol{x},t;\boldsymbol{\xi},\tau)f_p(\boldsymbol{\xi},\tau)dVd\tau \tag{11.25}$$

媒質が無限に広がる等方線形弾性体である場合,$G_{ip}(\boldsymbol{x},t;\boldsymbol{\xi},\tau) = G_{ip}(\boldsymbol{x}-\boldsymbol{\xi},t-\tau;\boldsymbol{0},0)$ であり,その具体的な表現は以下のように求められている.

$$G_{ip}(\boldsymbol{x},t;\boldsymbol{0},0) = \frac{3\gamma_i\gamma_p - \delta_{ip}}{4\pi\rho R^3}\int_{R/\alpha}^{R/\beta}s\delta(t-s)ds$$
$$+ \frac{\gamma_i\gamma_p}{4\pi\rho\alpha^2 R}\delta\left(t-\frac{R}{\alpha}\right) - \frac{\gamma_i\gamma_p - \delta_{ip}}{4\pi\rho\beta^2 R}\delta\left(t-\frac{R}{\beta}\right) \tag{11.26}$$

または,振動数領域で以下のようになる.これは,点 $\boldsymbol{\xi}$ に p 座標方向の調和加振力が作用する場合に対応する.

$$\tilde{G}_{ip}(\boldsymbol{x},\omega) = \frac{3\gamma_i\gamma_p - \delta_{ip}}{4\pi\rho R^3\omega^2}\left\{\left(1+i\frac{\omega R}{\beta}\right)e^{-i\frac{\omega R}{\beta}} - \left(1+i\frac{\omega R}{\alpha}\right)e^{-i\frac{\omega R}{\alpha}}\right\}$$
$$+ \frac{\gamma_i\gamma_p}{4\pi\rho\alpha^2 R}e^{-i\frac{\omega R}{\alpha}} - \frac{\gamma_i\gamma_p - \delta_{ip}}{4\pi\rho\beta^2 R}e^{-i\frac{\omega R}{\beta}} \tag{11.27}$$

ここで,$R = |\boldsymbol{x}|$,$\gamma_i = x_i/R$ である.$\tilde{G}_{ip}(\boldsymbol{x},\omega)$ は $G_{ip}(\boldsymbol{x},t;\boldsymbol{0},0)$ のフーリエスペクトルであり,角振動数 ω の調和加振力に対する変位を表している.式 (11.26) および式 (11.27) の右辺第2項と第3項は,それぞれ伝播速度 α と β で同心球面状に広がる波動を表しており,P波とS波に相当する.これらは震源距離 R に反比例して振幅が減少することがわかる.対して,第1項はP波とS波よりも急激に減衰する項を表している.そのため,遠方ではP波とS波が卓越することとなる.

11.3 平行成層地盤への地震波のななめ入射

11.3.1 波動場の分離

ここでは,10.3節と同様に n 層の平行成層地盤を考えるが,地震波は鉛直方向に対してある角度をもって入射することとする.前提として,地震波は zx 平面内で進行しているものとし,y 方向には変位の分布は一様であるとする.このとき,偏微分演算子 $\partial/\partial y$ を作用させた結果はすべて0となる.式 (11.13) より,変位の x,y,z 成分は以下のように表される.

$$u_x(z, x, t) = \frac{\partial \phi(z, x, t)}{\partial x} - \frac{\partial \psi_y(z, x, t)}{\partial z} \tag{11.28}$$

$$u_y(z, x, t) = \frac{\partial \psi_x(z, x, t)}{\partial z} - \frac{\partial \psi_z(z, x, t)}{\partial x} \tag{11.29}$$

$$u_z(z, x, t) = \frac{\partial \phi(z, x, t)}{\partial z} + \frac{\partial \psi_y(z, x, t)}{\partial x} \tag{11.30}$$

これらの式より，変位のx，z成分はともにϕとψ_yにより定まり，y成分はψ_xとψ_zにより定まることがわかる。方程式(11.28)と(11.30)に支配される波動場を**P-SV波動場**，(11.29)に支配される波動場を**SH波動場**といい，それぞれ独立して振舞う（**図11.5**）。SV波とはS波のうち鉛直面内（Vertical）で振動する成分，SH波は水平面内（Horizontal）で振動する成分を意味する。

式(11.28)～(11.30)の両辺にそれぞれxとtについての二重フーリエ変換（Note 11.3を参照）を施す。

$$U_x(z, k, \omega) = -ik\Phi(z, k, \omega) - \frac{\partial \Psi_y(z, k, \omega)}{\partial z} \tag{11.31}$$

$$U_y(z, k, \omega) = \frac{\partial \Psi_x(z, k, \omega)}{\partial z} + ik\Psi_z(z, k, \omega) \tag{11.32}$$

$$U_z(z, k, \omega) = \frac{\partial \Phi(z, k, \omega)}{\partial z} - ik\Psi_y(z, k, \omega) \tag{11.33}$$

ここで，大文字の関数記号は，それぞれ対応する小文字の関数のスペクトルである。一方，波動方程式(11.14)，(11.15)の両辺にそれぞれ二重フーリエ変換を施すと，以下のようになる。

$$\frac{\partial^2 \Phi(z, k, \omega)}{\partial z^2} + \left(\frac{\omega^2}{\alpha^2} - k^2\right)\Phi(z, k, \omega) = 0 \tag{11.34}$$

$$\frac{\partial^2 \Psi_i(z, k, \omega)}{\partial z^2} + \left(\frac{\omega^2}{\beta^2} - k^2\right)\Psi_i(z, k, \omega) = 0 \tag{11.35}$$

式(11.35)は，$i = 1, 2, 3$について同じ形の方程式となる。以下，P-SV波動場とSH波動場に分けて成層地盤内を伝播する波動について考察する。

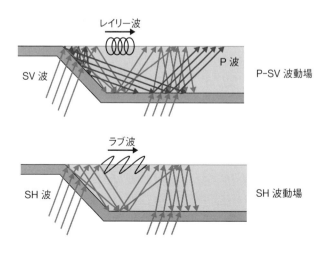

図11.5 P-SV波動場とSH波動場

〈時間と空間に関するフーリエ変換〉

時間tと空間座標xに関するフーリエ変換・逆変換を，それぞれ以下のように定義する。

$$F(\omega) = \int_{-\infty}^{\infty} f(t) e^{-i\omega t} dt \quad \leftrightarrow \quad f(t) = \frac{1}{2\pi} \int_{-\infty}^{\infty} F(\omega) e^{i\omega t} d\omega \tag{1}$$

$$G(k) = \int_{-\infty}^{\infty} g(x) e^{ikx} dx \quad \leftrightarrow \quad g(x) = \frac{1}{2\pi} \int_{-\infty}^{\infty} G(k) e^{-ikx} dk \tag{2}$$

ここで，kは波数であり，波長λと$k=2\pi/\lambda$の関係にある。これらを組み合わせて，関数$u(x,t)$についてxとtに関する二重フーリエ変換・逆変換を次式のように定義する。

$$U(k,\omega) = \int_{-\infty}^{\infty}\int_{-\infty}^{\infty} u(x,t) e^{-i(\omega t - kx)} dx dt \quad \leftrightarrow \quad u(x,t) = \frac{1}{(2\pi)^2} \int_{-\infty}^{\infty}\int_{-\infty}^{\infty} U(k,\omega) e^{i(\omega t - kx)} dk d\omega \tag{3}$$

ここで，$e^{i(\omega t - kx)}$は角振動数ωで振動しながらx方向に速度$v=\omega/k$で進行する正弦波を表している。xとtに対して符号が異なるのは，進行波を基準に考えているためである。原関数のxおよびtによる偏導関数とそのスペクトルには以下のような対応関係がある。

$$\frac{\partial f(x,t)}{\partial x} \quad \leftrightarrow \quad -ikF(k,\omega) \tag{4}$$

$$\frac{\partial f(x,t)}{\partial t} \quad \leftrightarrow \quad i\omega F(k,\omega) \tag{5}$$

2次元空間座標$\boldsymbol{x}=(x,y)^{\mathrm{T}}$についてのフーリエ変換・逆変換も定義することができる。

$$U(\boldsymbol{k}) = \int_{-\infty}^{\infty}\int_{-\infty}^{\infty} u(\boldsymbol{x}) e^{i\boldsymbol{k}\cdot\boldsymbol{x}} dx dy \quad \leftrightarrow \quad u(\boldsymbol{x}) = \frac{1}{(2\pi)^2} \int_{-\infty}^{\infty}\int_{-\infty}^{\infty} U(\boldsymbol{k}) e^{-i\boldsymbol{k}\cdot\boldsymbol{x}} dk_x dk_y \tag{6}$$

ここで，$\boldsymbol{k}=(k_x,k_y)^{\mathrm{T}}$は波数ベクトルである。原関数$u(\boldsymbol{x})$が回転対称である場合，スペクトルも波数平面上で回転対象となる。そこで，波数ベクトルを$\boldsymbol{k}=(k,0)^{\mathrm{T}}$で代表させて式(6)を極座標により書き直すと，以下のようになる。

$$U(k) = \int_0^{2\pi}\int_0^{\infty} u(r) e^{ikr\cos\theta} r dr d\theta = 2\pi \int_0^{\infty} u(r) J_0(kr) r dr \tag{7}$$

ここで，$J_0(x)$は次式で表される0次の第1種ベッセル関数である（ベッセル関数には，他にも複数の等価な表現方法がある）。

$$J_0(x) = \frac{1}{2\pi} \int_0^{2\pi} e^{ix\cos\theta} d\theta \tag{8}$$

式(7)の最後の表現から係数2πを除いたものを0次の**フーリエベッセル変換**または**ハンケル変換**という。これは2次元の回転対称の関数を種々の波数のベッセル関数成分に分解する処理であり，円柱座標系での問題を解く際に用いられることがある。

時間tと3次元空間座標$\boldsymbol{x}=(x,y,z)^{\mathrm{T}}$に関するフーリエ変換・逆変換を考えてみよう。

$$U(\boldsymbol{k},\omega) = \int_{-\infty}^{\infty}\int_{-\infty}^{\infty}\int_{-\infty}^{\infty}\int_{-\infty}^{\infty} u(\boldsymbol{x},t) e^{-i(\omega t - \boldsymbol{k}\cdot\boldsymbol{x})} dx dy dz dt$$

$$\leftrightarrow \quad u(\boldsymbol{x},t) = \frac{1}{(2\pi)^4} \int_{-\infty}^{\infty}\int_{-\infty}^{\infty}\int_{-\infty}^{\infty}\int_{-\infty}^{\infty} U(\boldsymbol{k},\omega) e^{i(\omega t - \boldsymbol{k}\cdot\boldsymbol{x})} dk_x dk_y dk_z d\omega \tag{9}$$

これを用いると，11.2.2項で述べたP波とS波の振動の特徴について，より正確に考察することができる。P波とS波による変位成分$\boldsymbol{u}_{\mathrm{P}}$，$\boldsymbol{u}_{\mathrm{S}}$は，式(11.13)より以下のように表すことができる。

$$\boldsymbol{u}_\mathrm{P}(\boldsymbol{x},t) = \nabla\phi(\boldsymbol{x},t) \tag{10}$$

$$\boldsymbol{u}_\mathrm{S}(\boldsymbol{x},t) = \nabla\times\boldsymbol{\psi}(\boldsymbol{x},t) \tag{11}$$

スカラーポテンシャル$\phi(\boldsymbol{x},t)$とベクトルポテンシャル$\boldsymbol{\psi}(\boldsymbol{x},t)$を時間と空間に関するフーリエ逆変換の形で表すと，以下のようになる。

$$\phi(\boldsymbol{x},t) = \frac{1}{(2\pi)^4}\int_{-\infty}^{\infty}\int_{-\infty}^{\infty}\int_{-\infty}^{\infty}\int_{-\infty}^{\infty}\Phi(\boldsymbol{k},\omega)e^{i(\omega t-\boldsymbol{k}\cdot\boldsymbol{x})}dk_x dk_y dk_z d\omega \tag{12}$$

$$\boldsymbol{\psi}(\boldsymbol{x},t) = \frac{1}{(2\pi)^4}\int_{-\infty}^{\infty}\int_{-\infty}^{\infty}\int_{-\infty}^{\infty}\int_{-\infty}^{\infty}\boldsymbol{\Psi}(\boldsymbol{k},\omega)e^{i(\omega t-\boldsymbol{k}\cdot\boldsymbol{x})}dk_x dk_y dk_z d\omega \tag{13}$$

式(12)を式(10)へ，式(13)を式(11)へそれぞれ代入すると，以下の式が得られる。

$$\boldsymbol{u}_\mathrm{P}(\boldsymbol{x},t) = \frac{1}{(2\pi)^4}\int_{-\infty}^{\infty}\int_{-\infty}^{\infty}\int_{-\infty}^{\infty}\int_{-\infty}^{\infty}(-i\boldsymbol{k})\Phi(\boldsymbol{k},\omega)e^{i(\omega t-\boldsymbol{k}\cdot\boldsymbol{x})}dk_x dk_y dk_z d\omega \tag{14}$$

$$\boldsymbol{u}_\mathrm{S}(\boldsymbol{x},t) = \frac{1}{(2\pi)^4}\int_{-\infty}^{\infty}\int_{-\infty}^{\infty}\int_{-\infty}^{\infty}\int_{-\infty}^{\infty}(-i\boldsymbol{k})\times\boldsymbol{\Psi}(\boldsymbol{k},\omega)e^{i(\omega t-\boldsymbol{k}\cdot\boldsymbol{x})}dk_x dk_y dk_z d\omega \tag{15}$$

ある波数ベクトル$\boldsymbol{k}$，ある振動数ωの成分の変位振幅が，P波では$(-i\boldsymbol{k})\Phi(\boldsymbol{k},\omega)$，S波では$(-i\boldsymbol{k})\times\boldsymbol{\Psi}(\boldsymbol{k},\omega)$であることがわかる。前者は$\boldsymbol{k}$に平行，後者は$\boldsymbol{k}$に垂直な方向である。したがって，伝播方向と同じ方向に振動する正弦波の重ね合わせで構成される波動がP波，垂直方向に振動する正弦波の重ね合わせで構成される波動がS波であるといえる。

11.3.2　SH波動場

層番号を浅い方から$j=1,2,\cdots,n$とし，各層上面から下向きにz軸を定義する。第j層について，式(11.35)のx,z成分の一般解を求める。

$$\Psi_{xj}(z,k,\omega) = A_j^{\mathrm{H}x}(k,\omega)e^{iq_j z} + B_j^{\mathrm{H}x}(k,\omega)e^{-iq_j z} \tag{11.36}$$

$$\Psi_{zj}(z,k,\omega) = A_j^{\mathrm{H}z}(k,\omega)e^{iq_j z} + B_j^{\mathrm{H}z}(k,\omega)e^{-iq_j z} \tag{11.37}$$

ここで，q_jはS波の波数ベクトルのz成分であり，定義は以下のとおりである。

$$q_j = \sqrt{\frac{\omega^2}{\beta_j^2}-k^2}\left(\frac{\omega}{\beta_j}>k\text{ の場合}\right), \quad q_j = -i\sqrt{k^2-\frac{\omega^2}{\beta_j^2}}\left(\frac{\omega}{\beta_j}<k\text{ の場合}\right) \tag{11.38}$$

式(11.36)および式(11.37)の右辺第1項は上昇波，第2項は下降波を表す。これらを式(11.32)へ代入することで，振動数領域でのy方向の変位が得られる。

$$U_{yj}(z,k,\omega) = \{iq_j A_j^{\mathrm{H}x}(k,\omega) + ikA_j^{\mathrm{H}z}(k,\omega)\}e^{iq_j z} + \{-iq_j B_j^{\mathrm{H}x}(k,\omega) + ikB_j^{\mathrm{H}z}(k,\omega)\}e^{-iq_j z} \tag{11.39}$$

ここで，右辺第1項と第2項の係数は，ともにkとωの関数の組み合わせであるので，これらをまとめて新たな関数A_j^H，B_j^Hとおくことで，以下のように簡単な形になる。

$$U_{yj}(z,k,\omega) = A_j^\mathrm{H}(k,\omega)e^{iq_j z} + B_j^\mathrm{H}(k,\omega)e^{-iq_j z} \tag{11.40}$$

この式は，10.3節で取り扱ったS波鉛直入射の場合の変位(10.29)と同じ形である。そのため，これ以降は10.3節と同様の定式化が可能であるが，ここでは後の11.4節で述べる表面波の定式化の準備とし

て，やや異なる表記を用いることとする。SH波の伝播によるせん断応力は

$$\tau_{yz}(z, x, t) = \mu \frac{\partial u_y(z, x, t)}{\partial z} \tag{11.41}$$

であるから，第j層の式にxとtについての二重フーリエ変換を施して次式が得られる。

$$T_{yzj}(z, k, \omega) = \mu_j \frac{\partial U_{yj}(z, k, \omega)}{\partial z} = iq_j\mu_j(A_j^{\mathrm{H}}e^{iq_jz} - B_j^{\mathrm{H}}e^{-iq_jz}) \tag{11.42}$$

式(11.40)，(11.42)をまとめて行列・ベクトル表記にする。

$$\boldsymbol{U}_j^{\mathrm{H}}(z, k, \omega) = \boldsymbol{M}_j^{\mathrm{H}}(z, k, \omega)\boldsymbol{A}_j^{\mathrm{H}}(k, \omega) \tag{11.43}$$

各行列・ベクトルの定義は以下のとおりである。

$$\boldsymbol{U}_j^{\mathrm{H}}(z, k, \omega) = (U_{yj}(z, k, \omega) \quad T_{yzj}(z, k, \omega))^{\mathrm{T}} \tag{11.44}$$

$$\boldsymbol{M}_j^{\mathrm{H}}(z, k, \omega) = \begin{bmatrix} e^{iq_jz} & e^{-iq_jz} \\ iq_j\mu_je^{iq_jz} & -iq_j\mu_je^{-iq_jz} \end{bmatrix} \tag{11.45}$$

$$\boldsymbol{A}_j^{\mathrm{H}}(k, \omega) = (A_j^{\mathrm{H}}(k, \omega) \quad B_j^{\mathrm{H}}(k, \omega))^{\mathrm{T}} \tag{11.46}$$

境界条件を考えると，地表面ではせん断応力が働かないので，第1層について次式が成り立つ。

$$\boldsymbol{U}_1^{\mathrm{H}}(0, k, \omega) = \boldsymbol{M}_1^{\mathrm{H}}(0, k, \omega)\boldsymbol{A}_1^{\mathrm{H}}(k, \omega) = \begin{bmatrix} U_{y1}(0, k, \omega) \\ 0 \end{bmatrix} \tag{11.47}$$

また，第j層と第$j+1$層との境界面では変位と応力のすべての成分が連続であるので，次式が成り立つ。

$$\boldsymbol{M}_j^{\mathrm{H}}(H_j, k, \omega)\boldsymbol{A}_j^{\mathrm{H}}(k, \omega) = \boldsymbol{M}_{j+1}^{\mathrm{H}}(0, k, \omega)\boldsymbol{A}_{j+1}^{\mathrm{H}}(k, \omega) \tag{11.48}$$

この式を変形することで，ベクトル$\boldsymbol{A}_j^{\mathrm{H}}(k, \omega)$に関する漸化式が得られる。

$$\boldsymbol{A}_{j+1}^{\mathrm{H}}(k, \omega) = \boldsymbol{G}_j^{\mathrm{H}}(k, \omega)\boldsymbol{A}_j^{\mathrm{H}}(k, \omega) \tag{11.49}$$

ただし，$\boldsymbol{G}_j^{\mathrm{H}}(k, \omega) = \boldsymbol{M}_{j+1}^{\mathrm{H}-1}(0, k, \omega)\boldsymbol{M}_j^{\mathrm{H}}(H_j, k, \omega)$である。式(11.49)を繰り返し用いることで，最下層と最上層の波動の振幅の関係が次式のように得られる。

$$\boldsymbol{A}_n^{\mathrm{H}}(k, \omega) = \boldsymbol{H}^{\mathrm{H}}(k, \omega)\boldsymbol{A}_1^{\mathrm{H}}(k, \omega) \tag{11.50}$$

ただし，$\boldsymbol{H}^{\mathrm{H}}(k, \omega) = \boldsymbol{G}_{n-1}^{\mathrm{H}}(k, \omega)\boldsymbol{G}_{n-2}^{\mathrm{H}}(k, \omega)\cdots\boldsymbol{G}_2^{\mathrm{H}}(k, \omega)\boldsymbol{G}_1^{\mathrm{H}}(k, \omega)$である。

最下層に入射角θで地震波が入射する場合を考える。このとき，x方向の波数kは振動数に対して一意に定まる。

$$k = \frac{2\pi}{L_x} = \frac{2\pi \sin\theta}{L} = \frac{\omega \sin\theta}{\beta_n} \tag{11.51}$$

ここで，Lは波長，L_xはx方向の見かけの波長である。入射する地震波の振幅を1とすると$A_n^{\mathrm{H}} = 1$であり，式(11.50)は以下のようになる。

$$\begin{bmatrix} 1 \\ B_n^{\mathrm{H}}(k, \omega) \end{bmatrix} = \boldsymbol{H}^{\mathrm{H}}(k, \omega)\boldsymbol{A}_1^{\mathrm{H}}(k, \omega) \tag{11.52}$$

式(11.47)の第2行および式(11.52)の第1行を抽出することで，次の方程式が得られる。

$$\boldsymbol{J}^{\mathrm{H}}(k,\omega)\boldsymbol{A}_1^{\mathrm{H}}(k,\omega) = \begin{bmatrix} M_{21}^{\mathrm{H}} & M_{22}^{\mathrm{H}} \\ H_{11}^{\mathrm{H}} & H_{12}^{\mathrm{H}} \end{bmatrix} \begin{bmatrix} A_1^{\mathrm{H}} \\ B_1^{\mathrm{H}} \end{bmatrix} = \begin{bmatrix} 0 \\ 1 \end{bmatrix} \tag{11.53}$$

係数行列 $\boldsymbol{J}^{\mathrm{H}}(k,\omega)$ の成分に見られる M_{ij}^{H} と H_{ij}^{H} はそれぞれ $\boldsymbol{M}_1^{\mathrm{H}}(0,k,\omega)$ と $\boldsymbol{H}^{\mathrm{H}}(k,\omega)$ の ij 成分である。任意の角振動数 ω に対して式(11.51)から波数 k が定まり，式(11.53)より A_1^{H}, B_1^{H} を求められる。次いで，式(11.52)から B_n^{H} も求められる。内部基盤面から地表面への地震動の伝達関数は，以下のようになる。

$$Z_y(k,\omega) = \frac{U_{y1}(0,k,\omega)}{U_{yn}(0,k,\omega)} = \frac{A_1^{\mathrm{H}} + B_1^{\mathrm{H}}}{A_n^{\mathrm{H}} + B_n^{\mathrm{H}}} \tag{11.54}$$

解放基盤面を想定する場合には，最下層上面が露出したときの条件を考える。

$$\bar{\boldsymbol{U}}_n^{\mathrm{H}}(0,k,\omega) = \boldsymbol{M}_n^{\mathrm{H}}(0,k,\omega)\begin{bmatrix} 1 \\ \bar{B}_n^{\mathrm{H}} \end{bmatrix} = \begin{bmatrix} \bar{U}_{yn}(0,k,\omega) \\ 0 \end{bmatrix} \tag{11.55}$$

この式の第2行を抽出して得られる方程式から係数 $\bar{B}_n^{\mathrm{H}}$ を求め，式(11.54)の係数 B_n^{H} を置き換えれば，解放基盤面から地表面への地震動の伝達関数が得られる。

11.3.3 P–SV 波動場

成層地盤内の第 j 層について，式(11.34)および式(11.35)の y 成分の一般解を求める。

$$\Phi_j(z,k,\omega) = A_j^{\mathrm{V}}(k,\omega)e^{ip_jz} + B_j^{\mathrm{V}}(k,\omega)e^{-ip_jz} \tag{11.56}$$

$$\Psi_{yj}(z,k,\omega) = C_j^{\mathrm{V}}(k,\omega)e^{iq_jz} + D_j^{\mathrm{V}}(k,\omega)e^{-iq_jz} \tag{11.57}$$

ここで p_j と q_j はそれぞれ P 波と S 波の波数ベクトルの z 成分であり，定義は以下のとおりである。

$$p_j = \sqrt{\frac{\omega^2}{\alpha_j^2} - k^2}\ \left(\frac{\omega}{\alpha_j} > k\ \text{の場合}\right),\quad p_j = -i\sqrt{k^2 - \frac{\omega^2}{\alpha_j^2}}\ \left(\frac{\omega}{\alpha_j} < k\ \text{の場合}\right) \tag{11.58}$$

$$q_j = \sqrt{\frac{\omega^2}{\beta_j^2} - k^2}\ \left(\frac{\omega}{\beta_j} > k\ \text{の場合}\right),\quad q_j = -i\sqrt{k^2 - \frac{\omega^2}{\beta_j^2}}\ \left(\frac{\omega}{\beta_j} < k\ \text{の場合}\right) \tag{11.59}$$

式(11.56)および式(11.57)の右辺第1項はそれぞれ P 波と S 波の上昇波，第2項は下降波を表す。これらを式(11.31)と式(11.33)へ代入することで，第 j 層の振動数領域での変位が得られる。

$$U_{xj}(z,k,\omega) = -ikA_j^{\mathrm{V}}e^{ip_jz} - ikB_j^{\mathrm{V}}e^{-ip_jz} - iq_jC_j^{\mathrm{V}}e^{iq_jz} + iq_jD_j^{\mathrm{V}}e^{-iq_jz} \tag{11.60}$$

$$U_{zj}(z,k,\omega) = ip_jA_j^{\mathrm{V}}e^{ip_jz} - ip_jB_j^{\mathrm{V}}e^{-ip_jz} - ikC_j^{\mathrm{V}}e^{iq_jz} - ikD_j^{\mathrm{V}}e^{-iq_jz} \tag{11.61}$$

P–SV 波動場では，zx 平面内でのせん断応力と直応力を考慮する必要がある。それぞれ式(11.2)および式(11.6)を用いて具体的に書き下すと，以下のようになる。

$$\tau_{zx}(z,x,t) = \mu\left\{\frac{\partial u_z(z,x,t)}{\partial x} + \frac{\partial u_x(z,x,t)}{\partial z}\right\} \tag{11.62}$$

$$\tau_{zz}(z,x,t) = (\lambda + 2\mu)\frac{\partial u_z(z,x,t)}{\partial z} + \lambda\frac{\partial u_x(z,x,t)}{\partial x} \tag{11.63}$$

これらを第 j 層の物性値により表し，二重フーリエ変換を施して式(11.60)，(11.61)を代入すると，以下のようになる。

$$T_{zxj}(z,k,\omega) = \mu_j \left\{ -ikU_{zj}(z,k,\omega) + \frac{\partial U_{xj}(z,k,\omega)}{\partial z} \right\}$$
$$= \mu_j \{2kp_j(A_j^V e^{ip_j z} - B_j^V e^{-ip_j z}) - (k^2 - q_j^2)(C_j^V e^{iq_j z} + D_j^V e^{-iq_j z})\} \tag{11.64}$$

$$T_{zzj}(z,k,\omega) = (\lambda_j + 2\mu_j)\frac{\partial U_{zj}(z,k,\omega)}{\partial z} - ik\lambda_j U_{xj}(z,k,\omega)$$
$$= \mu_j \{(k^2 - q_j^2)(A_j^V e^{ip_j z} + B_j^V e^{-ip_j z}) + 2kq_j(C_j^V e^{iq_j z} - D_j^V e^{-iq_j z})\} \tag{11.65}$$

式 (11.60), (11.61), (11.64), (11.65) をまとめて, 行列・ベクトル表記にする。

$$\boldsymbol{U}_j^V(z,k,\omega) = \boldsymbol{M}_j^V(z,k,\omega)\boldsymbol{A}_j^V(k,\omega) \tag{11.66}$$

各行列・ベクトルの定義は以下のとおりである。

$$\boldsymbol{U}_j^V(z,k,\omega) = (U_{xj}(z,k,\omega) \quad U_{zj}(z,k,\omega) \quad T_{zxj}(z,k,\omega) \quad T_{zzj}(z,k,\omega))^T \tag{11.67}$$

$$\boldsymbol{M}_j^V(z,k,\omega) = \begin{bmatrix} -ike^{ip_j z} & -ike^{-ip_j z} & -iq_j e^{iq_j z} & iq_j e^{-iq_j z} \\ ip_j e^{ip_j z} & -ip_j e^{-ip_j z} & -ike^{iq_j z} & -ike^{-iq_j z} \\ 2kp_j\mu_j e^{ip_j z} & -2kp_j\mu_j e^{-ip_j z} & -(k^2-q_j^2)\mu_j e^{iq_j z} & -(k^2-q_j^2)\mu_j e^{-iq_j z} \\ (k^2-q_j^2)\mu_j e^{ip_j z} & (k^2-q_j^2)\mu_j e^{-ip_j z} & 2kq_j\mu_j e^{iq_j z} & -2kq_j\mu_j e^{-iq_j z} \end{bmatrix} \tag{11.68}$$

$$\boldsymbol{A}_j^V(k,\omega) = (A_j^V(k,\omega) \quad B_j^V(k,\omega) \quad C_j^V(k,\omega) \quad D_j^V(k,\omega))^T \tag{11.69}$$

境界条件を考えると，地表面ではせん断応力・直応力ともに働かないので，第1層について次式が成り立つ。

$$\boldsymbol{U}_1^V(0,k,\omega) = \boldsymbol{M}_1^V(0,k,\omega)\boldsymbol{A}_1^V(k,\omega) = \begin{bmatrix} U_{x1}(0,k,\omega) \\ U_{z1}(0,k,\omega) \\ 0 \\ 0 \end{bmatrix} \tag{11.70}$$

また，第j層と第$j+1$層との境界面では変位と応力のすべての成分が連続であるので，次式が成り立つ。

$$\boldsymbol{M}_j^V(H_j,k,\omega)\boldsymbol{A}_j^V(k,\omega) = \boldsymbol{M}_{j+1}^V(0,k,\omega)\boldsymbol{A}_{j+1}^V(k,\omega) \tag{11.71}$$

この式を変形することで, ベクトル $\boldsymbol{A}_j^V(k,\omega)$ に関する漸化式が得られる。

$$\boldsymbol{A}_{j+1}^V(k,\omega) = \boldsymbol{G}_j^V(k,\omega)\boldsymbol{A}_j^V(k,\omega) \tag{11.72}$$

ただし，$\boldsymbol{G}_j^V(k,\omega) = \boldsymbol{M}_{j+1}^{V-1}(0,k,\omega)\boldsymbol{M}_j^V(H_j,k,\omega)$ である。式 (11.72) を繰り返し用いることで，最下層と最上層の波動の振幅の関係が次式のように得られる。

$$\boldsymbol{A}_n^V(k,\omega) = \boldsymbol{H}^V(k,\omega)\boldsymbol{A}_1^V(k,\omega) \tag{11.73}$$

ただし，$\boldsymbol{H}^V(k,\omega) = \boldsymbol{G}_{n-1}^V(k,\omega)\boldsymbol{G}_{n-2}^V(k,\omega)\cdots\boldsymbol{G}_2^V(k,\omega)\boldsymbol{G}_1^V(k,\omega)$ である。

最下層に入射角 θ で地震波が入射する場合を考える。このとき，x 方向の波数 k は振動数に対して一意に定まる。

$$k = \frac{2\pi}{L_x} = \frac{2\pi \sin\theta}{L} = \frac{\omega \sin\theta}{V_n} \tag{11.74}$$

ここで，Lは波長，L_xはx方向の見かけの波長，V_nは第n層での波動伝播速度であり入射する地震波がP波かS波かによって異なる．入射波をP波とすると$A_n^H = 1$，$C_n^H = 0$，$V_n = \alpha_n$であり，式(11.73)は以下のようになる．

$$\begin{vmatrix} 1 \\ B_n(k,\omega) \\ 0 \\ D_n(k,\omega) \end{vmatrix} = \boldsymbol{H}^V(k,\omega) \boldsymbol{A}_1^V(k,\omega) \tag{11.75}$$

また，入射波をS波とすると$A_n^H = 0$，$C_n^H = 1$，$V_n = \beta_n$であり，式(11.73)は以下のようになる．

$$\begin{vmatrix} 0 \\ B_n(k,\omega) \\ 1 \\ D_n(k,\omega) \end{vmatrix} = \boldsymbol{H}^V(k,\omega) \boldsymbol{A}_1^V(k,\omega) \tag{11.76}$$

たとえばS波入射の場合を取り上げると，式(11.70)の第3，4行および式(11.76)の第1，3行を抽出することで，次の方程式が得られる．

$$\boldsymbol{J}^V(k,\omega) \boldsymbol{A}_1^V(k,\omega) = \begin{vmatrix} M_{31}^V & M_{32}^V & M_{33}^V & M_{34}^V \\ M_{41}^V & M_{42}^V & M_{43}^V & M_{44}^V \\ H_{11}^V & H_{12}^V & H_{13}^V & H_{14}^V \\ H_{31}^V & H_{32}^V & H_{33}^V & H_{34}^V \end{vmatrix} \begin{vmatrix} A_1^V \\ B_1^V \\ C_1^V \\ D_1^V \end{vmatrix} = \begin{vmatrix} 0 \\ 0 \\ 0 \\ 1 \end{vmatrix} \tag{11.77}$$

係数行列$\boldsymbol{J}^V(k,\omega)$の成分に見られる$M_{ij}^V$と$H_{ij}^V$はそれぞれ$\boldsymbol{M}_1^V(0,k,\omega)$と$\boldsymbol{H}^V(k,\omega)$の$ij$成分である．任意の角振動数$\omega$に対して式(11.74)から波数$k$が定まり，式(11.77)より$A_1^V$，$B_1^V$，$C_1^V$，$D_1^V$が求められる．次いで，式(11.76)から$B_n^V$，$D_n^V$も求められる．内部基盤面から地表面への地震動の伝達関数は，x成分とz成分についてそれぞれ以下のようになる．

$$Z_x(k,\omega) = \frac{U_{x1}(0,k,\omega)}{U_{xn}(0,k,\omega)} = \frac{k(A_1^V + B_1^V) - q_1(C_1^V - D_1^V)}{k(A_n^V + B_n^V) - q_n(C_n^V - D_n^V)} \tag{11.78}$$

$$Z_z(k,\omega) = \frac{U_{z1}(0,k,\omega)}{U_{zn}(0,k,\omega)} = \frac{p_1(A_1^V - B_1^V) - k(C_1^V + D_1^V)}{p_n(A_n^V - B_n^V) - k(C_n^V + D_n^V)} \tag{11.79}$$

解放基盤面を想定する場合には，最下層上面が露出したときの条件を考える．

$$\bar{\boldsymbol{U}}_n^V(0,k,\omega) = \boldsymbol{M}_n^V(0,k,\omega) \begin{vmatrix} \bar{A}_n^V \\ \bar{B}_n^V \\ \bar{C}_n^V \\ \bar{D}_n^V \end{vmatrix} = \begin{vmatrix} \bar{U}_{xn}(0,k,\omega) \\ \bar{U}_{zn}(0,k,\omega) \\ 0 \\ 0 \end{vmatrix} \tag{11.80}$$

式(11.80)の第3，4行を抽出して得られる連立方程式から係数$\bar{B}_n^V$，$\bar{D}_n^V$を求め，式(11.78)，(11.79)の係数B_n^V，D_n^Vを置き換えれば，解放基盤面から地表面への地震動の伝達関数が得られる．

11.4 表面波

成層地盤内のP-SV波動場およびSH波動場について，最下層に平面波が存在すると考えると，式(11.74)より必ず$k \leq \omega/\beta_n$となる．しかし，$k > \omega/\beta_n > \omega/\alpha_n$となる波動も存在する．このとき，第$n$層でのP波とS波の波数ベクトルの$z$成分は純虚数となる．

$$p_n' = ip_n = \sqrt{k^2 - \frac{\omega^2}{\alpha_n^2}} \tag{11.81}$$

$$q_n' = iq_n = \sqrt{k^2 - \frac{\omega^2}{\beta_n^2}} \tag{11.82}$$

とおけば，これらはいずれも正の実数であり，最下層の波動方程式の解は次のようになる。

$$\Phi_n(z, k, \omega) = A_n^{\mathrm{V}}(k, \omega)e^{p_n'z} + B_n^{\mathrm{V}}(k, \omega)e^{-p_n'z} \tag{11.83}$$

$$\Psi_{xn}(z, k, \omega) = C_n^{\mathrm{H}x}(k, \omega)e^{q_n'z} + D_n^{\mathrm{H}x}(k, \omega)e^{-q_n'z} \tag{11.84}$$

$$\Psi_{yn}(z, k, \omega) = C_n^{\mathrm{V}}(k, \omega)e^{q_n'z} + D_n^{\mathrm{V}}(k, \omega)e^{-q_n'z} \tag{11.85}$$

$$\Psi_{zn}(z, k, \omega) = C_n^{\mathrm{H}z}(k, \omega)e^{q_n'z} + D_n^{\mathrm{H}z}(k, \omega)e^{-q_n'z} \tag{11.86}$$

これらの解が発散しない条件は，A_n^{V}，$C_n^{\mathrm{H}x}$，C_n^{V}，$C_n^{\mathrm{H}z}$ がすべて0であることである。すなわち，境界条件として式(11.52)および式(11.75)または式(11.76)の代わりに，以下の式が成立する。

$$\begin{Bmatrix} 0 \\ B_n^{\mathrm{H}}(k, \omega) \end{Bmatrix} = \boldsymbol{H}^{\mathrm{H}}(k, \omega)\boldsymbol{A}_1^{\mathrm{H}}(k, \omega) \tag{11.87}$$

$$\begin{Bmatrix} 0 \\ B_n^{\mathrm{V}}(k, \omega) \\ 0 \\ D_n^{\mathrm{V}}(k, \omega) \end{Bmatrix} = \boldsymbol{H}^{\mathrm{V}}(k, \omega)\boldsymbol{A}_1^{\mathrm{V}}(k, \omega) \tag{11.88}$$

これらの条件のもとで存在する波動をそれぞれ**ラブ波**・**レイリー波**という。P波とS波では波動のエネルギーが媒質全体を伝播するが，ラブ波とレイリー波ではエネルギーが地表面付近に集中し，深さ方向には指数関数的に振幅が減少する。これらの特徴から，P波とS波を**実体波**，ラブ波とレイリー波を**表面波**と総称する。以下，それぞれについて詳述する。

11.4.1 ラブ波

SH波動場の地表境界条件(11.47)の第2行と式(11.87)の第1行を組み合わせて，以下の方程式が得られる。

$$\boldsymbol{J}^{\mathrm{H}}(k, \omega)\boldsymbol{A}_1^{\mathrm{H}}(k, \omega) = \begin{bmatrix} M_{21}^{\mathrm{H}} & M_{22}^{\mathrm{H}} \\ H_{11}^{\mathrm{H}} & H_{12}^{\mathrm{H}} \end{bmatrix} \begin{Bmatrix} A_1^{\mathrm{H}} \\ B_1^{\mathrm{H}} \end{Bmatrix} = \begin{Bmatrix} 0 \\ 0 \end{Bmatrix} \tag{11.89}$$

これは式(11.53)によく似ているが，右辺が零ベクトルとなっているところが異なっている。このような方程式において，$A_1^{\mathrm{H}} = B_1^{\mathrm{H}} = 0$以外の解が存在する条件は，係数行列が正則でない，すなわち行列式の値が0であることである。

$$|\boldsymbol{J}^{\mathrm{H}}(k, \omega)| = 0 \tag{11.90}$$

これをラブ波の**特性方程式**という。波動がx方向に伝播する速度をcとすると$k = \omega/c$であるので，特性方程式は角振動数ωとその成分の伝播速度cの関係を規定する。すなわち，ラブ波は振動数によって伝播速度が異なり，この性質を**分散性**という[*1]。一般に，低振動数では特性方程式の解は1つであるが，振動数の増加とともに複数の解が現れるようになる。そのうち，最も小さな速度で伝播する波動を**基本モード**，それより大きな位相速度で伝播する波動を**1次の高次モード**，**2次の高次モード**…

などとよぶ。

　地下構造が1層（半無限一様地盤）である場合，振幅が発散しない条件により，式(11.40)の第1項の係数は$A_1^H(k,\omega)=0$となる。このとき，式(11.89)の解は$A_1^H=B_1^H=0$となり，これ以外は存在しない。すなわち，半無限一様地盤においては，ラブ波は存在しない。

　地下構造が2層である場合（$\beta_1<\beta_2$とする），特性方程式を整理すると次式のようになる。

$$\tan q_1 H_1 = \frac{q_2' \mu_2}{q_1 \mu_1} \tag{11.91}$$

この式から，振動数ωと波数kの関係を求めることができる。極端な場合として$\omega\to\infty$を考えると，これは波長が限りなく短い成分であるので$k\to\infty$であり，ラブ波の伝播速度は次の値に収束する。

$$c = \frac{\omega}{k} = \beta_1 \sqrt{\frac{q_1^2}{k^2}+1} \to \beta_1 \tag{11.92}$$

逆に，$\omega\to 0$を考えると$k\to 0$であり，$q_1\to 0$であるから，結果として$\tan q_1 H_1 \to 0$である。このとき，式(11.91)の右辺は

$$\frac{q_2' \mu_2}{q_1 \mu_1} = \frac{\mu_2}{\mu_1}\sqrt{k^2-\frac{\omega^2}{\beta_2^2}}\bigg/\sqrt{\frac{\omega^2}{\beta_1^2}-k^2} = \frac{\mu_2}{\mu_1}\sqrt{1-\frac{c^2}{\beta_2^2}}\bigg/\sqrt{\frac{c^2}{\beta_1^2}-1} \to 0 \tag{11.93}$$

でなければならないので，$c\to\beta_2$である。これらより，ごく短波長のラブ波ではエネルギーのほとんどが表層を伝わること，ごく長波長のラブ波では逆にエネルギーのほとんどが基盤層を伝わること，中程度の波長のラブ波ではその伝播速度はβ_1とβ_2の間になることがうかがえる。

11.4.2　レイリー波

　P-SV波動場の地表境界条件(11.70)の第3, 4行と式(11.88)の第1, 3行を組み合わせて，以下の方程式が得られる。

$$\boldsymbol{J}^V(k,\omega)\boldsymbol{A}_1^V(k,\omega) = \begin{bmatrix} M_{31}^V & M_{32}^V & M_{33}^V & M_{34}^V \\ M_{41}^V & M_{42}^V & M_{43}^V & M_{44}^V \\ H_{11}^V & H_{12}^V & H_{13}^V & H_{14}^V \\ H_{31}^V & H_{32}^V & H_{33}^V & H_{34}^V \end{bmatrix} \begin{bmatrix} A_1^V \\ B_1^V \\ C_1^V \\ D_1^V \end{bmatrix} = \begin{bmatrix} 0 \\ 0 \\ 0 \\ 0 \end{bmatrix} \tag{11.94}$$

ラブ波についての議論と同様，この方程式において$A_1^V=B_1^V=C_1^V=D_1^V=0$以外の解が存在する条件は，係数行列の行列式の値が0であることである。

$$|\boldsymbol{J}^V(k,\omega)| = 0 \tag{11.95}$$

これをレイリー波の**特性方程式**という。ラブ波の場合と同様に，特性方程式は振動数とその成分の伝播速度の関係を規定する。すなわち，レイリー波もラブ波と同様に分散性を示す。低振動数では特性方程式の解は1つであるが，振動数の増加とともに複数の解が現れるようになり，基本モードに加えて高次モードが出現することも同様である。

　簡単な場合として，半無限一様地盤（1層構造）でのレイリー波について考える。このとき，地表境界条件は

---

*1：地表面を掛矢（堅い木で作られた大型の木槌）などで打撃すると，その地点ではデルタ関数で表されるようなインパルス型の地動変位が生じる。しかし，離れた地点での地動はインパルス型とはならず，ある継続時間をもった波形となる。これは，各振動数の正弦波成分が異なる速度で伝播するために，離れた地点ではこれらを重ね合わせてもデルタ関数の形にならないためである。振動数によって伝播速度が異なる性質を分散性とよぶのは，このような挙動を反映したものである。

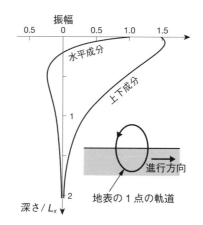

図11.6 レイリー波の深さ方向振幅分布

$$U_1^V(0, k, \omega) = M_1^V(0, k, \omega) \begin{vmatrix} 0 \\ B_1^V \\ 0 \\ D_1^V \end{vmatrix} = \begin{vmatrix} U_{x1}(0, k, \omega) \\ U_{z1}(0, k, \omega) \\ 0 \\ 0 \end{vmatrix} \quad (11.96)$$

となる。式(11.96)の第3,4行を抽出して,特性方程式は次のようになる。

$$\begin{vmatrix} 2ikp'\mu & -(k^2+q'^2)\mu \\ (k^2+q'^2)\mu & 2ikq'\mu \end{vmatrix} = 0 \quad (11.97)$$

ここで,層番号の添字1は省略した。p'とq'は式(11.81)と式(11.82)において$n=1$として定義されるものである。式(11.97)にp'とq'の定義式および$k=\omega/c$の関係を代入すると,ωが消失する。

$$\left(2 - \frac{c^2}{\beta^2}\right)^2 - 4\sqrt{1 - \frac{c^2}{\alpha^2}}\sqrt{1 - \frac{c^2}{\beta^2}} = 0 \quad (11.98)$$

すなわち,半無限一様地盤の場合,レイリー波の伝播速度は振動数に依存せず一定の値となり,分散性を示さない。その速度は,$\lambda = \mu$の場合(ポアソン比0.25に相当する。硬質の岩盤についてはおおむねこのように考えてよい),$c \approx \pm 0.919\beta$である。x軸の正方向へ伝播する波動として正の速度を採用すると,式(11.96)の第3行または第4行から$D_1^V/B_1^V = 1.47i$と定まる。ある角振動数ωの成分について,変位の水平・上下成分は,規格化した形で以下のようになる。

$$\frac{\beta}{B_1^V \omega} U_{x1}(z, k, \omega) = (-1.09 e^{-5.32z/L_x} + 0.628 e^{-2.47z/L_x})i \quad (11.99)$$

$$\frac{\beta}{B_1^V \omega} U_{z1}(z, k, \omega) = -0.922 e^{-5.32z/L_x} + 1.60 e^{-2.47z/L_x} \quad (11.100)$$

ここで,$L_x = 2\pi/k$はレイリー波のx軸方向の波長である。とくに,地表のある1点($x=z=0$とする)での粒子軌跡は

$$\text{Re}\left[\frac{\beta}{B_1^V \omega} U_{x1}(0, k, \omega) e^{i\omega t}\right] = 0.460 \sin \omega t \quad (11.101)$$

$$\text{Re}\left[\frac{\beta}{B_1^V \omega} U_{z1}(0, k, \omega) e^{i\omega t}\right] = 0.675 \cos \omega t \quad (11.102)$$

となり,やや上下方向に長い楕円形で,波動の進行方向に対して逆向きに回転するものとなる。これらの様子を**図11.6**に示す。水平動・上下動ともに深さに対して指数関数的に振幅が減少するが,とく

に深さ$z \approx 0.193L_x$では水平動の振幅が0となり，それ以深では回転方向が逆になる．

11.4.3 位相速度・群速度と分散曲線

表面波は，1層構造でのレイリー波を除いて，振動数によって伝播速度が異なる分散性を有する．これまでの説明で伝播速度とよんでいたものは，角振動数ωの成分について，波数kとの関係から$c = \omega/k$と定まるものであった．これは，無限に続く正弦波の山と谷が移動していく速度であり，**位相速度**とよばれる．

これとは別に，実質的に波動のエネルギーが伝播していく速度を考えることができる．あらゆる波数の正弦波を含む波動を考えると，これによる変位（速度や加速度でもよい）は次式で表される．

$$u(x,t) = \int_{-\infty}^{\infty} A(k)e^{i(\omega t - kx)}dk \tag{11.103}$$

ここで，$A(k)$は波数kの成分の複素振幅である．時刻t^*においてある波数k付近の成分が最もよく現れている位置をx^*とすると，x^*とt^*の関係は次式により与えられる．

$$\frac{d}{dk}(\omega t - kx)\bigg|_{x=x^*, t=t^*} = 0 \tag{11.104}$$

この式を満たすx^*とt^*において，波数k付近の正弦波がほぼ同じ位相で重なり合い，振幅が大きくなると考えられるためである．式(11.104)の微分を実行すると

$$t^*\frac{d\omega}{dk} - x^* = 0 \tag{11.105}$$

となる．このような，ある波数付近の成分が卓越する部分（波群）が移動していく速度Uを**群速度**といい，次式で与えられる[*1]．

$$U = \frac{dx^*}{dt^*} = \frac{d\omega}{dk} = \frac{c}{1 - k\dfrac{dc}{d\omega}} \tag{11.106}$$

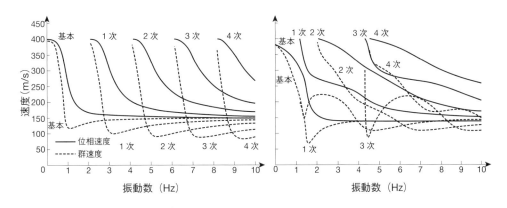

図11.7 ラブ波（左）とレイリー波（右）の分散曲線

[*1]：式(11.106)を導出するには，$\omega = c(\omega)k(\omega)$という関係式の両辺を$\omega$で微分することから始めるとよい．以下，

$$1 = c\frac{dk}{d\omega} + k\frac{dc}{d\omega} = \frac{c}{U} + k\frac{dc}{d\omega}$$

となり，この式を整理すると式(11.106)が得られる．

この式の最後の表現は，位相速度cと角振動数ωの関係を知ることができれば，その変化率から群速度を決定することができることを表している．

ラブ波またはレイリー波について，その位相速度または群速度と振動数との関係を示したグラフを**分散曲線**という．一例として，**図11.7**に$V_S = 400$ m/sの基盤上に$V_S = 150$ m/sの堆積層40 mが存在する場合の分散曲線を示す[*1]．位相速度・群速度ともに，ラブ波では低振動数側で基盤層の，高振動数側で堆積層のS波速度に漸近する．レイリー波については，基本モードでは低振動数側で基盤層の，高振動数側で堆積層のレイリー波速度に漸近し[*2]，高次モードではそれぞれのS波速度に漸近する．これは，低振動数成分は波長が長く，それに伴って深さ方向の振幅の減少が緩やかであり，波動のエネルギーが基盤層により多く分配されていることを反映している．高振動数側ではこの逆となる．位相速度は振動数に対して単調減少であるが，群速度は減少と増加が切り替わるところがある．振動数に対して群速度が減少することを**正分散**，増加することを**逆分散**という．正分散から逆分散に切り替わる振動数では群速度が極小となってエネルギーが集中するため，地震動記録において大きな振幅で現れることがあり，これを**エアリー相**という．

【参考文献】

[1] N. A. Haskell, The dispersion of surface waves on multilayered media, Bulletin of the Seismological Society of America, Vol. 43, No. 1, pp. 17-34, 1953
[2] 斎藤正徳，地震波動論，東京大学出版会，2009
[3] 纐纈一起，地震動の物理学，近代科学社，2018

〈演習問題〉

1 等方線形弾性体について，ポアソン比νは，物体に引張または圧縮応力を加えたときに生じる応力直交方向のひずみと応力平行方向のひずみの比として定義されている．

(1) 非圧縮性流体のポアソン比はいくらか．
(2) 硬質の岩盤では，ラメの定数λとμの値はほぼ等しい．このとき，ポアソン比はいくらか．
(3) 岩盤の密度を2.7×10^3 kg/m^3，ラメの定数を$\lambda = \mu = 40$ GPaとすると，ヤング係数・体積弾性係数・P波速度・S波速度はそれぞれいくらか．
(4) P波速度とS波速度の比はポアソン比のみの関数として表されることを示せ．また，2種類のラメの定数が等しいとき，この比の値はいくらか．

[*1]：実際の計算にあたっては，数値的な安定性の問題などにより，本書に示した定式化のとおりではなく，いくつかの工夫を行う必要がある．詳細は文献[1][2][3]などを参照されたい．
[*2]：ここでいう基盤層または堆積層のレイリー波速度とは，その物性値の半無限一様地盤を考えたときのレイリー波の位相速度である．

2 z方向に伸びる細長い角柱を考える。

(1) ポアソン比をνとすると，この柱をz方向に伸縮させた場合のx, y方向の直ひずみは$\varepsilon_{xx} = \varepsilon_{yy} = -\nu\varepsilon_{zz}$と表される。また，$x$, y方向の直応力は$\tau_{xx} = \tau_{yy} = 0$である。このことと式(11.6)より，ポアソン比をラメの定数λとμによって表し，表11.1のとおりになることを確認せよ。

(2) 式(11.6)を用いて，z方向の直応力τ_{zz}をラメの定数λとμおよびε_{zz}により表せ。また，τ_{zz}のε_{zz}に対する比例係数であるヤング係数が表11.1のとおりに表されることを確認せよ。

3 3次元の弾性体の運動方程式(11.10)，応力とひずみの関係式(11.6)，ひずみテンソルの定義式(11.2)より，ナビエの方程式(11.11)を導出せよ。

4 変位ベクトルのポテンシャル表示(11.13)をナビエの方程式(11.12)へ代入し，各ポテンシャルについての波動方程式(11.14)，(11.15)を導出せよ。

5 調和振動の平面波(11.22)が波動方程式(11.14)を満足することを確認せよ。

6 波動方程式(11.14)を図aに示す球面座標系(r, θ, φ)で表すと次式のようになる。

$$\frac{\partial^2 \phi}{\partial t^2} = \alpha^2 \left\{ \frac{1}{r^2} \frac{\partial}{\partial r}\left(r^2 \frac{\partial \phi}{\partial r}\right) + \frac{1}{r^2 \sin\theta} \frac{\partial}{\partial \theta}\left(\sin\theta \frac{\partial \phi}{\partial \theta}\right) + \frac{1}{r^2 \sin^2\theta} \frac{\partial^2 \phi}{\partial \varphi^2} \right\} \tag{1}$$

調和振動の球面波（次式）が波動方程式(1)を満足することを確認せよ。

$$\phi = \frac{1}{r}(Ae^{-ikr} + Be^{ikr})e^{i\omega t} \tag{2}$$

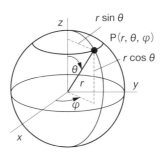

図a 球面座標系

7 波動方程式(11.14)を**図b**に示す円柱座標系(r, θ, z)で表すと次式のようになる。

$$\frac{\partial^2 \phi}{\partial t^2} = \alpha^2 \left\{ \frac{1}{r}\frac{\partial}{\partial r}\left(r\frac{\partial \phi}{\partial r}\right) + \frac{1}{r^2}\frac{\partial^2 \phi}{\partial \theta^2} + \frac{\partial^2 \phi}{\partial z^2} \right\} \quad (3)$$

次式の関数が波動方程式(3)を満足することを確認せよ。

$$\phi = J_m(kr) e^{im\theta} e^{i\omega t} \quad (4)$$

ここで，mは任意の整数，$k = \omega/\alpha$は波数である。$J_m(x)$はm次の第1種ベッセル関数であり，以下に示すベッセルの微分方程式の解の一種となる。

$$x^2 \frac{d^2 y}{dx^2} + x \frac{dy}{dx} + (x^2 - m^2)y = 0 \quad (5)$$

図cに，$m = 0, 1, 2$について$J_m(x)$のグラフを示す。いずれも，xの増加につれて徐々に振幅を減じながら振動する関数であることがわかる。

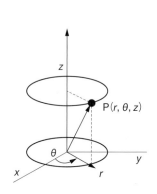
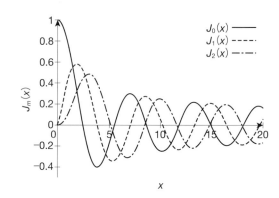

図b　円柱座標系　　　**図c**　次数$m = 0, 1, 2$の第1種ベッセル関数$J_m(x)$のグラフ

第12章 地震動の予測

将来発生しうる地震動を予測することは，構造物や都市の耐震安全性の評価・向上にあたり最も基礎的かつ重要な情報を提供するものである。一口に地震動の予測といっても，その最大値や応答スペクトルなどを予測する方法，地震動波形全体を予測する方法などがあり，目的や使用可能なデータなどによって取捨選択がなされている。

本章では，はじめに12.1節において地震動の予測にあたり必要となる基礎的な知識を学習する。まず，地震の本体である断層運動について解説する。あわせて，断層運動によって地震波が発生することを弾性論にもとづいて説明し，地震モーメント・モーメントテンソル・震源時間関数・震源スペクトルなどの地震動予測において非常に重要な概念を導入する。また，震源断層の大きさ・すべり量・破壊継続時間などにスケーリング則とよばれる相似性が見られること，さらに，震源断層の破壊が非常に複雑であり，けっして一様でないことを説明する。ここでは，アスペリティあるいは強震動生成域という大地震による地震動を予測するうえで必須のものが現れる。次に，12.2節において地震動の予測方法について経験的手法・理論的手法・半経験的手法・ハイブリッド法に分けて解説する。これらは，実際に設計用入力地震動の作成やハザードマップの作成などの際に用いられている方法である。最後に，12.3節では目標とする応答スペクトルから模擬的に地震動波形を作成する方法を紹介する。

12.1 震源のモデル化

12.1.1 断層モデル

日常用いられる地震という言葉には2つの意味合いがある。1つは地面が震動する現象という意味で，「地震を感じた」などと表現するときのものである。もう1つの意味として，揺れの原因となる地下の岩盤の破壊現象を指して地震という場合がある。しかし，地震学・地震工学においては地中で岩盤が破壊する現象を**地震**といい，大地が震動する現象を**地震動**とよんで区別している。この両者は原因と結果の関係にあり，地震動を適切に予測するためには，その原因となる岩盤の破壊現象について理解する必要がある。

地震発生の際には，地中のある面を境に岩盤が急激にずれ動く。これを**断層運動**といい，ずれ動いた面を**断層面**とよぶ。断層面は近似的に矩形の平面としてモデル化されることが多いが，実際には曲面であったり，複数の面からなっていることもある。断層運動は，地殻内に蓄積された弾性ひずみが亀裂面の破壊によって解放される現象であると理解することができる。その原動力となるのはプレート運動であり，日本列島が位置するようなプレート沈み込み帯では，プレート境界面や海側および陸側プレート内部の断層において断層運動が生じる（**図12.1**）。プレート境界面での断層運動による地震を**プレート境界地震**または**プレート間地震**，陸側プレート内部の断層による地震を**内陸地殻内地震**，沈み込んだプレート（スラブ）内部の断層による地震を**スラブ内地震**とよぶ[*1]。

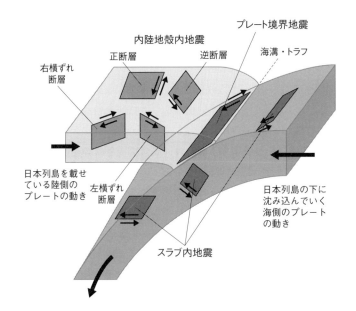

図12.1 日本列島周辺で発生する地震

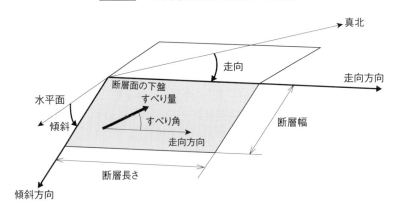

図12.2 断層モデル

　断層面は，しばしば**図12.2**のような矩形平面としてモデル化される。地中の震源断層を一意に表現するために，断層面の**長さ・幅，走向・傾斜・すべり角，すべり量**が用いられる。それぞれ，定義は図12.2に示すとおりである。このほかに，断層運動を特徴づける重要な量として，**地震モーメント**M_0と**応力降下量**$\Delta\sigma$がある。地震モーメントは震源域の剛性率μ・断層面積S・すべり量Dの積として$M_0 = \mu S D$と表され，断層運動全体の規模を最も直接的に表現するとともに，地震動の長周期成分の大きさとよく対応する。地震モーメントにもとづいて定義されるマグニチュードは**モーメントマグニチュード**M_wとよばれる。

$$M_\mathrm{w} = \frac{\log_{10} M_0 - 9.1}{1.5} \tag{12.1}$$

この式において，地震モーメントM_0は単位Nmでの値を用いる。応力降下量は断層運動前後の断層面

---

*1：内陸地殻内地震は陸域の浅い地下で発生するため直下型地震ともよばれることもあるが，この用語には地震学上の明確な定義はない。また，プレート境界地震はしばしば海溝型地震ともよばれるが，こちらは厳密には海洋プレート内の地震も含まれる。

上のせん断応力の差であり，地震動の短周期成分の生成に密接に関係する。

また，断層破壊は断層面全体で同時に起こるのではなく，ある一点で始まり断層面上を伝播していく。破壊が始まった位置を**破壊開始点**または**震源**，その直上の地表の点を**震央**という。断層破壊が伝播する速さを**破壊伝播速度**といい，震源域のS波速度の0.6～0.9倍程度である。これとは別に，断層面上のある位置でのすべりが進行する速度が考えられ，これを**すべり速度**という。すべり速度は地震の規模によらずほぼ一定で，1 m/s程度である。また，断層面上のある位置で破壊が開始してから終了するまでに要する時間を**ライズタイム**または**立ち上がり時間**という。

12.1.2 断層運動による地震波

断層運動によって地震波が生じることを，弾性論によって説明しよう。ここでは，第11章の11.2節までで学んだナビエの方程式とグリーンテンソルを基礎として解説を行う。

第11章で取り扱った3次元の波動論では，媒質は一様な等方線形弾性体であることを前提としていた。しかし，断層運動の際には，非常に大きなひずみが面的に発生しているにもかかわらず，それに比例して応力が生じているわけではない。このような非線形の現象による影響を線形弾性の枠組みの中で取り扱うために，モーメントテンソルという概念を導入する。

$$\tau_{ij}(\boldsymbol{x}, t) = \tau_{ij}^*(\boldsymbol{x}, t) - m_{ij}(\boldsymbol{x}, t) = \sum_{k=1}^{3}\sum_{l=1}^{3} C_{ijkl}(\boldsymbol{x}) \varepsilon_{kl}(\boldsymbol{x}, t) - m_{ij}(\boldsymbol{x}, t) \tag{12.2}$$

τ_{ij}は応力テンソルであるが，ここでは震源域で現に存在している応力を表しており，とくに物理的応力という。τ_{ij}^*は，線形弾性の仮定のもとでひずみテンソルε_{ij}と弾性定数テンソルC_{ijkl}から算出される応力テンソルで，モデル応力という。この両者に乖離があることが非線形ということであり，その差m_{ij}を**モーメントテンソル密度**とよぶ。弾性体の運動方程式(11.10)右辺の物体力f_iを無視したうえで，応力テンソルとして式(12.2)を代入すると，次式が得られる。

$$\rho \frac{\partial^2 u_i(\boldsymbol{x}, t)}{\partial t^2} = \sum_{j=1}^{3} \frac{\partial \tau_{ij}^*(\boldsymbol{x}, t)}{\partial x_j} + e_i(\boldsymbol{x}, t) \tag{12.3}$$

ここで，e_iは次式で定義されるベクトル量で，**等価物体力**とよばれる。

$$e_i(\boldsymbol{x}, t) = -\sum_{j=1}^{3} \frac{\partial m_{ij}(\boldsymbol{x}, t)}{\partial x_j} \tag{12.4}$$

式(12.3)は，線形弾性の場合の運動方程式(11.10)の物体力f_iを等価物体力e_iで置き換えた形になっている。すなわち，断層運動のような非線形の現象が生じる場合でも，等価物体力を用いることで，線形弾性の場合のグリーンテンソルをそのまま利用して媒質内の変位を表現することができる。

$$u_i(\boldsymbol{x}, t) = \sum_{p=1}^{3} \int_{-\infty}^{t} \int_{V} G_{ip}(\boldsymbol{x}, t : \boldsymbol{\xi}, \tau) e_p(\boldsymbol{\xi}, \tau) dV d\tau \tag{12.5}$$

ここで，$\boldsymbol{\xi}$は断層運動などが生じている範囲（震源域）内での空間座標，τは震源過程中の時刻である。体積分の範囲Vは震源域全体とする。これに等価物体力の定義式(12.4)を代入し，体積分について部分積分法を適用する。震源域Vの外縁でモーメントテンソル密度が0であることを考慮すると，式(12.5)は以下のように変形される。

$$u_i(\boldsymbol{x}, t) = \sum_{p=1}^{3}\sum_{q=1}^{3} \int_{-\infty}^{t} \int_{V} \frac{\partial G_{ip}(\boldsymbol{x}, t : \boldsymbol{\xi}, \tau)}{\partial \xi_q} m_{pq}(\boldsymbol{\xi}, \tau) dV d\tau \tag{12.6}$$

観測点が十分遠方にあり，震源域Vを1点で近似できる（点震源）場合には，式(12.6)は以下のように簡略化される。

$$u_i(\boldsymbol{x},t) = \sum_{p=1}^{3}\sum_{q=1}^{3}\int_{-\infty}^{t}\frac{\partial G_{ip}(\boldsymbol{x},t;\boldsymbol{\xi},\tau)}{\partial \xi_q}M_{pq}(\boldsymbol{\xi},\tau)d\tau \tag{12.7}$$

ここで，M_{pq} はモーメントテンソル密度を震源域全体について積分したもので，**モーメントテンソル**とよばれる。無限に広がる等方線形弾性体の媒質に対しては，震源位置を $\boldsymbol{\xi}=\boldsymbol{0}$，モーメントテンソルの時間関数を $M_{pq}(t)$ として，式(12.7) の具体的表現が以下のように求められている。

$$\begin{aligned}u_i(\boldsymbol{x},t) = \sum_{p=1}^{3}\sum_{q=1}^{3}\Bigg[&\frac{3(5\gamma_i\gamma_p\gamma_q - l_{ipq})}{4\pi\rho R^4}\int_{R/\alpha}^{R/\beta} sM_{pq}(t-s)ds \\
&+ \frac{6\gamma_i\gamma_p\gamma_q - l_{ipq}}{4\pi\rho\alpha^2 R^2}M_{pq}\!\left(t-\frac{R}{\alpha}\right) - \frac{6\gamma_i\gamma_p\gamma_q - l_{ipq} - \delta_{ip}\gamma_q}{4\pi\rho\beta^2 R^2}M_{pq}\!\left(t-\frac{R}{\beta}\right) \\
&+ \frac{\gamma_i\gamma_p\gamma_q}{4\pi\rho\alpha^3 R}\dot{M}_{pq}\!\left(t-\frac{R}{\alpha}\right) - \frac{(\gamma_i\gamma_p-\delta_{ip})\gamma_q}{4\pi\rho\beta^3 R}\dot{M}_{pq}\!\left(t-\frac{R}{\beta}\right)\Bigg]\end{aligned} \tag{12.8}$$

ここで，$R=|\boldsymbol{x}|$，$\gamma_i = x_i/R$，$l_{ipq} = \delta_{ip}\gamma_q + \delta_{qi}\gamma_p + \delta_{pq}\gamma_i$ である[*1]。$t\to\infty$ でモーメントテンソルが一定値 M_{pq} をもつとすると，変位分布は次式の値に収束する。

$$\lim_{t\to\infty}u_i(\boldsymbol{x},t) = \frac{1}{8\pi\mu R^2}\sum_{p=1}^{3}\sum_{q=1}^{3}\left\{\frac{\lambda+\mu}{\lambda+2\mu}(3\gamma_i\gamma_p\gamma_q - l_{ipq}) + 2\delta_{ip}\gamma_q\right\}M_{pq} \tag{12.9}$$

この永久変位は式(12.8) の第1，2，3項に由来するものであり，震源距離の2乗に反比例するため，震源の比較的近傍においてのみ観測される。これに対して，式(12.8) の第4，5項は震源距離の1乗に反比例するため，比較的遠方においても観測されるが，永久変位を生じない。

ここで，モーメントテンソルの各成分が表す意味について考えよう。式(12.7) に含まれるグリーンテンソル G_{ip} の震源座標 ξ_q に関する偏導関数は，次式のように定義される。

$$\frac{\partial G_{ip}(\boldsymbol{x},t;\boldsymbol{\xi},\tau)}{\partial \xi_q} = \lim_{h\to 0}\frac{G_{ip}(\boldsymbol{x},t;\boldsymbol{\xi}+h\boldsymbol{i}_q,\tau) - G_{ip}(\boldsymbol{x},t;\boldsymbol{\xi}-h\boldsymbol{i}_q,\tau)}{2h} \tag{12.10}$$

ここで，$\boldsymbol{i}_q$ は q 方向の単位ベクトルである。この式より，$\partial G_{ip}/\partial \xi_q$ は $p=q$ の場合には力のダイポール（双極子），$p\neq q$ の場合には力のカップル（偶力）による変位の i 成分を表していることがわかる[*2]。すなわち，モーメントテンソルの各成分は，震源位置に作用する力のダイポールまたは偶力の大きさを表している。**図12.3** にモーメントテンソルの各成分が表す力の模式図を示す。物理的応力・モデル応力が対称テンソルであるためモーメントテンソルも対称であり，常に大きさは同じで向きが反対の偶力が対になって作用する（双偶力という）。すなわち，モーメントテンソルが表す力は，その合力だけでなく合トルクも0である。

断層運動のように，媒質内部の亀裂面で変位の不連続が生じるときのモーメントテンソルについて説明する。ここでは，震源域 V として，厚さが無視できる断層面 S を考える。このとき，媒質に生じる変位場は次のように表されることがわかっている。

$$u_i(\boldsymbol{x},t) = \sum_{p=1}^{3}\sum_{q=1}^{3}\sum_{k=1}^{3}\sum_{l=1}^{3}\int_{-\infty}^{t}\!\!\int_{S}\frac{\partial G_{ip}(\boldsymbol{x},t;\boldsymbol{\xi},\tau)}{\partial \xi_q}C_{pqkl}D_k(\boldsymbol{\xi},\tau)n_l(\boldsymbol{\xi})dSd\tau \tag{12.11}$$

これを表現定理という。ここで，C_{pqkl} は弾性定数テンソル，D_k は断層面の上面と下面との間の変位の食違いを表すベクトル $\boldsymbol{D}$ の k 成分，n_l は断層面の法線ベクトル $\boldsymbol{n}$ の l 成分である。式(12.6) と式(12.11) を比較して，断層面上に分布するモーメントテンソルの面密度が次式で表されることがわかる。

[*1]：δ_{ij} はクロネッカーのデルタといい，2つの添字が同じならば1，異なるならば0と定義する（既出）。
[*2]：力の作用点の間隔を表すベクトル $2h\boldsymbol{i}_q$ に平行な方向で互いに逆向きに作用する力の組をダイポール（双極子），直交する方向で互いに逆向きに作用する力の組をカップル（偶力）とよんでいる。

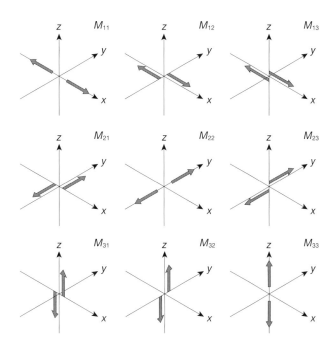

図12.3 モーメントテンソルの各成分が表す力

$$m_{pq}(\boldsymbol{\xi}, \tau) = \sum_{k=1}^{3}\sum_{l=1}^{3} C_{pqkl}(\boldsymbol{\xi}) D_k(\boldsymbol{\xi}, \tau) n_l(\boldsymbol{\xi}) \tag{12.12}$$

とくに，媒質が一様な等方線形弾性体であり，断層面上の変位の食違いが一様であると見なせるとき，断層全体のモーメントテンソルは次式のようになる。

$$M_{pq}(\tau) = \left\{\delta_{pq}\lambda \sum_{k=1}^{3} n_k \nu_k + \mu(n_p \nu_q + n_q \nu_p)\right\} SD(\tau) \tag{12.13}$$

ここで，ν_i は変位の食違いが生じている方向を表す単位ベクトル $\boldsymbol{\nu}$ の i 成分，S は断層の面積，D は変位の食違い量である。

断層面に垂直な方向に変位の食違いがある場合，たとえば $\boldsymbol{n} = \boldsymbol{\nu} = (1, 0, 0)^{\mathrm{T}}$ とすれば，

$$\boldsymbol{M} = SD \begin{vmatrix} \lambda + 2\mu & 0 & 0 \\ 0 & \lambda & 0 \\ 0 & 0 & \lambda \end{vmatrix} \tag{12.14}$$

となる。これは x 軸に垂直な方向に開く亀裂に対応しており，火山帯地下におけるマグマの貫入などがその例である。

一方，断層面に平行な方向に変位の食違いがある場合，たとえば $\boldsymbol{n} = (1, 0, 0)^{\mathrm{T}}$，$\boldsymbol{\nu} = (0, 1, 0)^{\mathrm{T}}$ とすると，

$$\boldsymbol{M} = \mu SD \begin{vmatrix} 0 & 1 & 0 \\ 1 & 0 & 0 \\ 0 & 0 & 0 \end{vmatrix} \tag{12.15}$$

となる。この式の右辺の係数 μSD は地震モーメント M_0 に等しい。式(12.15)は x 軸に垂直な断層面で y 軸方向のせん断すべりが生じた場合のモーメントテンソルであるが，$\boldsymbol{n} = (0, 1, 0)^{\mathrm{T}}$ かつ $\boldsymbol{\nu} = (1, 0, 0)^{\mathrm{T}}$，すなわち y 軸に垂直な断層面で x 軸方向のせん断すべりが生じた場合でも同じ形になる。これは，断層運動が双偶力に等価であることの表れである。このように同じモーメントテンソルで表される2種

類の断層を**共役断層**といい，点震源の場合，観測された地震波によって区別することはできない。

また，断層モデルとは異なるが，媒質中にある半径aの微小球内でΔPの圧力増加があった場合は，以下のモーメントテンソルで表現されることがわかっている。これは，地下核実験など，地中での爆発現象に対応する。

$$M = \frac{\lambda + 2\mu}{\lambda} \pi a^3 \Delta P \begin{vmatrix} 1 & 0 & 0 \\ 0 & 1 & 0 \\ 0 & 0 & 1 \end{vmatrix} \quad (12.16)$$

図12.4に，さまざまな震源による変位食違いと，それらを表すモーメントテンソルに対応する力の模式図を示す。

モーメントテンソルは，その定義より，断層運動によって地殻内に働く力を応力テンソルの形で表したものと考えることができる。したがって，ひずみテンソルや応力テンソルと同様に，モーメントテンソルも座標回転によって対角化することが可能であり，主応力に相当するものが存在する。これを図示するために**震源球**が用いられる。**図12.5**に主要な断層タイプと震源球の対応を示す。一般的に，

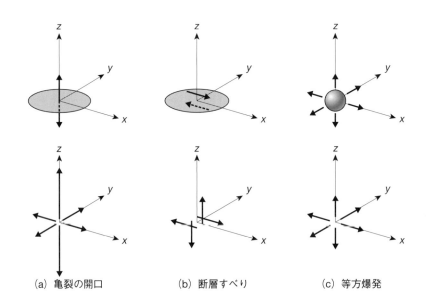

(a) 亀裂の開口　　(b) 断層すべり　　(c) 等方爆発

図12.4　さまざまな震源の変位による表現（上段）と力による表現（下段）

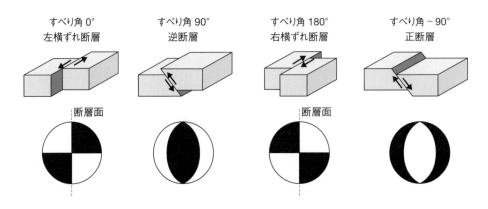

図12.5　断層タイプと震源球の対応

震源球は大地を上空から見たときの下半球投影で描画し，白色部分を主圧縮軸，有色部分を主引張軸とする。白色部分と有色部分の境界線は断層面を表しているが，これには直交する2つの平面が考えられる。これは，震源に働く力としては，2つの共役断層が同等であることを反映している。

12.1.3 震源の破壊過程と震源時間関数・震源スペクトル

断層モデルにもとづいて地震動を予測するには，断層面上のすべりの時空間分布を与える必要がある。これが震源の破壊過程であるが，それには**運動学的震源モデル**と**動力学的震源モデル**がある。運動学的震源モデルでは，断層面上のすべりの時空間分布を既知のものとして与える。動力学的震源モデルでは，断層面上の摩擦特性を設定し，地中に蓄積されたひずみが断層面のすべりによって解放される過程を力学的にモデル化する。結果として断層面上のすべりの時空間分布が得られるが，これをもとに地震動を予測するというものである。

運動学的震源モデルの最も基本的なものとして，ハスケルモデルが挙げられる。これは，**図12.6**(a)のように，断層すべりが一定の速さで一方向に伝播するモデルである。このとき，震源を特徴づけるパラメータは断層長さL，断層幅W，すべり量D，ライズタイムτ，破壊伝播速度V_rである。

断層面上の各点におけるすべりとすべり速度の時間変化を，それぞれ**すべり時間関数**，**すべり速度時間関数**とよぶ。ハスケルモデルでは，一定の速度D/τで断層すべりが生じ，一定の破壊伝播速度V_r

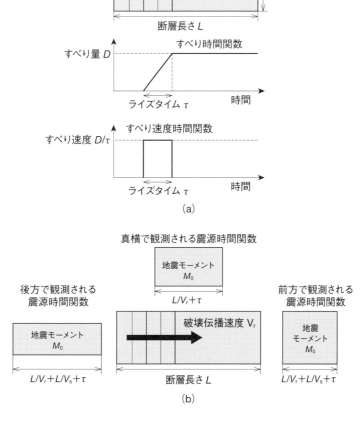

図12.6 (a) ハスケルモデルとそれに対応するすべり時間関数・すべり速度時間関数
(b) ディレクティビティ効果による震源時間関数の変化

で断層破壊が進行すると仮定しており，すべり時間関数はランプ関数型となる[*1]。また，断層全体の地震モーメントが増加する速度の時系列を**震源時間関数**といい，これを積分して得られる面積は地震モーメントに等しい（この関数を地震モーメントで除して積分値が1になるようにしたものを震源時間関数とよぶこともある）。ハスケルモデルでは，図12.6(b)のように，震源断層と観測点との位置関係によって地震動の生成に寄与する実質的な震源時間関数が異なる。すなわち，破壊伝播方向の延長上に位置する観測点においては，断層各部から発生した地震波が重畳して到達するため，振幅が大きく継続時間の短い地震動となる。逆に，破壊伝播の反対方向に位置する観測点では，振幅が小さく継続時間の長い地震動となる。このように断層破壊の進行方向によって地震動が指向性を帯びる現象を**ディレクティビティ効果**という[*2]。とくに，内陸地殻内地震の震源断層近傍において，破壊伝播方向の延長上にある地域で特徴的な周期のインパルス状の地震動波形が観測されることがある。これは**指向性パルス**とよばれ，しばしば構造物に甚大な被害をもたらす。

　動力学的震源モデルにおいては，断層面上の摩擦構成則（断層面に働く摩擦力を規定する関係式）と弾性体の運動方程式を組み合わせて，断層すべりの時間発展を解析的または数値的に解く。摩擦構成則としては，岩石実験などにもとづいてモデル化されたものがよく用いられる。近年では，動力学的研究によって得られた断層すべりを表す近似式を作成し，運動学的震源モデルに適用することも行われている（**図12.7**）。

　震源時間関数を振動数領域で表したものは，**震源スペクトル**とよばれる。震源スペクトルも，震源時間関数と同様，断層の破壊過程を反映した形状をもち，破壊伝播を考えた場合には震源と観測点との位置関係によって異なるものとなる。これまでの多くの地震の事例から，遠方での地震動記録から推定される震源スペクトルは，低振動数側ではほぼ一定値となり，高振動数側では振動数の2乗に反比例して減少する傾向があることがわかっている。その境界となる振動数を**コーナー振動数**といい，このような震源スペクトルのモデルを**オメガ2乗（オメガスクエア）モデル**という（**図12.8**）。単純な矩形断層の破壊伝播を考えた場合，震源スペクトルは高振動数側で振動数の3乗に反比例して減少す

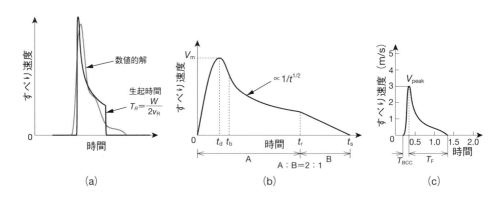

図12.7 動力学的震源モデルにもとづくすべり時間関数の例

［出典：(a) S. M. Day, Three-dimensional finite difference simulation of fault dynamics: Rectangular faults with fixed rupture velocity, Bulletin of the Seismological Society of America, Vol.72, pp.705-727, 1982, (b) 中村洋光，宮武隆，断層近傍強震動シミュレーションのための滑り速度時間関数の近似式，地震（第2輯），第53巻，pp.1-9，2000，(c) E. Tinti et al., A kinematic source-time function compatible with earthquake dynamics, Bulletin of the seismological Society of America, Vol.95, pp.1211-1223, 2005］

[*1]：ランプ関数とは，ここでは，時間の経過とともに一定の傾きで増加し，ある値に達すると一定値となる関数のことである。

[*2]：日常でも，救急車が近づくときと遠ざかるときで音の高さが異なって聞こえるであろう。これは発音体が移動することにより音波の波長が変化するというドップラー効果によるものであるが，地震波におけるディレクティビティ効果もこれと同様の現象である。

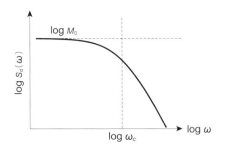 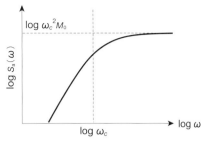

図12.8 オメガ2乗モデルの変位震源スペクトル と加速度震源スペクトル

ることが明らかになっており，実際に観測される地震動波形から推定されるものとは一致しない。このことは，現実の地震では単純な矩形断層の一様破壊のモデルで仮定されるよりも複雑な破壊が生じ，高振動数成分が強く励起されることを示していると考えられている。

オメガ2乗モデルの震源スペクトルは，次式で表される。

$$S_\mathrm{d}(\omega) = \frac{M_0}{1 + \omega^2/\omega_c^2} \tag{12.17}$$

ここで，ω_cはコーナー振動数f_cを角振動数に換算したものである。この式の$\omega=0$での値は地震モーメントM_0に等しいが，これは震源時間関数の積分値が地震モーメントであることと対応している。式(12.8)の第4, 5項に示される通り，遠方では地震モーメントの解放速度，すなわち震源時間関数と同じ形の変位波形が観測される。そのため，式(12.17)は遠方での変位波形のスペクトルと相似形であり，変位震源スペクトルともいう。対して，時間領域で2階微分したものに相当するスペクトル

$$S_\mathrm{a}(\omega) = \frac{\omega^2 M_0}{1 + \omega^2/\omega_c^2} \tag{12.18}$$

は遠方での加速度波形のスペクトルと相似形であり，加速度震源スペクトルという。この式の$\omega \gg \omega_c$での値は$\omega_c^2 M_0$で一定となるが，これを**短周期レベル**という。短周期レベルは震源から放出される短周期成分の大きさを表しており，強震動を予測するうえで重要な指標である。コーナー振動数は，断層の大きさ・地震モーメント・応力降下量（正確には実効応力）で定まる。断層として円形クラックを仮定した場合には次式で与えられている。

$$\omega_c = 2\pi f_c = 2.34\beta/R \tag{12.19}$$

あるいは，円形クラックの地震モーメントと応力降下量の関係$M_0 = (16/7)R^3/\Delta\sigma$を用いて

$$f_c = 0.49\beta(\Delta\sigma/M_0)^{1/3} \tag{12.20}$$

と与えられる。ここで，β, RはそれぞれS波速度と断層の等価半径である。

12.1.4 スケーリング則

経験的に，地震の規模を表すマグニチュードが大きいほど，震源断層の長さ・幅およびすべり量は大きくなることがわかっている。地震の大きさとこれらのパラメータ相互の関係を知ることは，地震の基本的な性質を知ることにつながり，また将来の地震と地震動の予測を行ううえで有用である。このような関係をまとめたものを**スケーリング則**という。

図12.9のように，1970年代までに観測された多くの地震の記録より，断層面積Sは地震モーメントM_0の2/3乗に比例する傾向にあることがわかっている。このことは，物理的には次のように考えられ

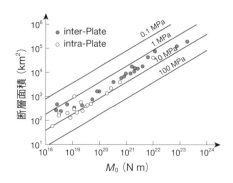

図12.9 断層面積と地震モーメントの関係

［出典：H. Kanamori, D. L. Anderson, Theoretical basis of some empirical relations in seismology, Bulletin of the Seismological Society of America, Vol.65, pp.1073-1095, 1975］

る。まず，断層長さL・断層幅W・すべり量Dが互いに比例関係にあるとすると，地震モーメントは$M_0 = \mu SD \propto L^3$となり，断層の長さスケールの3乗に比例することになる。断層面積は$S \propto L^2$となるため，結果として$M_0 \propto S^{3/2}$となる。ところで，モーメントマグニチュードの定義式(12.1)より，地震モーメントが1000倍になるとマグニチュードが2増加することがわかる。このとき，断層長さ・幅・すべり量がそれぞれ10倍になる。

断層の長さや幅は地震の駆動力となる弾性エネルギーを蓄積している領域の広さにほぼ対応すると考えられるので，これらと断層すべり量が比例関係にあるということは，地震発生に至るときのひずみの大きさがほぼ一定であることを意味している。ひずみが一定であれば，応力降下量も一定である。図12.9に示される実線は円形クラックを仮定したときの応力降下量であり，多くの地震が$\Delta \sigma = 1 \sim 10$ MPaの範囲にあることがわかる。プレート境界地震よりも内陸地殻内地震において応力降下量が大きくなる傾向がある。

さて，非常に大きな地震に対しては，上記の$M_0 \propto L^3$という関係が成り立たなくなることがわかっている。これは，物理的には次のように考えられる。内陸地殻内地震では，地震発生層[*1]の厚さに限度があるため，断層の長さがある程度以上になると断層の幅は増加しなくなる。このとき，断層長さとすべり量が比例し，断層幅は一定となるため，地震モーメントは断層長さの2乗に比例する。一方，断層面積は断層長さのみに比例するので，地震モーメントの平方根に比例することとなる。プレート境界地震でも，脆性破壊的にプレート間のすべりが生じる深さの範囲は限られているため，やはり同様の傾向を示す[*2]。図12.10にこの関係を示す。

12.1.5 断層破壊の不均質性

地震の際，震源断層面上のすべり量や応力降下量は一様ではなく，不均質であることがわかっている。波形による詳細な地震動予測を行う際には，このような不均質性を震源モデルに取り入れる必要がある。

断層すべりの不均質の例として，図12.11に2011年東北地方太平洋沖地震の4種類の震源断層モデルを示す。左から順に，近地で観測された強震記録（周期範囲10〜100 s），遠地で観測された長周期

[*1]：地震が発生する深さの範囲のこと。地域によって異なるが，内陸地殻内地震の限界は10~30 km程度である。地中の温度は深さとともに上昇し，地殻を構成する岩石はある温度以上でせん断応力によって脆性破壊を生じることなく粘性変形が卓越するようになる。そのため，地震が発生する深さには限界がある。

[*2]：南海トラフ巨大地震がこれにあたると考えてよい。

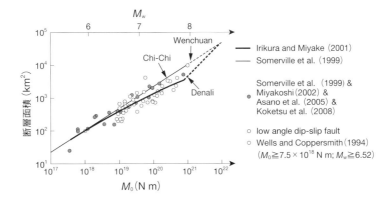

図12.10 断層面積と地震モーメントの関係

［出典：K. Irikura, H. Miyake, Recipe for predicting strong ground motion from crustal earthquake scenarios, Pure and Applied Geophysics, Vol.168, pp.85-104, 2011］

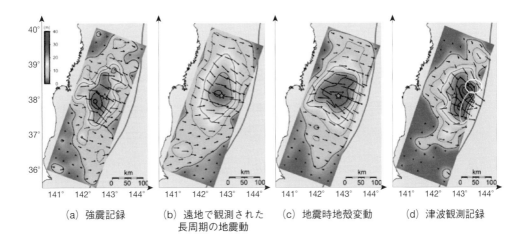

図12.11 2011年東北地方太平洋沖地震の推定すべり分布

［出典：Y. Yokota, K. Koketsu, Y. Fujii, K. Satake, S. Sakai, M. Shinohara, T. Kanazawa, Joint inversion of strong motion, teleseismic, geodetic, and tsunami datasets for the rupture process of the 2011 Tohoku earthquake, Geophysical Research Letters, 38, 2011］

の地震動（周期範囲4〜500 s），測地データにもとづく地震時地殻変動，津波観測記録をもとに推定された震源断層面上のすべり分布である．破壊開始点（図中星印）付近ですべり量が大きいという共通点はあるものの，これらの現象はそれぞれ支配的に寄与する周期成分が異なっているため，すべり分布の推定結果は少しずつ異なっている．とくに，津波の生成に対しては沖合の領域が大きく寄与していることがわかる．

　震源断層面上において大きなすべり量をもつ領域は**アスペリティ**とよばれる．この用語は，本来は岩石どうしの摩擦面において凸部分が接触し，固着している状態をさすものである．岩石摩擦と断層すべりの類似性から，アスペリティとは，断層面上において凸部分が接触しており，岩石どうしが固着していることにより，摩擦強度が大きい場所と解釈される．また，動力学においては，アスペリティは応力降下量の大きな場所としてモデル化されている．しかし，「摩擦強度が大きい領域」「地震時に大きなすべりを生じる領域」「地震時に大きな応力降下を生じる領域」は必ずしも同じではない．たとえば，図12.11では，強震記録による推定すべり分布は陸側で大きく，津波データによるそれは沖合側で大きい．強震動に主に寄与する短周期の地震波は応力降下量の大きな領域で生成されるが，津

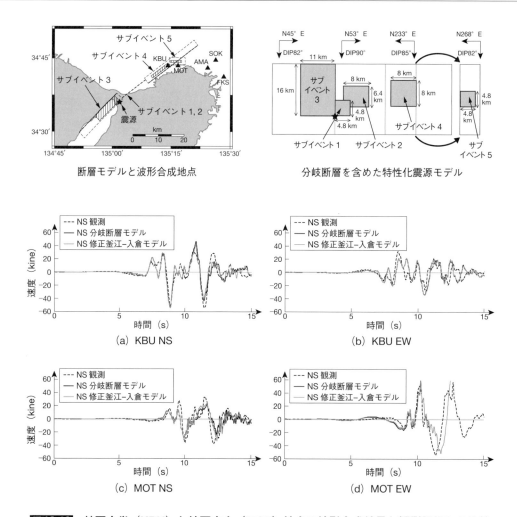

図12.12 神戸大学（KBU）と神戸本山（MOT）地点の波形合成結果と観測記録との比較

［出典：平井俊之，釜江克宏，長沼敏彦，伊藤進一郎，西岡勉，入倉孝次郎，分岐断層の特性化震源モデルを用いた兵庫県南部地震の強震動シミュレーション，日本地震工学会論文集，第6巻，第3号，pp.1-11, 2006］

波は海底地形の変動によって引き起こされるためすべり量の大きな領域が波源となる。このように，強震動を生成する領域と大きな断層すべりを生じる領域が一致しないことがあるため，近年では前者を**強震動生成域**（Strong Motion Generation Area, SMGA），後者を大すべり域とよんで区別することも行われている。

断層破壊の不均質性を考慮して地震動予測を行う際には，工学的な判断により単純化を行った**特性化震源モデル**を用いることが多い。このモデルでは，断層面上に1個ないし数個程度の矩形の強震動生成域を設定し，その外側を背景領域とする。各強震動生成域の内部および背景領域ではすべり量・応力降下量・震源時間関数を一様とすることで，すべりの時空間分布を単純化する。**図12.12**に1995年兵庫県南部地震の際の強震記録を特性化震源モデルによって再現した例を示す。

図12.12より，特徴的な大振幅の指向性パルスがよく再現できていることがわかる。単純化されたモデルでありながらこのような構造物に大きな影響を与える地震動を精度よく再現できることは，耐震工学上極めて有用である。このため，ハザード評価や設計用入力地震動の作成にあたり，特性化震源モデルがよく用いられている。

しかし，未来の地震による地震動を予測する際には，強震動生成域の位置やパラメータについて不

確実性が伴う。過去の地震についての知見を総合し、強震動生成域を含めた震源パラメータ相互間の経験的関係から特性化震源モデルを作成することが行われているが、破壊開始点の位置や強震動生成域の配置によって地震動の予測結果が大きく異なるため、通常は複数のモデルを作成して比較検討を行う。また、指向性パルスを生成するには通常の強震動生成域よりも小さな強震動パルス生成域（Strong Motion Pulse Generation Area, SPGA）を用いるべきとの考え方もある。地震動予測のための震源モデルの作成方法については、現在もさまざまな提案や議論が行われており、研究の途上にある。

〈震源インバージョン〉

　自然現象や工学現象はさまざまな要因が複合して生じるものであるが、私たちは多くの場合、これらを理想化（あるいは単純化）されたモデルにもとづいて理解しようとする。たとえば、構造物の振動特性を表す伝達関数を説明する最も単純なモデルは、上部構造を1つの質点で代表させ、この質点がせん断方向にのみ働くばねとダッシュポットを介して地盤に取り付けられているというものである。このとき、質点の質量・ばねの弾性係数・ダッシュポットの減衰係数がパラメータとなる。

　あるモデルを仮定したとき、パラメータの値を与えて観測値に相当するもの（上記例では伝達関数）を求める問題を**順問題**という。一方、得られた観測値からモデルを構成するパラメータの値を推定する問題を**逆問題**または**インバージョン**という。自然科学や工学においては、さまざまな逆問題を解かねばならない局面が多く存在する。ここで紹介する震源インバージョンもその1つである。

　12.1.5項で述べたように、地震時の震源断層面のすべり量は一様ではない。加えて、最終的なすべり量に達するまでの履歴、すなわち震源時間関数の形状も場所により異なっている。これらを、観測された地震動・地震時地殻変動量・津波などから推定するのが震源インバージョンである。図12.11は、こうしたさまざまな観測データから東北地方太平洋沖地震の震源すべり分布を推定した結果である。震源インバージョンの具体的な定式化の方法はさまざまなものが存在するが、たとえば以下のような考え方が用いられることがある。

　震源断層の範囲と破壊伝播速度を仮定し、断層面を$N_L \times N_W$の小領域に離散化し、直交する2方向のすべりを許容する。さらに、各小断層の震源時間関数もN_S点の離散値で表す。これにより、$2N_L N_W N_S$個のパラメータで断層すべりを表現したことになる。観測値として地震動波形を採用し、N_Oか所の観測点の地震動3成分をそれぞれN_M点の離散値で表せば、$3N_O N_M$個の値が得られる。さて、観測値・パラメータを1列に並べたベクトルをそれぞれd, mとすると、これらの間にはグリーン関数を介して線形の関係がある（正確には、線形の関係を成り立たせるために岩盤観測点での地震動の長周期成分を使用するというべきである。非線形モデルについてはここでは省略する）。

$$d = Hm + e \tag{1}$$

ここで、Hは$3N_O N_M \times 2N_L N_W N_S$の行列であり、**デザイン行列**とよばれる。$e$はモデル誤差と観測誤差を合わせたものである。得られたdに対して最適なmを求めることを考える。通常、誤差eは正規分布$N(\mathbf{0}, E)$に従うと仮定されることが多い。Eは分散・共分散行列である。このことは、確率密度関数を用いて以下のように書くことができる。

$$P(d|m) = \frac{1}{(2\pi)^{n/2}\sqrt{|E|}} e^{-\frac{1}{2}(d-Hm)^T E^{-1}(d-Hm)} \tag{2}$$

ここで，n は d の成分数である。式(2)はパラメータ m のもとで観測値 d が実現する確率であり，**尤度**を与えるものである。与えられた d に対して尤度が最大になるような m を求める方法を**最尤法**といい，統計的な推定において最も一般的な方法である。このようなパラメータ $\hat{m}$ は，式(2)の m の各成分についての偏微分係数の値が0となる条件から求められる。

$$\hat{m} = (H^T E^{-1} H)^{-1} H^T E^{-1} d \tag{3}$$

式(1)を構成して以降の処理は，線形モデルの逆解析に広く用いられる基本的な方法である。実際の震源インバージョンでは，観測データやモデルの精度が十分でないなど，必ずしも上記の方法で良好なパラメータの推定が行えない場合が多い。こうした問題を解決するために，「断層すべり分布はある程度なめらかである」などの先験的条件を組み合わせることが行われる。これは，観測方程式(1)だけでは不足する拘束条件式を人為的に増やすことに相当するが，先験的条件の重みを決定するための赤池ベイズ型情報量基準（ABIC）などが考案されている[1]。これらの巧妙な方法についての詳細は，文献を参照されたい。

12.2 地震動予測手法

12.2.1 地震動予測手法の概観

プレート境界面の一部分や特定の活断層において地震が発生することを想定し，地震基盤または工学的基盤，あるいは地表の地震動を予測することができる。これには，地震動の最大速度や最大加速度などを簡易に評価する方法と，地震動波形を詳細に予測する方法がある。前者は経験的地震動予測手法とよばれ，広域の地震動評価やハザードマップの作成によく用いられる。後者には理論的地震動予測手法と半経験的地震動予測手法があり，超高層建物や重要建築物を設計する際の入力地震動として用いられる。**表12.1**に地震動予測手法を分類して示した。

図12.13に波形による詳細な地震動予測を行う際の流れを示す。まず，対象地点または建物に大きな影響を及ぼす地震動をもたらすと考えられる地震を調査する。地震の発生確率や発生した場合の規模・距離などから，地震動予測を行う対象の地震を選定する。次に，対象地震の巨視的・微視的断層パラメータを設定する*1。このとき，強震動生成域の位置などに不確定性があるため，通常は複数の破壊シナリオを考える。震源のモデルが定まれば，対象周期帯や使用可能なデータにより，表12.1に示したような地震動予測手法の中から適切なものを選択し，工学的基盤での地震動波形を算出する。最後に，作成した地震動を観測記録や経験的地震動予測手法による結果と比較するなどして，妥当性を検証する。

本節では，経験的・理論的・半経験的地震動予測手法およびハイブリッド法について，順に概要を説明する。

12.2.2 経験的手法（地震動予測式）

一般に，地震のマグニチュードが同じであれば，地震動の振幅は震源からの距離とともに小さくなる。地震動の最大振幅と震源距離との関係を数多くの記録について調べ，統計的に回帰式としてまとめたものを**距離減衰式**という。これを利用して，想定する地震による地震動の分布をおおまかに予測

---

*1：震源断層を規定するパラメータのうち，断層面積や地震モーメントなどの震源断層全体に関するものを巨視的断層パラメータ，断層面上のすべりの不均質や強震動生成域の分布を微視的断層パラメータという。

表12.1 地震動予測手法の分類

評価手法		地震動評価手法の特徴	○利点と×欠点	諸特性の扱い		
				震源	伝播	サイト
経験的方法		多数の地震観測記録を統計的に処理して求められた回帰モデルを用いて予測する手法。地動最大値やスペクトル，波形の経時特性など対象ごとに回帰モデルを作成する。	○観測値の平均的特性を反映した予測値が得られる×震源域での破壊過程を反映することは難しい	統計	統計	統計
半経験的方法	経験的グリーン関数	予測地点で得られた中小地震観測記録を要素波とし，断層モデルの考え方にもとづいてこれを多数重ね合わせて大地震時の地震動を評価する手法。	○震源の破壊過程とサイト固有の特性を反映した予測が可能×観測記録がないと評価できない	理論と観測	観測	観測
	統計的グリーン関数	多数の地震観測記録を処理して求められた平均的特性を有する要素波を作成し，断層モデルの考え方にもとづいてこれを多数重ね合わせて大地震時の地震動を評価する手法。地盤増幅特性は別途考慮する。	○観測記録がなくても評価可能 ○震源の破壊過程を反映した予測が可能×サイト特性のうち堆積盆地の影響の評価が難しい	理論と統計	統計	理論または統計
理論的方法		断層モデルの理論にもとづいて震源特性を求め，地震波の伝播特性と表層地盤の増幅特性を弾性波動論により理論的に計算し評価する手法。表層のサイト特性は経験的に求めたものを利用することも可能。	○震源域での破壊過程および堆積盆地の影響を反映したやや長周期域の地震動を精度よく予測可能×多くの情報が必要×短周期帯域での地震動の評価は困難	理論	理論	理論または統計
ハイブリッド法		長周期帯域は理論的方法，短周期帯域は半経験的方法で求め，それらを合成する手法。それぞれの寄与は中間的な周期（=マッチング周期）でフィルターして足し合わせる。まずハイブリッド要素波を作って半経験的方法で重ね合わせる方法とそれぞれの合成波を作って最後にハイブリッドする方法がある。	○それぞれの手法に適した周期帯域を利用した広周期帯域の強震動予測が使える×マッチング周期の選択が重要	理論(長) 観測または理論または統計(短)	理論(長) 観測または理論または統計(短)	理論または統計(長) 観測または理論または統計(短)

［出典：日本建築学会，地盤震動，2005］

することも可能であり，この際には**地震動予測式**ともよばれる。また，理論的手法・半経験的手法により詳細な地震動波形の予測を行ったときに，計算結果の妥当性を検証するためにも使用される。

地盤上で観測される地震動のスペクトル$A(\omega)$は，震源特性（震源スペクトル）$S(\omega)$・地震波の伝播経路特性$P(\omega)$・地盤増幅特性$G(\omega)$の3項の積として表現される。これを反映して，地震動予測式においては，地震動の強さへの各要素の寄与を対数軸上で足し合わせる形をとることが多い。

$$\log A = \log S + \log P + \log G \tag{12.21}$$

地震動の強さAとしては，最大加速度・最大速度・応答スペクトルなどが用いられる。右辺の各項については，それぞれをある関数形で表し，観測記録からパラメータを決定する。

震源特性については，マグニチュードの1次式として

$$\log S = aM + b \tag{12.22}$$

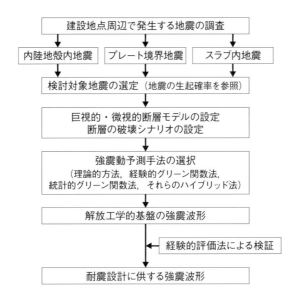

図12.13 地震動予測の流れ

の形がよく用いられる。マグニチュードMにはモーメントマグニチュードを用いることが多い。係数aは0.5程度であり、同じ記録から回帰された値であれば、最大速度についてのものが最大加速度についてのものより大きい傾向がある。これは、地震動速度は加速度と比較して長周期の成分をより多く含んでおり、マグニチュードの増加による影響をより強く受けることを示している。定数bは地震動強さのベースレベルとなる量であるが、震源深さの関数としたり、地震タイプ(プレート境界・内陸地殻内・スラブ内)によって異なる値を用いたりすることもある。

伝播経路特性については、

$$\log P = -c\log(R+d) - eR \tag{12.23}$$

の形がよく用いられる。Rは距離の指標であり、震源距離・震央距離・断層最短距離などがある。右辺第1項は幾何減衰を表しており、多くの場合、係数cは1が与えられる。これは、地震動強さが距離Rに反比例して減少することを意味しており、地震動の強さを支配する波動を実体波と仮定していることになる。定数dは震源近傍での地震動強さの飽和を考慮するためのものである。これは、点震源であれば震源に近づくにつれて地震動は大きくなるが、現実には震源断層が有限の広がりをもっているため、地震動が断層のすべり時間関数に収束することを表している。この効果は震源断層の大きさに依存するため、定数dをマグニチュードの関数とすることが多い。式(12.23)右辺第2項は非弾性減衰を表しており、伝播経路のQ値に依存する。

距離の指標として、観測点に届く全エネルギーが等しくなる仮想的な点震源からの距離を用いる場合もあり、これは等価震源距離とよばれる。等価震源距離X_eqは次式で定義される。

$$\frac{1}{X_\mathrm{eq}^2} = \int_S \frac{E}{X^2}\,dS \bigg/ \int_S E\,dS \tag{12.24}$$

ここで、Eは断層面上のある微小領域から放出されるエネルギー、Xはその位置から観測点までの距離であり、積分範囲Sは断層面上とする。等価震源距離を正確に求めるためには断層面上のエネルギー放出量の分布を知る必要があるが、簡便に予測を行う場合には一様分布を仮定することもある。

地盤増幅特性については、あらゆる地盤条件に対する平均値として与える方法、特定の地盤条件に

限定した記録を用いることで単一の値とする方法，地盤種別ごとに与える方法，観測点の地盤条件を表すパラメータ（たとえば表層30 mの平均S波速度）によって与える方法などが考えられている。

よく用いられている地震動予測式の例として，司・翠川（1999）[2]のものを示す。断層最短距離を用いる場合，地動最大加速度・最大速度の水平成分について以下のように与えられている。

$$\log A = 0.50M_\text{w} + 0.0043D - \log(R + 0.055 \times 10^{0.50M_\text{w}}) - 0.003R + \alpha_A \quad (12.25)$$

$$\log V = 0.58M_\text{w} + 0.0038D - \log(R + 0.028 \times 10^{0.50M_\text{w}}) - 0.002R + \alpha_V \quad (12.26)$$

ここで，Aは最大加速度（単位cm/s^2），Vは最大速度（単位cm/s），Rは断層最短距離（単位km），Dは震源の深さ（単位km）である。等価震源距離を用いる場合には，以下のように与えられている。

$$\log A = 0.50M_\text{w} + 0.0036D - \log X_\text{eq} - 0.003X_\text{eq} + \beta_A \quad (12.27)$$

$$\log V = 0.58M_\text{w} + 0.0031D - \log X_\text{eq} - 0.002X_\text{eq} + \beta_V \quad (12.28)$$

ここで，X_eqは等価震源距離（単位km）である。α_A，α_V，β_A，β_Vは地震タイプによって異なる定数であり，表12.2に示す値が与えられている。

図12.14に1995年兵庫県南部地震の際に観測された地震動の最大加速度または最大速度と断層最短距離の関係を示す。図中の線は式(12.25)および式(12.26)の曲線であり，観測記録の平均的な特性がおおむね捉えられていることがわかる。

表12.2 定数 α_A，α_V，β_A，β_V の値

	内陸地殻内地震	プレート境界地震	プレート内地震
α_A	0.61	0.62	0.83
α_V	-1.29	-1.31	-1.17
β_A	0.60	0.69	0.88
β_V	-1.25	-1.19	-1.09

［出典：司宏俊，翠川三郎，断層タイプ及び地盤条件を考慮した最大加速度・最大速度の距離減衰式，日本建築学会構造系論文集，第523号，pp.63-70，1999］

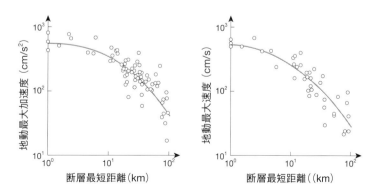

図12.14 兵庫県南部地震による地震動の最大加速度または最大速度と断層最短距離の関係

［出典：司宏俊，翠川三郎，断層タイプ及び地盤条件を考慮した最大加速度・最大速度の距離減衰式，日本建築学会構造系論文集，第523号，pp.63-70，1999］

12.2.3 理論的手法

地震動の波形を予測するには，地震波の伝播経路の特性を知る必要がある。これを理論的に計算するためによく用いられる代表的な手法として，波数積分法と有限差分法を紹介する。以下に計算方法の概要を説明するが，詳細については本書の範囲を超えるため，他の文献[3][4]を参照されたい。

波数積分法は，平行成層地盤においてはグリーン関数の理論解が存在することから，これを用いて地震動波形を算出する方法である。堆積盆地などの不整形な地盤構造には対応できないが，平行成層構造で近似可能であれば，簡便かつ高速に地震動を計算することができる。

z軸上にある点震源について，円柱座標系での振動数領域の変位ポテンシャル$A(r, \theta, z, \omega)$は次式の形で表される（スカラーポテンシャル・ベクトルポテンシャルいずれに対しても同じ形である）。

$$A(r, \theta, z, \omega) = \Theta(m\theta) \int_0^\infty Z(k, z, \omega) J_m(kr) k dk \tag{12.29}$$

ここで，mは0または正の整数，$\Theta(m\theta)$は$\cos m\theta$または$\sin m\theta$，$Z(k, z, \omega)$は層構造と観測点の深さによって定まる値，J_mはm次の第1種ベッセル関数である。mと$\Theta(m\theta)$は震源によって異なり，たとえばz方向の力に対しては$m=0$，x方向の力に対しては$m=1$かつ$\Theta(m\theta) = \cos\theta$，$y$方向の力に対しては$m=1$かつ$\Theta(m\theta) = \sin\theta$，モーメントテンソルの$xy$成分に対しては$m=2$である。式(12.29)を精度よく，かつ数値的に安定して計算するためにさまざまなテクニックがあるが，これについては文献[3][5]を参照されたい。

表12.3に示す平行成層地盤構造について，震央距離10 kmおよび100 kmの地点について速度波形を算出した結果を**図12.15**に示す。震央距離10 kmの観測点においては直達P波とS波が支配的であり，比較的単純な波形である。一方，震央距離100 kmの観測点においては表面波の寄与が大きく，継続時間の長い複雑な波形になっている。

有限差分法は，震源と観測点を含む領域を小さな格子の集合体としてモデル化することで偏微分方程式を空間的・時間的に離散化し，各格子点での速度や応力の時間変化を逐次的に解いていく方法である。非常に大きな計算コストと時間が必要であるが，不整形な地盤構造を扱うことが可能であり，堆積盆地での地震波の滞留なども再現することができるため，長周期地震動の評価によく用いられている。

現在主流となっている食違い格子を使用した有限差分法の概要を解説する。基礎となる方程式は，第11章で学んだ運動方程式と等方線形弾性体の応力ひずみ関係式である。

$$\rho \frac{\partial^2 u_i(\boldsymbol{x}, t)}{\partial t^2} = \sum_{j=1}^3 \frac{\partial \tau_{ij}(\boldsymbol{x}, t)}{\partial x_j} + f_i(\boldsymbol{x}, t) \tag{12.30}$$

表12.3 図12.15の計算に用いた地盤構造モデル

層番号	密度 (kg/m³)	V_P (m/s)	V_S (m/s)	Q_P	Q_S	層厚 (m)
1	1800	1800	400	60	30	100
2	1900	1900	800	100	50	200
3	2000	2300	1200	200	100	900
4	2300	3300	1400	200	100	1300
5	2500	4700	2720	300	150	500
6	2600	5700	3330	400	200	∞

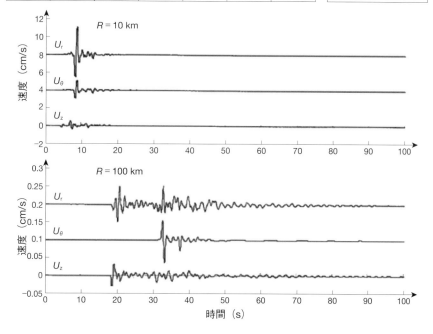

図12.15 波数積分法による地震動波形の例

［出典：日本建築学会，地盤震動と強震動予測，2016］

$$\tau_{ij}(\boldsymbol{x}, t) = \delta_{ij}\lambda \sum_{k=1}^{3} \varepsilon_{kk} + 2\mu\varepsilon_{ij} - m_{ij}(\boldsymbol{x}, t) \tag{12.31}$$

式(12.30)を速度ベクトルv_iにより表し，式(12.31)へひずみテンソルの定義式(11.2)を代入したうえで時間tで偏微分を行うと，以下の方程式を得る。

$$\frac{\partial v_i(\boldsymbol{x}, t)}{\partial t} = \frac{1}{\rho}\left\{\sum_{j=1}^{3}\frac{\partial \tau_{ij}(\boldsymbol{x}, t)}{\partial x_j} + f_i(\boldsymbol{x}, t)\right\} \tag{12.32}$$

$$\frac{\partial \tau_{ij}(\boldsymbol{x}, t)}{\partial t} = \delta_{ij}\lambda \sum_{k=1}^{3}\frac{\partial v_k(\boldsymbol{x}, t)}{\partial x_k} + \mu\left\{\frac{\partial v_i(\boldsymbol{x}, t)}{\partial x_j} + \frac{\partial v_j(\boldsymbol{x}, t)}{\partial x_i}\right\} - \frac{\partial m_{ij}(\boldsymbol{x}, t)}{\partial t} \tag{12.33}$$

式(12.32)は応力の空間分布により速度の変化率が定まることを表し，式(12.33)は速度の空間分布により応力の変化率が定まることを表している。この特徴から，**図12.16**のように，速度と応力を時間的にも空間的にも1/2格子ずつずらして定義すると便利である。これが食違い格子であり，空間を$\Delta x \times \Delta y \times \Delta z$の格子で，時間軸を$\Delta t$で離散化すると，速度と応力の更新式は以下の差分方程式になる。

$$v_{x, h+1/2, l, m}^{n+1/2} = v_{x, h+1/2, l, m}^{n-1/2} + \frac{1}{\rho_{h+1/2, l, m}}(D_x \tau_{xx, h+1/2, l, m}^n + D_y \tau_{xy, h+1/2, l, m}^n + D_z \tau_{xz, h+1/2, l, m}^n + f_{x, h+1/2, l, m}^n)\Delta t \tag{12.34}$$

$$v_{y, h, l+1/2, m}^{n+1/2} = v_{y, h, l+1/2, m}^{n-1/2} + \frac{1}{\rho_{h, l+1/2, m}}(D_x \tau_{yx, h, l+1/2, m}^n + D_y \tau_{yy, h, l+1/2, m}^n + D_z \tau_{yz, h, l+1/2, m}^n + f_{y, h, l+1/2, m}^n)\Delta t \tag{12.35}$$

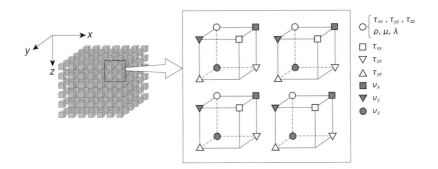

図12.16 食違い格子による速度と応力の離散化

［出典：R. W. Graves, Simulating seismic wave propagation in 3D elastic media using staggered-grid finite differences, Bulletin of the Seismological Society of America, 86, pp. 1091-1106, 1996］

$$v_{z,h,l,m+1/2}^{n+1/2} = v_{z,h,l,m+1/2}^{n-1/2} + \frac{1}{\rho_{h,l,m+1/2}} (D_x \tau_{zx,h,l,m+1/2}^n + D_y \tau_{zy,h,l,m+1/2}^n + D_z \tau_{zz,h,l,m+1/2}^n + f_{z,h,l,m+1/2}^n) \Delta t$$
(12.36)

$$\tau_{xx,h,l,m}^{n+1} = \tau_{xx,h,l,m}^n + \left[(\lambda_{h,l,m} + 2\mu_{h,l,m}) D_x v_{x,h,l,m}^{n+1/2} + \lambda_{h,l,m} (D_y v_{y,h,l,m}^{n+1/2} + D_z v_{z,h,l,m}^{n+1/2}) - \left(\frac{\partial m_{xx,h,l,m}}{\partial t} \right)^n \right] \Delta t \quad (12.37)$$

$$\tau_{yy,h,l,m}^{n+1} = \tau_{yy,h,l,m}^n + \left[(\lambda_{h,l,m} + 2\mu_{h,l,m}) D_y v_{y,h,l,m}^{n+1/2} + \lambda_{h,l,m} (D_z v_{z,h,l,m}^{n+1/2} + D_x v_{x,h,l,m}^{n+1/2}) - \left(\frac{\partial m_{yy,h,l,m}}{\partial t} \right)^n \right] \Delta t \quad (12.38)$$

$$\tau_{zz,h,l,m}^{n+1} = \tau_{zz,h,l,m}^n + \left[(\lambda_{h,l,m} + 2\mu_{h,l,m}) D_z v_{z,h,l,m}^{n+1/2} + \lambda_{h,l,m} (D_x v_{x,h,l,m}^{n+1/2} + D_y v_{y,h,l,m}^{n+1/2}) - \left(\frac{\partial m_{zz,h,l,m}}{\partial t} \right)^n \right] \Delta t \quad (12.39)$$

$$\tau_{yz,h,l+1/2,m+1/2}^{n+1} = \tau_{yz,h,l+1/2,m+1/2}^n$$
$$+ \left[\mu_{h,l+1/2,m+1/2} (D_z v_{y,h,l+1/2,m+1/2}^{n+1/2} + D_y v_{z,h,l+1/2,m+1/2}^{n+1/2}) - \left(\frac{\partial m_{yz,h,l+1/2,m+1/2}}{\partial t} \right)^n \right] \Delta t \quad (12.40)$$

$$\tau_{zx,h+1/2,l,m+1/2}^{n+1} = \tau_{zx,h+1/2,l,m+1/2}^n$$
$$+ \left[\mu_{h+1/2,l,m+1/2} (D_x v_{z,h+1/2,l,m+1/2}^{n+1/2} + D_z v_{x,h+1/2,l,m+1/2}^{n+1/2}) - \left(\frac{\partial m_{zx,h+1/2,l,m+1/2}}{\partial t} \right)^n \right] \Delta t \quad (12.41)$$

$$\tau_{xy,h+1/2,l+1/2,m}^{n+1} = \tau_{xy,h+1/2,l+1/2,m}^n$$
$$+ \left[\mu_{h+1/2,l+1/2,m} (D_y v_{x,h+1/2,l+1/2,m}^{n+1/2} + D_x v_{y,h+1/2,l+1/2,m}^{n+1/2}) - \left(\frac{\partial m_{xy,h+1/2,l+1/2,m}}{\partial t} \right)^n \right] \Delta t$$
(12.42)

ここで，h, l, m, n はそれぞれ x, y, z, t 方向の格子番号である．D_i は i 軸方向の差分演算子であり，近傍4点での値から微分係数を推定する空間4次精度の差分がよく用いられる．この場合，空間格子間隔の5〜6倍以上の波長を有する周期成分に対してほぼ計算の精度が確保される．実際に地震動の計算を行う際には，モデル化した領域の最小のS波速度と予測したい地震動の最小の周期から波長を計算し，その1/5〜1/6程度以下の大きさとなるように空間格子を設定する．

震源については，ダブルカップル力を物体力の組として式(12.32)により与える方法と，モーメントテンソルの時間関数を求めた上でその変化率を式(12.33)により与える方法がある．非弾性減衰に

ついては，式(12.34)～(12.42) による速度・応力の増分にQ値に応じた減衰率を乗じる方法がよく用いられる。これは，振動数に比例するQ値を仮定していることになる。また，モデル領域の端部での地震波の反射を防ぐために，外周の格子点に対してのみ波動の伝播方向を外向きに限定した方程式を用いる無反射境界条件と，地震波の振幅を強制的に減衰させるエネルギー吸収領域を設定する方法が併用されることが多い。なお，本項で説明した波数積分法と有限差分法については，フリーの計算プログラムがインターネット上で公開されている[5][6]。

12.2.4 半経験的手法

断層モデルにもとづく地震動波形の計算方法は，断層面を分割した小断層から放出される地震波による地震動波形を，断層面の破壊伝播による時間遅れを考慮しながら足し合わせることが基本である。理論的地震動予測手法は，小断層の破壊による地震動，すなわちグリーン関数を解析的または数値的に算出して用いるものであった。ここで解説する半経験的地震動予測手法は，過去の小地震による地震動記録または地震動の統計的性質から模擬的に作成した地震動をグリーン関数として用いるものである。前者を**経験的グリーン関数法**，後者を**統計的グリーン関数法**という。これらの手法は，経験的に得られたグリーン関数を使用する一方，断層破壊の伝播の過程を考慮することが可能であるため，半経験的地震動予測手法と総称される。

経験的グリーン関数法では，大地震の震源断層を小さな断層要素に分割し，想定震源域内またはその近傍で発生した小地震による地震動の観測記録をグリーン関数として波形合成を行う（**図12.17**）。小地震の地震動記録には，震源域から観測点までの地震波伝播経路および表層地盤の影響が含まれているため，これらのモデル化が不要になる利点がある。可能であれば，小地震と想定大地震とは地震タイプや震源特性（走向・傾斜・すべり角）が同じであることが望ましい。地震動の予測を行いたい地点において過去の地震動記録が存在しない場合には適用できないが，近傍での地震動記録があれば，表層地盤特性の補正を行って使用することもある。

大地震と小地震をそれぞれ上付添字EとSで区別することとする。地震のスケーリング則が成り立つとすると，震源断層の長さL，幅W，すべり量D，ライズタイムτ，地震モーメントM_0の比は，相似比Nを用いて以下のように表すことができる。

$$N \approx \frac{L^\mathrm{E}}{L^\mathrm{S}} \approx \frac{W^\mathrm{E}}{W^\mathrm{S}} \approx \frac{D^\mathrm{E}}{D^\mathrm{S}} \approx \frac{\tau^\mathrm{E}}{\tau^\mathrm{S}} \approx \left(\frac{M_0^\mathrm{E}}{M_0^\mathrm{S}}\right)^{1/3} \tag{12.43}$$

そこで，大地震の震源断層を$N \times N$の要素に分割し，各断層要素が小地震のN倍のすべり量をもつこ

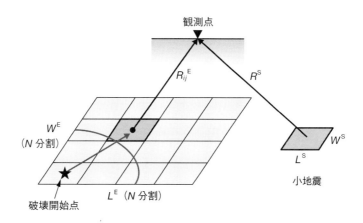

図12.17 経験的グリーン関数法の概念図

ととする．小地震による地震動を $u^S(t)$ として，大地震による地震動 $u^E(t)$ を以下のように合成する．

$$u^E(t) = \sum_{i=1}^{N}\sum_{j=1}^{N}\sum_{k=0}^{N-1} \frac{\Phi_{ij}^E R^S}{\Phi^S R_{ij}^E} u^S\left(t - T_{ij} - k\tau^S - \frac{R_{ij}^E - R^S}{\beta}\right) \tag{12.44}$$

ここで，i と j はそれぞれ断層要素の長さ・幅方向の番号である．Φ は断層の走向・傾斜・すべり角と観測点との位置関係により定まる放射特性係数，R は断層と観測点との距離，T_{ij} は ij 要素に断層破壊が到達する時刻，β は S 波速度である．式(12.44)右辺の括弧内の第3項は，断層要素において小地震と同じすべり量 D^S の地震が小地震のライズタイム τ^S の時間差をもって N 回発生すると考えることで，すべり量 D^E の地震を模擬することを意味している．また，第4項は断層要素および小地震の震源位置と観測点との距離の違いによる地震波の到達時刻の差を表している．ここで，振幅の距離減衰補正を震源距離の比の逆数で行い，地震波の到達時刻の差の計算に S 波速度を用いているのは，構造物に大きな影響を与える波動成分は直達の S 波であるという考え方によっている．

式(12.44)によって合成される地震動は，長周期成分については適切に評価される一方，短周期成分については過大評価される傾向にある．また，小地震のライズタイム τ^S に相当する人工的な周期成分が発生する．そこで，改良型として次式が提案されている．

$$u^E(t) = \sum_{i=1}^{N}\sum_{j=1}^{N} \frac{\Phi_{ij}^E R^S}{\Phi^S R_{ij}^E}\left[u^S\left(t - T_{ij} - \frac{R_{ij}^E - R^S}{\beta}\right) + \sum_{k=0}^{M(N-1)-1} u^S\left(t - T_{ij} - \left\{\frac{k}{M(N-1)} + 1\right\}\tau^S - \frac{R_{ij}^E - R^S}{\beta}\right)\right] \tag{12.45}$$

この式の右辺大括弧内の第1項は，断層破壊のはじめに大きなすべり量を生じて地震動の短周期成分が生じることを模擬している．一方，第2項は残り $N-1$ 個の小地震相当分を M 倍に細分して重ね合わせることを表している．これにより，地震動の短周期成分がランダム和となるため振幅の拡大が抑制され，加えて人工的な周期 τ^S の成分が発生しなくなる．**図12.18**に，式(12.44)および式(12.45)により模擬されるすべり量の時間変化の模式図を示す．

なお，式(12.45)で重ね合わせる地震動の振幅を指数関数的に減少させる方法が提案されているほか，応力降下量の違いを補正することも行われている．また，**図12.19**に示すような小地震と断層要素の地震との震源スペクトルの比を計算し，これによって小地震の地震動を補正してから波形合成を行う方法もある．

統計的グリーン関数法では，小地震による地震動波形を人工的に作成し，これを経験的グリーン関数法の場合と同様に大地震を想定して重ね合わせる．経験的グリーン関数法は震源域付近で発生した小地震による地震動の記録を要するのに対し，統計的グリーン関数法は適当な観測記録が存在しない場合にも適用することができるため，広範囲の地震動を面的に評価する場合にも用いられる．

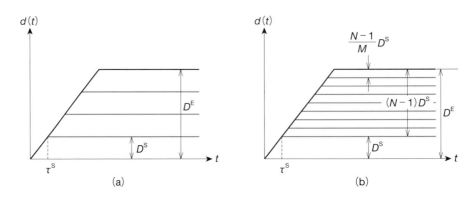

図12.18 (a) 式(12.44)と (b) 式(12.45)が模擬するすべりの時間変化

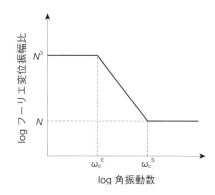

図12.19 断層要素の地震と小地震のフーリエスペクトル比（スケールファクター）

　一般的に，統計的グリーン関数法での波形合成に用いる小地震の地震動は，次のように作成される。まず，解放地震基盤面での地震動の加速度フーリエスペクトル振幅を次式によって設定する。

$$A(\omega) = \frac{\Phi FP}{4\pi\rho\beta^3} \frac{e^{-\frac{\omega R}{2Q\beta}}}{R} \frac{1}{\sqrt{1+\left(\frac{\omega}{\omega_m}\right)^{2s}}} \frac{\omega^2 M_0}{1+\left(\frac{\omega}{\omega_c}\right)^2} \tag{12.46}$$

この式は，4項の積の形になっている。第1項のΦは放射特性係数であり，地震動の短周期成分を対象とする場合は全方向の平均値として0.63を用いる。Fは地表面の効果を表す係数として2を，Pは水平2方向へのエネルギーの分配の効果を表す係数として$1/\sqrt{2}$を用いる。第2項は地震波の幾何減衰と非弾性減衰を表す項である。第3項はQ値によって評価される地震波伝播経路の影響だけでは説明のつかない高振動数領域における加速度レベルの落込みを表す項である。その遮断振動数$f_m = \omega_m/2\pi$は内陸地殻内地震および南海トラフで発生するプレート境界地震について6 Hz，東北地方沖で発生するプレート境界地震について13.5 Hz程度と見積もられている。第4項はコーナー角振動数ω_cの加速度震源スペクトルである。

　次に，位相特性については，乱数位相を与えることが多い。この場合，加速度フーリエスペクトルをフーリエ逆変換して得られる地震動波形はホワイトノイズ状になるため，適当な包絡形状を乗じる。マグニチュードと震源距離から包絡形状を与える式が複数提案されている。**図12.20**に，統計的グリーン関数法における小地震の地震動波形の作成の流れを示す。作成した小地震による地震動の波形は解放地震基盤面上でのものであるため，観測点直下の地盤構造により定まる地盤増幅を表す伝達関数を用いて工学的基盤面または地表面での地震動を作成する。

　統計的グリーン関数法は，乱数により位相特性を与えるため，主として地震動の短周期成分の予測に適した手法である。しかし，長周期成分の位相を揃えたものを使用することで，統計的グリーン関数法を地震動の長周期成分の予測に適用することも考案されている。

　経験的グリーン関数法と統計的グリーン関数法の両者に共通の注意点として，断層要素の破壊による地震動を重ね合わせることができること，すなわち線形性を仮定していることがある。この仮定は，大地震による地表の地震動においてはしばしば成り立たない。そのため，波形合成は解放工学的基盤面での地震動について行い，地表面での地震動が必要な場合は非線形性を考慮した解析方法によって地盤増幅の計算を行うことが一般的である。また，大地震の震源断層を等間隔の断層要素に分割すると，断層要素の破壊が等時間間隔で起こることによる人工的な周期成分が発生するため，破壊伝播に揺らぎを与えることも行われている。さらに，式(12.44)や式(12.45)では直達S波を仮定している距離減衰補正の方法の見直しや，断層要素が観測点に非常に近い位置にある場合の地震動レベルの飽和

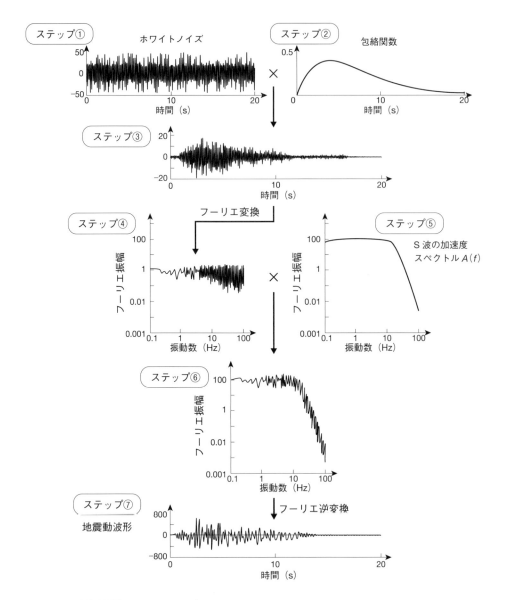

図12.20 統計的グリーン関数法における小地震の地震動作成の流れ

を表現する方法など，さまざまな改良法が提案されている．

12.2.5 ハイブリッド法

　地震動の予測は，その周期成分によって最適な手法が異なる．地震動の長周期成分は長波長の地震波によって生じるため，震源・伝播経路・サイトの各特性ともに比較的粗い空間分解能のものであっても決定論的に予測することができる．一方，地震動の短周期成分は短波長の地震波によって生じるため，震源・伝播経路・サイトともにランダムな位相特性が卓越するとともに，それらを十分に説明できる程度の空間分解能でモデル化を行うことは困難である．したがって，地震動の長周期成分の予測には理論的手法が，短周期成分の予測には統計的グリーン関数法などの半経験的手法が適しているといえる．これらを組み合わせて広帯域の地震動を予測する方法を**ハイブリッド法**という．

　図12.21に，ハイブリッド法での地震動予測結果の接続方法の概念図を示す．まず，短周期成分を

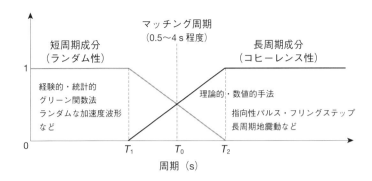

図12.21 ハイブリッド法で用いるフィルターと対象周期

経験的グリーン関数法や統計的グリーン関数法などにより，長周期成分を理論的手法によりそれぞれ予測し，フーリエスペクトルを求めておく。次に，マッチング周期T_0の前後$T_1 \sim T_2$の周期範囲でそれぞれのスペクトルにローパスフィルターおよびハイパスフィルターを施し，足し合わせる。最後に，このスペクトルをフーリエ逆変換することで広帯域の地震動波形を得ることができる。切替えの周期帯$T_1 \sim T_2$としては，通常0.5～4 sの範囲で設定されることが多いが，地震の規模や用いるモデル・手法によって適切に判断する必要がある。また，短周期成分と長周期成分それぞれの予測地震動の間で，初動の時刻や主要動の継続時間，マッチング周期付近の振幅レベルに大きな違いがないように注意せねばならない。マッチング周期のとり方によっては，長周期成分の計算結果が振動数の3乗に反比例して減衰する領域に入ってしまい，揺れの過小評価につながることがある。小地震による地震動を理論的手法により計算し，これを波形合成する**ハイブリッドグリーン関数法**も提案されている。

〈強震動予測レシピ〉

地震動の予測は非常に多くの情報を必要とし，モデル化の方法や解析手法の選択によって結果が大きく異なるものになる。そこで，地震調査研究推進本部地震調査委員会により，震源断層を特定した地震の強震動予測手法（「レシピ」）が提案されている。これは，「誰がやっても同じ答えが得られる標準的な方法論」の確立を目指したもので，今後新たな知見が得られれば改訂されるものとしている。内陸地殻内・プレート境界・スラブ内地震のそれぞれについて，震源断層が特定できるものを対象とし，断層パラメータ・地震波伝播経路特性・地盤増幅特性の設定方法と地震動の計算方法，妥当性の検証の方法がこれまでの強震動研究の成果にもとづいてまとめられている。レシピにもとづいて長周期から短周期までの地震動の波形を予測することができるため，構造物の時刻歴応答解析に用いたり，最大加速度・最大速度や計測震度，応答スペクトルなどの指標に換算して広域の地震ハザードの評価に用いたりするなど，種々に活用されている。

12.3 応答スペクトルによる地震動の作成

これまで震源や地震波の伝播経路をモデル化して地震動を予測する方法を解説してきた。一方，こうしたモデルによらず，目標とする応答スペクトルを設定し，これを満足するような地震動波形を人工的に作成する方法がある。このような地震動は，具体的な地震像にもとづくものではなく，一般的な意味での「予測」という言葉にはあてはまらないため，模擬地震動ともよばれる。この方法は，設定するべきパラメータが少ないため誰が計算を行ってもほぼ同じ結果が得られるとともに，建物の応答性状を比較しやすいことが利点である。たとえば，**図12.22**に示すような国土交通省告示1461号による応答スペクトル（**告示スペクトル**）[*1]を用いることで，設計用スペクトルの形で与えられる最低限の地震動レベルを保証することができる。しかし，特定の地震の性質，長周期成分を増幅させる深部の地下構造，堆積盆地のような広域の地下構造などの影響を反映することはできないことに注意する必要がある。

図12.23に，正弦波合成法とよばれる模擬地震動作成の流れを示す。この方法による地震動の作成は，地震動スペクトルの振幅特性と位相特性に分けて考えることができる。

まず，振幅特性については，先述の告示スペクトルが用いられることが多いが，サイトに対する影響の大きい地震については，応答スペクトルの距離減衰式から作成したものを用いることもある。地震動の加速度フーリエスペクトルの絶対値と減衰定数0の速度応答スペクトルは同様の形状をもつが[*2]，このことを利用して地震動のフーリエスペクトル振幅の初期値を定めることができる。

次に，位相特性については，乱数位相を用いる方法，観測された地震動の位相スペクトルを用いる方法，位相差分スペクトルを設定する方法がある。乱数位相を用いる場合は，波形の包絡形状がホワイトノイズのようなものになるため，地震のマグニチュードに応じた継続時間を有する包絡形状関数を乗じるなどの処理を行う。観測された地震動の位相スペクトルを用いると，地震動の包絡形状はその観測記録とよく似たものになる。位相差分スペクトルを用いる方法は，群遅延時間の平均と標準偏差が波群の到達時刻の重心と継続時間にそれぞれ対応するという性質にもとづくものである。

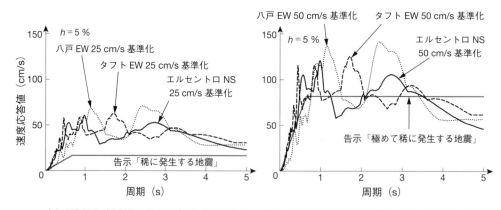

(a) 損傷限界耐力計算に用いる稀に発生する地震　　(b) 安全限界変位計算に用いる極めて稀に発生する地震

図12.22 告示スペクトルと最大速度を基準化した標準3波の速度応答スペクトル

[*1]：告示スペクトルには，「稀に発生する地震」と「極めて稀に発生する地震」の2段階がある。詳細は9.3節を参照されたい。
[*2]：7.3.1項を参照されたい。

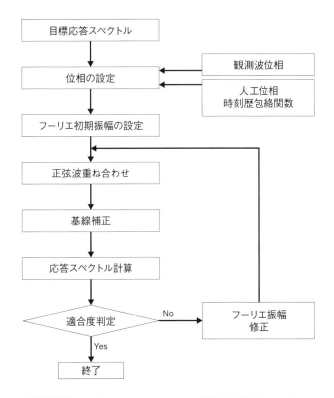

図12.23 応答スペクトルによる模擬地震動作成の流れ

このようにしてスペクトルの振幅特性と位相特性を与えれば，地震動の時刻歴波形を作成することができる。ただし，この地震動の応答スペクトルを計算しても，初めに与えた目標応答スペクトルとは一致しない。そのため，目標応答スペクトルに適合するように，繰り返しフーリエスペクトル振幅の補正を行う。なお，地震動の継続時間としては，従来は60 s程度とされることが多かったが，近年では最低でも120 s程度が考慮されている。さらに，プレート境界の巨大地震を想定して数百秒の継続時間を設定する場合もある。

〈位相差分スペクトル・群遅延時間と包絡形状の関係〉

位相差分スペクトルとは，離散フーリエスペクトルにおいて隣り合うデータ点間での位相の差のことである。**群遅延時間** t_{gr} は，フーリエ位相スペクトル $\varphi(\omega)$ の ω に対する変化率として定義される（Note 7.2(6)も参照のこと）。

$$t_{gr}(\omega) = -\frac{d\varphi(\omega)}{d\omega} \tag{1}$$

離散フーリエスペクトルで考える場合には，ω による微分は隣り合うデータ点間の位相差を ω の刻み幅で除したものとして近似することができるので，位相差分スペクトルと群遅延時間は同様のものであると考えてよい。

群遅延時間の意味を直感的に理解するには，フーリエ積分の式を参照するとよい。

$$u(t) = \frac{1}{2\pi}\int_{-\infty}^{\infty} A(\omega) e^{i\{\omega t + \varphi(\omega)\}} d\omega \tag{2}$$

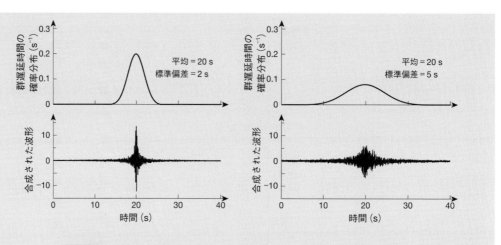

図12.a 群遅延時間の確率分布（上段）と合成された波形（下段）

$A(\omega)$はフーリエ振幅スペクトルである。式(2)を見ると，

$$\left.\frac{d}{d\omega}\{\omega t + \varphi(\omega)\}\right|_{t=t^*} = 0 \tag{3}$$

となる時刻t^*付近において，角振動数ω付近の成分がほぼ同じ位相で重なり合い，振幅が大きくなることがわかる。式(3)の微分を実行すればすぐにわかるが，この時刻t^*は群遅延時間$t_{gr}(\omega)$にほかならない。すなわち，群遅延時間はその振動数付近の波群が到達する時刻を与えるものと考えられる。また，群遅延時間の確率分布は，その時刻付近に存在する波群の密度を示しているので，波形全体の包絡形状をおおむね表すことになる。

図12.aに，群遅延時間を正規分布に従う乱数として生成し，式(2)により波形を合成した例を示す。振幅$A(\omega)$はすべての振動数成分で1とした。群遅延時間の確率分布とよく似た形状の包絡形状を有する波形が生成されることがわかる。

【参考文献】

[1] H. Akaike, Likelihood and the Bayes Procedure, in "Bayesian Statistics," University Press, Valencia, pp,143-166, 1980
[2] 司宏俊，翠川三郎，断層タイプ及び地盤条件を考慮した最大加速度・最大速度の距離減衰式，日本建築学会構造系論文集，第523号，pp.63-70，1999
[3] 日本建築学会，地盤震動，2005
[4] 日本建築学会，地盤震動と強震動予測，2016
[5] 工学院大学・久田研究室：http://kouzou.cc.kogakuin.ac.jp/newhp/index.html
[6] 防災科学技術研究所・GMS：http://www.gms.bosai.go.jp/GMS/

〈演習問題〉

1 地震によって解放される弾性エネルギーは地震モーメントに比例する。その比例係数は，地震の規模によらず 5×10^{-5} 程度である。マグニチュードが1増えるとエネルギーは約32倍に，2増えると1000倍になることを式(12.1)から定量的に確認せよ。

2 モーメントテンソルによる変位を表す式(12.8)の第2，3項は震源距離 R の2乗に反比例することが明らかであるが，永久変位（時刻無限大での変位）としては第1項も震源距離 R の2乗に反比例する。式(12.9)を導出し，このことを確認せよ。

3 横ずれ断層型の地震を表すモーメントテンソル(12.15)が表す応力場について考える。
(1) この断層運動はどのような双偶力と等価であるか，図示せよ。
(2) モーメントテンソルは，応力テンソルの弾性モデルからのずれを表すものなので，応力テンソルと同様に対角化することができる。モーメントテンソル(12.15)の固有値と対応する固有ベクトルをすべて求め，対角化せよ。
(3) 各固有ベクトルの向きは断層運動を駆動する応力場の主軸を表し，対応する固有値はその方向での直応力を表している。主圧縮軸と主引張軸はどの向きか。また，この主応力が(1)で図示した双偶力と等価であることを確認せよ。

4 「Note 12.1 震源インバージョン」で解説した最尤法は，身近な実験データの整理にも利用することのできる考え方である。x と y の組を n 回測定し，$\boldsymbol{x} = (x_1, \cdots, x_n)^\mathrm{T}$ と $\boldsymbol{y} = (y_1, \cdots, y_n)^\mathrm{T}$ の測定値の組を得たとする。x と y の関係を $y = ax + b$ という一次関数でモデル化することを考える。
(1) パラメータベクトルを $\boldsymbol{m} = (a, b)^\mathrm{T}$，観測方程式を $\boldsymbol{y} = \boldsymbol{Hm} + \boldsymbol{e}$ と表したとき，デザイン行列 $\boldsymbol{H}$ はどのように表されるか。
(2) 誤差が測定ごとに独立かつ同程度である（このとき，誤差 $\boldsymbol{e}$ の分散・共分散行列 $\boldsymbol{E}$ が単位行列の定数倍となる）としたとき，パラメータ a，b はどのように求められるか。

演習問題解答

第1章

1 解答略

2 関東地震⇒関東大震災・火災，兵庫県南部地震⇒阪神・淡路大震災・家屋倒壊，東北地方太平洋沖地震⇒東日本大震災・津波

3 軟弱な沿岸低地へのまちの拡大，建物の密集，同時被災人数，ライフラインへの過度な依存，遠距離通勤による帰宅困難。揺れ，液状化，津波，地震火災などのハザードとリスクの大きさ，対応力の減少，回復力の減少

4 建物の質量と建物の応答加速度の積，軽い屋根，揺れにくい地盤・建物

5 振り子の周期は振り子の長さの平方根に比例する。振り子の質量には無関係である。

第2章

1 大陸の海岸線の形，古生物の分布，古い山脈の分布，地磁気の反転の縞模様，ハワイ諸島の配置など

2 海洋プレートが生み出される場所が海嶺，海洋プレートが大陸プレートの下に沈み込み始める場所が海溝やトラフ。海嶺や海溝で区切られた場所が1枚のプレート。アイスランドは海嶺，日本は海溝の近くに位置し，ハワイはホットスポット上にある。

3 海洋プレートは太平洋プレート，フィリピン海プレート。大陸プレートは北アメリカプレートとユーラシアプレート

4 沈み込み境界では，重い海洋プレートが軽い大陸プレートの下に大陸プレートと固着しながら沈み込み，ひずみが限界に達したところで大陸プレートが跳ね上がりプレート境界地震を引き起こす。また，海洋プレートの海底にたまった生物などの死骸が陸にくっついて付加体を形成する。さらに，プレートとともに沈み込む水の存在によって融点降下が起こり，マグマが生成され火山を作る。また，大陸プレートが圧縮を受けることによって地殻内にひび割れが生じたものが活断層である。

5 駿河湾から四国沖にかけての太平洋側に存在する深さ4000 m級の溝状の海底地形で，海洋プレートのフィリピン海プレートが大陸プレートのユーラシアプレートに衝突して沈み込む場所にあたる。過去に繰り返し巨大地震を起こしてきた。

6 マグニチュードが1大きくなると，エネルギー放出量は32倍，断層面積は10倍，すべり量は3.2倍になる。

第3章

1 (1) 日本海溝：(a) (g), (2) 相模トラフ：(b) (d), (3) 南海トラフ：(c) (e), (4) 活断層：(f) (h)

2 貞観地震の前後の地震や噴火の様子と現代とが類似している。貞観地震と東北地方太平洋沖地震，播磨・山城地震と兵庫県南部地震，阿蘇山の噴火，開聞岳の噴火と新燃岳・桜島・口永良部島の噴火。今後の発生が懸念されている南海トラフ地震や相模トラフの地震，富士山の噴火も発生している。

3 宝永地震前後には元禄関東地震や富士山噴火があり，元禄が終わって正徳の治や享保の改革が行われた。安政東海・南海地震の翌年に安政江戸地震も起き，安政の大獄から倒幕運動に至り，江戸から明治に時代が変わった。昭和地震の前後は，鳥取地震，三河地震，福井地震が起き，太平洋戦争の末期から敗戦後の混乱期となった。

4 解答略

5 解答略

6 解答略

7 解答略

第4章

1 P波は弾性体を伸縮させながら伝播する疎密波，S波は弾性体をせん断変形させながら伝播するせん断波。S波はせん断抵抗のある固体でのみ存在。P波速度＞S波速度。地盤が硬いほど高速。

2 P波が到達してからS波が到達するまでの初期微動継続時間から震源までの距離を知ることができる。3点からの震源までの距離を重ねると震源位置が定まる。

3 緊急地震速報は震源に近い位置でP波を検出し，震源か

ら離れた場所にS波が到達する前に注意を促す仕組みであり，震源から離れた場所で十分な猶予時間がある。逆にいえば，直下の活断層で地震が起きた場合には速報が間に合わない場合がある。

4 実体波は距離に反比例して減衰し，表面波は距離の平方根に反比例して減衰する。また，長周期の波は短周期の波に比べ波長が長い。この結果，長周期の表面波が遠くまで伝わりやすい。

5 地盤の卓越周期は，表層地盤の厚さに比例し，硬さの平方根に反比例する。このため，表層が軟弱で厚いほど卓越周期が長くなる。

6 緩く堆積した砂地盤，地下水面が浅い，強い揺れ

第5章

1 振り子を小刻みに揺すっても振り子は揺れない。これが免震。振り子が長いほど長周期になって揺れにくくなる。錘をコップの水の中に入れると揺れがすぐに収まる。これが制振。

2 大きな振り子の下に小さな振り子を吊るす。大きな振り子が地盤，小さな振り子が建物。大きな振り子の紐が長く小さな振り子の紐が短いと，小さな振り子は大きな振り子と一緒に揺れる。堅い建物は地盤と一緒に動く。大きな振り子が短く小さな振り子が長いと，小さな振り子だけが揺れる。硬い地盤は揺れを増幅させない。一方で，2つの振り子の長さが等しいと，小さな振り子が大きく振れる。これが地盤と建物の共振。

3 解答略

4 大きな船は揺れにくい。大きな船でジャンプしてもあまり揺れない。前者は入力の相互作用。後者は慣性の相互作用。

5 $\mu > b/h$ のときに転倒する。

第6章

1 図6.3，6.4，6.5などを参考にして，いろいろな建物を観察してみるとよい。ここではいくつかの例を示す。図6.3，6.4に示すような建物は，質量の分布と剛性の変化に注目すれば振動のモード形の特徴が見えてくる。

図(a)は三角形平面の基礎免震建物である（詳しくはNote 7.4参照）。4階建ての建物の向かって右側の辺に壁が集中していて剛性の偏りが大きい。この建物が通常の基礎構造であれば，地震入力に対して偏心によるねじれ（平面内の回転）を考慮したモデルが必要である。しかし，基礎免震構造であれば，上部構造の変形はわずかで免震層の水平変形がほとんどとなり，1自由度系モデルでほぼ表現できる。

図(b)は，低層部がつながっていて高層部がツインタワーになっている建物である。高層部はそれぞれの固有周期をもつが，基礎が一体なので地震入力は共通と考えられる。一方，図(c)は，高さの異なる低層建物が並んだ例である。上部建物も基礎も構造は切り離されているが，地盤を通して相互に影響しあう隣棟間動的相互作用の影響を受ける。この場合は，図8.5に示すスウェイ・ロッキングモデルにおいて，地盤のばねが隣の建物とつながっていると考えればよい。

図6.5のような建物は，複雑な平面の形状に注意する。通常の建物では，床面は面内に変形せず一体で振動すると考えている。これを**剛床仮定**という。剛床仮定が成立していれば，ねじれる場合でも床の形状を保持したまま回転すると考えられる。一方，床の平面形状が細長かったり，くびれていたり，穴が開いていたりすれば，床面は変形して建物の両側で同じ動きではなくなる。伝統的な社寺などの木造建物では，剛床仮定が成立しない場合が多い。

図(d)は，全体がねじれた形の高層建物である。複雑な構造に見えるが，中央には垂直の「芯」にあたる部分がある。全体としてどのような構造になっているか，モデル化はどのようにしたらよいか，考えてみてほしい。

(a) 三角形平面の基礎免震建物　　(b) ツインタワー

(c) 並列する2建物　　(d) 不規則な形の高層建物

図 モデル化に工夫が必要と考えられる建物の例

2 Note 6.1の図などを参考に，身近な建物で確認してみること．建物により，デザインも含めてさまざまな形になっていることがわかる．建物が大きな外力を受けるときに，構造のどこに力がかかり，どのような損傷になるか考えてみるとよい．また，鉄筋コンクリート造建物は主要な構造が外部から見えやすいが，鉄骨造は仕上げ材などにより隠されている場合が多い．このため，鉄骨造では地震などによる構造損傷の目視確認が難しい．

3 Note 6.1を参考にすれば，柱，壁（並行方向），壁（直交方向）の水平剛性は以下のように求められる．このとき，柱と梁の接合部分を剛域とみなし，柱長さとして梁せいを引いた値を用いることにする．同様に，壁の高さと幅も柱と梁を引いた値とする．νはポアソン比である．

$$k_{Hc} = \frac{12EI}{l^3} = \frac{Eb^4}{l^3} = \frac{21 \times 10^9 \times 0.6^4}{4^3}$$

$$= 43 \times 10^6 \text{ N/m} = 43 \text{ MN/m}$$

$$k_{Hw} = \frac{GA}{l} = \frac{Eat}{2(1+\nu)l} = \frac{21 \times 10^9 \times 6.4 \times 0.12}{2 \times \left(1 + \frac{1}{6}\right) \times 4}$$

$$= 1730 \times 10^6 \text{ N/m} = 1730 \text{ MN/m}$$

以上から構造物全体のX，Y方向の水平剛性は，

$$k_{HX} = 4k_{Hc} = 172 \text{ MN/m}$$

$$k_{HY} = 4k_{Hc} + 2k_{Hw} = 3632 \text{ MN/m}$$

となる．純ラーメンのX方向に比べて，壁付きラーメンのY方向は20倍以上の高い剛性をもつことがわかる．実際の建物では，校舎や集合住宅などで，主に南北方向のみに耐震壁が入ったラーメン構造の例が多い．

ここで，壁の面外剛性を求めると以下となり，壁の面内剛性や柱の曲げ剛性に比べて十分小さいことが確認できる．

$$k_{Hwb} = \frac{12EI}{l^3} = \frac{Eat^3}{l^3} = \frac{21 \times 10^9 \times 6.4 \times 0.12^3}{4^3}$$

$$= 3.6 \times 10^6 \text{ N/m} = 3.6 \text{ MN/m}$$

また，X方向ラーメンの梁の曲げ変形を考慮すると水平剛性は小さくなる．極端な場合として，梁の曲げ剛性が0とすれば柱の水平剛性は$k_{Hc} = \dfrac{3EI}{l^3}$となり，梁が剛性の場合の1/4となる．実際的な値として梁の剛度（断面二次モーメント/長さ）が柱の2倍程度とすれば，ラーメンの水平剛性は梁が剛の場合の約8割となる．

4 床の重量は単位床面積あたりの重量を用いて$7 \times 7 \times 12 \approx 590$ kN，質量は60×10^3 kgとなる．Note 6.2を参考にすれば，構造物の水平方向Xと上下方向の固有振動数は次式で表せる（kN，GPaの単位換算に注意）．

$$f_{HX} = \frac{1}{2\pi}\sqrt{\frac{4k_{Hc}}{m}} = \frac{1}{2\pi}\sqrt{\frac{4Eb^4}{ml^3}}$$

$$= \frac{1}{6.28}\sqrt{\frac{4 \times 21 \times 10^9 \times 0.6^4}{60 \times 10^3 \times 4^3}} = 8.5 \text{ Hz}$$

$$f_V = \frac{1}{2\pi}\sqrt{\frac{4k_{Vc}}{m}} = \frac{1}{2\pi}\sqrt{\frac{4Eb^2}{ml}}$$

$$= \frac{1}{6.28}\sqrt{\frac{4 \times 21 \times 10^9 \times 0.6^2}{60 \times 10^3 \times 4}} = 56 \text{ Hz}$$

柱の軸剛性を考慮した場合の上下振動の固有振動数は，水平動の固有振動数に比べてはるかに大きいことがわかる．一方，両端固定の床スラブの1方向の曲げ変形から決まる上下振動の固有振動数は，質量が床中央に集中するとして

$$f_{Vs} = \frac{1}{2\pi}\sqrt{\frac{k_{Vs}}{m}} = \frac{1}{2\pi}\sqrt{\frac{Et^3}{ma^2}}$$

$$= \frac{1}{6.28}\sqrt{\frac{21 \times 10^9 \times 0.2^3}{60 \times 10^3 \times 7^2}} = 1.2 \text{ Hz}$$

実際には，4辺が固定条件の床の上下方向の曲げ剛性はk_{Vs}より大きく，均等に分布した質量の影響はmより小さくなるため，固有振動数f_{Vs}はより高くなるが，それでもf_Vよりかなり低振動数となる．この結果から，床の曲げの影響を受ける場合は，上下振動の固有振動数が低くなることがわかる．室内の計画の自由度を増すために柱を減らして大スパンの梁をかけた建物では，床スラブの上下振動の影響が大きいことに注意が必要である．

第7章

1 第6章の演習問題3の解答から，X方向およびY方向の水平剛性は
$k_{HX} = 4k_{Hc} = 172$ MN/m，$k_{HY} = 4k_{Hc} + 2k_{Hw} = 3632$ MN/m
重量は$7 \times 7 \times 12 \approx 590$ kNであるので，質量は60×10^3 kg．したがって固有周期は以下のようになる．

$$T_{HX} = 2\pi\sqrt{\frac{m}{k_{HX}}} = 6.28 \times \sqrt{\frac{60 \times 10^3}{172 \times 10^6}} = 0.12 \text{ s}$$

$$T_{HY} = 2\pi\sqrt{\frac{m}{k_{HY}}} = 6.28 \times \sqrt{\frac{60 \times 10^3}{3632 \times 10^6}} = 0.026 \text{ s}$$

固有振動数は，固有周期の逆数で求められる．

2 図から正の極大値となる時刻と相対変位を読み取ると，以下の表になる．

極大値番号 i	0	1	2	3	4	5	6	7	8
時刻 t	0.0	0.6	1.2	1.8	2.4	3.0	3.6	4.2	4.8
振幅 x_i	1.00	0.80	0.64	0.51	0.41	0.32	0.27	0.21	0.18
x_i/x_{i+1}	1.25	1.25	1.25	1.24	1.28	1.19	1.29	1.17	—

固有周期は隣り合う極大値の時刻の差の平均値から，$T \approx T_d = 0.6$ s。減衰定数は $\dfrac{x_i}{x_{i+1}}$ の平均値を用いて式(7.11)から，$h \approx \dfrac{1}{2\pi}\left(\dfrac{x_i}{x_{i+1}} - 1\right) = \dfrac{1}{6.28}(1.24 - 1) = 0.038$ (3.8 %)。いずれも減衰定数が小さいときの近似式を用いていることに注意する。図から読み取れる固有周期は正確には減衰固有周期であるが，減衰定数が小さい場合はほとんど差がない。

3 最大加速度応答は，建物の固有周期と減衰定数が決まれば，加速度応答スペクトルから直接読み取ることができる。最大変位応答は，式(7.37)より最大加速度応答を固有円振動数の2乗で除して求めればよい。

(1) 固有周期は $T_{HX} = 0.12$ s，$T_{HY} = 0.26$ s，減衰定数は5 %であるので，
X方向最大加速度応答：約 660 cm/s^2，
最大変位応答：$660/\left(\dfrac{6.28}{0.12}\right)^2 \approx 0.24$ cm
Y方向最大加速度応答：約 340 cm/s^2，（グラフ外）
最大変位応答：$340/\left(\dfrac{6.28}{0.026}\right)^2 \approx 0.006$ cm

(2) 同様の構造であれば高い建物ほど固有周期は長くなる傾向がある。高さに対する固有周期の略算式として，耐震設計では $T = 0.02H$ (RC造，H：建物高さ) および $T = 0.03H$ (鉄骨造) が用いられる（第9章参照）。問題の建物の固有周期は $T = 0.03 \times 30 = 0.9$ s となる。減衰定数は2 %として，
最大加速度応答：約 770 cm/s^2，
最大変位応答：$660/\left(\dfrac{6.28}{0.9}\right)^2 \approx 13.5$ cm

(3) 免震建物は，固有周期が長く，減衰定数が大きい。
最大加速度応答：約 80 cm/s^2，
最大変位応答：$80/\left(\dfrac{6.28}{3}\right)^2 \approx 18.3$ cm

固有周期が長いと加速度応答は低減されるが，逆に変位応答が大きくなる傾向がある。

4 高層建物と免震建物は，固有周期が約2〜5 s以上で一般的な地震動の卓越周期より長いため，加速度応答は低く抑えられるが，変位応答は大きくなる傾向がある。高層建物は減衰定数が1〜2 %と小さいため，大規模地震や軟弱地盤の影響による長周期地震動に対して共振を起こし，上層階で非常に大きな応答になる可能性がある。このため，制振機構を採用するか，あるいは耐震改修時に追加設置して減衰を大きくするケースが増えている。一方，免震建物は，ダンパーや摩擦により減衰定数を10〜30 %程度に高めているため，共振しにくく，応答は安定して小さくなる。相対変位（変形）は免震階に集中するので，建物と周辺地盤の間隔（クリアランス）を十分確保する。

5 導出の概要は本文中に示されているので省略する。これらはいずれも振動問題や周波数応答解析に関連する重要な式であり，表面的に見るだけでなく，その導出まで確認して理解することが望ましい。

6 ニューマークのβ法で地動加速度入力を受ける1自由度系の応答を計算する場合は，式(7.62)，(7.63)，(7.65)を用いる。式(7.65)では1自由度系の特性が質量m，粘性減衰係数c，剛性kで表現されているので，$c/m = 2h\omega = 2h\dfrac{2\pi}{T}$，$k/m = \omega^2 = \left(\dfrac{2\pi}{T}\right)^2$ を用いて固有周期Tと減衰定数hに置き換える。線形加速度法では $\beta = 1/6$ を用い，数値計算が安定する条件 $\Delta t \leq 0.55T$ を満たすよう時刻刻みΔtを決める。Δt は通常は使用する地震動のデータに依存し，現在の地震計では 0.01 s か 0.005 s が多いが，これは固有周期1 sの1自由度系の応答計算では十分小さい値である。

ニガム法では，式(7.67)により繰り返し計算を行う。このとき，式中の行列は式(7.68)により先に計算でき，繰り返し計算中には変化しないことに注意する。

繰り返し計算の最初に $t = 0$ の応答初期値を決める必要がある。1自由度系が $t = 0$ で原点で静止しており，地動加速度が $\ddot{x}_g(0) = \ddot{x}_{g0} = 0$ であれば，$x(0) = \dot{x}(t) = \ddot{x}(t) = 0$ となる。もし $\ddot{x}_g(0) \neq 0$ であれば，式(7.27)およびそれに続く説明を参考に，$x(0) = 0$, $\dot{x}(0) = -\ddot{x}_g(0)\Delta t$, $\ddot{x}(0) = -\ddot{x}_g(0) + 2h\omega\ddot{x}_g(0)\Delta t$ とする。この問題の場合は，(1)：$x(0) = 1$, $\dot{x}(t) = \ddot{x}(t) = 0$，(2)：初期値はすべて0，(3)：$\ddot{x}_g(0) = 1/\Delta t$ とする。計算結果は，それぞれ図7.2（この問題では初速度も0），図7.6，図7.9に対応する。

第8章

1 これは標準固有値問題である。以下の特性方程式を解い

て固有値 λ を求める．

$$\begin{vmatrix} 1-\lambda & -2 & 0 \\ -2 & 1-\lambda & 0 \\ 0 & 0 & 2-\lambda \end{vmatrix} = (1-\lambda)(1-\lambda)(2-\lambda) - 4(2-\lambda)$$

$$= -(\lambda+1)(\lambda-2)(\lambda-3) = 0$$

固有値の小さいほうから並べると，$\lambda_1 = -1$，$\lambda_2 = 2$，$\lambda_3 = 3$ となる．対応する正規化固有ベクトルは以下を解いて求める．

$$\begin{bmatrix} 1-\lambda_j & -2 & 0 \\ -2 & 1-\lambda_j & 0 \\ 0 & 0 & 2-\lambda_j \end{bmatrix} |x_j| = |0|$$

$$\therefore |x_1| = \begin{vmatrix} 1/\sqrt{2} \\ 1/\sqrt{2} \\ 0 \end{vmatrix}, \quad |x_2| = \begin{vmatrix} 0 \\ 0 \\ 1 \end{vmatrix}, \quad |x_3| = \begin{vmatrix} 1/\sqrt{2} \\ -1/\sqrt{2} \\ 0 \end{vmatrix}$$

固有ベクトルは定数倍も満たすことに注意し，$|x_j|^T |x_j| = 1$ により正規化している．3つの固有ベクトルが直交することは容易に確認できる．

2 Note 8.1 では2自由度系の一般解を導出したので，ここでは具体的に計算してみる．非減衰自由振動の式は，

$$\begin{bmatrix} m & 0 \\ 0 & m \end{bmatrix} \begin{Bmatrix} \ddot{x}_1 \\ \ddot{x}_2 \end{Bmatrix} + \begin{bmatrix} 2k & -k \\ -k & k \end{bmatrix} \begin{Bmatrix} x_1 \\ x_2 \end{Bmatrix} = \begin{Bmatrix} 0 \\ 0 \end{Bmatrix}$$

特性方程式は，

$$\begin{vmatrix} 2k-\lambda m & -k \\ -k & k-\lambda m \end{vmatrix} = 0 \quad \therefore \lambda^2 - 3\frac{k}{m}\lambda + \left(\frac{k}{m}\right)^2 = 0$$

これより固有値は $\lambda = \dfrac{3\pm\sqrt{5}}{2}\dfrac{k}{m}$ となり，いずれも正である．固有振動数は固有値の正の平方根であり，小さいほうから低次の固有振動数となるので，

$$\omega_1 = \sqrt{\frac{3-\sqrt{5}}{2}}\sqrt{\frac{k}{m}} = \frac{\sqrt{5}-1}{2}\sqrt{\frac{k}{m}} \approx 0.62\omega_0,$$

$$\omega_2 = \sqrt{\frac{3+\sqrt{5}}{2}}\sqrt{\frac{k}{m}} = \frac{\sqrt{5}+1}{2}\sqrt{\frac{k}{m}} \approx 1.62\omega_0$$

となる（ここに $\omega_0 = \sqrt{\dfrac{k}{m}}$ は1層の固有振動数を表す．二重根号を外す導出に注意）．第7章の演習問題1から，1層・2層の層剛性は $k_1 = k_2 = k = 172$ MN/m，質量は $m_1 = m_2 = m = 60 \times 10^3$ kg となるので，$\omega_0 = 53.5$ s^{-1}，$\omega_1 = 33.1$ s^{-1}，$\omega_2 = 86.6$ s^{-1}，固有周期 $T_0 = \dfrac{2\pi}{\omega_0} = 0.12$ s，$T_1 = \dfrac{2\pi}{\omega_1} = 0.19$ s，$T_2 = \dfrac{2\pi}{\omega_2} = 0.073$ s となる．

固有モードは以下を満たすベクトル $|\phi_j| = \begin{Bmatrix} \phi_{j1} \\ \phi_{j2} \end{Bmatrix}$ を求めればよい．

$$\begin{bmatrix} 2k-\lambda_j m & -k \\ -k & k-\lambda_j m \end{bmatrix} \begin{Bmatrix} \phi_{j1} \\ \phi_{j2} \end{Bmatrix} = \begin{Bmatrix} 0 \\ 0 \end{Bmatrix}, \quad j = 1, 2$$

これより，$\dfrac{\phi_{j2}}{\phi_{j1}} = \dfrac{2k-\lambda_j m}{k} = \dfrac{k}{k-\lambda_j m}$ となるので，$\lambda = \dfrac{3\mp\sqrt{5}}{2}\dfrac{k}{m}$ を代入して $\dfrac{\phi_{j2}}{\phi_{j1}} = \dfrac{\sqrt{5}\mp 1}{2}$ となり，$\phi_{j1} = 1$ とすれば1次・2次の固有モードは $|\phi_j| = \begin{Bmatrix} 1 \\ \dfrac{\sqrt{5}\mp 1}{2} \end{Bmatrix}$ となる（図8.c）．固有ベクトルは成分の比のみ定まり，定数倍も条件を満たすことに注意する．また，式(8.9)，(8.10) を満たすこと（固有モードの直交性）は容易に確認できる．

3 演習問題2で得られた1次・2次の固有モードから刺激係数と刺激関数を求めると以下となる．

$$\beta_j = \frac{|\phi_j|^T [M] |1|}{|\phi_j|^T [M] |\phi_j|} = \frac{1+\dfrac{1\pm\sqrt{5}}{2}}{1+\left(\dfrac{1\pm\sqrt{5}}{2}\right)^2} = \frac{5\pm\sqrt{5}}{10},$$

$$\beta_j |\phi_j| = \frac{5\pm\sqrt{5}}{10} \begin{Bmatrix} 1 \\ \dfrac{1\pm\sqrt{5}}{2} \end{Bmatrix} = \begin{Bmatrix} \dfrac{5\pm\sqrt{5}}{10} \\ \dfrac{5\pm 3\sqrt{5}}{10} \end{Bmatrix}$$

$$\approx \begin{Bmatrix} 0.72 \\ 1.16 \end{Bmatrix}, \begin{Bmatrix} 0.28 \\ -0.16 \end{Bmatrix}$$

この結果が式(8.26)を満たすことも確認できる．刺激係数 β_j はモードベクトルの正規化の有無などで変化するが，刺激関数 $\beta_j |\phi_j|$ は一定となることに注意する．

減衰定数5％の変位応答スペクトル $S_D(T_j, h_j)$ から，1次固有周期0.19 s，2次固有周期0.073 s に対する1自由度系の最大変位応答を読み取る．エルセントロ地震動に関する図7.13(c) では値が小さく読み取れないので，ここでは図7.12(c) の加速度応答スペクトルから $S_D(T, h) \approx S_A(T, h)/\omega^2$ で求めてみる．

1次固有周期0.19 s について，

$$S_A(0.19, 0.05) \approx 800 \text{ cm/s}^2$$

$$\therefore S_D(0.19, 0.05) \approx 800/33.1^2 = 0.73 \text{ cm}$$

2次固有周期0.073 s について，

$$S_A(0.073, 0.05) \approx 450 \text{ cm/s}^2$$

$$\therefore S_D(0.073, 0.05) \approx 450/86.6^2 = 0.06 \text{ cm}$$

あるいは図7.15から読み取ってもほぼ同じ値となる．以上から式(8.47) を用いて，

$$\||x|\|_{\max} = \sqrt{\sum_j [\beta_j |\phi_j| S_D(T_j, h_j)]^2}$$

$$= \begin{Bmatrix} \sqrt{(0.72\times 0.73)^2 + (0.28\times 0.06)^2} \\ \sqrt{(1.16\times 0.73)^2 + (-0.16\times 0.06)^2} \end{Bmatrix}$$

$$= \begin{Bmatrix} \sqrt{0.53^2 + 0.017^2} \\ \sqrt{0.85^2 + 0.017^2} \end{Bmatrix} = \begin{Bmatrix} 0.53 \\ 0.85 \end{Bmatrix} \text{cm}$$

この問題では，2次モードの変位応答が小さいため，1次モードのみを考慮した場合とほとんど変わらない。一般的な地震動では短周期で変位応答スペクトルの値が小さく，高次モードの刺激関数も小さいので，高次モード（たとえば3次以上）を無視することが多い。一方，超高層建物のように固有周期が長い場合は，高次の固有周期に対する変位応答スペクトルも大きくなり，影響が無視できない場合がある。

4 図8.5において，上部構造物が多自由度になった場合は，m_j，c_j，k_j，H_j，x_jがj階（j層）で定義される。回転慣性Iは，基礎の回転慣性のほかに上部の各階の床の回転慣性も含み，ロッキングに対応する建物全体の回転に関係する。δ_jはj層の変形による基礎に対する相対変位で，$\delta_j = x_j - x_f - \theta H_j$である。以上を考慮して式(8.36)を書き直すと，

回転：$I\ddot{\theta} + c_R\dot{\theta} + k_R\theta - \sum_{i=1}^{n}\sum_{j=1}^{n}c_{ij}(\dot{x}_j - \dot{x}_f - \dot{\theta}H_j)H_i$

$\qquad - \sum_{i=1}^{n}\sum_{j=1}^{n}k_{ij}(x_j - x_f - \theta H_j)H_i = 0$

基礎：$m_f(\ddot{x}_f + \ddot{x}_g) + c_H\dot{x}_f + k_H x_f - \sum_{i=1}^{n}\sum_{j=1}^{n}c_{ij}(\dot{x}_j - \dot{x}_f - \dot{\theta}H_j)$

$\qquad - \sum_{i=1}^{n}\sum_{j=1}^{n}k_{ij}(x_j - x_f - \theta H_j) = 0$

上部：$m_i(\ddot{x}_i + \ddot{x}_g) + \sum_{j=1}^{n}c_{ij}(\dot{x}_j - \dot{x}_f - \dot{\theta}H_j)$

$\qquad + \sum_{j=1}^{n}k_{ij}(x_j - x_f - \theta H_j) = 0$

これより地動入力を受ける振動方程式は以下となる。

$$[M]\{\ddot{x}\} + [C]\{\dot{x}\} + [K]\{x\} = -[M]\{1'\}\ddot{x}_g$$

$$[M] = \begin{bmatrix} I & 0 & 0 & \cdots & 0 \\ 0 & m_f & 0 & \cdots & 0 \\ 0 & 0 & m_1 & \cdots & 0 \\ \vdots & \vdots & \vdots & \ddots & \vdots \\ 0 & 0 & 0 & \cdots & m_n \end{bmatrix}, \{x\} = \begin{Bmatrix} \theta \\ x_f \\ x_1 \\ \vdots \\ x_n \end{Bmatrix}, \{1'\} = \begin{Bmatrix} 0 \\ 1 \\ 1 \\ \vdots \\ 1 \end{Bmatrix},$$

$$[K] = \begin{bmatrix} k_R + \sum_{i=1}^{n}\sum_{j=1}^{n}k_{ij}H_iH_j & \sum_{i=1}^{n}\sum_{j=1}^{n}k_{ij}H_i & -\sum_{i=1}^{n}k_{i1}H_i & \cdots & -\sum_{i=1}^{n}k_{in}H_i \\ \sum_{i=1}^{n}\sum_{j=1}^{n}k_{ij}H_j & k_H + \sum_{i=1}^{n}\sum_{j=1}^{n}k_{ij} & -\sum_{i=1}^{n}k_{i1} & \cdots & -\sum_{i=1}^{n}k_{in} \\ -\sum_{j=1}^{n}k_{1j}H_j & -\sum_{j=1}^{n}k_{1j} & k_{11} & \cdots & k_{1n} \\ \vdots & \vdots & \vdots & \ddots & \vdots \\ -\sum_{j=1}^{n}k_{nj}H_j & -\sum_{j=1}^{n}k_{nj} & k_{n1} & \cdots & k_{nn} \end{bmatrix}$$

$[C]$は，$[K]$で$k_R \to c_R$，$k_H \to c_H$，$k_{ij} \to c_{ij}$とすれば得られる。スウェイとロッキングの自由度を含めて，上部構造物の自由度+2となっていることに注意する。この問題では上部構造物が3自由度であるので$n=3$，せん断多質点系にモデル化するとすれば剛性行列と減衰行列は式(8.3)のように3重対角となるため，$k_{13}=k_{31}=0$，$c_{13}=c_{31}=0$となる。

第9章

1 これらは現在の耐震設計法を理解するうえで重要な概念である。定義と式，関連する説明などは本文に明示しているのでここでは繰り返さないが，それぞれがどのような現象を考慮し，またそれをどのように簡略化して表し，その結果としてどのような精度で地震時の現象や耐震安全性を考慮しているか考えてほしい。本文中に述べたように，その定義が誤解されやすいもの，条件によっては現象を適切にモデル化できていないこともある。たとえば，「$C_0 = 1.0$は地震時の地動加速度=1Gに対応している」，「A_i分布は上部構造物のモード形を示している」などはよくある誤解である。また，振動特性係数や地震地域係数，構造特性係数などは，本文中で示したように，前提となる考え方が厳密さを欠いている面がある。

　コンピュータによる構造計算が一般的になっている現在，中間過程で現れるこれらの値に設計者が無頓着となる可能性もある。設計法の運用だけでなく，その意味や成立過程を理解し，適切な設計がなされるよう意識する必要がある。

2 式(9.5)の略算式より鉄筋コンクリート造で高さ8mの建物の固有周期$T=0.16$s。名古屋市の地震地域係数は図9.2より$Z=1$。固有周期と地盤条件から式(9.4)より振動特性係数$R_t=1$。式(9.6)で各階重量から$\alpha_1=1.0$，$\alpha_2=0.5$となるので，A_iは$A_1=1.0$，$A_2 \approx 1.2$（図9.4からも概略確認できる）。2次設計の$C_0=1.0$として，式(9.1)，(9.2)より

$$C_1 = 1.0, \quad C_2 = 1.2$$

$\therefore Q_1 = 1.0\times(200+200) = 400$ kN，$Q_2 = 1.2\times 200 = 240$ kN

必要保有水平耐力は，式(9.9)から各階の層せん断力に構造特性係数D_sと形状係数F_{es}を乗じればよい。

$Q_{un1} = Q_1 \times 0.3 \times 1 = 120 \text{ kN}, \quad Q_{un2} = Q_2 \times 0.3 \times 1 = 72 \text{ kN}$

もし，壁が多い構造物であれば$D_s = 0.5$程度，バランスが悪い構造物ならF_{es}は最大で2以上となり，$D_s \times F_{es}$は1以上となり得る。この場合は式(9.1)，(9.2)で与えられる層せん断力がほぼそのまま必要保有水平耐力となる。逆にいえば，靭性があってバランスのよい建物は，必要保有水平耐力がかなり小さくてよいことになる。

3 保有水平耐力を求めるには，水平力を受けて構造物が崩壊する状態（崩壊メカニズム）を想定する必要がある。コンピュータによる増分解析では正確な崩壊メカニズムが求められるが，手計算による場合は仮定が必要である。水平力を受ける場合の柱や梁の曲げモーメントは接合部で最大となるので，柱・梁の各接合部で柱の降伏モーメントの和と梁の降伏モーメントの和を比較し，梁が小さければ梁崩壊型，柱が小さければ柱崩壊型とする。柱は構造物の重量を支えているので，柱崩壊型にならないように設計するのが原則である。本問題の構造物でも，1層と2層では梁が先に降伏し，柱脚は柱が降伏する状態となる（図(a)）

節点振り分け法では，先に降伏する梁の降伏モーメントを，接続する柱の剛比（断面二次モーメントIを部材長Lで除したもので，部材の曲がりにくさを示す）に比例して配分することが多い。本問題では，1層の梁の降伏モーメントを1層と2層の柱に1/2ずつ分配した。これにより，崩壊メカニズムの時の曲げモーメント図を図(b)のように描くことができるので，柱のせん断力から各層の保有水平耐力を以下のように求めることができる。

$$Q_{u1} = \frac{100+180}{4.0} \times 2 = 140 \text{ kN},$$

$$Q_{u2} = \frac{100+100}{4.0} \times 2 = 100 \text{ kN}$$

仮想仕事法では，図(c)のように崩壊メカニズムと外力分布を仮定する。外力分布は図のように3角形分布（水平力が高さに比例）とすることが多い。この構造物では水平力により変形するとき，塑性ヒンジの回転角はすべて等しくθとなるので，外力がなす仕事と塑性ヒンジの回転による仕事が等しいと考えれば次式が得られる。

$$2P \times 8.0 \times \theta + P \times 4.0 \times \theta$$
$$= (100 \times \theta + 200 \times \theta + 180 \times \theta) \times 2$$

$\therefore P = 48 \text{ kN}, \quad Q_{u1} = 3P = 144 \text{ kN}, \quad Q_{u2} = 2P = 96 \text{ kN}$

この構造物では節点振り分け法と仮想仕事法でほぼ同様の結果となることがわかる。前問で求めた必要保有水平耐力と比較すれば，1層，2層ともに$Q_u > Q_{un}$が成り立つことが確認できる。もし，構造物のバランスが多少悪くて1層の$F_{es} = 1.2$となっていたとすれば$Q_{un1} = 144 \text{ kN}$となり，$Q_{u1} \approx Q_{un1}$であるので，ぎりぎりの設計となる。

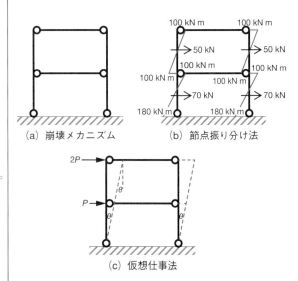

図 保有水平耐力を手計算で求める方法

第10章

1 (1) $p = z - Vt$とおくと，合成関数の微分法を用いて，以下のようになる。

$$\frac{\partial f(z,t)}{\partial z} = \frac{\partial p}{\partial z}\frac{df(p)}{dp} = \frac{df(p)}{dp} \tag{A10.1}$$

$$\frac{\partial f(z,t)}{\partial t} = \frac{\partial p}{\partial t}\frac{df(p)}{dp} = -V\frac{df(p)}{dp} \tag{A10.2}$$

(2) 式(A10.1)と(A10.2)より

$$\frac{\partial^2 f(z,t)}{\partial z^2} = \frac{\partial}{\partial z}\left\{\frac{df(p)}{dp}\right\} = \frac{\partial p}{\partial z}\frac{d^2 f(p)}{dp^2}$$
$$= \frac{d^2 f(p)}{dp^2} \tag{A10.3}$$

$$\frac{\partial^2 f(z,t)}{\partial t^2} = \frac{\partial}{\partial t}\left\{-V\frac{df(p)}{dp}\right\}$$
$$= -V\frac{\partial p}{\partial t}\frac{d^2 f(p)}{dp^2} = V^2\frac{d^2 f(p)}{dp^2} \tag{A10.4}$$

(3) $\partial^2 g/\partial z^2$と$\partial^2 g/\partial t^2$をそれぞれ$q$の関数の形で表すと，以下のようになる。

$$\frac{\partial^2 g(z,t)}{\partial z^2} = \frac{d^2 g(q)}{dq^2} \tag{A10.5}$$

$$\frac{\partial^2 g(z,t)}{\partial t^2} = V^2\frac{d^2 g(q)}{dq^2} \tag{A10.6}$$

式(A10.3)，(A10.4)，(A10.5)，(A10.6)を用いると，式

(10.6) より，$\partial^2 u/\partial z^2$ と $\partial^2 u/\partial t^2$ はそれぞれ以下のようになる。

$$\frac{\partial^2 u(z,t)}{\partial z^2} = \frac{d^2 f(p)}{dp^2} + \frac{d^2 g(q)}{dq^2} \quad (A10.7)$$

$$\frac{\partial^2 u(z,t)}{\partial t^2} = V^2 \left\{ \frac{d^2 f(p)}{dp^2} + \frac{d^2 g(q)}{dq^2} \right\} \quad (A10.8)$$

これらを波動方程式(10.5)へ代入すると，等号が成り立つことを確認できる。

2 (1) せん断応力はせん断弾性係数とせん断ひずみの積で表されるため，次式のようになる。

$$\tau(z,t) = G\frac{\partial u(z,t)}{\partial z} = -ikG\{Ae^{i(\omega t - kz)} - Be^{i(\omega t + kz)}\}$$
$$(A10.9)$$

(2) 領域 $z<0$ ではせん断弾性係数が無限大であるため，変位が生じない。変位の分布は連続である必要があるので，境界条件は次式のようになる。

$$u(0,t) = Ae^{i\omega t} + Be^{i\omega t} = 0 \quad (A10.10)$$

したがって $A=-B$ であり，反射波（上昇波）の振幅は入射波（下降波）と逆符号で同じ大きさである。

(3) 領域 $z<0$ ではせん断弾性係数が0であるため，せん断応力が生じない。せん断応力の分布は連続である必要があるので，境界条件は次式のようになる。

$$\tau(0,t) = -ikG(Ae^{i\omega t} - Be^{i\omega t}) = 0 \quad (A10.11)$$

したがって $A=B$ であり，反射波（下降波）の振幅は入射波（上昇波）と同符号で同じ大きさである。

3 (1) 波動が距離 x を進む間に x/v の時間が経過し，振幅が $e^{-h\omega x/v}$ 倍に減少する。そのため，位置 x での変位は以下のようになる。

$$u(x,t) = Ae^{-h\omega x/v} \cos\omega(t - x/v) \quad (A10.12)$$

(2) 振動数に比例するQ値を $Q=kf$ と表し（k は定数），式(10.19) のとおり $h=1/2Q$ と近似したうえで式(A10.12)へ代入すると，以下のようになる。

$$u(x,t) = Ae^{-\pi x/kv} \cos\omega(t - x/v) \quad (A10.13)$$

ここで，$\omega=2\pi f$ であることを用いた。式(A10.13) を見ると，振幅の減衰を表す項 $e^{-\pi x/kv}$ の指数が x のみに比例するため，波動伝播の距離が同じであれば振幅の減少の度合いは振動数にかかわらず同じであることがわかる。

第11章

1 (1) 辺長 L_x，L_y，L_z の直方体を考えると，この試験体の体積は $V=L_x L_y L_z$ である。体積ひずみは，

$$\frac{dV}{V} = dL_x + dL_y + dL_z \quad (A11.1)$$

となる。一方，引張または圧縮応力の作用する軸を z とすると，ポアソン比 ν の定義は

$$\nu = -\frac{dL_x}{dL_z} = -\frac{dL_y}{dL_z} \quad (A11.2)$$

である。式(A11.1) の両辺を dL_z で割り，式(A11.2) を用いると次式が得られる。

$$\frac{1}{V}\frac{dV}{dL_z} = -2\nu + 1 \quad (A11.3)$$

非圧縮性流体では体積変化が生じないので $dV=0$ であり，ポアソン比は $\nu=0.5$ となる。

(2) 表11.1を参照して，$\nu = \dfrac{\lambda}{2(\lambda+\mu)} = \dfrac{1}{2(1+\mu/\lambda)} = 0.25$ となる。

(3) 表11.1を参照して，ヤング係数 $E=\dfrac{\mu(3\lambda+2\mu)}{\lambda+\mu}$

$=100\,\text{GPa}$，体積弾性係数 $K=\dfrac{3\lambda+2\mu}{3}=67\,\text{GPa}$。式(11.16) よりP波速度 $\alpha=6.7\times 10^3\,\text{m/s}$，式(11.17) よりS波速度 $\beta=3.8\times 10^3\,\text{m/s}$ となる。

(4) 表11.1より，ラメの定数の比とポアソン比の関係は $\dfrac{\mu}{\lambda}=\dfrac{1-2\nu}{2\nu}$ となるので，$\dfrac{\alpha}{\beta}=\sqrt{\dfrac{\lambda+2\mu}{\mu}}=\sqrt{\dfrac{1+2\mu/\lambda}{\mu/\lambda}}$

$=\sqrt{\dfrac{2-2\nu}{1-2\nu}}$ であり，ポアソン比のみに依存する。$\lambda=\mu$ のとき，$\nu=0.25$ であるので，$\dfrac{\alpha}{\beta}=\sqrt{3}$ となる。

2 (1) 式(11.6) より，

$$\tau_{xx} = \lambda(\varepsilon_{xx} + \varepsilon_{yy} + \varepsilon_{zz}) + 2\mu\varepsilon_{xx}$$
$$= 2(\lambda+\mu)\varepsilon_{xx} + \lambda\varepsilon_{zz} = 0 \quad (A11.4)$$

この式を変形して，ポアソン比は以下のようになる。これは表11.1に記載されているものと同じである。

$$\nu = -\frac{\varepsilon_{xx}}{\varepsilon_{zz}} = \frac{\lambda}{2(\lambda+\mu)} \quad (A11.5)$$

(2) 式(11.6) より，

$$\tau_{zz} = \lambda(\varepsilon_{xx} + \varepsilon_{yy} + \varepsilon_{zz}) + 2\mu\varepsilon_{zz} \quad (A11.6)$$

これに $\varepsilon_{xx}=\varepsilon_{yy}=-\nu\varepsilon_{zz}$ および式(A11.5) を代入すると，次式が得られる。

$$\tau_{zz} = \frac{\mu(3\lambda+2\mu)}{\lambda+\mu}\varepsilon_{zz} \quad (A11.7)$$

また，この式の右辺の比例係数は表11.1に記載されているヤング係数の表現と一致している。

3 式(11.2) を式(11.6) へ代入すると,
$$\tau_{ij} = \delta_{ij}\lambda \sum_{k=1}^{3} \frac{\partial u_k}{\partial x_k} + \mu\left(\frac{\partial u_i}{\partial x_j} + \frac{\partial u_j}{\partial x_i}\right) \quad (A11.8)$$

これを式(11.10) へ代入して,
$$\begin{aligned}
\rho \frac{\partial^2 u_i}{\partial t^2} &= \lambda \frac{\partial}{\partial x_i}\left(\sum_{k=1}^{3}\frac{\partial u_k}{\partial x_k}\right) + \mu \sum_{j=1}^{3}\frac{\partial}{\partial x_j}\left(\frac{\partial u_i}{\partial x_j} + \frac{\partial u_j}{\partial x_i}\right) + f_i \\
&= \lambda \frac{\partial}{\partial x_i}\left(\sum_{k=1}^{3}\frac{\partial u_k}{\partial x_k}\right) \\
&\quad + \mu\left(\sum_{j=1}^{3}\frac{\partial^2 u_i}{\partial x_j^2} + \frac{\partial}{\partial x_i}\sum_{j=1}^{3}\frac{\partial u_j}{\partial x_j}\right) + f_i \\
&= (\lambda + \mu)\frac{\partial}{\partial x_i}\left(\sum_{j=1}^{3}\frac{\partial u_j}{\partial x_j}\right) + \mu \sum_{j=1}^{3}\frac{\partial^2 u_i}{\partial x_j^2} + f_i
\end{aligned} \quad (A11.9)$$

4 変位ベクトルの発散は, Note 11.1 を参照すると, $\nabla \cdot \boldsymbol{u} = \nabla^2 \phi$ である. これを考慮しつつ, 式(11.13) を式(11.12) へ代入すると,
$$\begin{aligned}
\rho \frac{\partial^2}{\partial t^2}(\nabla \phi + \nabla \times \boldsymbol{\psi}) &= (\lambda + \mu)\nabla(\nabla^2 \phi) + \mu \nabla^2(\nabla \phi + \nabla \times \boldsymbol{\psi}) \\
&= (\lambda + 2\mu)\nabla(\nabla^2 \phi) + \mu \nabla^2(\nabla \times \boldsymbol{\psi})
\end{aligned} \quad (A11.10)$$

この式の両辺の発散は,
$$\rho \frac{\partial^2}{\partial t^2}(\nabla^2 \phi) = (\lambda + 2\mu)\nabla^2(\nabla^2 \phi) \quad (A11.11)$$

式(A11.10) の両辺の回転は,
$$\rho \frac{\partial^2}{\partial t^2}(\nabla \times \nabla \times \boldsymbol{\psi}) = \mu \nabla^2(\nabla \times \nabla \times \boldsymbol{\psi}) \quad (A11.12)$$

式(A11.11) と式(11.16) より式(11.14) が, 式(A11.12) と式(11.17) より式(11.15) がそれぞれ導かれる.

5 調和振動の平面波の式(11.22) を時間について微分すると, 以下のようになる.
$$\frac{\partial \phi}{\partial t} = i\omega (Ae^{-i\boldsymbol{k}\cdot\boldsymbol{x}} + Be^{i\boldsymbol{k}\cdot\boldsymbol{x}})e^{i\omega t} \quad (A11.13)$$
$$\frac{\partial^2 \phi}{\partial t^2} = -\omega^2 (Ae^{-i\boldsymbol{k}\cdot\boldsymbol{x}} + Be^{i\boldsymbol{k}\cdot\boldsymbol{x}})e^{i\omega t} \quad (A11.14)$$

また, 空間座標について微分すると, 以下のようになる.
$$\nabla \phi = -i\boldsymbol{k}(Ae^{-i\boldsymbol{k}\cdot\boldsymbol{x}} - Be^{i\boldsymbol{k}\cdot\boldsymbol{x}})e^{i\omega t} \quad (A11.15)$$
$$\nabla^2 \phi = -k^2 (Ae^{-i\boldsymbol{k}\cdot\boldsymbol{x}} + Be^{i\boldsymbol{k}\cdot\boldsymbol{x}})e^{i\omega t} \quad (A11.16)$$

k は波数ベクトル $\boldsymbol{k}$ の大きさである. 式(A11.14) と (A11.16) を波動方程式(11.14) へ代入し, $\omega = \alpha k$ であることを考慮すると, 等号が成り立つことを確認できる.

6 調和振動の球面波の式(2) を時間について微分すると, 以下のようになる.
$$\frac{\partial \phi}{\partial t} = \frac{1}{r}i\omega(Ae^{-ikr} + Be^{ikr})e^{i\omega t} \quad (A11.17)$$
$$\frac{\partial^2 \phi}{\partial t^2} = -\frac{1}{r}\omega^2(Ae^{-ikr} + Be^{ikr})e^{i\omega t} \quad (A11.18)$$

また, 動径 r について微分すると, 以下のようになる.
$$\frac{\partial \phi}{\partial r} = \left\{-\frac{1}{r^2}(Ae^{-ikr} + Be^{ikr}) - \frac{1}{r}ik(Ae^{-ikr} - Be^{ikr})\right\}e^{i\omega t} \quad (A11.19)$$
$$\frac{\partial}{\partial r}\left(r^2 \frac{\partial \phi}{\partial r}\right) = -k^2 r(Ae^{-ikr} + Be^{ikr})e^{i\omega t} \quad (A11.20)$$

式(2)には伏角 θ と偏角 φ が含まれていないため, $\partial \phi / \partial \theta$ と $\partial \phi / \partial \varphi$ はともに0である. これらを波動方程式(1) へ代入し, $\omega = \alpha k$ であることを考慮すると, 等号が成り立つことを確認できる.

7 円柱座標系の波動方程式(3)を変形した次式について, 式(4)が解となることを確認する.
$$\frac{\partial^2 \phi}{\partial r^2} + \frac{1}{r}\frac{\partial \phi}{\partial r} + \frac{1}{r^2}\frac{\partial^2 \phi}{\partial \theta^2} + \frac{\partial^2 \phi}{\partial z^2} - \frac{1}{\alpha^2}\frac{\partial^2 \phi}{\partial t^2} = 0 \quad (A11.21)$$

$\xi = kr$ とおくと, 式(4)の r についての偏導関数は以下のようになる.
$$\frac{\partial \phi}{\partial r} = \frac{d\xi}{dr}\frac{\partial \phi}{\partial \xi} = ke^{im\theta}e^{i\omega t}\frac{dJ_m(\xi)}{d\xi} \quad (A11.22)$$
$$\frac{\partial^2 \phi}{\partial r^2} = \frac{d\xi}{dr}\frac{\partial}{\partial \xi}\left(\frac{\partial \phi}{\partial r}\right) = k^2 e^{im\theta}e^{i\omega t}\frac{d^2 J_m(\xi)}{d\xi^2} \quad (A11.23)$$

θ と t については以下のようになる.
$$\frac{\partial^2 \phi}{\partial \theta^2} = -m^2 J_m(\xi)e^{im\theta}e^{i\omega t} \quad (A11.24)$$
$$\frac{\partial^2 \phi}{\partial t^2} = -\omega^2 J_m(\xi)e^{im\theta}e^{i\omega t} \quad (A11.25)$$

式(A11.22)～(A11.25)を式(A11.21)へ代入して整理すると, 次式が得られる.
$$\xi^2 \frac{d^2 J_m(\xi)}{d\xi^2} + \xi \frac{dJ_m(\xi)}{d\xi} + (\xi^2 - m^2)J_m(\xi) = 0 \quad (A11.26)$$

これはベッセルの微分方程式(5)の形になっているので, 式(A11.26)の等号は成立する. したがって, 式(4)の関数は波動方程式(3)の解であることが確認できる.

第12章

1 式(12.1) を地震モーメント M_0 について書き直すと, 以下のようになる.
$$M_0 = 10^{1.5 M_w + 9.1} \text{ N m} \quad (A12.1)$$

モーメントマグニチュードM_wとM_w+1の地震の地震モーメントの比は，以下のように計算できる。

$$\frac{M_0'}{M_0} = \frac{10^{1.5(M_w+1)+9.1}}{10^{1.5M_w+9.1}} = 10^{1.5} \approx 32 \quad (A12.2)$$

また，モーメントマグニチュードM_w+2の地震との地震モーメントの比は，以下のようになる。

$$\frac{M_0''}{M_0} = \frac{10^{1.5(M_w+2)+9.1}}{10^{1.5M_w+9.1}} = 10^3 = 1000 \quad (A12.3)$$

地震のエネルギーは地震モーメントに比例するため，マグニチュードが1増えるとエネルギーは約32倍に，2増えると1000倍になることが確認できる。

2 まず，式(12.8)の第1項の積分の部分について，$t \to \infty$の極限値を計算する。モーメントテンソルの時間関数$M_{pq}(t)$が$t \to \infty$で一定値M_{pq}に収束することに注意すると，以下のようになる。

$$\lim_{t \to \infty} \int_{R/\alpha}^{R/\beta} s M_{pq}(t-s) ds = M_{pq} \int_{R/\alpha}^{R/\beta} s ds$$

$$= \frac{1}{2}\left(\frac{1}{\beta^2} - \frac{1}{\alpha^2}\right) M_{pq} R^2 \quad (A12.4)$$

この極限値がR^2に比例するため，残留変位としては式(12.8)の第1項はR^{-2}に反比例する。加えて，モーメントテンソルの時間変化$\dot{M}_{pq}(t)$が$t \to \infty$で0になることを考慮すると，$t \to \infty$では式(12.8)の前3項だけが残る。これらの関係を用いて式(12.8)の$t \to \infty$の極限値を計算すると，式(12.9)が導かれる。

3 (1) 紙面に垂直な方向にz軸をとることとして，図A12.1のとおり。

(2) モーメントテンソルMの固有値をλ，固有ベクトルをxとする。

$$Mx = \lambda x \quad (A12.5)$$

式(A12.5)で$x = 0$以外のベクトルxが存在する条件（次式）の解として固有値が定まる。

$$|M - \lambda I| = 0 \quad (A12.6)$$

ここでIは3×3の単位行列である。式(A12.6)の解は3つ存在するが，以下のように添字を付す。

$$\lambda_1 = \mu SD, \quad \lambda_2 = -\mu SD, \quad \lambda_3 = 0 \quad (A12.7)$$

各固有値に対応する固有ベクトルは，それぞれ固有値を式(A12.5)へ代入して求められる。ただし，固有ベクトルは向きだけが定まり，その大きさには任意性がある。ここでは，すべて大きさ1として，以下の3つの固有ベクトルを定める。

$$p_1 = \begin{vmatrix} 1/\sqrt{2} \\ 1/\sqrt{2} \\ 0 \end{vmatrix}, \quad p_2 = \begin{vmatrix} 1/\sqrt{2} \\ -1/\sqrt{2} \\ 0 \end{vmatrix}, \quad p_3 = \begin{vmatrix} 0 \\ 0 \\ 1 \end{vmatrix} \quad (A12.8)$$

座標変換行列を$P = (p_1 \ p_2 \ p_3)$と定義すると，モーメントテンソルMは以下のように対角化される。

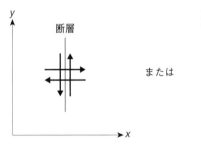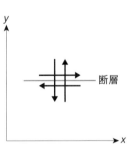

図A12.1

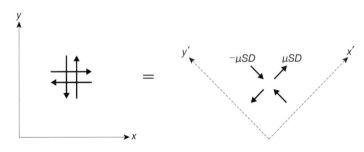

図A12.2

$$M' = P^{-1}MP = \begin{vmatrix} \lambda_1 & 0 & 0 \\ 0 & \lambda_2 & 0 \\ 0 & 0 & \lambda_3 \end{vmatrix} = \mu SD \begin{vmatrix} 1 & 0 & 0 \\ 0 & -1 & 0 \\ 0 & 0 & 0 \end{vmatrix} \quad (A12.9)$$

(3) 図A12.2のとおり。主圧縮軸は，主応力（固有値）が負になっているp_2の方向（y'），主引張軸は主応力が正になっているp_1の方向（x'）である。これらの方向は元の座標軸x, yに対して45°回転した方向になっており，図A12.1に示した双偶力の合力を考えると，(x', y')方向の主応力に一致する。

4 (1) $H = (\boldsymbol{x} \quad \boldsymbol{1}) = \begin{vmatrix} x_1 & 1 \\ \vdots & \vdots \\ x_n & 1 \end{vmatrix}$

(2) 誤差の分散・共分散行列を単位行列Iとして，Note 12.1の式(3)を書き換えると以下のようになる。

$$(\boldsymbol{H}^T\boldsymbol{H})\hat{\boldsymbol{m}} = \boldsymbol{H}^T\boldsymbol{y} \quad (A12.10)$$

Note 12.1の式(3)の$\boldsymbol{d}$にあたるものがここでは$\boldsymbol{y}$であることに注意されたい。(1)の結果を式(A12.10)へ代入して整理すると，以下のようになる。

$$\begin{vmatrix} \sum_{i=1}^{n} x_i^2 & \sum_{i=1}^{n} x_i \\ \sum_{i=1}^{n} x_i & n \end{vmatrix} \begin{vmatrix} \hat{a} \\ \hat{b} \end{vmatrix} = \begin{vmatrix} \sum_{i=1}^{n} x_i y_i \\ \sum_{i=1}^{n} y_i \end{vmatrix} \quad (A12.11)$$

この連立方程式の解が，パラメータa, bの最尤推定値である。

索 引

欧字

A/D変換　134
A_i分布　173
AMD　190
BCP　56
CQC　162
E-ディフェンス　55
FFT　136
G-γ曲線　210
H-Dモデル　210
h-γ曲線　210
I_{so}値　189
I_s値　189
LDL分解　163
LU分解　162
P-SV波動場　235, 239
PS検層　220
P波　10, 77, 232
QR分解　164
Q値　204
R-Oモデル　211
SH波　79
SH波動場　235, 237
SI値　81
SRSS　162
SV波　79
S波　10, 77, 232
TMD　19, 92, 190

和字

ア行

アスペリティ　259
アナログデータ　134
安政地震　47, 50
安政江戸地震　51
安政東海地震　50
安政南海地震　50
安全限界　167
安全限界固有周期　178
安全性　167

位相　202
位相角　116
位相差分スペクトル　275
位相速度　245
1次設計　166

1自由度系モデル　105
1質点系モデル　105
逸散減衰　90
一般化固有値問題　150, 163
一般診断法　188
因果性　131
インバージョン　261
インピーダンス行列　215
インピーダンス比　208

ウィトルウィウス　3
運動学的震源モデル　255

エアリー相　246
永長地震　47
エイリアス　134
液状化　9, 69, 74, 86
エネルギー法　168
エルセントロ　124

オイラーの公式　201
応急危険度判定　191
応急危険度判定士　191
応力降下量　250
応力テンソル　227
応力ベクトル　227
大阪府北部の地震　60
大森房吉　67
オメガスクエアモデル　256
オメガ2乗モデル　256

カ行

回転　231
回転インピーダンス　216
外部減衰　114
解放基盤面　209
解放工学的基盤　179
海洋プレート　27
角振動数　202
過減衰　115
加振問題　215
仮設住宅　193
仮想仕事法　175
加速度　80
加速度応答スペクトル　124
加速度計　119
加速度増幅率　180
加速度低減率　181
加速度分布係数　182
活断層　9, 34

過渡応答　120
壁式構造　18
完全弾塑性　142
慣性の相互作用　213
慣性力　113
関東大震災　3, 53

幾何減衰　204
気象庁マグニチュード　39
擬似速度応答スペクトル　126
基礎入力動　216
既存不適格建築物　20, 55, 72, 188
基整促波　184
基本モード　242
逆断層　38
逆分散　246
逆問題　261
球面波　232
共振　16, 90, 116
共振曲線　116
共役断層　254
強震計　119
強震動　196
強震動生成域　260
強制加振実験　116
強度　19
許容応力度計算　166, 169
許容応力度等計算　169, 170
距離減衰　83
距離減衰式　262
キラーパルス　198
緊急地震速報　87

屈折の法則　206
屈折法地震探査　221
熊本地震　14, 58, 74
グリーンテンソル　234
グリーン関数　234
クロネッカーのデルタ　228
群速度　245
群遅延時間　275

経験的グリーン関数法　269
傾斜　250
形状特性係数　175, 176
継続時間　16
慶長地震　47
慶長伏見地震　49
減階　157
限界耐力計算法　72, 167, 169, 178

検証法　167
減衰　89, 114
減衰固有円振動数　115
減衰固有周期　115
減衰行列　150
減衰定数　115
建築基準法　20, 69
元禄関東地震　12, 49

康安地震　47
剛域　106
工学的基盤　84
高次モード　242
構成関係　228
構成則　228
構造計算適合性判定　73, 169
構造設計一級建築士　73, 169
構造耐震指標　189
構造耐震判定指標　189
構造特性係数　175, 176
高速フーリエ変換　136
剛床仮定　105
剛性　113
剛性行列　150
剛性比例減衰　143, 152
剛性率　174
合積　129
勾配　231
康和地震　47
コーギー減衰　152
告示スペクトル　180, 274
告示免震建物　168
腰壁　106
固定端　209, 224
コーナー振動数　256
固有円振動数　115, 151
固有周期　16, 89, 91, 115
固有振動数　115
固有値　163
固有ベクトル　151, 163
固有モード　151
コレスキー分解　163

サ行
災害救助法　193
斉次微分方程式　114
最小位相推移関数　132
最尤法　261
佐野利器　68
サブスペース法　164

三角分解　162
サンプリング時間　134
サンプリング振動数　134
サンプリング定理　134

仕様規定　167
使用性　167
志賀マップ　177, 189
時間推移　129
時間微分　129
事業継続計画　56
刺激関数　153
指向性パルス　199, 256
時刻歴応答解析　168, 169
地震　3, 249
地震応答スペクトル　124
地震基盤　84
地震層せん断係数の高さ方向分布を
　　表す係数　172
地震探査　221
地震地域係数　172
地震調査研究推進本部　4, 35, 55, 75
地震動　16, 249
地震動強さ　80
地震動予測式　263
地震動予測地図　55
地震保険　193
地震モーメント　40, 250
地震予知　42
地震力　15, 171
質量　113
質量行列　150
質量比例減衰　152
実体波　10, 77, 242
地盤と構造物との動的相互作用
　　　　　　　　　　　94, 157, 213
地盤増幅　10
周期　202
周期調整係数　179
自由振動　89, 114
収束型境界　30
自由端　209, 224
周波数応答解析　133
重複反射理論　145, 206
主応力　227
主軸　227
首都直下地震　4
主ひずみ　227
瞬間剛性比例減衰　153
順問題　261

貞観地震　46
常時微動　222
正平地震　47
昭和地震　47
昭和東南海地震　9, 51
昭和南海地震　52
状態方程式　140
初期微動継続時間　77
ジョン・ミルン　64
震央　10, 39, 251
震源　10, 39, 251
震源域　10, 39
震源球　254
震源時間関数　256
震源スペクトル　256
震源断層　39
震災の帯　54, 72
震災予防調査会　67
靱性　19
新耐震設計法　20, 71, 166
震度　80
震度法　68
振動数　202
振動特性係数　172, 173
振動方程式　113
振幅　202

水平インピーダンス　216
水平震度　166
数学モデル　104
スウェイ　99
スウェイインピーダンス　216
スウェイ・ロッキングモデル
　　　　　　　　　　109, 158, 213
数値時間積分　138
スケーリング則　257
ステップ外力　121
ステップ関数　121
スネルの法則　85, 206
スーパープルーム　23
スペクトル行列　151
すべり角　250
すべり時間関数　255
すべり速度　251
すべり速度時間関数　255
すべり量　250
スラブ内地震　249

正規化　151
正規直交性　163

制振構造　18
正断層　38
静的変位　116
性能規定　167
正分散　246
精密診断法　188
積層ゴム　18
節点振り分け法　175
絶対加速度応答　117
全域通過関数　132
線形加速度法　139
線形性　129
せん断応力　227
せん断多質点系　149
せん断波　77
せん断ひずみ　226

層　149
走向　250
相互作用ばね　105
相互作用力　215
層せん断力　149, 167, 172
層せん断力係数　172
相対変位応答　117
増幅スペクトル　209
増分解析　175, 178
速度　80
速度応答スペクトル　124
袖壁　106
疎密波　77
損害認定　193
損傷限界　167

タ行
耐震改修　20, 72, 190
耐震改修促進法　20, 55, 72, 188
耐震基準　69
耐震診断　20, 55, 72, 188
耐震性能残存率　193
耐震等級　168
耐震補強　20, 55
大正関東地震　3, 12, 53, 67
体積ひずみ　227
大陸移動説　25
大陸プレート　27
第1次診断　189
第2次診断　189
第3次診断　189
卓越周期　16, 91
多自由度系　149

多質点系モデル　105
立ち上がり時間　251
縦波　77
ダランベールの原理　113
垂壁　106
単位インパルス　122
短周期レベル　257
短柱　106
弾性定数テンソル　228
弾塑性復元力特性　114, 141
断層運動　249
断層面　249
ダンパー　19

地域防災計画　191
地下逸散減衰　90, 213
地表地震断層　39
チューンドマスダンパー　19, 92
調和外力　116
超高層建物　118
長周期地震動　69, 73, 184
長周期地震動階級　74, 81
直ひずみ　226
直応力　227
直交性　151

津波　74, 186

テイラー展開　201
ディレクティビティ効果　256
デザイン行列　261
デジタルデータ　134
デュアメル積分　123
寺田寅彦　7, 53
デルタ関数　122
展開定理　151
天正地震　49
伝達関数　133, 209
伝播　10
伝播定数　207

倒立振り子　105, 113
東海地震　4
等価高さ　154
等価質量　154
等価線形化法　144
等価物体力　251
統計的グリーン関数法　269, 270
統計的スペクトル解析　137
動的サブストラクチャー法　214

動的応答倍率　116
東南海地震　4
等方性　228
東北地方太平洋沖地震　3, 14, 56, 73
動力学的震源モデル　255
特解　115
特性化震源モデル　260
特性方程式　150, 242, 243
特定天井　74, 185
ドライビングフォースベクトル　215
トリパータイト応答スペクトル　126
トリリニア　142

ナ行
ナイキスト振動数　134
内藤多仲　68
内部基盤面　209
内部減衰　114
内陸地殻内地震　249
ナビエの方程式　230
南海地震　4
南海トラフ地震　4

新潟地震　69
ニガム法　138, 140
2次設計　166
入力損失　213
入力動ベクトル　216
入力の相互作用　213
入力問題　216
ニュートン・ラフソン法　142
ニューマークのβ法　138, 139
仁和地震　47

粘性減衰係数　113
粘性減衰力　113

濃尾地震　64

ハ行
ハイブリッド法　272
ハイブリッドグリーン関数法　273
バイリニア　142
波数　202
波数ベクトル　233
波数積分法　266
波長　202
波動方程式　200
破壊開始点　251
破壊伝播速度　251

白鳳地震　47
発散　231
発散型境界　30
ばね・ダッシュポット・
　付加質量近似　217
パワー法　164
ハンケル変換　236
反射法地震探査　222
阪神・淡路大震災　3, 54

被害認定　192
東日本大震災　3, 56
非減衰自由振動　115
被災建築物応急危険度判定　191
非斉次微分方程式　114
被災者生活再建支援法　56, 193
被災度区分判定　193
微小回転テンソル　226
ひずみエネルギー比例型減衰　153
ひずみテンソル　226
非線形特性　141
非弾性減衰　204
必要保有水平耐力　175
微動アレイ探査　222
人と防災未来センター　55
避難所　193
非比例減衰　157
兵庫県南部地震　3, 13, 54, 71
標準貫入試験　220
標準固有値問題　163
標準せん断力係数　167, 172
表面波　10, 79, 242
表面力ベクトル　227
比例減衰　152
品確法　168

フェイザー　128
福井地震　9
復元力　113
複素固有値問題　157
複素剛性率　207
複素せん断弾性係数　207
複素平面　128
複素包絡形　132
プッシュオーバー解析　175, 178
物理探査　219
物理モデル　104
分散曲線　246

分散性　242
フーリエ位相スペクトル　129
フーリエ逆変換　128
フーリエ級数　135
フーリエ振幅スペクトル　129
フーリエスペクトル　127
フーリエベッセル変換　236
フーリエ変換　127
フーリエ変換対　128
フリングステップ　123, 199
プルームテクトニクス　29
プレート間地震　249
プレート境界　30
プレート境界地震　33, 249
プレートテクトニクス　26
フレームモデル　105

平均加速度法　139
平行成層地盤　84
平面応力問題　233
平面波　232
平面ひずみ問題　233
べき乗法　164
ベースシアー　149
ヘルムホルツの定理　231
変位　80, 225
変位応答スペクトル　124
変位計　118
変位勾配ベクトル　225
変形　225
偏差応力テンソル　227
偏心率　107, 174

ホイヘンスの原理　206
宝永地震　9, 47, 49
北海道胆振東部地震　61
保有水平耐力　169, 175
保有水平耐力計算　166, 169, 171

マ行

マグニチュード　10
マクローリン展開　201

三河地震　9, 52
みなし仮設　193

無次元振動数　213

明応地震　47, 48
免震構造　18
免震建物　118

モーダルアナリシス　161
モード行列　151
モード合成法　151
モーメントテンソル　252
モーメントテンソル密度　251
モーメントマグニチュード　40, 250

ヤ行

尤度　262
有限差分法　266
有限フーリエ近似　135

要安全確認計画記載建築物　188
要緊急安全確認大規模建築物　188
余解　114
横ずれ断層　38
横波　77
1/4波長則　159, 209
4号建築物　169

ラ行

ライズタイム　251
ラプラシアン　231
ラプラス作用素　231
ラブ波　79, 242
ラメの定数　228
ラーメン構造　18

羅災証明　193
リスボン地震　44
量子化ビット数　134
臨界減衰　115

ルート①　169
ルート②　169
ルート③　169

レイリー減衰　152
レイリー商　164
レイリー波　79, 242, 243

ロッキング　99
ロッキングインピーダンス　216

著者紹介

福和伸夫 工学博士
1981 年　名古屋大学大学院工学研究科博士前期課程修了
現　在　名古屋大学名誉教授
　　　　あいち・なごや強靱化共創センター センター長
　　　　地震調査研究推進本部 政策委員長

飛田　潤 工学博士
1989 年　東北大学大学院工学研究科博士後期課程修了
現　在　名古屋大学減災連携センター 教授・センター長

平井　敬 博士（工学）
2013 年　名古屋大学大学院環境学研究科博士後期課程修了
現　在　名古屋大学減災連携研究センター 助教

NDC524　　302p　　26 cm

耐震工学
教養から基礎・応用へ

2019 年 3 月 19 日　第 1 刷発行
2023 年 1 月 20 日　第 4 刷発行

著　者	福和伸夫・飛田　潤・平井　敬
発行者	髙橋明男
発行所	株式会社 講談社 〒112-8001　東京都文京区音羽 2-12-21 　　販売　(03)5395-4415 　　業務　(03)5395-3615
編　集	株式会社 講談社サイエンティフィク 代表　堀越俊一 〒162-0825　東京都新宿区神楽坂 2-14　ノービィビル 　　編集　(03)3235-3701
本文データ制作	美研プリンティング株式会社
印刷所	株式会社平河工業社
製本所	大口製本印刷株式会社

落丁本・乱丁本は購入書店名を明記のうえ、講談社業務宛にお送りください。送料小社負担にてお取替えします。なお、この本の内容についてのお問い合わせは、講談社サイエンティフィク宛にお願いいたします。定価はカバーに表示してあります。

© N. Fukuwa, J. Tobita and T. Hirai, 2019

本書のコピー、スキャン、デジタル化等の無断複製は著作権法上での例外を除き禁じられています。本書を代行業者等の第三者に依頼してスキャンやデジタル化することはたとえ個人や家庭内の利用でも著作権法違反です。

JCOPY　〈(社)出版者著作権管理機構 委託出版物〉

複写される場合は、その都度事前に(社)出版者著作権管理機構（電話 03-5244-5088, FAX 03-5244-5089, e-mail: info@jcopy.or.jp）の許諾を得てください。

Printed in Japan

ISBN978-4-06-514819-8

講談社の自然科学書

絵でわかるシリーズ

絵でわかるプレートテクトニクス	是永　淳／著	本体 2,200 円
絵でわかる地震の科学	井出　哲／著	本体 2,200 円
絵でわかる地球温暖化	渡部雅浩／著	本体 2,200 円
絵でわかる日本列島の誕生	堤　之恭／著	本体 2,200 円
絵でわかる日本列島の地震・噴火・異常気象	藤岡達也／著	本体 2,200 円
絵でわかる日本列島の地形・地質・岩石	藤岡達也／著	本体 2,200 円
絵でわかる地図と測量	中川雅史／著	本体 2,200 円

土木の基礎固め　水理学	二瓶泰雄・宮本仁志・横山勝英・仲吉信人／著	本体 2,800 円
図解　設計技術者のための有限要素法はじめの一歩	栗﨑　彰／著	本体 2,400 円
図解　設計技術者のための有限要素法実践編	栗﨑　彰／著	本体 2,000 円
図解　はじめての材料力学	荒井政大／著	本体 2,500 円
図解　はじめての固体力学	有光　隆／著	本体 2,800 円
スタンダード工学系の微分方程式	広川二郎・安岡康一／著	本体 1,700 円
スタンダード工学系の複素解析	安岡康一・広川二郎／著	本体 1,700 円
スタンダード工学系のベクトル解析	宮本智之・植之原裕行／著	本体 1,700 円
スタンダード工学系のフーリエ解析・ラプラス変換	宮本智之・植之原裕行／著	本体 2,000 円

できる技術者・研究者のための特許入門	渕　真悟／著	本体 2,400 円
できる研究者の論文生産術　どうすれば「たくさん」書けるのか	ポール・J・シルヴィア／著　高橋さきの／訳	本体 1,800 円
できる研究者の論文作成メソッド　書き上げるための実践ポイント	ポール・J・シルヴィア／著　高橋さきの／訳	本体 2,000 円
英語論文ライティング教本	中山裕木子／著	本体 3,500 円
学振申請書の書き方とコツ	大上雅史／著	本体 2,500 円
カラー入門　基礎から学ぶ物理学	北林照幸・藤城武彦・滝内賢一／著	本体 2,600 円
教養としての物理学入門	笠利彦弥・藤城武彦／著	本体 2,200 円
世界一わかりやすい物理学入門　これ1冊で完全マスター！	川村康文／著	本体 3,400 円
トコトン図解　気象学入門	釜堀弘隆・川村隆一／著	本体 2,600 円
土壌環境調査・分析法入門	村田智吉／著　田中治夫／編	本体 4,000 円
つい誰かに教えたくなる人類学 63 の大疑問	日本人類学会教育普及委員会／監修	本体 2,200 円

※表示価格は本体価額（税別）です。消費税が別途加算されます。　　「2019 年 3 月現在」

講談社サイエンティフィク　https://www.kspub.co.jp/